アメリカ連邦議会の憲法解釈

Congressional Constitutional Interpretation and the Courts in the United States

権限行使の限界と司法審査

土屋孝次 [著]
TSUCHIYA Takatsugu

有信堂

はしがき

1　アメリカ連邦議会の幅広い活動の中に、合衆国憲法には明確に定められていないにもかかわらず、議会自身による独自の憲法解釈を施され、それらを根拠として実施される事項が多くなっている。

　まず議会は、立法権をはじめとする憲法上の議会権限の行使を補助するとの目的で、憲法明文では定められていない調査権を日常的に行使し、証人を喚問し、記録の提出を求め、命令に従わない者を罰している。議会は、憲法上の同格部門である大統領に対してでさえ情報の提供を命令し、同様に、司法権の独立が保障されている連邦裁判官に対して、その職務上の活動を監督する目的で喚問することを躊躇しない。また、議会は、幾度となく重要な条約の成立を阻止してきた上院の出席議員の3分の2による条約承認権の行使を制限し、議会全体の過半数で条約代替の国際協定を承認する新規の手続を利用し始めている。アメリカが参加予定の国際協定の多くに「条約」の呼称を利用できない形式的理由の一つはここにある。さらに、議会は問題行動を起こした裁判官への対応策として、最終的には憲法明文で定められた弾劾手続を利用するものの、弾劾罷免には至らない事例もしくは弾劾の前段階手続として、憲法明文にはない裁判官懲戒制度を司法部内に創設し、裁判官規律の間接的統制を行っているのである。

　次に、議会は、法の基本原則である遡及適用の禁止を乗り越えて、法制定時以前の対象に遡って課税する立法を制定しており、連邦最高裁判所の支持を取り付けている。また、憲法上州の管轄となっている事項に対して、事実上拒否が不可能な条件を付した連邦予算を支出することで全国的施策を実施し、合衆国憲法の根幹である連邦主義を事実上葬り去ったのも事実である。加えて、議会内部においても、上下両院は、増税法案や連邦裁判官や省庁長官の任命に対する承認手続などの特定事項の議決に関して、通常の過半数による単純多数決主義を放棄し、

60％以上の賛成を求める特別多数決制度を利用しているのである。

このように連邦議会は、立法権をはじめとする憲法的権限について独自の憲法解釈を行い、その幅広い活動の法的根拠としている。議会は、現代社会において求められる諸機能の履行に不可欠であると主張して、憲法が統治機構に課す非効率的要素を独自解釈で回避し、政治的に正当化しているのである。それら独自解釈に基づく議会権限の行使に際しては、ある場合には大統領との交渉および政治的妥協の結果としての協働作業があり、また別の場面では連邦裁判所による合憲判断をお墨付きとし、あるいは司法判断の回避により議会の決定を事実上最終的なものとしているのである。このような状況が議会権限をめぐる憲法的実体なのである。

2　本書は、議会独自の憲法解釈により実施されていることが顕著な六つの事項、議会調査権、国際協定の承認権、裁判官規律に関する諸権限、課税権、州への支出権、議院規則制定権を取り上げる。各権限に対する分析の手法は共通しており、権限行使について歴史的展開を確認し、特に、重要事例に関しては議会の動態を詳細に吟味することで議会機能との関連を分析する。また、憲法学説上の議論を初期から現代に至るまで跡付けることで法理論的検討を行うとともに、判例分析を加えることで議会権限の憲法的範囲、限界を明確にしようとするものである。

そこでは、効率性や機能性の確保を目的として独自解釈を施された議会権限が、人権保障主義、権力分立原理、民主主義、連邦主義などアメリカ合衆国憲法の基本原則とどのように一致点を見出そうとしているのか、法的問題として検討されることになる。またそれら個別的事項に関して、法的妥当性を吟味した最新判例を検討することで、議会権限の憲法的意義と限界について具体的かつ実体的に明らかにしようと試みる。すべての事項について最高裁判所の判断が示されているわけではないが、21世紀以降下級審を中心として重要な判例が蓄積され始めており、問題の法的検討への機が熟していると考える。

また、本書には、議会復権をめぐる現代的議論、新たな権力分立論などが出現しつつある現在、六つの権限の適切な行使、あるいは立法権などと組み合わせた総合的行使が、アメリカ合衆国憲法が予定する統治制度にどのように組み込めるのかについて前向きに検討するという目的がある。たしかに歴史的には、大統領、

行政部による実質的な政策立案機能の充実、それに伴う相対的な立法権限の意義の低下が見られていた。また、党派的動機に基づく議員活動がもたらす非効率的な議会運営、さらに、粗雑な立法に対する最高裁判所による審査の拡大など、憲法的機関としての議会の地位の低下は避けられていない。議会復権のきっかけを模索するうちに20世紀が終わり、非効率的機関として位置付けられる状況でもあった。

　もっとも、この中で、民主党と共和党の対立激化、分極化を背景として、Clinton、Bush、Obama、そしてTrumpと歴代の大統領と議会の対決構造が顕著となり、大統領への対抗軸としての議会の地位について再評価が進められていた。低下気味であった立法権の手続的、実体的実質化が検討されるととともに、憲法上の他の議会権限の積極的行使に関して個別的な関心が高まり、さらには、新たな視点に基づく機能面からの総合的再評価が始まったのも事実である。本書は、このようなアメリカにおける議会権限研究の深化も踏まえている。本書の目的は、それら諸権限の適切な行使が、議会の主張するような「議会復権」の鍵となるか否かについて吟味しようとするものである。

　さらに、わが国におけるアメリカ連邦議会の制度に関する憲法理論的蓄積が、必ずしも十分とはいえなかった点も、本研究の存在意義に結び付くと考える。たしかにわが国国会と比較すると、アメリカ議会の制度的位置付けは大きく異なる。議会から独立した大統領制であること、上下両院の構成に州代表的性質と国民代表的性質が混在していること、そして、何よりも立法権限の範囲が二百数十年前に憲法上列挙されて固定され、現代行政国家的課題への立法権の多くが各州議会に委ねられる連邦制が採用されるなど、アメリカ議会独自の制度的特徴が認められるのである。このため従来のわが国の憲法学、アメリカ法学の関心も、手続論、制度論に加えて、州際通商条項の解釈変更による立法権の拡大などの立法分野、あるいは、権利章典に基づく個別法の合憲性の研究などに向いていたのも当然であるといえる。しかしながら、立法機能の低下が各国議会に共通の課題となる現在、行政監督機能や国民に対する情報提供機能など、現代的役割を果たすアメリカ議会の制度的意義を明らかとするため、その権限行使の憲法的根拠と法的限界を検討する必要性は十分にある。本書により、合衆国憲法上の第一部門である連邦議会の現代制度的存在意義を法的に解明する端緒にしたいと考える。

3 さて、本書は、著者が2008年に出版した『アメリカ連邦議会と裁判官規律制度の展開――司法権の独立とアカウンタビリティの均衡を目指して――』（有信堂高文社）と研究視座を共有するものとなっている。前著においては、裁判官に問題行動が認められた場合、民主的正統性を持つ連邦議会が、弾劾権を中心とした裁判所、裁判官に関する憲法的権限の行使を通して直接的、間接的なコントロールを行い、結果として司法部全体への国民の信頼を維持、確保するシステムの可能性を探った。司法権の独立の保障に力点を置き、弾劾権を例外的装置として理解する通説的見解の趣旨を尊重しつつ、拙著の立場は、司法部のアカウンタビリティ確保の視点を組み込んで、裁判官規律の主体としての議会の地位を重視する主張となっていた。

このような拙著の研究内容および提言に対しては、議会権限の濫用への実体的備えが不十分であるがゆえに、また、政治的機関である議会の自制に期待せざるをえない制度上の限界のため、裁判官の独立性を侵害する危険性が存するとの指摘がなされた。その半面、連邦議会が弾劾手続の代替手段、もしくは事実上の事前手続と位置付ける1980年法による手続を司法部内に設置し、弾劾レベルの重大事件と瑣末な事象との間に位置するような裁判官の問題行動への対処を司法部に委ねるとともに、その自律権行使のあり方を監視することで間接的な裁判官規律制度として確立しつつあるとの評価に関しては、同様に裁判官の不祥事が続くわが国における制度改革に向けて一定の示唆を与えることができたと考えている。本書における個別的項目に関する検討においても、議会権限の濫用の危険性と濫用抑制手段の実効性を吟味しつつ、適切な権限行使による機能的メリットを示すことで、わが国における課題について何らかのヒントを確認できると考える。

4 本書の元となった論文は、以下の通りである。
第1章 「アメリカにおける議会調査権の権力分立的限界――Lynch判決に見る行政特権の適用性と司法審査の課題――」近畿大學法學64巻2号（2016年）1-68頁
第2章 「アメリカ連邦議会における証人の自己負罪拒否特権」近畿大學法學55巻2号（2007年）37-63頁
第3章 「アメリカ連邦議会の国際協定承認権の憲法的根拠」日本法政学会・法政論叢38巻1号（2001年）173-194頁

「『連邦議会が承認した行政協定』の台頭と憲法問題」日米法学会・アメリカ法〔2001-1〕57-67頁

「判例研究：『連邦議会が承認した行政協定』として締結されたNAFTAが憲法に違反しないとされた事例」日米法学会・アメリカ法〔2001-1〕185-90頁

第4章　「アメリカにおける裁判官弾劾制度と懲戒制度の展開と課題—21世紀初頭の事例分析—」近畿大學法學62巻3・4号合併号（2015年）1-41頁

「アメリカ議会と裁判官規律」日米法学会・アメリカ法〔2009-1〕79-89頁

第5章　「アメリカ連邦議会の課税権とデュー・プロセス条項—合衆国対カールトン事件判決を中心に—」近畿大學法學46巻1号（1998年）109-134頁

第6章　「アメリカ議会の支出権と連邦主義—条件付き支出制度の合憲性を中心に—」近畿大學法學47巻1号（1999年）77-103頁

第7章　「アメリカにおける議院規則制定権の限界—増税法案の可決に特別多数を求める連邦下院規則の合憲性—」日本法政学会・法政論叢35巻1号（1998年）34-54頁

結語に代えて　書き下ろし

　もっとも、旧稿の初出が1990年代の第5、6、7章と今世紀初頭の第3章については、その後のアメリカにおける判例、学説の展開が著しく、それらを踏まえた全面的書き直しを施したために、ほぼ原形をとどめていない。また、全体としても、旧稿にいただいたコメント、アドバイス、批判などへの回答として大幅に加筆修正を行っている。さらに、近時、わが国におけるアメリカ統治機構研究の進展が急であり、本書においてもこれら新たな諸論考に刺激を受けてまとめ直した部分が多い。基本的な研究手法、論旨に変更はないものの、修正部分を含めて本書を確定版としたい。

5　　本書の構成には、近畿大学大学院法学研究科に提出した博士学位論文『アメリカ連邦議会の機能変遷に関する憲法的考察』（1997年）が色濃く残っている。問題意識のみを頼りに執筆し、「今後の課題」記述が多く残る博士学位

論文をこの20年をかけて全面的に書き直し、出版するにあたっては、多くの方々のお世話になっている。

まずは、修士論文執筆期以降30年近く指導を受け、公私ともにお世話になっている畑博行先生（広島大学名誉教授、近畿大学名誉教授）に心からの感謝の意を表したい。明確な問題設定と具体性のある解決を目指す先生の研究手法は、筆者の理想とするものであり、不十分ながら本書にも活用させていただいている。その学恩に報いるにはまだまだ未熟な本書ではあるが、前著に引き続き、米寿を迎えられた恩師畑博行先生に捧げたい。

2013年秋、出身学部である近畿大学法学部の学部長を拝命することになった。偶然にも長年の懸案であった校舎の建て替え、学科再編の実施時期に巡り合ってしまった。管理能力も技術も持たない者が、恩返しの気持ちのみで動いてみても当然のように立ち行かず、同僚教員、職員の皆さんの多大なご協力を得て、課題をクリアーしつつある状況である。学部長任期中に単著の刊行へこぎつけられたのは、研究環境の確保のために常に奮闘され、充実した研究業績を挙げられている近畿大学法学部および近畿大学法科大学院の同僚教員に囲まれていることが大きい。先生方への感謝の念でいっぱいである。

また、日本公法学会、日米法学会、関西アメリカ公法学会、国際人権法学会、日本法政学会、中四国法政学会、広島公法研究会などの所属学会、研究会については、多忙を言い訳にして会員として最小限度の貢献も果たせていないが、長年にわたって研究上の刺激を大いに受けてきている。1人ずつお名前を挙げることはできないが、先生方、会員諸氏よりいただいた学恩に心から感謝したい。

さらに、私事ではあるが、生活のすべてを支えてくれる大事な家族にも感謝を捧げることをお許しいただきたい。本書の執筆は、2016年夏、家族旅行で訪れた飛騨高山の市立図書館で始めたものであるが、以後長期休暇に加えて休日祝日の多くの時間を注ぎ込むことになってしまった。本書の刊行により、家族と過ごせる貴重な時間を取り戻すことができればと考えている。

なお、本書の元となった研究については、日本学術振興会の科学研究費補助金基盤(C)（研究課題：14520033）および財団法人学術振興野基金（現、公益財団法人・野村財団）研究プロジェクト助成をいただいている。また、本書の出版にあたっては、近畿大学学内研究助成金の交付を受けた。記して感謝したい。

最後に、有信堂高文社の髙橋明義氏をはじめとする編集部の皆様には、ここ数

年いっそう厳しくなった出版事情のもとで企画、編集、校正、出版すべての段階において最大限の便宜を図っていただいた。その研究を支える熱意と高い理念に対して、敬意を捧げるとともに感謝する次第である。

2017 年 11 月 3 日
　学園祭の賑やかな声が聞こえる近畿大学法学部 C 館の研究室にて

土屋　孝次

アメリカ連邦議会の憲法解釈／目　次

はしがき

第1章　議会調査権の権力分立原理に基づく限界 ―――― 3
問題の所在　3

1　行政特権問題をめぐる20世紀の三判決　5
第1節　議会調査権の意義　5
第2節　行政特権の意義　7
第3節　20世紀の三判決の評価　9
(1) Senate Select Committee on Presidential Campaign Activities v. Nixon, 498 F. 2d 725 (D.C.Cir. 1974)（10）　(2) United States v. American Tel. & Tel. Co., 551 F. 2d 384 (D.C.Cir. 1976); 567 F. 2d 121 (D.C.Cir. 1977)（13）　(3) United States v. House of Representatives of United States, 556 F. Supp.150 (D.D.C. 1983)（17）

2　Committee on the Judiciary v. Miers, 558 F. Supp. 2d 53 (D.D.C. 2008)　20
第1節　Miers地裁判決の事例　20
第2節　Miers地裁判決の要旨　22
(1) 司法判断をめぐる手続的問題（22）　(2) 行政特権の適用性に関する判断（23）
第3節　Committee on the Judiciary v. Miers, 542 F.3d 909 (D.C.Cir. 2008)　24
第4節　Miers地裁判決の評価　25
(1) 連邦問題管轄権について（25）　(2) 原告適格、訴訟原因について（26）　(3) エクイティ上の裁量理論の適用性について（26）　(4) 大統領側近が関わる審議過程特権の適用性について（27）

3　Committee on Oversight and Government Reform v. Lynch, 156 F. Supp. 3d 101 (D.D.C. 2016)　28
第1節　Lynch地裁判決の事例　29

第2節　Committee on Oversight and Government Reform v. Holder, 979 F. Supp.2d 1 (D.D.C. 2013)　31
　　　⑴　司法判断適合性について（31）　⑵　連邦問題管轄権について（32）　⑶　原告適格について（32）　⑷　訴訟原因について（33）　⑸　エクイティ上の裁量論の適用性について（33）
　　第3節　Lynch地裁判決　34
　　　⑴　Holder判決以降の状況（34）　⑵　Lynch地裁判決の要旨（35）
　　第4節　Holder判決の評価　38
　　　⑴　司法手続的課題の一掃（38）　⑵　特権ログリストの利用（39）
　　第5節　Lynch判決の評価　40
　　　⑴　審議過程特権の憲法化（40）　⑵　議会対策情報への審議過程特権の拡大（41）　⑶　Lynch判決の比較衡量審査（42）
　小括　44

第2章　議会調査権の権利章典に基づく限界
　　　──自己負罪拒否特権の適用性を中心に────────55
　問題の所在　55
1　議会調査と権利章典　57
　　第1節　証言拒否の憲法的根拠　57
　　第2節　プライバシーの権利に基づく証言拒否　58
　　第3節　修正1条に基づく証言拒否　62
　　第4節　デュー・プロセスを受ける権利に基づく証言拒否　65
2　議会調査における自己負罪拒否特権　68
　　第1節　自己負罪拒否特権の意義　68
　　　⑴　刑事裁判以外での適用可能性（68）　⑵　議会証人の特権主張に関する判例（70）
3　議会調査における適用性再考　71
4　免責付与による証言強制をめぐる課題　75
　　第1節　免責付与制度の展開　75
　　第2節　議会による免責付与の問題点　77
　　　⑴　Application of United States Senate Select Committee on Presidential Campaign Activities, 361 F. Supp. 1270 (D.D.C. 1973)（77）　⑵　United States v. North, 910 F. Supp. 843 (D.C.Cir. 1990)（78）

小括　80

第3章　連邦議会の国際協定承認権の憲法化と課題 ──── 87
　　問題の所在　87

1　上院の条約承認権の意義　90
　　第1節　憲法制定会議における議論　90
　　第2節　条約以外の国際協定　92

2　連邦議会の国際協定承認権の台頭　94
　　第1節　議会の国際協定承認権の意義　94
　　第2節　上院の条約承認権と議会の国際協定承認権の機能比較　96

3　「議会が承認した行政協定」をめぐる判例の動向　97
　　第1節　国際協定に関する最高裁判例　98
　　第2節　Ntakirutimana v. Reno, 184 F. 3d 419 (5th Cir. 1999)　100
　　　(1) Ntakirutimana判決の事例（100）　(2) 第5巡回区連邦控訴裁判所判決要旨（101）　(3) Ntakirutimana判決の評価（104）
　　第3節　Made in the USA Foundation v. United States, 242 F. 3d 1300 (11th Cir. 2001)　105
　　　(1) Made in the USA Foundation事件の事例（105）　(2) アラバマ北地区連邦地方裁判所判決の要旨（106）　(3) 第11巡回区連邦控訴裁判所判決要旨（108）　(4) Made in the USA Foundation判決の評価（109）

4　「議会が承認した行政協定」をめぐる学説の検討　112
　　第1節　「議会が承認した行政協定」台頭期の議論　112
　　第2節　NAFTA、WTO加盟手続をめぐる議論　114
　　　(1) AckermanとGloveの合憲論の検討（114）　(2) Tribeの違憲論の検討（117）
　　第3節　両制度の互換性をめぐる議論　120
　　　(1) Yooの限定的合憲説（121）　(2) Hathawayによる条約終焉説（122）
　　小括　126

第4章　議会による裁判官規律権の機能的限界 ──── 139
　　問題の所在　139

1 21世紀初頭の事例 141
　第1節　Manuel L. Real 判事事件（2010年懲戒処分確定）　141
　第2節　Edward W. Nottingham 判事事件（2008年辞職）　143
　第3節　Samuel B. Kent 判事事件（2009年下院弾劾訴追、辞職）　144
　第4節　G. Thomas Porteous, Jr. 判事事件（2010年弾劾罷免）　147
　第5節　Richard F. Cebull 判事事件（2013年辞職）　151

2 弾劾裁判手続の課題 153
　第1節　弾劾事由は起訴されうるレベルが必要か　154
　第2節　弾劾事由は現職期間内の事件に限定されるべきか　155
　第3節　事前手続で行使された自己負罪拒否特権の弾劾手続における効力問題　157

3 裁判官懲戒手続の課題 159
　第1節　1980年法制度の展開と評価　159
　第2節　苦情申立てに関する手続的課題　161
　第3節　2015年規則改正について　164
　小括　165

第5章　課税権の遡及禁止原則に基づく限界 ── 173

　問題の所在　173

1 遡及課税に関する判例の展開 174
　第1節　連邦議会の課税権と遡及禁止の原則　174
　　(1) 課税権の憲法的制限 (174)　(2) 事後法禁止条項と租税法の遡及適用 (175)
　第2節　遡及課税に関する判例の展開　176
　　(1) 初期の判例 (176)　(2) 1920年代の違憲判決 (177)　(3) 「苛酷、圧迫」テストの確立 (178)　(4) 経済立法の遡及適用事件との関連 (181)

2 United States v. Carlton, 512 U.S. 26 (1994) 184
　第1節　事実の概要　184
　第2節　最高裁法廷意見　186
　第3節　結果同意意見　189
　　(1) O'Connor 判事の結果同意意見 (189)　(2) Scalia 判事の結果同意

意見（190）

3 遡及課税とデュー・プロセス条項 193

第1節　Carlton 判決への批判　193
　(1) 立法目的審査の妥当性（193）　(2) 納税者への影響の過小評価（194）

第2節　Carlton 判決の先例性　196
　(1) 遡及期間1年以内の事例（196）　(2) 遡及期間が1年を超える事例（200）　(3) Carlton 判決の先例性の明確化（202）

第3節　遡及課税の合憲性に関する学説の検討　203
　(1) デュー・プロセス条項と遡及適用（203）　(2) 比較衡量審査の適格性（204）

小括　206

第6章　支出権の連邦主義に基づく限界 ——— 215

問題の所在　215

1 支出権の限界と条件付き支出制度 217

第1節　支出権条項の意義　217
　(1) 憲法起草者の意図と第1回議会における議論（217）

第2節　条件付き支出制度の展開　220
　(1) ニューディールから新連邦主義まで（220）　(2) 条件付き支出制度の現状と評価（222）

2 支出権に関する最高裁判例の検討 223

第1節　Massachusetts v. Mellon, 262 U.S. 447 (1923)　223
第2節　United States v. Butler, 297 U.S. 1 (1936)　224
第3節　Steward Mach. Co. v. Davis, 301 U.S. 548 (1937)　225
第4節　Oklahoma v. United States Civil Service Commission, 330 U.S. 127 (1947)　226
第5節　South Dakota v. Dole, 483 U.S. 203 (1987)　227
第6節　New York v. United States, 505 U.S. 144 (1992)　229

3 条件付き支出の合憲性と審査基準 232

第1節　条件付き支出の問題点　232
　(1)「一般的福祉」文言による制約（232）　(2) 条件選択論（233）
　(3) 政治過程による保護論（233）　(4) 政治責任論（234）

第2節　人権保障規定に基づく限界　235
　　(1) 連邦憲法の権利章典との関係（235）　(2) 州憲法の人権保障規定との関係（236）
　第3節　NFIB判決における連邦主義的限界　237
　　(1) Dole判決 O'Connor判事反対意見の再評価（237）　(2) NFIB判決の解釈（238）　(3) 条件付き支出権に関する学説の検討（241）
　小括　243

第7章　議院規則制定権の限界と多数決主義 ―――― 251
　問題の所在　251
1　議院規則に関する最高裁判例　252
2　下院規則21条の司法審査　255
　　(1) Skaggs v. Carle, 898 F. Supp. 1 (D.D.C. 1995)（255）　(2) Skaggs v. Carle, 110 F. 3d 831 (D.C.Cir. 1997)（256）
3　上院規則22条の司法審査　257
　　(1) Common Cause v. Biden, 909 F. Supp. 2d 9 (D.D.C. 2012)（257）　(2) Common Cause v. Biden, 748 F. 3d 1280 (D.C.Cir. 2014)（260）　(3) Gorsuch最高裁判事任命手続と上院規則22条の終焉（261）
4　議院規則制定権に対する司法審査の課題　263
　第1節　議員の原告適格　263
　第2節　救済上の裁量理論　264
5　議院規則制定権の憲法的限界　266
　第1節　規則制定権行使の限界　266
　第2節　特別多数決規則の合憲性に関する学説の検討　267
　　(1) 合憲論（267）　(2) 違憲論（268）
　小括　269

結語に代えて ―――――――――――――――――― 275

　索引　281

アメリカ連邦議会の憲法解釈
―権限行使の限界と司法審査―

第1章　議会調査権の権力分立原理に基づく限界

問題の所在

　本章は、アメリカにおける議会調査権の権力分立的限界について、大統領が保持する行政特権（executive privilege）に基づく証言拒否が争われた諸判決を中心に検討するものである[1]。

　合衆国憲法は、連邦議会、上下両院のいずれに対しても調査権を付与する規定を持たない。しかしながら議会は、イギリス議会、植民地議会などの調査の慣行を継受し、議会に付与された憲法的権限に情報を収集する権限が含意されているとの解釈に基づき、調査を行ってきている。上下両院の委員会は、召喚令状を発給して証人を喚問し、証言、記録などの情報の提出を求め、憲法修正5条の自己負罪拒否特権を行使して証言を回避しようとする証人に対しては免責を付与して証言を強制し、そして、命令に従わない証人を議会侮辱処罰罪で刑事告発することも躊躇しない。

　もちろん、このような議会調査権も絶対無制限のものではなく、合衆国憲法が定める人権保障規定、同じく憲法の基本原理である権力分立原理に基づく制約に服すると考えられている。議会調査権の具体的な憲法的限界は、証人が人権保障規定や権力分立原理違反を理由として証言を拒否した場合に、そのような証言拒否が認容されるか否かを連邦裁判所が判断する際に示されることになる。このうち憲法の人権保障規定に基づく調査権の限界については、連邦最高裁判所が修正1条、4条および5条に関して判断を示している[2]。

　しかしながら、最高裁判所は権力分立原理に基づく議会調査権の限界について直接的に関与していない。ただし、傍論ではあるが、非米活動調査の脈絡において証人が修正1条に基づき証言を拒否した事例において最高裁の Barenblatt v. United States, 360 U.S. 109 (1959) が、議会は「連邦政府の他の一つの部門の排

他的領域にある事項について調査できない」としており[3]、権力分立原理に基づく制約が存するとの認識は示されている。このうち、司法権に基づく限界問題は、近時共和党が支配する議会により一部の連邦裁判官に対して司法権の独立を脅かすような調査が行われた事実がある。しかしながら、一般的な議会調査の場において裁判官や裁判所職員、裁判官秘書などが司法権の侵害を根拠として証言を拒否した例はなく、また、このような問題を直接判断した判例もない[4]。

　もっとも、行政部活動を監督する目的で実施される議会調査は日常的なものであり、その対抗上、大統領が議会に対して情報の提供を拒否する事例も散見される。その際に大統領が情報の提供を拒否する根拠とするのが行政特権である。同特権は、大統領の憲法上の地位、権限に基づく情報秘匿特権とされる。しかしながら、議会調査権と同様に、合衆国憲法には大統領に対して情報を秘匿する権限、特権を付与する条文はなく、当該特権の範囲もまた明確ではない。この点につき、連邦最高裁判所は、ウォーターゲート事件の刑事裁判に関する United States v. Nixon, 418 U.S. 638 (1974) において、大統領が直接関わるコミュニケーションの秘密性を保護する特権について、「政府活動にとって基本的なものであり、合衆国憲法のもとでの権力分立に密接に根付いたもの」として、憲法的に位置付けた[5]。もっとも、同時に最高裁は、行政特権の適用性は憲法的保障を受ける公正な刑事裁判の実施の利益との比較衡量によって決定されるものとし、当該特権の絶対性、無制限性を否定したのである[6]。

　大統領に直接関わる行政特権の適用性について判断した Nixon 最高裁判決の法理は、最高裁自身がその脚注19において議会調査への示唆を念入りに否定したにもかかわらず[7]、議会調査における行政特権の適用性を司法的に解決する可能性を示したと理解されている。しかしながら、これまでのところ最高裁がこの問題に関与したことは一度もない。その主たる要因としては、司法過程と異なり、議会と大統領、行政部との間の情報をめぐる紛争が、通常は両政治部門間で繰り広げられる交渉、妥協のプロセスにおいて解決されてきているからと考えられる[8]。しかしながら、ウォーターゲート期以降、このような政治的交渉のプロセスが機能せず、両政治部門の対立が決定的となった際に、問題が司法の場に持ち込まれることがあり、現在までに下級審レベルではあるが5件の判決が下されているのである。そしてそれら判決では、政治過程における交渉では明確にはならない憲法的権限の抵触問題の法的側面について、両当事者の主張および裁判所の

判断として論じられている。

　そこで本章は、議会調査権と行政特権の抵触を扱った五つの下級審判決を検討することにより、この問題の司法審査に向けた法的障壁を分析するとともに、議会調査権の行政特権に基づく法的限界を明らかにする。

　まず最初に、議会調査権と行政特権の憲法的意義を概観し、20世紀の三つの判決、ウォーターゲート事件に関わる Senate Select Committee on Presidential Campaign Activities v. Nixon, 498 F. 2d 725 (D.C.Cir. 1974)、FBI による違法盗聴事件疑惑に関する United States v. American Tel. & Tel. Co., 551 F. 2d 384 (D.C.Cir. 1976)、スーパーファンド法の法執行情報の秘匿をめぐる United States v. House of Representatives of United States, 556 F. Supp. 150 (D.D.C. 1983) において示された問題点を検討する。次に、連邦検事大量解雇事件調査において George W. Bush 大統領による絶対的な行政特権の主張を否定した Committee on the Judiciary v. Miers, 558 F. Supp. 2d 53 (D.D.C. 2008) を吟味し、最後に、ATF のおとり捜査疑惑調査に関して Obama 大統領が行使した行政特権が否定され、裁判所により議会への情報引渡しが初めて命令された Committee on Oversight and Government Reform v. Lynch, 156 F. Supp. 3d 101 (D.D.C. 2016) を取り上げる。

　本章においては、議会と大統領との間の政治的紛争に対する司法審査という合衆国憲法上の三権が関わる司法手続的問題と、両政治部門の憲法的権限が直接的に抵触した場合に求められる実体的解決策の、2種類の権力分立問題を扱うことになる[9]。

1　行政特権問題をめぐる20世紀の三判決

第1節　議会調査権の意義

　議会調査権とは、連邦議会の上下両院それぞれが、また、場合によれば上下両院合同で、特定の課題について調査を行う権限である。具体的には、通常の立法過程における情報収集目的の調査のほか、特定の事件発生時に管轄権を有する常

任委員会[10]、もしくは特別に設置される委員会が調査を行う。調査の際には証人を議場に喚問し、証言を強制し、記録、文書など必要な情報を求めることができる。調査は合衆国憲法が議会に付与した立法権その他の権限を補助する目的で日常的に行われる。

　議会調査権の実効性を法的に担保するため、現在では、3種類の強制手段が用意されている。まず、上下両院に黙示的権限として認められている議会侮辱処罰権の行使、連邦刑事法上の議会侮辱処罰罪（2 U.S.C. §§192-194）の適用[11]、および連邦裁判所における民事訴訟手続を利用した強制である。このうち黙示的権限としての議会侮辱処罰権は、上下両院の守衛官（Sergeant-at-Arms）を用いて議会の命令に従わない証人の身柄を拘束し、証言に応ずるまで拘禁するもので、手続が議会内で完結するために簡便である。議会調査の証人に対しては1800年に初めて行使され以後利用されてきていたが[12]、1934年の上院における事例が最後の適用となっている。

　これに対して連邦刑事法の議会侮辱処罰罪は、1857年に法制化されたもので、召喚令状に従わなかった者、正当な理由なく証言を拒否した証人に対して、各院の侮辱処罰決議に基づき議長が連邦検事に告発を行い、以後合衆国憲法が定める刑事訴訟手続に則り、連邦大陪審における起訴手続へと進む。

　最後の民事訴訟手続を用いた議会命令の強制手段は、比較的新しく利用され始めたもので、裁判所が審査の後に議会召喚令状に応じるようにとの命令を発給するものであり、その違反者は裁判所侮辱処罰権の対象となる。上院に関しては、議会召喚令状の民事的強制手続訴訟に関する管轄権をコロンビア地区連邦地方裁判所に付与する1978年政府倫理法1365条（28 U.S.C. §1365）[13]が特別に置かれているが、裁判所の連邦問題管轄権に関する民事訴訟手続法1331条（28 U.S.C. §1331）が1976年に訴額要件規定を改正しており（Pub. L. No.94-574, 90 Stat. 2721 (Oct. 21, 1976)）、同法1331条においても議会召喚令状の問題を扱うことができると解されている。通常は、各院全体会議の決議に基づき調査を担当する委員会が原告となり、連邦地裁に訴訟を提起する。

　もっとも、そもそも合衆国憲法は、このような議会調査権および処罰権に関して何ら定めを持っていない。しかしながら、歴史的には1792年3月27日、James Madisonが多数派を形成した下院が特別の調査委員会を設立し、ネィティブ・アメリカンとの戦闘に敗北したSt. Clair将軍の西部遠征を調査するため、「必

要な人物、文書、記録を要求する権限」を付与した事例を始まりとする[14]。調査委員会は、初代大統領のWashingtonに対して情報の提供を要求し、その結果、大統領はAlexander Hamilton財務長官、Henry Knox戦争長官が下院において証言することを許可し、委員会の要求した資料すべてを引き渡したのである[15]。アメリカ独立宣言や合衆国憲法の起草に関わった建国者たちは、かつての本国であるイギリス議会および植民地議会、各邦議会の調査権の伝統を慣行として継受し、合衆国憲法下の連邦議会に同様の調査権限の行使を認容した。連邦最高裁判所も、このような建国直後に始まる調査権を憲法上の議会権限に含意されたものとの解釈を示して、司法的に追認したのである[16]。

　もちろん、議会の調査権も絶対無制限ではない。議会調査権を憲法的に承認したMcGrain v. Daugherty, 273 U.S.135 (1927)事件において最高裁は、「調査権の範囲を逸脱し、質問が調査対象に適切でない場合、証人は正当に証言を拒否できる」としている[17]。また、Watkins v. United States, 354 U.S.178 (1954)では、下院非米活動委員会の授権決議が曖昧であるため憲法修正5条のデュー・プロセス条項違反とし、議会調査において人権保障規定に基づく限界が存することを認めた。また議会調査権は、合衆国憲法において認められる権力分立原理に基づく制約にも服すると考えられる。連邦裁判所を調査対象とする場合、司法権の独立の保障の観点から、具体的な裁判過程への介入が禁じられると見なされ、そして本章が課題とするように、大統領が保持する憲法的諸権限は、同格政治部門である議会による命令に対して、証人の出頭を拒否し、書類の提出を合憲的に拒む根拠として主張されているのである。

　しかしながら、McGrain判決において最高裁が調査における立法目的を広汎に認めた結果、調査そのものの違憲性を問うことは事実上困難となり、調査権の限界は個別の証言に関する限定された事例で認められるに過ぎない[18]。そして最高裁は、権力分立原理に基づく議会調査権の制約について現在まで直接判断しておらず、また、そもそも両政治部門間の情報をめぐる憲法的衝突について、いかなる司法手続を用いて解決すべきかについても示していないのである。

第2節　行政特権の意義

　行政特権は、大統領が連邦議会や裁判所、あるいはマスメディアや国民からの

情報提供の要求を拒否する特権であるとされる[19]。秘匿される情報の対象範囲については、外交政策に関する情報、軍事など国家の安全に関わる国家機密情報、行政部内の審議過程情報、法執行に関する情報、その他行政上の職務遂行に必須の情報など広範囲に及ぶとされる[20]。また、大統領本人に直接関わる情報のみならず、ホワイトハウス内の情報、国務省、司法省、国防総省などの行政部省庁、各種の連邦行政機関が保持する情報も対象として主張されることがある。もっとも、このような行政特権は、合衆国憲法に明示的に定められたものではなく、その範囲、適用可能性、法的性格などについては議論がある[21]。

議会調査権と大統領の行政特権の抵触問題は、早くも1792年の第1回目の議会調査の場で生じている。下院の調査特別委員会による情報提供の要求を受けたWashington大統領は、Thomas Jefferson国務長官のアドバイスを受け入れ、下院に提出する文書の範囲を協議するため関係する省長官を招集した[22]。その結果として大統領は、財務長官、戦争長官の下院での証言を許可し、下院委員会への資料の引渡しを認容したのである[23]。このように、大統領は最終的に議会側の要求を受け入れてはいるものの、まず、要求された情報の引渡しの可否判断は大統領が行っており、また、その判断を行う根拠として大統領の情報に関する憲法的権限が位置付けられている。以後、歴史的に見れば、各大統領は議会による情報引渡しの要求に対してたびたび抵抗を示しているのである[24]。

連邦最高裁判所が行政特権の憲法的根拠を容認したのが Nixon v. United States, 418 U.S. 638 (1974) である[25]。事案は、ウォーターゲート事件に関してNixon大統領がホワイトハウス内で側近と行った会話を録音したテープについて、同事件を捜査するJaworski特別検察官が提出を求めて発給した文書持参証人召喚令状に関わる。Nixon大統領は、事件が行政部内の紛争であって司法判断適合性が認められないとする。そして実体的問題として、大統領の関わるコミュニケーションを秘匿する特権が合衆国憲法2条の行政権に内在するものと主張し、Washington大統領以来の特権行使の慣行を挙げるとともに、Trial of Aaron Burr, 4 Cranch 470 (1807) 以降裁判所が大統領に対して令状を発給していない事実を指摘する。結論としてNixon大統領は、外交や軍事上の事項に限定されず、大統領のコミュニケーションの秘密性の特権が側近との会話についても援用することができ、この問題に関する司法審査が排除されるべきとした。

これに対してBurger最高裁長官による全員一致の法廷意見は、まず、行政部

内の情報を秘匿する特権を憲法上位置付けるものの、権力分立の原理も、また、コミュニケーションに関する高度の秘密性の要求も、すべての状況において司法過程から免責する絶対的で無条件の大統領特権を認容するものではないとした。軍事上、外交上あるいは高度に秘匿することを要求される国家安全上の秘密を保護するとの要求を欠いている場合、大統領の会話の重要な秘密性が、刑事裁判手続において裁判官室での検査（インカメラ検査）による保護の条件のもとで行われる証拠の提出によって、決定的に減少させられるという議論に与しないとする[26]。合衆国憲法2条に基づく絶対的な行政特権は、憲法のもとでの裁判所機能と抵触することになろう。このように述べてBurger長官は、外交、軍事などの含まれていない大統領の会話の秘密性保持に関する特権についてその絶対性を否定し、刑事裁判における証拠の必要性と比較衡量のうえで、当該テープの提出を命令したのである。

さて、Nixon最高裁判決は、その脚注19で強調するように、あくまでも刑事裁判の脈絡における証拠の必要性との比較衡量であり、議会調査における行政特権の適用性に関するものではない[27]。多くの政治的紛争の原因となりながら、議会調査における行政特権の適用性は明確ではなく、議会の行政監督機能、情報提供機能が注目を集めている中で、以後、この問題に関する法的検討が求められることになったのである。

第3節　20世紀の三判決の評価

2016年1月のLynch判決を含めて連邦裁判所は、5度にわたって議会調査における行政特権の適用性について判断を示している。各判決はそれぞれ過去の判決を先例として援用するものの、行政特権が主張された情報の内容、原告の種類、訴訟に至る経緯、裁判所の判断、最終的な解決状況まで大きく異なっている。そこで、まず20世紀に下された三つの判決について検討し、21世紀の二つの判決に影響したその特徴を確認することにする。

(1) **Senate Select Committee on Presidential Campaign Activities v. Nixon, 498 F. 2d 725 (D.C.Cir. 1974)**
1．Senate Select Committee の事例

　本件判決は、裁判所が議会調査における行政特権の適用性を初めて審査した事件である[28]。大統領の特権主張に対して議会が裁判所に提出命令の発給を求めたものであり、刑事裁判手続における証拠の提出に関する Nixon 最高裁判決とは事例が異なる。議会召喚令状の強制について、伝統的な黙示的議会侮辱処罰手続や刑事的議会侮辱処罰手続ではなく、民事訴訟手続を用いることができるのか、また、そもそも、両政治部門の間の政治的紛争の事件に司法判断適合性が認容できるかどうかなど、訴訟の入り口部分で多くの未解決問題が指摘されていたのである。

　1973年2月7日、上院大統領選挙運動特別委員会は、ウォーターゲート事件を調査する目的で設立された。調査の過程で Nixon 大統領がホワイトハウスの執務室内において同事件の隠ぺいに関して発言した会話が録音されている事実が発覚した。そこで同委員会は、7月23日、Nixon 大統領を名宛人として2本の召喚令状を発給し当該録音テープの提出を命じた。しかし同大統領は、絶対的な行政特権を主張して令状に応ずることを拒否した。これに対して上院委員会は刑事的議会侮辱処罰手続を用いず、10月4日、大統領が令状に従うことを求めて同委員会およびアメリカ合衆国名でコロンビア地区連邦地裁に訴訟を提起したのである。しかしながら、10月17日、地裁の Sirica 裁判長は、同地裁にはそもそも議会令状に関する司法管轄権が存しないとして訴訟を却下した[29]。

　12月19日、議会は上院大統領選挙運動特別委員会の召喚令状に関する司法管轄権をコロンビア地区連邦地裁に賦与する特別法を制定した。この立法過程において Nixon 大統領は憲法1条7節に定めのある拒否権を行使しなかったが、法成立に必要な署名も行わず、このため法制定までに10日間の遅延が生じた。上院特別委員会は改めて同特別法に基づき召喚令状の強制に関する訴訟を提起した[30]。1974年2月8日、地裁の Gessel 判事は、本件に関する司法判断適合性を認めるものの、当該情報の上院への引渡しが、並行して進行中の Sirica 裁判長管轄の連邦大陪審手続に影響するとして委員会の請求を棄却した[31]。このため上院委員会が控訴したのが本件である。

2．Senate Select Committee 判決の要旨

1974年5月23日、コロンビア地区連邦控訴裁判所のBazelon長官は、全員一致の判決において上院特別委員会の控訴を棄却した。まず、Bazelon長官は、大統領がみずからの会話を秘匿する特権を保持していることを認める。しかし、そのような特権も絶対的なものではなく、特権の適用性は当該情報に対する公の必要性と比較衡量して判断すべきものである[32]。ここでは、大統領の政策決定プロセスの秘密性に関する公の利益を前提とする特権の一般的な推定を打ち負かすに十分な立証が必要となる[33]。そこで本件を見るに、すでに下院司法委員会がNixon大統領の弾劾調査を開始しているために、原告上院特別委員会の調査は重複的であり、また、上院委員会が求めている録音テープのコピーをすでに下院司法委員会が保持している[34]。さらにその一部は、大統領によってすでに公開されており、したがって上院特別委員会が利用しようとすれば可能となっている[35]。Bazelon長官は、本件における状況に照らし、当該録音テープが上院特別委員会の果たすべき立法機能の遂行に重要なものとは認められないと結論した。

上院特別委員会は上告を行わず、判決は確定した[36]。2か月後のNixon最高裁判決によって問題となった録音テープはすべて公開され、下院における弾劾手続が進行する中、8月9日、Nixon大統領は辞職した。

3．Senate Select Committee 判決の評価

1) 政治問題の法理について

Senate Select Committee判決当時の通説的見解は、議会調査における行政特権の適用性問題に対して司法判断適合性を否定していた。特別検察官としてNixon大統領に録音テープを証拠として提出するよう求めていたArchibald Coxは、情報をめぐる両政治部門間の紛争において議会に原告適格は認められず、また「司法上用いることのできる基準」(judicially manageable standards)が不存在であり司法判断適合性の認められない「政治問題」であると解した。Coxは、議会調査の脈絡で発生する問題が、司法過程における証拠の提出要求とその拒絶とは性質が異なると理解していたのである[37]。このように従来の学説は、裁判所が議会調査権と行政特権の抵触問題について判断することはできず、議会と大統領の対立の解決は政治過程に委ねるべきとしていた[38]。実際、本件判決におけるWilkey判事の結果同意意見は、事例が「政治問題」に該当するために司法審査を拒否すべきであるとしていたのである[39]。

これに対して Senate Select Committee 判決の法廷意見は、事件の司法判断適合性を明確に認めるとともに、行政特権の必要性と議会調査における当該情報の必要性を比較衡量する審査方法を示した。議会侮辱処罰法に基づく刑事手続において行政特権の適用性問題を司法的に判断するには多くの障壁があり、民事訴訟手続が議会調査権と行政特権の対立を解決する法的手段として認められたことは画期的であったと評せよう[40]。

2) 行政特権の絶対性否定

Senate Select Committee 判決は、議会調査の脈絡において行政特権の絶対的性質を否定したことでも重要な意義を持つ。本件判決以前の見解は、行政特権の性質を絶対的なものであるとするのが主であった[41]。大統領は、文書や記録の提出を拒否する裁量を有し、議会や裁判所の情報提出命令に従う必要はないと理解されていたのである。しかし1970年代以降、政府情報に対する国民の関心が高まるとともに、Nixon 大統領がみずからの行為に関して行政特権の濫用とも見えるような行使を行った状況を受けて、特権の絶対性が疑問視されるようになっていた[42]。

このような中で本件判決は、議会調査の脈絡において大統領が直接関わる情報への特権主張について、その絶対性を否定したのである。この判断は、本件直前に下された連邦大陪審の召喚令状と大統領による行政特権の対立に関する Nixon v. Sirica, 487 F.2d 700 (D.C.Cir.1973)、および本件判決直後に下された特別検察官が発給した召喚令状と大統領の行政特権の対立に関する Nixon 最高裁判決も同様である。ウォーターゲート事件に関するこれら一連の判決以降、行政特権を絶対的であるとする主張は少数となった[43]。本件判決は、議会調査の場における行政特権の絶対性を否定するとともに、民事訴訟手続においてこの問題に関する司法判断適合性を認めたことで重要である。

3) 比較衡量の結論の評価

本件において控訴裁判所は、両当事者の利益を比較衡量のうえで、結論として Sirica 判決では認容された録音テープの引渡しを否定し、行政特権の適用性を支持した。Sirica 判決における比較衡量では、死刑事件の起訴も決定できる連邦大陪審の機能が評価され、その場へ提出されるべき証拠の必要性が行政特権の保護する利益を上回ると判断されていた[44]。これに対して本件判決は、上院特別委員会が持つ立法機能の重要性を評価しつつ、その機能を履行するための多様な手

段の存在が示唆され、調査プロセスにおける証拠の必要性を低く見積もる。上院特別委員会の調査活動は、下院司法委員会が弾劾調査の過程で同様の録音テープの提出を求めているため、議会内において重複しているとも評価されていた。

　しかしながら、このような控訴裁の議会調査に対する評価には疑問が残る[45]。被疑者の人権に関わる連邦大陪審の機能の評価は正当であるとしても、同様に、Nixon最高裁判決が重視した刑事裁判手続の評価も肯定できるとしても、全く同様の比較衡量審査において、議会調査の機能評価は決定的に低い。また、調査活動の議会内重複の指摘も、上下両院が独立し活動し、場合によれば相互けん制も担うとの二院制の意義に鑑みれば、下院の弾劾調査とは別個独立の目的を持つ上院特別委員会の調査活動の意義を低く見積もる根拠の一つしたことにも疑問が残る。むろん、本件控訴裁の判断は、すでに下院司法委員会が同様のテープの一部を入手済みであるという事実、また、連邦大陪審に対して大統領自身が情報を開示し始めている事情など、本件事例に固有の諸条件を含めた総合的なものである。控訴裁が用いた比較衡量審査においては、そもそもどのような諸利益が比較され、どのような評価を受けるかについて慎重な吟味が必要ということになろう。

(2) **United States v. American Tel. & Tel. Co., 551 F. 2d 384 (D.C.Cir. 1976)**（以下 AT&T1 判決）；**567 F. 2d 121 (D.C.Cir. 1977)**（以下、AT&T2 判決）

1．AT&T判決の事例

　本件は、控訴裁判所が議会調査権と国家機密情報に関する行政特権の対立を初めて審査したものである。FBIによる違法盗聴疑惑の解明を目的に調査を行っていた下院州際通商貿易委員会小委員会は、1976年6月22日、FBIへ電話設備を提供していたアメリカ電信電話会社（以下、AT&T）に対して盗聴に関する全資料を提出するよう命じた。ホワイトハウスは下院小委員会との交渉を開始したが、AT&TはFord大統領の情報の秘匿要請を拒否して、下院小委員会の令状に応ずると表明した。

　そこで司法省は、当該資料に盗聴対象者リストなどの国家機密情報が含まれているとして、AT&Tを被告として議会令状に応ずることを差し止める訴訟をコロンビア地区連邦地方裁判所に提起したのである。地裁のGasch判事は、まず一方的緊急差止命令（temporary restraining order）を発給した。これに対して、下院

および下院小委員会が被告側に訴訟参加したが、Gasch 判事は、さらに当該記録の下院小委員会への引渡しにつき終局的差止命令（permanent injunction）を発給したのである[46]。この中で Gasch 判事は、本件事例の諸条件に限定し、下院小委員会の当該情報の要求が立法機能について絶対的に本質的なものではないと指摘する。そのうえで、国防、外交政策、国家機密に関する事項の公開によって生ずるリスクについての大統領の判断が、当該下院小委員会の必要性の立証を上回ると結論していた[47]。Gasch 判事によれば、国家の安全や外交政策の分野では、秘密保持の必要性やリスクに関する判定の最終決定について、その役割を大統領に与えられるべきとするのである。そこで、下院小委員会がコロンビア地区連邦控訴裁判所に控訴を行ったのが本件である。

２．AT&T1 判決の要旨

Leventhal 判事による控訴裁判決は、結論として下院と行政部に再び交渉を行うよう求めて事件を地裁に差し戻した。

まず、Leventhal 判事は、被告 AT&T が本件に関する何ら利益を持たず、本件は実体として行政部と議会との紛争であると認定する。そこで問題の司法判断適合性については、議会召喚令状に関する両政治部門間の紛争であるという事実のみでは、司法的解決を排除するものとはいえないとする。事実、Nixon 最高裁判決でも、行政部と司法部との間の同様の紛争を司法的に解決しており、事件への司法判断適合性は維持されていたと指摘する[48]。また、Leventhal 判事は、1976年8月26日の下院決議第1420号が小委員会に当該訴訟への参加を授権しており、「全体としての下院がその調査権限を主張するための原告適格を保持していることは明白である」として、委員会の原告適格も認容した[49]。

次に、Leventhal 判事は、両当事者の主張する憲法的利益の比較衡量、すなわち、議会の当該情報への必要性と、下院小委員会外へのリークの可能性、およびそのような公開によって国家の安全を害する深刻性を比較することになると宣言する[50]。そこで、両部門がそれぞれ主張する絶対的権限の内容について検討する。行政部は国家機密情報の秘匿に関して絶対的裁量を主張している。しかしながら合衆国憲法は、外交・軍事に関わる権限を大統領と議会のそれぞれに付与しており、この分野に関する行政部の裁量が絶対的であるとはいえない。これに対して下院は、議会召喚令状の発給が憲法1条6節1項の議員免責特権によって絶対的に保護されており、その差止訴訟は認められないとする。しかし、Leventhal 判

事は、本件訴訟が連邦議会議員もしくは委員会を被告とするものではなく、議会召喚令状の発給に関して免責特権の適用を認めた Eastland v. United States Servicemen's Fund, 421 U.S. 491 (1975) とは事例が異なるとする。Leventhal 判事はこのように述べて、両部門の絶対性の主張を退け、両部門の利益を比較衡量することによって判断されるべきであるとする[51]。

しかしながら、Leventhal 判事は、このような比較衡量は、裁判所を諸基準の構成と適用に関して困難な問題に直面させることになるとする[52]。そこで同判事は、そのような決定を行う前に、再度両当事者が交渉に努めるように求めた。同判事は、すでに問題解決に向けて両当事者間で交渉が行われていることを承知しているとする。また、両政治部門による今回の紛争が少なくとも政治問題の法理の要素の幾つかに該当しているとも指摘し、問題を両当事者の交渉のテーブルに付けるため差し戻した。Leventhal 判事は、この問題が再度控訴裁に戻った場合には、特定され限定された司法的役割を果たすことになると結論したのである[53]。

控訴裁判所は、地裁に対して3か月間の交渉の進展について報告するように命じた。しかし、両政治部門の交渉は不調に終わり、その旨が控訴裁判所に報告された。

3．AT&T2 判決の要旨

Leventhal 判事による AT&T2 判決は、AT&T1 判決における事例検討をそのまま引き継ぎ、Senate Select Committee 判決同様、本件においても両当事者の主張する利益の比較衡量が求められるとする[54]。

しかしながら Leventhal 判事は、AT&T1 判決以降3か月の交渉により、両当事者間の溝が埋まったと指摘し、比較衡量による判断を回避して、次のような妥協案を提示した。まず問題となっているのは、盗聴に関する未編集のバックアップメモに対して下院小委員会のアクセスが認められるかどうかである。そこで司法省は、下院小委員会に対して国家機密部分を編集した代替資料をランダムに提供し、小委員会が機密区分に該当するか否かを確認する。機密区分に不正があることが発見された場合、地方裁判所が裁判官室での検査（インカメラ）によって資料原本と代替資料について再度審査を行い、その結果として両部門の共同行為に問題があると判明すれば、地裁が発給した差止命令の解除を含む司法的救済措置をとる[55]。下院小委員会と司法省はこの妥協案を受け入れ、事件は決着し

たのである[56]。

4．AT&T判決の評価
1) 国家機密情報への行政特権の絶対性について

まず、AT&T1判決およびAT&T2判決は、国家機密情報に対する行政部権限の絶対性を否定した点で重要と考えられる。そもそも、外交・軍事などの国家機密を理由とする行政特権は、同判決以前はUnited States v. Reynolds, 345 U.S.1 (1953) に見られるように、事実上絶対的な特権として取り扱われてきた経緯がある。Reynolds最高裁判決では、軍事的機密装置のテスト飛行中に発生した軍用機の墜落事故に関連して、遺族が連邦不法行為請求法の証拠として空軍が保持する記録の提出を求めていた。下級審の開示命令に対して、最高裁は「国家の安全利益のため秘匿されている軍事関連事項の提出強制には合理的な危険が認められる」として、提出を拒否することを認容した[57]。もっとも、Reynolds最高裁判決においても、「裁判所単独で、特権の主張の適切性を決定しなければならない」と示されており[58]、問題の最終的判断が司法的権限であるとの見解も示されていたことに留意すべきである。これに対して、AT&T1およびAT&T2両判決においては、議会調査の脈絡における国家機密情報秘匿の絶対性が否定されるとともに、両者の利益を比較衡量する審査基準を示していたのである。

ただし、AT&T2判決が実際には比較衡量審査を実施しなかった点には注意が必要である。一般的には国家機密を秘匿する利益が議会調査の利益に優越すると解すべきであろうが、実体的な審査の行方はAT&T判決の結果において、法的に未解決のまま残されたことになる。このようにAT&T判決の意義は、本件状況のもとで、国家機密に基づく行政特権の絶対性が否定され、比較衡量審査の可能性が示唆された点のみに限定されることになる。

2) 裁判所の仲裁者的役割について

むしろ、AT&T1判決およびAT&T2判決を通して注目すべき点は、裁判所が立法部と行政部の間の情報をめぐる紛争に関して仲裁者的役割を担った事実である。議会調査権と行政特権との抵触問題は、両部門が憲法的権限の絶対性を主張するために、交渉が長期化したり、膠着状態に陥ったりしやすい。これに対して本件における控訴裁は、まず、AT&T1判決において下院小委員会と司法省に対して3か月の交渉を行うよう要求し[59]、その交渉決裂後にAT&T2判決で特権が主張された記録を編集した代替資料を用いる妥協案を提示している。また、

AT&T2判決における控訴裁は、妥協案内容に違反する行為が確認された場合に、裁判所が当該国家機密情報に関して直接再検査を行い、さらにそこで秘密性に問題があると認められれば、差止命令の解除を行い議会側への引渡しを命ずる可能性を示唆している。このような司法的強制権限の行使を伴う仲裁的な手続は、両政治部門間の紛争を解決する法的手段として注目すべき内容を持っていると評せよう[60]。

(3) United States v. House of Representatives of United States, 556 F. Supp. 150 (D.D.C. 1983)

1．House of Representatives 判決の事例

本件は、行政特権に基づき証言を拒否した行政部省庁長官に対して、下院本会議が議会侮辱処罰の決議を採択した初めての事件に関連している。下院公共事業輸送委員会に設置された調査監督小委員会は、Reagan 政権におけるスーパーファンド法の執行状況に問題があるとして調査を行っていた。同法は Carter 前政権の末期に制定されたもので、環境保護庁（以下、EPA）に有害物質の除去に関する諸権限を付与していた。下院小委員会は、EPA がスーパーファンド法の執行を故意に遅滞させているとの疑いを持ち、1982年11月22日、Anne Gorsuch 長官に対して就任以降の同法関連の情報をすべて提出するように命じた。これに対して同長官は、11月30日付の Regan 大統領の命令に従い、下院委員会に出頭のうえ、召喚令状の対象となった記録の収集は終了したが、当該情報の引渡しが法執行を妨げるとして提出を拒否したのである。

1982年12月16日、下院本会議は、259対105の多数で Gorsuch 長官の拒否が議会侮辱処罰罪に該当するとの決議を採択した。同決議は、行政特権に基づき証言を拒否した者を刑事的侮辱処罰罪に該当するとした史上初のものとなる。O'Neill 下院議長が議会侮辱処罰法の手続に従い Gorsuch 長官への刑事告発を行ったところ、行政部および同長官は、合法的な行政特権の主張に対する侮辱処罰手続が無効であるとの宣言的判決を求めて、コロンビア地区連邦地裁に訴訟を提起したのである。下院は、行政部の訴えについて司法管轄権、原告適格および事件争訟性などの訴訟手続上の問題が存するとして、訴訟却下の申立てを行った。担当の Hariss 連邦検事は、本件民事訴訟の終了まで Gorsuch 長官に対する刑事手続を停止するとの声明を発表した[61]。

2. House of Representatives 判決の要旨

　1983年2月3日、地裁の Smith 判事は、司法手続的理由を根拠として行政部側の請求を却下した。まず Smith 判事は、原告が裁判所に対して、行政特権の主張に基づき特定の書類を合法的に秘匿しているか否かについて判断し、問題の解決を行うよう求めていると指摘する[62]。これに対して被告下院は、このような訴訟が訴訟原因（cause of action）その他の訴訟要件に合致していないことに加えて、憲法1条6節1項の議員免責特権条項により絶対的に訴訟から免責されうると反論している。このように連邦政府の行政部および立法部は、議会調査権の範囲に関する紛争を提起しているのである。両当事者が相反する立場に固執すれば、裁判所は EPA 長官の行政特権主張の妥当性について判断を迫られることになる。この点につき原告は本件民事訴訟による判断を求め、被告は別途刑事裁判手続の進行を要求している。

　そこで Smith 判事は、議会調査に対する憲法的主張や異議の申立ては、刑事的議会侮辱処罰法の下で刑事被告人となった者が提起することのできるものであるとする。AT&T 事件においては、行政部が議会の強制手続に対して民事訴訟を用いてみずからの関与を求めたが、その事例では私人に対する議会令状が問題となっており本件と異なる。このため Smith 判事は、本件における行政特権の主張も、刑事的侮辱処罰手続における被告人が提起できるものとした。

　加えて Smith 判事は、そもそも裁判所には、不要な憲法判断を回避する義務が存すると指摘する。そこで Smith 判事は、AT&T1 判決を引用して、立法部と行政部それぞれの権限に関する憲法的紛争が発生している場合、司法的介入は解決に向けた手段がすべて尽くされるまで控えられるべきであるとした。このため、本件における憲法的対立についての司法的解決は、Gorsuch 長官が議会侮辱処罰罪の容疑で刑事被告人となるか、もしくは、議会が提起する他の訴訟の被告となるまでは不要である[63]。Smith 判事は、対決ではなく、妥協と協力こそが両当事者の目的とすべきであろうと述べている。

　以上のように地裁は、本件において、議会調査の脈絡における行政特権の適用性について一切判断を下さず、司法手続的理由により訴訟を却下した。地裁の指示を受けた下院と行政部は交渉を再開し、EPA が秘密保持を条件に小委員会に対して求められていた情報を提供し、下院側が Gorsuch 長官に対する議会侮辱処罰決議を撤回することで妥協が成立した。同長官は、連邦大陪審が議会侮辱処

罰罪容疑に関して不起訴の答申を行った後に辞任した。

3．House of Representatives 判決の評価

1) 法執行情報に関する特権について

　House of Representatives 判決の事例では、EPA が保持する法執行に関する情報についての行政特権が問題となった。当時行政分野における議会と大統領の政治的な主導権争いの結果、同種の情報に関して両部門が対立する事例が増加しているとの指摘がなされていたのも事実である[64]。議会側は一貫してこの種の情報を秘匿する特権の主張を否定しており、本件に関しても Theodore Olson 司法長官補が大統領に対して行った特権行使のアドバイスに問題があったとして、下院司法委員会が調査を行っている[65]。この点につき学説も、法執行情報の秘匿が議会調査権の立法機能および行政監督機能を害するとして問題視している[66]。行政特権の対象が国家機密情報や大統領に直接関わる情報ではない場合、議会調査権に対抗するのは困難と見なされていたといえよう[67]。

2) 証人側が提起する訴訟について

　次に House of Representatives 判決では、議会調査と行政特権の対立を法的に解決する司法手続が争われた。地裁は、証言拒否の正当性の判断が原則として議会侮辱処罰に関する刑事手続において示されるとした。前記 AT&T 事件を唯一の例外として、裁判所は議会調査に敵対した証人側が提起した民事訴訟を認容していない[68]。したがって、本件判決はこのような先例を再確認したに過ぎないといえよう。

　しかしながら、本件判決の示唆にもかかわらず、刑事手続において行政特権の適用性を審査するには、本来的に問題点が存することが明らかとなった。まず、本件事例が典型であるが、議会侮辱処罰罪の告発手続を担当する連邦検事が大統領の命令により特権の主張者に対する手続進行を拒否できる[69]。また、連邦大陪審への告発など刑事手続が進行したとしても、権力分立原理上、議会が連邦検事の職務を統制することは許されず、手続の進行や結果について議会の意図と反する事態が生じかねない[70]。さらに、大統領のみならず、大統領の命令に従った行政部職員の刑事免責も同様に認容される可能性がある[71]。そもそも、大統領には憲法上恩赦権が付与されており、行政部職員に対する議会侮辱処罰法違反の有罪判決が有名無実化することにもなりかねない[72]。このように見ると、刑事的侮辱処罰権の手続が、行政特権をめぐる議会と大統領の対立の法的解決手段

として実効性がないのは明らかである。

結局本件判決は、刑事手続ではなく、両当事者に交渉と和解を推奨したものであり、議会調査における行政特権の適用性問題に関する司法手続が未確定であり、検討課題として残されていることを示したに過ぎない[73]。この意味で House of Representatives 判決の意義は、その判決内容ではなく、本件判決を契機として、問題解決に向けた司法手続的論点、および大統領や国家機密情報に関わらない行政機関の保持する法執行情報への行政特権主張に関して注目を集めたところにあったかもしれない。本件判決後、議会調査権と行政特権の抵触問題に関する議論は精緻化したが、その後、それら理論を用いて具体的事件の分析を行うまでに25年待つことになった。

2　Committee on the Judiciary v. Miers, 558 F. Supp. 2d 53 (D.D.C. 2008)

第1節　Miers 地裁判決の事例

本件は、George W. Bush 政権の2期目において連邦検事9名が解任された事件に端を発する。2006年1月、Gonzales 司法長官のチーフスタッフが Harriet Miers 大統領法律顧問に対して複数の連邦検事の解任を行う計画を進言した。付されたリストには、連邦検事の政治的活動に関する情報や保守派グループへの所属の有無などが記載されていた。2006年12月7日、司法省は、すでに辞表を受け取っていた2名に続き、Bogden 検事ら7名に対して解任を通告し辞表を受け取った。2006年の合衆国愛国者法502条改正により、後任の検事は、大統領の任命、上院の承認手続を経ずに司法長官が指名して職に就けることができる。しかしながら、連邦検事が政権途中において大量に辞職することは異例であり、直ちに連邦議会の関心を引いたのである。

2007年1月18日、まず上院司法委員会の公聴会が開催され、Gonzales 司法長官は検事の辞職が司法省の求めに応じたものであることを認めつつ、それが勤務評価に基づくものであり、政治的な意図はないと回答した。一方、下院司法委員会は3月6日に開始した公聴会において、辞職した元検事6名を証人として喚問

し、勤務評定の良好な者、共和党関係者の不正疑惑捜査を積極的に指揮する者が含まれていたことを明らかにした。そこで下院司法委員会は事件当時のMiers大統領顧問を含むホワイトハウス関係者、司法省関係者の証言を要請したが、Moschella司法次官補ら13名の司法省関係者の証言のみが認容されたにすぎなかった。Moschella次官補は、問題となった辞職が職務状況を根拠としたものであり、ホワイトハウスの関与も辞任プロセスの最終段階のみであったと証言した。また司法省は、7,850頁以上にわたる資料も下院委員会に提出した。しかしながら下院委員会は、提出された資料および他の証言により司法省関係者に偽証疑惑が生じており、また、ホワイトハウス関係者の問題への関わりも未解明のまま残されていると指摘したのである。

　2007年3月9日、下院司法委員会は、Miers元大統領顧問自身が就任直後より連邦検事の入替えに関する計画を立案していたのではないかとの疑念を深め、再度同顧問を含むホワイトハウス関係者の証言を求めた。3月20日、Miersの後任のFielding大統領顧問は、ホワイトハウス関係者への質問を認容したが、質問事項を限定するとともにインタビュー方式をとるなど質問方法にも条件を付けていた。下院司法委員会はこの提案を「不当に制限が多い」と見なし、3月21日、Miers元大統領顧問およびJoshua Bolten大統領首席補佐官に対する召喚令状の発給権限をConyers司法委員会委員長に付与した。3月28日、下院司法委員会は上院司法委員会と共同で、Fielding大統領顧問に対してあらためてホワイトハウス関係者の証言を求めた。しかしながら、4月12日、Fielding顧問はBush大統領の指示により議会の申し出を拒否する旨通告してきた[74]。

　2007年6月13日、下院司法委員会は、Miers元大統領顧問とBolten大統領首席補佐官に対する召喚令状を発給した。Miers顧問に対しては7月12日に下院委員会に証人として出頭すること、Bolten首席補佐官については、6月28日までに委員会の令状に応答する書類を提出し、秘匿する場合にはその根拠などを詳細に示す特権ログ（privilege log）のリスト資料を作成することを求めている。6月27日、司法省のClement訟務長官はBush大統領に対して、召喚令状の対象にホワイトハウス内のコミュニケーションなどが含まれるとして、行政特権を行使するようアドバイスする書簡を送付した。6月28日、Fielding大統領顧問は、下院司法委員会に対して行政特権に基づき召喚令状には応じられない旨を通告してきた。

7月25日、下院司法委員会はMiers元大統領顧問とBolten首席補佐官に対する侮辱処罰決議を採択し、11月5日に下院本会議へ送付した。以後、下院と行政部との交渉は続けられたが解決を見ず、2008年2月14日、下院全体会議は、223対32の多数で両名に対する議会侮辱処罰決議を採択し、刑事告発手続およびコロンビア地区連邦地裁への召喚令状強制に関する民事訴訟手続の準備を開始するよう指示した。2月28日、Pelosi下院議長はコロンビア地区を管轄するTaylor連邦検事に議会侮辱処罰法に基づく告発を行った。しかしながらMukasey新司法長官は、大統領の命令に従って行動している両名に対して、連邦検事が大陪審に対する告発手続を開始することはないと返答してきた。これを受けて下院司法委員会は、地裁に対して議会召喚令状の強制に関する宣言的判決と差止命令を求める民事訴訟を提起したのである。

第2節　Miers地裁判決の要旨

(1) 司法判断をめぐる手続的問題

　2008年7月31日、コロンビア地区連邦地裁のBates判事は、まず、当該訴訟の開始に際して両当事者から申立てのあった司法管轄権など手続的問題について回答した。Miers元大統領顧問とBolten大統領首席補佐官は、下院司法委員会の提起した訴訟について、原告適格、訴訟原因の問題故に司法判断適合性が認められないとし、また、事件への司法管轄権を却下すべく当裁判所が裁量権を行使すべきであると主張していた[75]。

　これに対してBates判事は、本件における両訴訟当事者は連邦政府の同格部門であるが、訴訟自体は裁判所にとってなじみ深い召喚令状の強制に関わるものであり、基本的な司法的職務の範疇にあるとする[76]。また、Nixon最高裁判決より34年の間、裁判所は日常的に行政特権問題、もしくは行政部への免責付与問題を審査してきており、この問題はもはや「伝統的に司法判断可能な例」であり、先例も十分にあると認める[77]。

　下院司法委員会が憲法上の原告適格の要件である個人的な損害を被っていないとの被告行政部の主張に対しては、召喚令状の対象である情報に関する権利、および、召喚令状への応諾を強制する議会の組織的権限の両者に着目すれば、原告適格に必要な事実上の損害要件を満たしていると考えられる[78]。また被告は、

下院委員会に本件訴訟を提起する訴訟原因が存在しないとする。しかしながらこれまで最高裁は、憲法1条が議会に対して召喚令状を発給する黙示的権利を付与していると認めてきており、令状が司法的に強制されるべきであるか否かについて、すでに判断している。このため Bates 判事は、下院司法委員会が本件において憲法そのものからもたらされる議会の権利について、司法宣言法を利用して主張できると結論する[79]。

　Bates 判事は、最後にエクイティ上の裁量理論（doctrine of equitable discretion）の適用を否定する。被告行政部は、両政治部門間の紛争について、憲法起草者の意図に合致するよう政治プロセスにおいて解決されるべきであるとし、裁判所の介入を回避すべきと主張した[80]。しかしながら、憲法2条部門が憲法1条部門を訴えた AT&T 事件よりも、憲法1条部門が憲法2条部門を訴えた本件の場合に、権力分立原理がより侵害されるために、裁判所が裁量で事件を却下すべきとの主張は理解できないとされたのである[81]。

(2) 行政特権の適用性に関する判断
1. 絶対的免責の主張について

　そこで Bates 判事は、議会調査における行政特権の適用性問題の実体的審査に入る。まず、被告行政部は、権力分立原理および大統領の自由裁量権が大統領側近を議会での証言強制から絶対的に免責すると主張している。

　しかし、Miers 元大統領顧問は議会召喚令状の名宛人であり、下院委員会のもとに証言のため出頭する法的義務を負う。そして出頭した際に、特定の質問もしくは課題に関して正当に特権を主張することはできると考えられる。これに対して行政部は、大統領が職務上の問題に関する損害賠償訴訟から絶対的に免責された Nixon v. Fitzgerald, 457 U.S. 731 (1982) を援用し、大統領にアドバイス、援助を行う義務を負う大統領側近にも同様の免責が認められるとする[82]。しかしながら Bates 判事は、最高裁の Harlow v. Fitzgerald, 457 U.S.800 (1982) が大統領側近の損害賠償訴訟からの免責を否定していると指摘する[83]。また、Harlow 最高裁判決においては、安全保障もしくは外交政策などのような裁量的権限に関する機密性の高い事項であれば、特定の状況のもとで絶対的な免責もありうるとしていたが、本件にはそのような関わりは主張されていない[84]。結論として Bates 判事は、Miers 顧問が絶対的な免責を主張できず、下院委員会へ証人として出頭す

る義務を負い、その後にその尋問に対して行政特権を主張できるとするのである。

2．特権ログリストの提出について

次に被告行政部は、下院司法委員会はホワイトハウスに対して特権ログなどのリストを要求する権限を有さないと主張する。司法委員会は、秘匿情報に関する特権ログの提出について、制定法上の根拠のあるものではないが、合理的慣行として認められるものであると主張していた。この点につき Bates 判事も、秘匿された記録に関する詳細なリストが、両当事者の交渉と妥協のプロセスにおいて役立つと見なす[85]。そこで Bates 判事は、特権の適用性についての決定のため、秘匿されている書類の性質および範囲に関して詳細に述べたリストを提供すべきであると命じた。また、Bates 判事は、召喚令状の対象となった情報のうち、特権ログにより秘匿化されていない情報に関しては、司法委員会に引き渡すよう行政部に指示したのである。

第3節　Committee on the Judiciary v. Miers, 542 F. 3d 909 (D.C.Cir. 2008)

2008年8月26日、地裁は被告行政部側から申立てのあった7月31日命令の停止請求を却下した[86]。そこで、被告側がコロンビア地区控訴裁に控訴を行ったのが本件である。9月4日、控訴裁判所は、全員一致の法廷意見（per curiam）によって地裁命令を停止する判断を示した。

まず控訴裁は、原告である下院司法委員会自身、召喚令状の効力期限である2009年1月3日の第110議会終了日までに、本件紛争が司法の場において完全かつ最終的に解決されるとは認識していないと指摘する。このような状況においては、原告が求める主意書説明と口頭弁論の予定表に基づいて迅速な審査を設定する理由がない。例えば本件が現実の争訟が消滅してムート（moot）となれば、手続の進行は裁判所および両当事者にとって時間の浪費となり、また、ムートでなければ召喚令状が無効となるだけである。このため、この段階で裁判所が本件問題を判断する必要はない。このような決定には、次期大統領および新規に構成される下院に対して、本件訴訟の実体的問題についての見解を表明する機会を付与できるとの付加的な利益も見出せる[87]。以上のように述べて控訴裁は、被告行政部が申し立てた地裁命令の一時停止を許可したのである。

Obama 大統領へ政権が交代した後の 2009 年 1 月 13 日、地裁の Bates 判事は、新しい行政部に対して召喚令状に対応するすべての書類、電子メールのコピーをホワイトハウス内で保管すること、および、オリジナルの資料を箱詰め封印して大統領資料アーカイブスに提出することを命じた[88]。民主党の Obama 政権と、選挙後も引き続き民主党が多数を占める下院は交渉を続け、その結果 3 月には妥協が成立し、書類の一部が提出されるとともに Miers 元顧問の証言も実現した。2009 年 10 月 14 日には、継続していた訴訟に関して行政部の申立てが受け入れられ、控訴裁は訴訟を棄却した[89]。

第 4 節　Miers 地裁判決の評価

　Miers 地裁判決は、House of Representatives 判決以来 25 年ぶりに議会調査における行政特権の適用性問題が訴訟対象となったものである。連邦検事の異例の大量解任事件にホワイトハウスの政治的判断が関わっていた可能性があったこと、被告となった Miers 大統領法律顧問が前年に Bush 大統領により O'Conner 最高裁判事の後任として指名され、結果としては裁判官職の経験不足などの批判によりみずから辞退していたなどの点も注目を集めた。

(1)　**連邦問題管轄権について**

　まず、Miers 地裁判決は、行政特権に基づく証言の拒否に対して議会側が民事訴訟を用いて召喚令状の強制を求める場合に生じる司法手続的問題の多くを解決した点で注目できる。

　本件と手続的類似性を持つ Senate Select Committee 控訴裁判決では、上院特別委員会の召喚令状の司法的強制に限定した管轄権を連邦地裁に付与する特別法が制定されていた。これに対して本件では、連邦問題に関する事物管轄権を定めた連邦民事訴訟法 1331 条が用いられている。同法 1331 条は、AT&T 事件および House of Representatives 事件においても事物管轄権を地裁に付与していたが、両事件ともに行政部が原告となって議会召喚令状の強制を阻止しようとするものであり、本件とは事例が異なる。Miers 地裁判決において、憲法 1 条が定める権限に含意されている議会の召喚令状発給権に応ずるかどうかの問題が、「連邦問題」(federal question) として連邦裁判所が憲法 3 条により付与された司法権を行

使できる対象であると明確に示されたことは重要である[90]。

(2) 原告適格、訴訟原因について

次に Miers 地裁判決は、下院委員会の原告適格と訴訟原因それぞれを肯定する根拠を、議会調査権と召喚令状発給権の憲法的意義から導き出す。行政部は、原告適格の要件である事実上の損害につき、憲法1条が立法権を定めるのみで情報を求める権限を議会に対して付与してはおらず、情報に関する議会側の損害に法的基礎を欠くと主張した。これに対して地裁判決は、議会委員会には民事訴訟を通してみずからの正当に発給した召喚令状を実行する原告適格が存すると認めるのである。

また Miers 地裁判決は、本件における訴訟原因についても、議会が憲法1条の立法機能に基づき召喚令状の発給と強制を行う権利、および当該令状の対象となる情報を入手する権利を持つことは疑いないとし、宣言的判決法を通してそのような諸権利の救済に関する宣言的判決を求めることができると判断するのである[91]。

(3) エクイティ上の裁量理論の適用性について

Miers 地裁判決は、エクイティ上の裁量理論の適用性についての行政部の主張が、結局両政治部門間の情報をめぐる紛争が、この200年間にわたって当事者間で解決されてきていた事実を根拠とするものに過ぎないと指摘する。地裁は、行政特権の適用性について判断した Nixon 最高裁判決、Senate Select Committee 控訴裁判決に加えて、行政部により提起された House of Representatives 事件や AT&T 事件を引用し、今回も同様に司法的介入を行わない理由がないとする。さらに、地裁は事例ごとに異なる裁量権行使についての環境に関しても慎重に検討しており、下院議員の2年任期による召喚令状の効力の消滅、大統領選挙の結果の新行政部の構成、控訴による訴訟の遅延などの諸事情を考慮したとしても、少なくとも下院議員の任期が5か月残っている段階で裁量に基づく訴訟却下は認められないと判断したのである。

さて、たしかに行政部が申し立てるように、憲法レベル、法律レベルの訴訟手続要件をクリアーしていたとしても、裁判所には権力分立原理への配慮などの諸条件を考慮のうえで訴訟を却下するエクイティ上の裁量が認められている[92]。

もっとも、このような裁判所による裁量権の行使が、権利侵害の継続と固定を裁判所自身が認容してしまう結果を生じる危険性がある。控訴裁判所判事時代にこの種の問題に関与したScalia最高裁判事によれば、そもそもエクイティ上の裁量理論の目的は、このような権利侵害の継続を回避することにあったとされる[93]。Miers地裁判決が、議会調査における行政特権の適用性に関する紛争というまさに典型的な権力分立問題について、裁量で却下すべき事例には当たらないと明言したことは意義深いといえる。

(4) 大統領側近が関わる審議過程特権の適用性について

　Miers地裁判決では、実体的問題として大統領側近が関わる審議過程情報への行政特権の主張が争われた。Clement訟務長官によれば本件では、1. ホワイトハウス内部のコミュニケーション、2. ホワイトハウスのスタッフと立法部関係者を含む行政部外の者とのコミュニケーション、3. ホワイトハウスのスタッフと司法省職員とのコミュニケーション、以上3種類の内容が含まれていた。本件で争われたのはNixon最高裁判決同様の審議過程情報であるが、大統領本人ではなく大統領側近が関わる情報であった点が異なる。しかしながらBush大統領は、大統領側近に関しても絶対的な免責を主張して議会へ出頭させること自体を拒み、令状の対象となった個別情報の秘匿理由を説明する特権ログのリスト資料の提出も認めなかった。これに対して、司法長官その他の司法省幹部への召喚令状は、上下両院いずれの調査においても認容されており、大統領側近と行政部省庁の職員とで明確に区別されているのである。このような条件において、本件地裁がNixon最高裁判決やSenate Select Committee控訴裁判決において大統領自身にすら否定された絶対的免責の主張を、大統領側近の事例に認容する余地はなく、その判断は正当といえよう。

　むしろ、地裁判決の実体的判断において注目すべきなのは、下院が要求した特権ログリストの作成、提出の強制である。議会への情報の提出を拒むためには、そもそもどのような情報に対してどのような根拠により秘匿特権を主張するかを示す必要がある。このような特権ログのリスト資料の作成に法的意義を見出されて、司法的に命じられたことは議会調査の実効性を図る面からも評価できよう。

　もっともMiers地裁判決は、大統領側近が議会に出頭する法的義務を負うことを確認したものの、下院司法委員会における個別の質問に対して側近としての地

位に基づき、あるいは、ホワイトハウス内の情報であることを理由として証言を拒否できるか否かについては何ら示唆しておらず、この点に関しては不明確である。本件判決が引用する控訴裁の In re : Sealed Case (Espy) 121 F.3d 729 (D.C. Cir.1997)（以下、Espy 控訴裁判決）が Nixon 最高裁判決を先例として、ホワイハウスの法律顧問事務局が大統領に提出したレポートについて、大統領に直接関わるコミュニケーションに対して適用できる特権を拡大する可能性を示唆しており、本件においても具体的な比較衡量が実施された際の結果は明確ではないといえる。

加えて本件では、Miers 控訴裁判決が議会下院の会期終了などを理由として地裁命令を差し止めて再度の交渉を求めており、この問題の司法的解決の課題があらためて露呈したことも注意すべきであろう。最終的には民主党大統領と民主党議会の間で議会調査に配慮した形で妥協が成立しているものの、問題解決までに時間が浪費された事実は否定できない。Miers 地裁判決は、「両政治部門間の紛争が事件に関わっているという単なる事実、あるいはそのような紛争が通常は交渉と和解によって解決している点は、調査委員会の権利を司法上救済できないものとするには十分ではない」[94]）として、問題への司法審査の意義を語るが、本件自体がまさに交渉と和解によって終結しているのである。このため本件を契機として、議会調査権の行政監督機能などを重視する学説からは、議会調査の場における行政特権の主張からその最終的な解決まで、手続全体を法的に再考する議論が示されているのである[95]）。

3 Committee on Oversight and Government Reform v. Lynch, 156 F. Supp. 3d 101 (D.D.C. 2016)

本件は、裁判所が初めて議会調査における行政特権の適用性を否定し、行政部に対して議会への情報の提出を命じた判決である。また、Bush 前大統領と比較して情報の公開に積極的とみられていた Obama 大統領が、初めて行政特権を主張した事例でもあった。判決は二段階に下されており、まず、裁判所の管轄権をめぐって被告司法長官が提起した訴訟却下の申立てに関する 2013 年の Holder 地裁判決、次に、実体的審査に入り下院委員会の申立てを認容して情報の提出命令を下した 2016 年の Lynch 地裁判決である。訴訟係属中に、被告である司法長官

がErick HolderからLoretta Lynchへと交替したために被告名が異なるが、同じ訴訟である。

第1節　Lynch地裁判決の事例

2009年10月、司法省内のアルコール・タバコ・銃器・火薬局（以下、ATF）と司法省フェニックス支局は、メキシコとの国境において銃の売買を利用したおとり捜査により麻薬密輸ルートを摘発する「Fast and Furious」作戦を実施した。しかし、2,000丁にものぼる銃の販売を行ってメキシコ側に流出させたにもかかわらず、目的とする密輸ルートの解明について成果が上がらず、しかも、2010年12月15日には国境警備隊隊員がおとり捜査においてATFが販売した銃により射殺されたのである。事件は議会とマスメディアの関心を引き、まず共和党のGrassley上院議員が司法省に対して事件の真相を確認する文書を送付した。これに対して2011年2月4日、司法省はATFによるおとり捜査に関する報道などが虚偽、不正確である旨を回答した。しかしながら、同時に司法省は主席査察官（Inspector General）に対して作戦の失敗に関する調査の実施を指示していたのである。

下院の監督・政府改革委員会も調査を開始した。3月31日、下院委員会はATFのMelson局長代行に対して作戦に関する情報を提出するよう命じる召喚令状を発給した。司法省は、6月10日から10月11日までの間に、2,000頁にのぼる資料を委員会に提出し、当該令状への回答とした。また10月11日には、Holder司法長官が当該作戦に「基本的な欠陥」が認められ「完全に不適切なもの」であったと評価する書簡を下院委員会に送付した。

これに対して下院委員会は、10月11日、Erick Holder司法長官を名宛人として、本件訴訟で問題となる、第2の召喚令状を発給した。ここでは2月4日付け回答書簡の作成、およびその後の議会への情報の隠匿にかかわる記録すべての提出を命じていた。これを受けたHolder司法長官は、10月31日から翌年の5月15日にかけて記録の一部を提出したものの、その他の記録の提出を拒んだ。下院委員会と司法省の交渉は妥協に至らず、下院委員会のIssa委員長はHolder長官に対する議会侮辱処罰手続の開始を警告した。2012年6月20日、Cole司法長官補は、司法省内における審議過程を明らかにする危険性を根拠として、

Obama 大統領が召喚令状の対象となった 2 月 4 日付け回答書簡関連の情報に対して行政特権を主張する旨通告してきたのである。また司法省は、召喚令状の対象となった書類、記録のいかなる部分が特権によって保護される範囲に含まれるかを示す特権ログなどのリストの提出も拒否した。

　行政特権の通告を受けた同日、下院監督・政府改革委員会は、賛成 23 反対 17 で Holder 司法長官の令状への不服従に対して議会侮辱処罰に該当するとの決議を採択した。その後も下院委員会と司法省は交渉を続けたが決着せず、6 月 28 日、下院全体会議は賛成 255 反対 67 により Holder 長官に対する侮辱処罰決議を採択した。下院決議を受けて、Cole 司法長官補は下院議長に対して司法省は大陪審に対して議会侮辱処罰法に基づく告発を行わず、また、司法長官に対する他のいかなる訴追を行うこともないと通知した。6 月 29 日、Boehner 下院議長はコロンビア地区の Machen 連邦検事に対して下院の侮辱処罰決議の認証を行ったが、検事は応じなかった。そこで下院議長は、刑事訴追手続を通した召喚令状の強制が不可能になったと判断し、下院事務局長に本件訴訟の提起を指示したのである。

　2012 年 8 月 13 日、下院委員会は本件訴訟を提起した。委員会は、召喚令状の対象となった情報の中に大統領に対するアドバイスなどが含まれておらず、また、大統領が保持する憲法的諸機能の中核に触れるものでもないため、本件における行政特権の主張は無効であると反論していた。

　9 月 19 日、司法省の主席査察官は問題となったおとり作戦に関する詳細なレポートを公表した。10 月 15 日、Holder 司法長官は、下院委員会により提起された本件訴訟に関して、司法管轄権が欠如しており、また訴訟原因などの原告としての主張も行えていないとして、訴訟を却下する旨の決定を求める申立てを行った。11 月 27 日、地裁は協議を行い、主席査察官レポートの公開が両当事者間の対立範囲を限定するかどうか、あるいは両当事者に中立的な仲裁者の補助を受ける利益があるかどうかについて検討した。これを受けて、両当事者は協議を続行すると表明した。2012 年 12 月 20 日、民主党の Conyers 下院議員ら 5 名が被告司法長官側に立つ裁判所の友（amici curiae）として意見書を提出した。

　2013 年 1 月 3 日、第 113 議会の開会にあたり、選挙によって新しく構成された下院は、監督・政府改革委員会に対して第 112 議会会期中に提起された本件訴訟を継続する権限を授与した。これ受けて下院委員会は、あらためて Holder 司法長官に対し前回と同じ内容の召喚令状を発給した。3 月 15 日、両当事者は裁判

所に交渉の状況について報告を行い、3月18日には、裁判所が仲介者として地裁のシニア裁判官に事実事項を送付する命令を発した。3月26日にも両当事者は協議のための会合を持ったが問題は解決しなかった。そこで裁判所は、まず被告側からの訴訟却下の申立てに関して口頭弁論を開催することを決定した。

第2節　Committee on Oversight and Government Reform v. Holder, 979 F. Supp. 2d 1 (D.D.C. 2013)

(1) 司法判断適合性について

2013年9月30日、地裁のJackson判事は、まず両当事者から提起された司法手続的問題に関する申立てについて審査を行った。

Jackson判事によれば、被告Holder長官は、合衆国憲法3条が両政治部門それぞれの権限と責任の範囲に関する本質的な政治的論争について、司法管轄権を行使することを禁じているとする[96]。しかしながら最高裁がBaker v. Carr, 369 U.S. 186 (1962)において示した政治問題の法理の対象分類によれば、本件事例は、他の部門の職務を侵害したり政策的判断に後知恵をつけたりするものではなく、適用すべき法的原理も存在しているため、訴訟を却下すべきものではない[97]。

それでもなお被告行政部は、司法部が他の二部門間の紛争を解決するのであれば、それは憲法が保障する権力分立原理に反するとの立場をとり続ける。「(憲法3条の) 裁判所の役割は、個人の権利について判断するものであり、行政部に対する一般的監督を実施したり、他部門間の紛争への自発的な審判を行ったりするものではない」とするのである[98]。しかしながらJackson判事は、被告側が口頭弁論において援用した判決は、上院議員4名と下院議員2名が行政管理予算局の監督官を相手取った訴訟に関する最高裁のRaines v. Byrd, 521 U.S. 811 (1997)のみであり、しかも、Raines判決の結論においても、裁判所の役割を個人の諸権利の擁護に限定するものではなかったと指摘する[99]。本件は、あくまでも特定の記録に対する特別の要求に関する特別の特権の適用性が関係するものであり、訴訟は他の二つの政治部門のいずれかに対する広範な監督を行うよう裁判所に強いるものではない[100]。以上により、Jackson判事は、AT&T1判決およびHouse of Representatives判決を挙げて、政治的議論を提供しているとの理由のみで法廷に事件を却下するよう求める先例は存在しないと結論した。

(2) 連邦問題管轄権について

次に Jackson 判事は、下院の監督・政府改革委員会による本件訴訟が連邦問題を提起しており、連邦民事訴訟法1331条のもとで地裁が司法管轄権を有するとする[101]。

まず司法省は、上院召喚令状の強制訴訟について地裁に管轄権を付与した連邦民事訴訟法1365条が別途存在するのに対して、下院に関しては同種の連邦法が存在しないため、裁判所は下院の提起した訴訟に関する管轄権を有しないとの申立てを行っていた。しかし、第1に連邦民事訴訟法1365条自体が、政府特権を主張している公務員に対する令状を例外的に管轄外と定めており、裁判所はこの種の令状に際して連邦民事訴訟法1331条を適用することになる[102]。第2に、連邦民事訴訟法1365条の立法史を見れば、訴額要件により議会召喚令状への管轄権が否定された問題を受けて1976年に連邦民事訴訟法1331条が改正され、1365条はその後の1978年政府倫理法の一部として定められた経緯がある。つまり、1365条制定の段階では、職務上活動している連邦職員に対する司法管轄権の欠如を救済する必要はなかったのである。Jackson 判事はこのように述べて、司法管轄権に関する特別規定上の欠如が一般的規定の適用性や利用可能性を否定するとの主張は受け入れられないとした[103]。

(3) 原告適格について

また、Jackson 判事は、本件における下院委員会の原告適格を認める。被告司法省は、本件が事件争訟性を構成せず、下院委員会の訴えは具体的かつ特定可能な個人的損害要件を満たしておらず、委員会が原告適格を有しないとしていた[104]。

そこで、権力分立に関わる問題が提起されている訴訟に直面した場合に「特別な厳格さ」を要求する最高裁判例に鑑みると[105]、本件では、下院委員会が公式の調査過程において特定の記録の提出を要求して召喚令状を発給したところ、司法長官が当該記録の提出を拒否したため、下院が当該令状の実施に関する訴訟を提起する権限を委員会に授権したものである。また Jackson 判事は、本件が伝統的に連邦裁判所に対して解決を求められてきた種類の問題を提起しているとも指摘する。裁判所は日常的に、民事訴訟、刑事訴訟そして行政手続の脈絡においても各種召喚令状の強制に関わっている。裁判所の事件記録上に多くの割合を占め

る情報自由化法 (FOIA) に関する訴訟においては、連邦裁判官は行政部が主張する特権、もしくは例外事項の適用性について常時判断を求められているのである。Jackson 判事はこのように述べ、AT&T1 判決を引用して、「全体としての下院がその調査権限を主張するための原告適格を保持していることは明白である」と結論を下した[106]。

(4) 訴訟原因について

さらに Jackson 判事は、被告司法省が主張する訴訟原因の問題も解決する。すなわち、被告は、宣言的判決法に基づく要求を行うとの原告の申立のみでは有効な訴訟原因としては十分ではないとする[107]。しかしながら、下院委員会は、合衆国憲法1条や議会に割り当てられた立法機能により、令状を発給し裁判所において執行することにより調査活動を促進する権利を確立しており[108]、それら諸権利の救済を宣言的判決に依拠しているのである。このように述べて Jackson 判事は、事例が類似する Miers 地裁判決を引用して、委員会が訴訟原因を適法に主張しているとした[109]。

(5) エクイティ上の裁量論の適用性について

最後に Jackson 判事は、エクイティ上の裁量論の適用を否定し、裁判所として本件訴訟の裁量的却下を拒否する。

まず被告である司法長官は、本件紛争には交渉による解決が適切であるとの判断から、宣言的判決法に基づく裁判所の裁量、および、エクイティ上の裁量により、司法審査を行わず事件を却下すべきとする。この点につき被告は AT&T 事件を先例とするが、Jackson 判事は本件との事例の異同を論じる。まず、AT&T1 判決における控訴裁判所は、両政治部門がすでに問題解決に向けた交渉を試みている事実を承知しており、また、合意に至るまでに残された検討事項を確認していた[110]。また、AT&T1 判決においては、秘匿特権の適用性に関して純粋に法的な問題が関係していたわけではなく、下院への引渡しが求められた記録に国家安全保障上重要な事項が含まれているとの理由で移動の禁止が求められていたのである。AT&T1 判決における裁判所は、当該情報への議会の必要性と、下院小委員会内でのリークの可能性、および公開によって国家の安全を害する深刻性を比較したが[111]、結局このような事項が政治的な問題であると指摘して、問題を交

渉のテーブルに戻すため地裁に差し戻したのである。Jackson 判事は、AT&T1 判決の裁量的決定の背後にある理由付けが本件とは異なっていると指摘し、それに対して本件においては典型的な司法審査に向けた限定がなされていると確認した[112]。

　以上のように述べて Jackson 判事は、審査に向けて提起されていた司法手続的問題をすべて解決した。もっとも同判事は、司法審査の準備を整えたうえで、両当事者が司法的介入なしにみずからの解決策を設定することの重要性を認識しているとする[113]。このため Jackson 判事は、両当事者に対して話し合いの場につくように勧め、本件申立てに関する口頭弁論の期日を遅らせるとともに、地裁のシニア裁判官に問題の仲介役を担わせたのである。結局これらの方策がすべて失敗に終わり、本件を却下すべきとの被告の申立ては否定され、12月15日までに両当事者は訴訟予定表を提出することを命じられたのである。

第3節　Lynch 地裁判決

(1) Holder 判決以降の状況

　Holder 判決を受けて下院の監督・政府改革委員会は、召喚令状の対象が省内での審議過程情報であり、権力分立原理に関する問題が生じるような大統領関連の情報ではなく、それゆえに委員会への引渡しが認められるとして、略式での判決を求めてきた。しかし地裁の Jackson 判事は、委員会の申立てを却下し、審議過程情報に関する行政特権にも重要な憲法的範囲があるとし、当該特権が議会の要求に対して適切に主張しうるものであると判断したのである[114]。また Jackson 判事は、被告側の申し立てた、特定の日時以降に作られた記録すべてに及ぶような特権の全面的主張についても、個別の記録について特権の適用性の必須条件を満たしているとの立証がないとして拒否した。

　2014年8月20日、Jackson 判事は司法省に対して、特権の個別判断を行うために召喚令状の対象となったすべての情報について詳細なリストを作成し、裁判所に提出するよう命じた。2015年1月4日、司法省は秘匿情報に関する詳細リストを地裁に提出し、さらに半年の間に3度にわたってその修正版を提出した。4月27日、Holder 長官の辞職に伴い Lynch が後継長官として就任し、本件訴訟の被告となった。

2016年1月16日、地裁のJackson判事は、司法省内の審議過程情報に対する下院委員会の必要性を認め、Obama大統領の命令による行政特権の適用性を否定する判断を示した。

(2) Lynch地裁判決の要旨
1．行政特権の範囲について

　Jackson判事は、特権の範囲に関して下院委員会からの申立てを検討する。委員会は、本件において司法省が秘匿した情報を四つのカテゴリーに分ける。1. 審議過程特権に基づく情報、2. 特権の主張について根拠が示されていない情報、3. 当初より委員会に提出していないだけではなく、詳細リストにも含まれていない情報、4. 審議過程特権以外の根拠で秘匿された情報の4種類である。

　そこでJackson判事は、まず、審議過程情報の秘匿特権の法的意義を確認する。まず行政特権は二つの部分、すなわち大統領のコミュニケーション特権と審議過程特権で構成されている。大統領のコミュニケーション特権が合衆国憲法により厚い保護を受けるのに対して、審議過程特権も行政部のユニークな役割と責任を果たすために、大統領との会話を越えて、行政部内の職員間のコミュニケーションを保護するに至る[115]。この審議過程特権は、政府に対する助言、推薦、審議、政府的決定や政策を形成するプロセスの一部を構成するものであり、書類あるいは他の記録を秘匿することを認容する[116]。ただし、審議過程特権によって保護される書類に関しては、決定前（predecisional）であること、また、内容が審議的（deliberative）なものであることを要する[117]。このため今回裁判所は、司法省に対して、「特権のいかなる主張についても十分に決定できるような」方法をもって記録を特定し、説明できる詳細なリストの調製を命じたのである[118]。

1）審議過程特権に基づく情報
A．議会対策についての審議過程情報

　下院委員会は、今回問題となったような議会やマスメディアに対する回答を検討した記録は政策の決定に関わった審議記録ではなく、審議過程特権の対象ではないと主張していた[119]。しかしJackson判事は、下院委員会による「政策」の強調にもかかわらず、控訴裁の先例が当該特権を政策形成に関わる審議に限定していないと指摘する[120]。そもそも、審議過程特権の目的は政府機関内の政策決定過程を保護するものであり、各機関が「あたかも水槽の中で活動することを強

制」されないように保証することで、法的、政策的課題に向けてフランクな議論を促進することにある[121]。このように述べてJackson判事は、議会とマスメディアからの質問に対する回答を作成するために司法省内で行われた議論についての情報が、審議過程特権により保護されると判断した。

B. 下院委員会の情報への必要性

以上のように、問題となった記録が秘匿特権の対象であるとしても、それは条件付き特権であり、第2段階の分析の対象となる。ここでは、当該文書への必要性が情報を秘匿する必要性を上回るかどうかが審査される。Jackson判事は、競合する諸利益についてフレキシブル、ケースバイケース、アドホックを基本として、証拠への適切性、他の証拠の利用可能性、訴訟もしくは調査の重要性、開示により生じる害悪、将来の政府職員の職務への危険性、政府の問題行動を隠ぺいするためのものであると信ずる理由があるかどうか、そしてすべてを通して、両当事者の利益同様、公の利益を促進するものであるかどうかの視点に立って考慮すると宣する[122]。

そこでJackson判事は、司法長官が繰り返し下院委員会の調査活動の重要性と正当性についての認識を示してきていたと指摘する。また、被告側は当該調査と記録との関連性についてもよく認識している。さらに、記録の重要性については、司法省自身が当該記録に関連して主席監察官に審査を命じていることからも明らかである[123]。これに対して被告は、開示により生じる害悪について、将来にわたって行政部の審議の率直さが阻害され、議会による監督に独立して、効果的に対応する行政部の能力が深刻に害されることになると主張していた。しかしながらJackson判事は、主席監察官が作成したレポートによってすでに公表された記録を下院委員会に引き渡したとしても、そこで生じる害悪は逐次的なものに過ぎず、委員会の当該記録への確固たる必要性が上回ると結論する[124]。

Jackson判事は、2011年以来特権の適用性に関して両当事者が議論を重ねており、裁判所もその解決を支援するためシニア裁判官に問題を委ね、2度にわたって訴訟手続を延期する異例の措置をとっていたが、結局それらの努力は実らなかったと確認する[125]。そこでこのような特別でユニークな状況のもとで、すでにみずからが公開している資料を秘匿する目的で行使される条件付き特権は、立法部の情報への必要性に譲らなければならず、当該記録は引き渡さなければならないと結論された[126]。

2) 特権の主張について根拠が示されていない情報

本件において下院委員会は、被告が特権の主張に関するいかなる根拠も示すことなしに幾つかの書類を秘匿していると主張していた。Jackson 判事は、提出された詳細リスト上、秘匿根拠が空欄になっている文書について下院委員会に引き渡すよう命じた[127]。

3) 当初より未提出で、詳細リストにも掲載されていない記録

下院委員会は、被告が保持する 2011 年 2 月 4 日以降のすべての応答記録の提出を強制するよう裁判所に要求していた。その記録には、審議過程特権によって保護されている書類について、被告が作成した詳細リストに記載のないものも含まれていた。司法省はリストに掲載されていない記録は、2012 年に委員会自身が議題から取り下げたものであり、そのためリストから除外したと説明した[128]。これに対して下院委員会は、両当事者間の交渉が決裂した結果、本件訴訟は当該令状に応答するすべての記録に及ぶことになっており、当該書類も含まれていると反論する[129]。

Jackson 判事は、両当事者ともに長期にわたる交渉の際に示された往復書簡などを自己に有利な証拠として持ち出していると指摘する。しかしながら、当裁判所はこの議論を解決する義務を持たない。Jackson 判事によれば、このような審議過程特権の主張に含まれない応答記録についての判断は、特権問題とは全く別の事項であり、司法的解決に適さない種類の政治的紛争へ当裁判所を巻き込むことになる[130]。Jackson 判事は、両当事者がこの問題に関する交渉的解決に向けたプロセスを利用する余地があると指摘し、下院委員会の引渡しの申立てを棄却した。

4) 審議過程特権以外を根拠として秘匿された書類および編集物

下院委員会は、審議過程特権以外の根拠に基づき秘匿もしくは編集されたすべての書類の提出を求めている。それら情報について司法省は、機密性の高い法執行上の記録、同じく機密性の高い外交政策に関わる記録、弁護士依頼者間特権情報、弁護士の職務活動の成果の法理に基づき秘匿される情報、個人的なプライバシー情報などを確実に含んでいると反論していた。これに対して Jackson 判事は、行政特権以外の他の特権の問題は、和解と交渉のプロセスに委ねるのが最善であると見なし、下院委員会の申立てを退けた[131]。

以上により、Jackson 判事は、2011 年 10 月 11 日付け議会召喚令状に対応する

書類のうち審議過程特権を根拠として秘匿されていたものの提出を命じた。また、特権の発動に根拠がない書類に関しても提出強制の申立てを受理し、他のすべてに関する申立ては棄却されると結論した[132]。そして、2016年2月2日までに、弁護士依頼者間特権を適用できる記録、弁護士の職務活動の成果の法理に基づき秘匿されるもの、個人的なプライバシー情報、法執行上機密性の高い記録、もしくは機密性の高い外交政策上の記録を含むことなどを根拠として、その全体もしくはその一部を秘匿された記録のうち、分離できる部分すべてを提出するよう命じた[133]。最後にJackson判事は、本件命令に照らして、今後当裁判所がどのように訴訟を進行すべきかについて、当事者共同の見解（あるいは合意が形成されなければそれぞれの見解）を表明するため、同じく2月2日までに通告書を提出することを命じたのである。

本判決を受け両当事者は交渉を再開したが、地裁命令に関する妥協は成立せず、2016年4月8日、下院委員会は未提出の資料に関して追加の判決を求めて控訴を行う旨を決定した。控訴の申立てを受けた司法省は、地裁命令に従い20,500頁にわたる資料を下院委員会に引き渡した。4月16日、下院監督・政府改革委員会のIssa委員長は、引き渡された資料により司法省が同委員会の調査を妨害していた事実が判明したと公表し、おとり捜査作戦に関する調査を続行すると表明した[134]。

第4節　Holder判決の評価

(1) 司法手続的課題の一掃

Holder判決においてまず注目すべきは、議会調査における行政特権に基づく証言拒否に対して、民事訴訟手続により議会委員会が召喚令状の強制を求める場合に提起されうる司法手続的課題が、事実上一掃された点である。議会委員会が民事訴訟を提起する原告適格、訴訟原因の問題、そしてエクイティ上の裁量理論の適用に関しては、2008年のMiers地裁判決においても行政部側の主張がことごとく否定されていた。それに加えてHolder判決では、政治問題の法理に基づく司法判断適合性および連邦裁判所の連邦問題管轄権についても検討し、明確な判断を示している。議会調査における証言強制手段としては、黙示的議会処罰権と刑事的議会処罰権の行使によるものがあるが、前者は過去80年間用いられて

おらず、後者も行政特権問題に関して連邦検事の協力を得られないなど実施に困難が伴う。訴訟提起の際に本会議における授権決議によって各院の全体意思を確認するなど、議会調査の強制手段として民事訴訟手続を用いる際の諸条件が確認されたことは意義深い。

(2) 特権ログリストの利用

　手続的問題に関するHolder判決の特徴は、行政部に対して議会へ秘匿する書類、記録などに関する詳細リスト、いわゆる特権ログの提出を命じた点にある。この種のリストの調製と裁判所への提出は、AT&T2判決において控訴裁が提示した妥協案の中心部分であり、Miers地裁判決ではBolten首席補佐官による絶対的特権の主張が否定された際に提出が命じられている[135]。Holder判決も同様に、召喚令状の対象となった情報全体への行政特権の主張に対して、記録の作成者・名宛人、特権の根拠などのリスト項目を具体化するよう命じており、その後の比較衡量審査における判断資料とした。Holder判決の命令を受けた司法省は、指示された特権ログのリストを提出するとともに、その後の実体審査においてリスト不備を理由とする開示強制が命じられることを防ぐために、繰り返し修正版を提出していた。

　さて、秘匿文書に関して特権ログなどの詳細なリストを提出することは、一般的な民事訴訟における証拠開示手続において、弁護士依頼者間特権や弁護士作成文書特権（work-product privilege）などコモン・ロー上の秘匿特権に基づく提出の拒否を主張する際に用いられるものであり、司法的統制が効きやすい。本件は、このような裁判所が熟知した手法を憲法上の行政特権事例に利用したものである。Holder判決に続いて実体審査を行ったLynch判決においては、裁判所は特権ログの記載に不備が確認された資料の議会委員会への引渡しを命じるとともに、弁護士依頼人特権など行政特権以外の事由により提出が拒否された資料を分離し、行政特権事例の法的解決に向けた論点の整理を行っている。AT&T2判決で示された妥協案のように、秘匿事由の正当性の確認のために裁判官が当該リストのサンプリングチェックを行うこともできる。特権ログリストの提出は、議会調査における行政特権問題の司法的解決の準備段階として有効な手段といえよう。

第 5 節　Lynch 判決の評価

(1)　審議過程特権の憲法化

　Lynch 地裁判決の行政特権に関する判断の新機軸は、行政部省庁内における審議過程情報特権の憲法化である。

　この点につき Chris Armstrong は、このような審議過程情報の憲法特権化の主張が近時に発生したものであるとして批判する[136]。例えば、Holder 司法長官による Obama 大統領への 2012 年 6 月 19 日付け特権レポートでは、「行政特権の理論は行政部内の審議過程情報を含むものとして確立されて」いるとしていた[137]。そして、議会の召喚令状に対して審議過程情報を保護するために歴代の大統領が度々行政特権を主張してきたとして、先例として 2007 年の連邦検事解任事件調査において Clement 訟務長官が Bush 大統領に送った特権主張のアドバイスなどを挙げていたのである[138]。これに対して議会は、このような Holder 長官の大統領へのアドバイス内容について、大統領が関わる特権との区別が何らなされておらず、また Espy 控訴裁判決や Judicial Watch, Inc., v. Department of Justice, 365 F. 3d 1108 (D.C.Cir. 2004) 判決など重要な控訴裁判決への言及もないとして批判していた[139]。

　しかしながら、本件 Lynch 判決において Jackson 判事は、このような行政部の主張を受け入れ、特権アドバイス時に Holder 長官が言及しなかった Espy 控訴裁判決に依拠して、審議過程特権についても重要な憲法的範囲に含まれると結論したのである[140]。Lynch 判決では、憲法からもたらされる大統領に関わる情報に関する特権に対して、行政部省庁内でのコミュニケーションにも、連邦政府内の行政部門としての役割と責任を果たすために秘匿性が認められるとした。Lynch 判決では、Miers 判決で争われた大統領直属のスタッフに関わる情報を越えて、行政部内の各省庁内における審議過程情報を憲法レベルの行政特権の対象として事実上拡大したことになる。

　さて、このような Lynch 判決による行政特権の範囲拡大の主張には問題がある。国家の安全に関わる情報、外交政策に関する情報などを除き、狭義の行政特権の対象範囲としては、大統領のコミュニケーションに直接関わるものと行政部内の審議過程情報に区別できる。前者については、Nixon 最高裁判決が示すように大

統領の憲法的権限規定に根拠を持ち、絶対性こそ否定されているものの、権力分立的観点から議会や裁判所に対して有効に主張することは可能と見なせる。これに対して、本件で争われた大統領の関わらない省庁内の審議過程情報は、Espy 控訴裁判決が述べるように、本来コモン・ロー上の秘匿特権の対象であると理解すべきである[141]。そして、弁護士依頼者間特権に代表されるようにコモン・ロー上の特権は、コモン・ローの適用性が前提の司法過程と異なり、憲法に含意された議会調査権の行使の脈絡では、議会側に決定の裁量がある[142]。コモン・ロー特権としての法的性質を持つ省庁内の審議過程情報に対する秘匿特権について、議会調査の場において憲法的に主張できるとするのであれば、具体的な憲法上の根拠を明示すべきであろう。憲法的尊重に値するコモン・ロー特権とするのであれば、十分な説明が求められるといえよう[143]。

同様に、Lynch 判決がコモン・ロー的特権を憲法化するにあたって引用した諸判決が FOIA の情報公開除外事項事件であったことも、その論拠を疑問視させる。FOIA に限らず議会が行政部の保有する情報に関して制定した法律には、議会調査など、議会の要求に対する秘匿権限を認めるものではないとの規定が設けられている[144]。このような FOIA の立法史に鑑みると、同法分野における判例の蓄積が議会調査における特権の適用性問題に直接影響するとは考え難いのである。

そもそも Lynch 判決が依拠する Espy 控訴裁判決の事例自体、連邦大陪審手続において大統領が直接に関わるコミュニケーションについての秘匿特権が主張された事件であり、同判決中の審議過程特権への言及は大統領が直接に関わる特権の範囲の確認とその司法過程における適用性問題についての前提を確認する部分であった。Espy 控訴裁判決が、問題を司法過程における行政特権問題に限定し、議会と大統領の間での特権問題への示唆を明確に否定していることを踏まえると[145]、Lynch 判決が審議過程情報特権の法的位置付けに関して Espy 控訴裁判決へ過度に依拠していることは問題であろう。省庁内での審議過程情報に関する特権が本来的にコモン・ロー上の特権である以上、議会調査における適用性を確保するためには、個別の情報と憲法との関連を説明する以外あるまい。

(2) 議会対策情報への審議過程特権の拡大

Lynch 判決において、地裁は審議過程特権の対象を省庁内におけるコミュニ

ケーションに拡大したが、そのような審議過程情報が特権化される要件として、当該情報が決定前のものであり、審議的なものであることを挙げる[146]。そしてLynch 判決は審議について、何らかの政策形成に関わるものだけではなく、議会対応、マスメディア対策のための審議も含まれるとした[147]。地裁は当該特権の目的をフランクな議論の保障にあるとし、政策形成のみならず政策に関わりのある審議事項も対象となりうるとする。ここで ICM Registry, LLC v. Dep't of Commerce, 538 F. Supp. 2d 130 (D.D.C. 2008) を例に挙げ、広報活動に関する機関内の審議は単なるルーティンの運営事項ではなく、当該機関のパブリックイメージを上昇させるとの政策に関わりのある審議と見なせるとするのである[148]。このように述べて、Lynch 判決は、下院委員会が審議過程情報の内容を政策形成にこだわり過ぎていると決めつけたのである。

さて、審議過程情報の秘匿特権を憲法化した以上に、審議の対象範囲の拡大のほうが影響は大きいと考えられる。省庁や各種行政機関に所属する数百万人の連邦職員によって日常的に繰り広げられている、政策と何らかの関わりのある事項についての膨大な数のコミュニケーションが、すべて議会調査に対抗しうる秘匿特権の対象として浮上したのである。Miers 事件で問題となったホワイトハウス関連の情報のみならず、特権指定自体が司法省の失態であるとして下院司法委員会の調査対象となった House of Representatives 事件における EPA 管理の法執行情報も、当然特権化されよう。外国人も利用可能な FOIA における公開除外問題において、行政部内の審議過程情報に一定の配慮が必要であることはたしかだが、議会調査手続で主張可能な特権の対象範囲としては、あまりにも広範に過ぎるといわざるをえない。

(3) Lynch 判決の比較衡量審査

もっとも、Lynch 地裁が示すこのような審議過程情報の特権範囲拡大は、それが条件付き特権であることを確認し、比較的詳細に設定された比較衡量テストを採用することにより、個別の適用について一定の司法的統制が図られているのも事実である。

まず、地裁は議会調査における特権の適用性を比較衡量するための要素を示す。地裁は競合する利益を比較衡量する際に、証拠の適切性、他の証拠の利用可能性、議会調査の重要性、開示による害悪の発生、政府職員への将来の悪影響、そして

当該情報が政府の問題行動を隠ぺいするものであるかどうか、これらを両当事者だけではなく、公共の利害も考慮して比較するとするのである[149]。司法過程での秘匿特権に関するEspy控訴裁判決は、比較衡量の要素として証拠の適切性、他の証拠の利用可能性、訴訟の重要性、政府の役割、政府職員の職務への悪影響の可能性を挙げていたが、その議会調査版といえる[150]。そして、本件において具体的には、両当事者が下院委員会の調査の重要性を認識していること、司法省の主席査察官によって問題となった秘匿情報が開示されていることなど本件における特殊な状況を指摘し、議会召喚令状の対象情報のうち審議過程特権が主張されているものすべてについて委員会への引渡しを認めたのである。

以上のように地裁の判断は、審議過程特権の対象となる情報の引渡しについて、全面的に下院委員会の勝訴で終わったことになる。この意味においてLynch判決は、その審議過程情報に関わる特権範囲の拡大にもかかわらず、議会調査の脈絡で大統領が行使を命じた行政特権の適用性が初めて否定された裁判事例として記憶されることになろう。

しかしながら、Lynch判決における比較衡量において決定的要因となったのは、行政部から繰り返し示されていた議会調査の重要性の認識であり、また、主席査察官によるレポート開示の事実という、被告行政部側で事実上のコントロールが可能な「特別でユニークな状況」であった。この種の事情が認められない場合には、行政特権の秘匿性を重視する判断に傾く可能性がある。また、今回は具体的審査が回避された「政府の問題行動」の定義と評価も不明確のまま残っている。特定の事件を対象とする議会調査は、一般的には「政府の問題行動」を対象とするものであり、今回の調査も発端は司法省の実施したおとり捜査作戦に関する失態の確認であり、訴訟対象となったのは議会に対する司法省の虚偽報告の作成過程であった。これらが地裁の示す比較衡量において議会調査に有利な根拠となると推察できるが、判然としない。Lynch判決が示した審査手法に先例的地位が認められた場合、議会調査における行政特権の拡大のみが強調され、本件の結論とは逆に、「行政部にとっての長期的勝利」を導くことになるとの批判が見られるのも当然といえよう[151]。

もっとも、個別的な比較衡量の判断が事例に左右されることは、その審査手法において当然の帰結であり、むしろLynch判決が示す比較衡量要素をより具体化、精密化することで、議会調査における特権の適用可能性の予測を高めるとともに、

結果として訴訟の遅延を防ぐ効果も期待できる。

また、行政特権の範囲を拡大し、独自性のある比較衡量審査を示したLynch判決は、一般理論として、行政特権の範囲と情報に関わった者を区分し、議会への秘匿性のレベルを司法的に明示する契機になるとも考えられる。すなわち、最も秘匿性の高い国家機密、国防、外交政策など憲法上明文で大統領にのみ認められた権限に関する情報、次に憲法2条3節の「法を誠実に執行する」義務に基づき大統領自身および法律上の根拠をもって省庁に委任される政策の決定に関わる、法執行情報を含む狭義の審議過程情報、そして今回Lynch判決が特権性を認めた政策に関わりのある広義の審議過程情報である。さらに、当該情報との関わりで、大統領本人が関わった場合、ホワイトハウス内外の大統領側近が関わった場合、連邦法により設立される省庁・行政機関職員のみが関わった場合での区別も求められる。議会調査への適用性を判断する比較衡量においては、これら情報の性質区分により審査が行われるべきである。

小括

以上、アメリカにおける議会調査権と行政特権の抵触問題に関して、連邦裁判所の判断を検討した。議会と大統領が直接衝突する政治的紛争の解決が、まずは政治的過程における交渉と妥協に委ねられるのは機能的であり、合理的でもある。両政治部門と同格の連邦最高裁判所がこの問題に介入してこなかった歴史的事実そのものに、問題解決方法への示唆があるのかもしれない。

しかしながら、政治的プロセスが暗礁に乗り上げた際に、司法審査の可能性が議論されてきていたのも事実である。そして本章が検討した諸判決は、五つの事例ではあるが、議会調査権の権力分立原理に基づく限界問題を直接的に判断したものであり、正式手続を経て発給された議会召喚令状に対する行政特権の公式表明をめぐり、裁判所が憲法的観点から審査を行っており、十分な意義を有するものと考える。

司法手続的問題で却下されたHouse of Representatives事件を除いて、四つの判決においては、それぞれの事例における議会調査の正当性を是認しつつ、調査権の絶対性自体は否定され、合衆国憲法が予定する権力分立原理に基づく限界の存在が示唆されていた。大統領が保持する行政特権についても、大統領の政策決

定に関わるコミュニケーションを含む情報ですら、その絶対性を否定されている。そして個別事例における両者の優劣を決するために、刑事裁判における証拠の必要性と情報の秘匿利益を比較衡量した Nixon 最高裁判決の審査方法が、この紛争においても援用されていた。

　もっとも、議会調査の限界を確認するための比較衡量審査の利用は、議会証人の主張する修正 1 条の権利の適用問題に関する Barenblatt 最高裁判決や Gibson v. Florida Legislative Investigation Committee, 372 U.S. 539 (1962) において示され、それが証人の諸利益を保護するには不適切な手法であるとの厳しい批判を受けつつ、判例としては確立している[152]。事例こそ異なるものの、議会調査権の行政特権に基づく限界についての法的問題も、同様に比較衡量審査により判断される方向にあることは間違いない。そして、このような比較衡量審査に関して具体的方法を明示したのが最新の Lynch 判決ということになる。

　そこで、議会調査権の行政特権に基づく具体的限界はどのように考えるべきか。まず、刑事裁判に関わる Nixon 最高裁判決においては、条件付き特権としての行政特権の性質を確定する際に、国家機密情報の絶対性を事実上尊重してきた判例の立場に言及し、それら情報を慎重に除外していた。これに対して AT&T 判決では、国防、外交分野など国家安全保障に関わる情報の秘密に対して、大統領とともに議会が関与することが承認され、予算法制定に関して議会調査の対象となる可能性を明確に認められている。ただし、具体的な比較衡量においては、議会への引渡しが情報漏れに結び付く危険性が深刻な害悪として検討要素となっており、結果として行政特権の優越性が確認できそうである。

　だが、国家機密情報の開示により発生する害悪自体は議会も了承しており、各大統領が国家機密指定のために発する大統領令を尊重している。AT&T 事件において議会が調査権の行使を通して確認を求めたのは、特権指定の濫用、特権名目で隠匿されている政府の問題行動の事実である。この意味で議会に対する開示と、損害賠償訴訟の脈絡における機密情報の引渡しに関わる Reynolds 最高裁判決の事例とでは状況が異なる。議会においては秘密会手続を選択することができ、また、内部規律権の一環として議員に秘匿義務を負わせる決議も採択できる。裁判所の決定が議会内部での情報漏れを前提にすることは、同格部門に対する礼譲の念に欠ける。このように見ると、AT&T2 判決における裁判官室でのインカメラ検査を含む和解案は、両政治部門が持つ特殊な利益に配慮したものと理解できる。

国防、外交政策に関する国家機密情報は憲法が明文で大統領に付与した諸権限と密接な関連性が認められ、議会調査の利益との比較衡量において重視されるべきではあるが、すべての状況において絶対的なものとはなりえないのである。

次に、狭義の行政特権として位置付けられる審議過程情報の秘匿特権について、Lynch 判決では、大統領に関わる審議過程と大統領が関わらない審議過程に区分する二分論が示された。本章で批判的に検討したように、Lynch 判決は審議過程特権の範囲を大統領と関わらない審議過程に拡大し、「決定前情報」「審議過程の情報」を要件として政策形成に関わらない情報も特権の対象として含めている。このため、Lynch 判決は、大統領直下の行政部省庁のみならず議会の関与が法的に認められる行政機関、独立行政委員会までも、大統領の特権主張の対象となる可能性がある。しかし、行政機関などが保持する情報への行政特権の適用は、議会への適用除外条文を無視して FOIA の非開示制度を利用するに等しく、憲法的根拠を持つ議会調査の脈絡において認められるものではない。権力分立原理や憲法2条の行政権に基礎を置く行政特権の対象の拡大は、それが審議過程情報への広範な適用を意味するのであれば、透明で公開された連邦政府の理念に合致しないとの批判も首肯できよう[153]。

さて、議会調査における行政特権の適用性問題に関して、裁判所が民事訴訟手続を用いて審査する手法が現実的実施策として確立したのはたしかである。司法審査不能論は、議会調査権を管轄する可能性の高いコロンビア地区連邦地裁が示した Miers 判決、Holder 判決および Lynch 判決により、再検討を迫られるであろう。

もっとも、問題への司法審査が示唆されたウォーターゲート期以降であっても、議会調査権と行政特権をめぐる紛争の多くが、両政治部門間で実施された交渉と和解のプロセスによって解決していることはたしかである。この点につき、議会と大統領の間に行政特権に対する独自認識がある以上、時間の浪費や交渉の泥沼化のリスクを考慮すると交渉と政治的妥協に委ねるべきであるとの論があるのも事実である[154]。また、裁判所による法的解決よりも、むしろ両政治部門による交渉と和解のほうが、より創造的で利用可能な条件をもって解決に向かうことができると断言する主張もある[155]。これらの説に合理性、機能性が認められるのはたしかであるが、しかしながら、Miers 判決や Lynch 判決の事例のように、議会側によって行政特権の濫用と見なされる場合、あるいは逆に議会調査権の決定

的濫用の事例においては、民事訴訟手続が積極的に利用されるべきと考える。

　このようにここ数年、行政特権に基づき証言を拒否した者に対する刑事的議会侮辱処罰決議を契機とした政治的紛争の解決手法として、民事訴訟手続と政治的交渉手続という次元の異なる方法が模索されていた。その中で問題解決の手法として、伝統的な黙示的議会侮辱処罰手続が突然脚光を浴びたのである。最後にこの黙示的処罰権問題について言及すべきであろう。

　まず、Miers 判決において被告行政部が民事訴訟手続の利用に反対する立場から、大統領の命令により行政特権を主張している行政部職員に対して起訴手続を実施しえない以上[156]、新奇な民事訴訟手続ではなく、伝統的な黙示的議会処罰権を行使すべきとの議論が提出されていた。また議会調査権の優越性を論ずる学説からも、問題への黙示的議会侮辱処罰権の行使を可能であるとする主張も出ている[157]。

　しかしながら Miers 判決は、黙示的議会処罰権の行使により各院は行政部職員の身柄を拘束し、監禁することも可能としつつ、それらは「不必要な憲法的対立」として回避されるべきであるとした[158]。また、行政特権に基づいて証言を拒否した行政部職員に対して同処罰権が行使された事例は一度としてなく、そのような権限の不行使の歴史こそが、この問題に関して議会に黙示的処罰権を行使する権限がないことの強力な証拠だとする説もある[159]。

　たしかに、議会召喚令状への不服従を理由として行政部職員の身柄を上下両院の守衛官が拘束して議事堂まで連行し、当該議会会期中に限定してではあるが、証言もしくは情報の提供を行うまで議事堂内に拘禁するという事態は非現実的であろう。しかしながら、黙示的議会侮辱処罰権の行使を支持する説が主張される背景には、スキャンダル発生ごとに繰り返された行政特権の主張に対して、遅延しがちな民事訴訟の代替、もしくは訴訟と並行利用できる迅速な問題解決手段を求める意図があろう。

　本章が支持する民事訴訟手続の利用に関しては、Miers 事件においては召喚令状の発給から和解までに2年3か月、Lynch 事件では4年6か月が経過しており、問題解決手法としての司法審査の実効性に疑問を抱かせたのも事実である。この点、議院単独の判断で行使できる黙示的議会侮辱処罰権は、裁判所の関与は人身保護令状の発給審査に限られ、また大統領の恩赦権の対象でもないと考えられている。逮捕、拘禁を実行しないとしても、黙示的議会侮辱処罰権行使の決議には、

十分な政治的インパクトが認められる。このような事態を回避するためにも、裁判所は、議会調査における行政特権の適用性問題に関して民事訴訟手続が提起された際に、両政治部門の交渉、和解に向けた中立的な仲介役としての役割を果たすとともに、法的問題に限定した解決を目指して迅速な訴訟手続の進行を実施する必要に迫られることになる。

さて、2016年7月13日、下院共和党の保守派グループは、Obama大統領任命の内国歳入庁のJohn Koskinen長官に対する弾劾手続を開始するよう下院全体会議に提案を行った。弾劾事由は、同長官が就任以前に発生した富裕層への増税プランをめぐるスキャンダル調査において、下院委員会へ虚偽報告を行い、また一部情報の提供を拒否した疑惑である。内国歳入庁長官は5年の任期制であり（Koskinen長官の場合は、Trump政権下の2017年11月12日まで）、他の省庁長官と比較すると政治的罷免が困難である点が、弾劾手続を検討し始めた背景にある。これに対して100名を超える法学者が、Koskinen長官への弾劾手続の開始に反対する旨の声明を出しており[160]、重大な政治問題と化した。

弾劾手続は、本来、大統領を対象とする非常手段として設計された。連邦最高裁判所はは弾劾に関する手続が政治問題であって、司法判断適合性が認められないとして、介入しない立場をとる[161]。1974年7月24日に下院司法委員会が採択したNixon大統領に対する弾劾条項3条では、同委員会が弾劾調査において発給した召喚令状に対して大統領が文書、資料の提出を拒否した事実を弾劾事由として挙げていた[162]。司法的統制が効かない政治的に強力な議会の弾劾権限が、長官レベルでの情報の提出拒否問題に関して検討されること自体異例である。議会調査における行政特権の適用性問題については、迅速な解決手段の確立が求められよう。

1) 権力分立原理に基づく議会調査権の制約と課題のうち、連邦裁判所に対する調査で生じる諸問題については、土屋孝次『アメリカ連邦議会と裁判官規律制度の展開―司法権の独立とアカウンタビリティの均衡を目指して―』（有信堂高文社、2008年）137頁以下を参照。
2) 権利章典の各条項に基づく証言拒否については、本書第2章で言及している。
3) Barenblatt, 360 U.S. at 111-12. Barenblatt判決については、畑博行『アメリカの政治と連邦最高裁判所』（有信堂高文社、1992年）113頁以下などを参照。
4) 連邦司法部の行政組織である司法協議会の調査において、裁判官と秘書との間のコミュニケーションに秘匿特権（judicial privilege）が主張された事例はある。*See* In the Matter of Certain

Complaints under Investigation by an Investigating Committee of the Judicial Council, 783 F.2 d 1488 (11 th Cir.1986). 同判決については、土屋・前掲注（1）75頁以下を参照。
5) Nixon, 418 U.S. at 708.
6) *Id.* at 711-12.
7) *Id.* at 712 & n.19. 最高裁は判決の射程を、刑事訴訟手続における大統領の一般的な秘密性に関する特権のみに限定し、民事訴訟手続における行政特権、議会調査における行政特権、および国家機密に関わる行政特権には関わらないと明言している。
8) *See e.g.*, Louis Henkin, Executive Privilege: Mr. Nixon Loses but the Presidency Largely Prevails, 22 U.C.L.A.L. Rev.40 (1974); Peter M. Shane, Legal Disagreement and Negotiation in a Government of Laws: The Case of Executive Privilege Claims Against Congress,71 Minn. L. Rev. 461 (1987); Todd D. Peterson, Prosecuting Executive Branch Officials for Contempt of Congress, 66 N.Y.U. L. Rev. 563 (1991); Peter M. Shane, Negotiating for Knowledge: Administrative Responses to Congressional Demands for Information, 44 Admin. L. Rev. 197 (1992); Todd D. Peterson, Contempt of Congress v. Executive Privilege, 14 U. Pa. J. Const. L. 77 (2011).
9) 大統領の秘匿特権としての「行政特権」（executive privilege）に関しては、重要な先行研究業績が認められ、本稿においても参考にさせていただいた。大野盛直「アメリカ大統領の行政特権」西南学院大学法学論集8巻第2・3・4合併号（1976年）27頁以下；下山瑛二「アメリカ憲法における『権力分立の支配』─『執行権特権』について─」下山瑛二他編『アメリカ憲法の現代的展開　2統治構造』（東京大学出版会、1978年）；猪股弘貴『国政調査権と司法審査』（信山社、2007年）61頁以下；岡本篤尚『国家秘密と情報公開─アメリカ情報自由法と国家秘密特権の法理─』（法律文化社、1998年）などを参照。また、この問題に関する諸論点を網羅的かつ詳細に検討した研究業績として、大林啓吾『アメリカ憲法と執行特権─権力分立原理の動態─』（成文堂、2008年）を参照。さらに、executive privilege の語についても、大林・前掲書、1頁脚注2を参照のこと。
10) 1946年議会再組織法は、常任委員会に対してあらかじめ管轄事項に関する調査権を賦与しており、各委員会が小委員会もしくは調査委員会に調査を授権している。The Congressional Reorganization Act, ch.753, 60 Stat. 812.
11) 罰則は100ドル以上1,000ドル以下の罰金、もしくは1か月以上12か月以下の拘禁である。
12) Todd Garvey, Congress's Contempt Power and the Enforcement of Congressional Subpoenas: Law, History, Practice, and Procedure (May 12, 2017) at 5-6. *See* https://www.fas.org/sgp/crs/misc/RL34097.pdf
13) 1979年以降、上院は私人を対象にこの手続を6度利用している。*See* Garvy, *supra* note 12, at 24.
14) C.S. Potts, Power of Legislative Bodies to Punish for Contempt, 74 U. Pa. L. Rev. 691, 708-12 (1926); James M. Landis, Constitutional Limitations on the Congressional Power of Investigation, 40 Harv. L. Rev. 153, 169 (1926); Telford Taylor, Grand Inquest 17-29 (1955)(Da Capo Press ed.1974); George C. Chalou, St. Clair's Defeat, 1792: Congress Investigates 1792-1974 at 3 (Arthur M. Schlesinger, jr., ed.)(Chelsea House Pub., 1975).
15) Landis, *supra* note 14, at 170.
16) McGrain, 273 U.S. at 160.
17) *Id.* at 176.
18) 最高裁判例としては、Watkins 判決の他、憲法修正5条の自己負罪拒否特権の適用を認めた、Quinn v. United States, 349 U.S.155 (1955)、州議会の調査において修正1条の言論の自由の保障を認めた、Gibson v. Florida Legislative Investigation Committee, 372 U.S.539 (1962) 程度である。諸判例については、本書第2章を参照。
19) *See* Bernard Schwartz, Executive Privilege and Congressional Investigatory Power, 47 Cal. L.

Rev. 3 (1959).
20) Shane, *supra* note 8, 71 Minn. L. Rev. at 482-83.
21) Archibald Cox, Executive Privilege, 122 U. Pa. L. Rev.1383, 1384 (1974). また、孝忠延夫『国政調査権の研究』（法律文化社、1990 年）45 頁を参照。
22) Arthur M. Schlesinger, jr., Congress Investigates 1792-1974 at 3 (Chelsea House Oub., 1975).
23) Landis, *supra* note 14, at 170.
24) 議会と大統領の情報をめぐる紛争の歴史については、*see e.g.*, Stephen W. Stathis, Executive Cooperation: Presidential Recognition of the Investigative Authority of Congress and The Courts, 3 J. L. & Pol. 183 (1986); Randall K. Miller, Congressional Inquests: Suffocating the Constitutional Prerogative of Executive Privilege, 81 Minn. L. Rev. 631, 632 (1997); Mark J. Rozell, Executive Privilege-Presidential Power, Secrecy, and Accountability (3rd ed.) (Univ. Press of Kansas, 2010).
25) Nixon 最高裁判決を含む最高裁判例を詳細に検討し、その比較衡量基準を吟味したものとして、大林・前掲注（9）81 頁以下などを参照。
26) Nixon, 418 U.S. at 706.
27) *Id.* at 712 & n.19.
28) ウォーターゲート事件期における行政特権をめぐる一連の判決について詳しくは、猪股・前掲注（9）65 頁以下、大林・前掲注（9）140 頁以下などを参照。
29) Senate Select Committee on Presidential Campaign Activities v. Nixon, 366 F. Supp. 51 (D.D.C. 1973).
30) Pub. L. No.93-190 (Dec. 19, 1973); 28 U.S.C. § 1364.
31) Senate Select Committee on Presidential Campaign Activities v. Nixon, 370 F. Supp. 521(D.D.C. 1974).
32) Senate Select Committee, 498 F. 2d at 729.
33) *Id.* at 730.
34) *Id.* at 732.
35) *Id.* at 732-73.
36) James Hamilton, The Power To Probe: A Study Of Congressional Investigations at 43-44 (Random House,1976).
37) *See* Cox, *supra* note 21, at 1419.
38) *See e.g.*, Robert Kramer & Herman Marcuse, Executive Privilege A Study of the Period 1953-1960 (Part 2), 29 Geo. Wash. L. Rev. 827, 903 (1961).
39) Nixon, 498 F. 2d, at 734 (Willkey J., concurring). なお政治問題の法理については、小林節『政治問題の法理』（日本評論社、1988 年）を参照。
40) James Hamilton & John C. Grabow, A Legislative Proposal for Resolving Executive Privilege Disputes Precipitated by Congressional Subpoenas, 21 Harv. J. on Legis. 145, 146 (1984).
41) *See e.g.*, William P. Rogers, The Papers of the Executive Branch, 44 A.B.A. J. 941 (1958).
42) 芦部信喜『憲法と議会政』（東京大学出版会、1971 年）480-81 頁参照。*See also* Raoul Berger, Executiv Eprivilege: A Constitutional Myth 1 (Harvard Univ. Press, 1974).
43) Peterson, *supra* note 8, 66 N.Y.U.L. Rev. at 621.
44) Sirica, 487 F. 2d at 716.
45) これに対して、Senate Select Committe 判決が結論として委員会の情報要求を棄却した点を評価する学説もある。*See* Edward H. Levi, Some Aspects of Separation of Powers, 76 Colum. L. Rev. 371, 389-90 (1976).
46) United States v. American Tel. & Tel. Co., 419 F. Supp. 454 (D.D.C. 1976).AT&T 事件について詳しくは、大林・前掲注（9）138 頁以下を参照。
47) AT&T1, 419 F. Supp. at 460.

48) AT&T1, 551 F. 2d at 390.
49) Id. at 392.
50) Id. at 391.
51) Id. at 394.
52) Id.
53) Id. at 395.
54) AT&T2, 567 F. 2d at 130.
55) Id. at 132.
56) See LOUIS FISHER, THE POLITICS OF SHARED POWER: CONGRESS AND THE EXECUTIVE 15 (CQ Press, 1981).
57) Reynold, 345 U.S. at 10. 一般的に学説もこのような Reynold 最高裁判決の判断を支持していた。See e.g., Developments, Privileged Communication (Part 6), 98 Harv. L. Rev.1592, 1619-23 (1985).
58) Reynold, 345 U.S. at 8.
59) AT&T1, 551 F. 2d at 395.
60) See Yaron Z. Reich, Comment: United States v. AT&T: Judicially Supervised Negotiation and Political Questions, 77 Colum. L. Rev.466, 494 (1977).
61) Stanley M. Brand & Sean Connelly, Constitutional Confrontations: Preserving A Prompt and Orderly Means by Which Congress May Enforce Investigative Demands Against Executive Branch Officials, 36 Catholic U.L. Rev. 71, 79-80 (1987).
62) House of Representatives, 556 F. Supp. at 152. 同判決の意義と問題点について詳しくは、大林・前掲注（9）132 頁以下を参照。
63) House of Representatives, 556 F. Supp. at 152-53.
64) See Shane, supra note 8, 44 Adm. L. Rev. at 221. See also Peter L. Strauss, The Place of Agencies in Government: Separation of Powers and The Fourth Branch, 84 Colum. L. Rev. 573, 654-56 (1984).
65) See In re Theodore Olson, 818 F. 2d 34, 35-36 (D.C.Cir. 1987).
66) Brand & Connelly, supra note 61, at 82.
67) Robert E. Palmer, Note: The Confrontation of The Legislative and Executive Branches: An Examination of The Constitutional Balance of Powers and the Role of The Attorney General, 11 Pepperdine L. Rev. 331, 370-71 (1984).
68) Brand & Connelly, supra note 61, at 80-81.
69) Peterson, supra note 8, 66 N.Y.U.L. Rev. at 597.
70) Id. at 612.
71) Colleen B. Grzeskowiak, Note: Executive Privilege and Non-Presidential Actors: The Distress of "Tidy-Minded Constitutionalists" Continues, 38 Syracuse L. Rev. 991 (1987).
72) Hamilton & Grabow, supra note 40, at 157.
73) Ronald L. Claveloux, Note: The Conflict Between Executive Privilege and Congressional Oversight: The Gorsuch Controversy, 1983 Duke L. J. 1333, 1334 (1983).
74) 一連の調査において、証人として喚問された Monica Goodling 司法省首席法律顧問が、合衆国憲法修正 5 条の自己負罪拒否特権を主張して証言を拒否した。省庁幹部による免責特権の主張は異例であり、5 月 23 日、下院司法委員会は同顧問に対して使用免責を付与し、証言を強制している。
75) Miers, 558 F. Supp. 2d at 55-56.
76) Id. at 56.
77) Id.

78） *Id.* at 78.
79） *Id.* at 88.
80） *Id.* at 95.
81） *Id.* at 96.
82） *Id.* at 100.
83） Harlow, 457 U.S. at 808.
84） Miers, 558 F. Supp. 2d at 101.
85） *Id.* at 107.
86） Committee on the Judiciary v. Miers, 575 F. Supp. 2d 201 (D.D.C. 2008).
87） Miers, 542 F. 3d at 911.
88） Committee on the Judiciary v. Miers, 2009 U.S. Dist. LEXIS 2326 (D.D.C. Jan. 13, 2009).
89） Committee on the Judiciary v. Miers, 2009 U.S. App. LEXIS 29374 (D.C.Cir. Oct. 14, 2009).
90） Miers,558 F. Supp.2d at 63-64.
91） *Id.* at 84.
92） エクイティ上の裁量理論に関しては、本書第7章を参照。
93） Moore v. U.S. House of Representatives, 733 F. 2d 946, 962 & n.9 (D.C. Cir. 1984)(Scalia J., concurring).
94） Miers, 558 F. Supp.2d at 84-85.
95） *See e.g.*, Heidi Kitrosser, Secrecy and Separated Powers: Executive Privilege Revisited, 92 Iowa L. Rev. 489 (2007); David A. O'Neil, The Political Safeguards of Executive Privilege, 60 Vand. L. Rev. 1079, 1083 (2007); Gia B. Lee, The President's Secrets, 76 Geo. Wash. L. Rev. 197 (2008); Chad T. Marriott, Comment: A Four-Step Inquiry to Guide Judicial Review of Executive Privilege Disputes Between the Political Branches, 87 Ore. L. Rev. 259 (2008); Rozell, *supra* note 24, at 169-81.
96） Holder, 979 F. Supp. 2d at 9-10.
97） *Id.* at 10.
98） *Id.* at 12-13.
99） *Id.* at 13.
100） *Id.* at 14.
101） *Id.* at 17.
102） *Id.* at 18.
103） *Id.* at 19.
104） *Id.* at 20.
105） Raines, 521 U.S. at 819.
106） AT&T1, 551 F. 2d at 392.
107） Holder, 979 F. Supp. 2d at 22.
108） McGrain, 273 U.S. at 175.
109） Miers, 558 F. Supp. 2d at 81.
110） Holder, 979 F. Supp. 2d at 24.
111） AT&T1, 551 F. 2d at 391.
112） Holder, 979 F. Supp. 2d at 25.
113） *Id.* at 25-26.
114） *See* Espy, 121 F. 3d at 745.
115） Lynch, 156 F. Supp. 3d at 109.
116） *Id.*
117） *Id.*

第 1 章　議会調査権の権力分立原理に基づく限界　53

118）　*Id.* 当該記録の作成者と名宛人、特権の根拠が識別できるような概略的な題目などの記述が求められている。*Id.*
119）　*Id.* at 110.
120）　*Id.* at 110-11.
121）　*Id.* at 111.
122）　*Id.* at 112-13.
123）　*Id.* at 113.
124）　*Id.* at 114.
125）　*Id.* at 114-115.
126）　ただし Jackson 判事は、このような判断が、当該秘匿が政府職員の一部による悪行を覆い隠す意図で行われたこと、あるいは、当該秘匿自体が不適切であったことを意味するものではないとしている。*Id.* at 115.
127）　*Id.* at 115-116.
128）　*Id.* at 116.
129）　*Id.*
130）　*Id.* at 119. See AT&T1, 551 F. 2d at 390.
131）　Jackson 判事は、交渉の際の参考として、FOIA 対象事項から秘密性保持のため編集されたものに関しては、Vaughn v. Rosen, 484 F. 2d 820 (D.C. Cir. 1973), *cert. denied*, 415 U.S. 977 (1974) が示す Vaughn インデックスに基づき提出することを求めるのが先例であるとする。Lynch, 156 F. Supp. 3d at 120. すなわち、保留される文書の特定、制定法上の除外条項への言及、除外条項により保護された利益を公開によりいかに害するかの説明、以上の3種である。中立の立場の者に個別の編集物の確認を求め、司法省が名前や電話番号の記載に過ぎないとする事項が事実において名前あるいは電話番号を意味するものであることの確認を必要とするのであれば、両当事者によってその手配を行うことができるとされた。*Id.*
132）　*Id.* at120-121.
133）　*Id.*
134）　Jason Chaffetz, New Fast and Furious Documents Reveal DOJ's Efforts to Obstruct Congressional Investigation: https://oversight.house.gov/release/20385/(Apr. 14, 2016)
135）　AT&T2 判決における編集した代替資料については、前掲注（55）を参照。
136）　Chris Armstrong, A Costly Victory for Congress: Executive Privilege after Committee on Oversight and Government Reform v. Lynch, 17 Federalist Society Rev.28, 30 (2016). *See also* Russell L. Weaver & James T.R. Jones, The Deliberative Process Privilege, 54 Mo. L. Rev. 279, 320 (1989).
137）　Eric Holder, Assertion Of Executive Privilege Over Documents Generated In Response To Congressional Investigation Into Operation Fast And Furious, June 19,2012. at 3.
138）　*Id.*
139）　Todd Garvey and Alissa M. Dolan, Presidential Claims of Executive Privilege: History, Law, Practice, and Recent Developments, Congressional Investigations Of The Department Of Justice And Claims Of Executive Privilege 86 (Nathan De Vos ed.)(Novinka, 2013).
140）　Lynch, 156 F. Supp. 3d, at 104. *See also* Espy, 121 F. 3d at 745.
141）　*See* Espy, 121 F.3d at 745.
142）　コモン・ロー特権の議会調査における適用性については、*see* Michael D. Bopp & Delis Lay, The Availability of Common Law Privileges for Witnesses in Congressional Investigations, 35 Harv. J.L. & Pub. Pol'y 897 (2012).
143）　審議過程情報の秘匿特権を憲法的に認められたコモン・ロー特権として位置付け直す議論については、*see* Riley T. Keenan, Note: Executive Privilege as Constitutional Common Law: Establishing Ground Rules in Political-Branch Information Disputes, 101 Cornell L. Rev. 223 (2015).

144) *See e.g.*, 5 U.S.C. §552 (d); 18 U.S.C. §798 (c); 49 U.S.C. §40115 (c).
145) Espy, 121 F. 3d at 745.
146) Lynch, 156 F. Supp. 3d at 109.
147) *Id.* at 112.
148) *Id.* at 111-12.
149) *Id.* at 112-13.
150) Espy, 121 F. 3d at 737.
151) *See* Armstrong, *supra* note 136, at 32.
152) Barenbratt 判決および Gibson 判決の修正1条の適用性問題、および両判決が採用した審査基準の相違点についいては、本書第2章を参照。
153) Garvey & Dolan, *supra* note 139, at 88.
154) Shane は交渉と和解による解決のために、問題に関する系統的な記録保持機関が必要であるとする。Shane, *supra* note 8, 44 Adm. L. Rev, at 232.
155) Peterson, *supra* note 8, 14 U. Pa. J. Const. L. at 157.
156) 行政特権を主張した者に対する刑事的議会侮辱処罰法の実施を担保するために、大統領から一定の独立を享受できる独立検察官制度の法制化の主張が繰り返し出ている。*See e.g.*, Brand & Connelly, *supra* note 61, at 89; Timothy T. Mastrogiacomo, Showdown in the Rose Garden: Congressional Contempt, Executive Privilege, and the Role of the Courts, 99 Geo. L. J. 163, 177 (2010). また、大林・前掲注（9）159頁以下においてもこの問題が詳細に検討されている。
157) *See* Josh Chafetz, Executive Branch Contempt of Congress, 76 U. Chi. L. Rev. 1083, 1152 (2009); Michael A. Zuckerman, Note, The Court of Congressional Contempt, 25 J.L. & Pol. L. 41, 44 (2009).
158) Miers, 558 F. Supp. 2d at 78.
159) Peterson, *supra* note 8, 14 U. Pa. J. Const. L. at 127 & 139.
160) Kelly Phillips, More Than 100 Law Professors to Congress: Impeachning The IRS Commissioner Is A Bad Idea, Forbus (Aug. 30, 2016). 結局、Koskinen 長官に対する弾劾手続は進行せず、Trump 政権下の2017年11月12日、任期満了により退任した。
161) Nixon v. United States, 506 U.S. 224 (1993). 弾劾裁判手続に対する司法判断適合性を否定した Nixon 最高裁判決の意義と問題点については、土屋・前掲注（1）1頁以下などを参照。
162) HAMILTON, *supra* note 36, at 11.

第2章　議会調査権の権利章典に基づく限界
　―自己負罪拒否特権の適用性を中心に―

問題の所在

　2001年末、当時全米第7位の巨大企業エンロン社が不正経理問題をきっかけに巨額の負債を抱えて破綻した事件は、議会の16の委員会によって調査対象とされた[1]。エンロン社が多額の政治献金を行っている点も注目を集めた。ところが、2002年2月12日、上院商業委員会の証人喚問において同社の前CEO、Kenneth Lay は、「本委員会および小委員会、さらに他の議会委員会および小委員会によるすべての質問に対して、合衆国憲法修正5条に基づき証言を拒否する」と述べ、一切の質問の対する回答に応じなかったのである[2]。合衆国国民は、委員会所属の上院議員が入れ替わり立ち替わり質問に立ち、証人を非難する映像を1時間以上見続けることになった。ワシントン・ポスト紙は、「上院議員をテレビに映すという重要な意義があった」と、成果のない調査を皮肉に報道した[3]。さらに、同年7月8日、エンロン社の記録を塗り替え全米最悪の負債総額で倒産したワールドコム社CEOのBernard Ebbers が下院委員会に喚問され、同様に修正5条に基づく証言拒否を行った。Ebbersは、重要な質問への証言を拒否しつつ、みずからの職務に対する誇りを口にし、同社が合衆国国民および合衆国政府にとって重要な通信サービスを提供し続けることを確信すると発言している[4]。議会委員会が証人に対する証言強制の場ではなく、証人の自己宣伝の場と化したのである。

　現在、議会は、議会調査における証人の自己負罪拒否特権をめぐって二つの批判にさらされている。まずは、議会証人への自己負罪拒否特権の適用性を肯定する通説に対して、その憲法的根拠を再確認すべきであるとの主張である[5]。本来、憲法が認める自己に不利益な供述を強制されない特権の援用は、有罪を認めるも

のではない。しかし、その発言は一般的には罪を認めたものと見なされ、社会的非難を回避できない[6]。このため従来の議会証人は、当該特権の行使を慎重に考慮し、決定していたのである。しかしながら、近時見られるような自己負罪拒否特権の安易な行使が議会調査による真実探求を制約しているとの批判が起き、特権の適用性についての再検討が始まった。そこでは、議会証人の自己負罪拒否特権は、冷戦期に生じた非米活動調査という異常事態の中で例外的かつ政策的に認容されたものと位置付けられ、その適用を議会裁量によるべきであると再定義されている。

　他方、議会証人の自己負罪拒否特権に関しては、議会が与える刑事免責付与のあり方が議論されている[7]。アメリカにおいては、自己負罪拒否特権を主張した証人に対して事後の刑事免責を付与することにより証言を強制する手続が設けられている。この点につき、議会による免責付与が事後の刑事訴追手続の妨げになるため、控えるべきとの主張が強く、事実、エンロン事件、ワールドコム事件ともに、議会側は証言強制を断念し、免責付与手続を利用していない。その結果として、刑事裁判において両社幹部に有罪評決が下されているのであるが、このような刑事手続の優先は、議会調査の地位低下の象徴とも見なされているのである。

　そこで本章は、連邦議会における証人の自己負罪拒否特権援用をめぐる法的問題を取り上げ、現代議会に求められる調査権の意義を確認し、その行使のあり方を検討することにする。まず、権利章典の各条文について、議会調査における適用性について判例を中心として確認する。ここでは、一般的には連邦最高裁判所の承認を得ているものの、実体的には議会調査において援用が困難となっている事実が示される。次に、権利章典の中で唯一判例上も議会調査の実務上も証言拒否の根拠となっている修正5条の自己負罪拒否特権について、その意義を確認する。最後に、同特権が行使された際に証言強制と引き換えに利用される免責付与制度について、憲法上の課題を吟味する[8]。本章は、議会証人の自己負罪拒否特権援用をめぐる法的問題を取り上げ、現代議会に求められる調査権の意義を確認し、その行使のあり方を検討することになる。

1 議会調査と権利章典

第1節　証言拒否の憲法的根拠

　合衆国憲法は、議会調査権について明記していない。それにもかかわらず議会上下両院は、立法調査のみならず行政監督や国民に対する情報提供を目的として広範に利用している。そして、連邦最高裁判所も、このような調査権行使の慣行を憲法上の議会権限に含意するものであるとの解釈を示し、追認したのである[9]。

　もっとも、議会が広範な調査権を保持するとしても、それは無制限なものではない。最高裁が示す調査権の限界は以下のようなものである。まず、議会には正当事由なく私事を調査する一般的調査権は認められない[10]。また、調査は立法目的を促進し、それを補助するに必要な資料の収集に限られる[11]。さらに、個々の質問が調査事項との関連性を持たない場合、あるいは、不適切な場合、証人は証言を拒否できるのである。そして最高裁は、調査および質問が合法的であっても、証人が保持する憲法上の諸権利を侵害できないと示唆する。最高裁は、権利章典があらゆる政府活動と同様に議会調査にも適用できると明言するのである。

　このように、議会調査権の憲法的範囲を確定するものは、第1章で検討した権力分立原理に基づくものと、合衆国憲法が明示する権利章典に基づく制約の二つがあることになる。権利章典の適用による議会調査権の限界問題は、具体的には議会に出頭した証人による証言拒否問題として現れる。

　これに対して、連邦議会は、議会調査手続について司法手続などの裁定手続とは「性質的に異なる」とする[12]。議会調査はあくまでも議会が立法的判断を行うに際して必要な情報を入手するために行う事実認定の審問（fact-finding inquiries）であって、当事者間の紛争解決、あるいはルールや証拠を前提とする手続ではない[13]。このような観点から議会調査を捉えると権利章典の適用性について司法手続とは異なる解釈が導かれることになる。

　以下、自己負罪拒否特権の議会調査における適用性問題を検討する前提として、連邦裁判所が他の権利章典上の個別的権利の抵触問題をどのように判断したかに

ついて概観する。そこでは、連邦裁判所による権利章典の議会調査への適用性についての一般的承認にもかかわらず、議会証人の証言拒否、文書提出拒否が認められた事例はごくわずかであり、しかもそのほとんどが実体的問題ではなく、法技術的問題に基づく判断であった点が確認されることになる。

第2節　プライバシーの権利に基づく証言拒否

　プライバシーの権利は、私的事項に関する情報をみだりに開示されないコモン・ロー上の権利とされてきたが、現在では、合衆国憲法修正1条、4条、5条の各条文に根拠が求められている。

　そもそも連邦最高裁判所は、私的事項に対する調査が議会権限の範囲外であることを示唆していた。例えば、議会調査を制約する判断を初めて示したKilbourn v. Thompson, 103 U.S. 168 (1880) は、「いずれの議院にも、市民の私事を調査する一般的権限はない」とする[14]。その後も最高裁は、McGrain v. Daugherty, 273 U.S. 135 (1927) において私的事項に関する調査が違法であると述べ[15]、Watkins v. United States, 354 U.S. 178 (1957) でも私事の暴露を目的とする調査を厳しく批判していたのである[16]。

　しかしながら、このような最高裁の立場は、あくまでも私的事項に対する調査の違法性を一般的に確認したものに過ぎず、個別の事件において質問対象が私事であること、あるいはプライバシーの権利の対象であることを理由とする証言拒否を認めたものではない[17]。例えば、McGrain判決と同日に下されたSinclair v. United States, 279 U.S. 263 (1929) は、プライバシー保護の重要性を確認しつつ、議会の調査に立法目的が推定される場合には私的事項に対する調査も適法であるとして、民間企業の借地権契約に関する情報の提出強制手続を支持したのである[18]。

　さらに、下級審判決ではあるが、プライバシーの権利が直接争われたものとして注目を集めた事件として、Senate Select Committee on Ethics v. Packwood, 845 F. Supp. 17 (D.D.C. 1994) がある。同事件では、Packwood上院議員のセクシャル・ハラスメント疑惑を調査していた上院倫理特別委員会が、議員の1989年1月以降5年分の個人的な日記などの提出を求めていた。議員が修正4条に基づくプライバシーの権利を主張して提出を拒否したために、委員会は上院召喚令状

の強制命令を発給するよう求めてコロンビア地区連邦地裁に提訴した。これに対して、地裁のJackson判事は、私的な日記に対するプライバシーの権利を認容しながらも、上院の議員規律権限に奉仕する倫理委員会活動の重要性が、議員の個人的利益に優先すると判断して、日記の引渡しを命じたのである[19]。議会調査の利益を重視する判例の論理により、プライバシーの権利に基づく証言拒否は事実上困難となっているのである。

　このような連邦裁判所の姿勢は、議会が民間企業や行政機関など第三者が保持する私的情報を要求する事例においても一貫している。

　まず、最高裁のEastland v. United States Servicemen's Fund (USSF), 421 U.S.491 (1975) は、民間企業に対する上院召喚令状の差止訴訟に関して、議会に有利な判断を示した事例である。上院国内治安委員会小委員会は、外国の影響下に活動していると見られる各種団体を調査していた。その際、同委員会は、Chemical Bank New Yorkに対して反戦団体であり、非営利の免税団体でもあるUSSFの会計記録の提出を命ずる令状を発給した。これに対してUSSFは、修正1条および修正4条、およびプライバシーの権利の侵害を主張してEastland小委員会委員長らに対して令状の差止めを求める訴訟を提起した。コロンビア地区連邦地裁はUSSFの訴えを退けたが、連邦控訴裁が原告の主張を認容して、令状の差止めを認めたのである。

　United States Servicemen's Fund v. Eastland, 488 F. 2d 1252 (D.C.Cir. 1973) においてTuttle判事による法廷意見は、まず、修正1条の諸権利が争われた事例であっても、議会調査に対する連邦裁判所の介入は回避すべきものとしつつ、「裁判所のエクイティ上の権限」を用いる以外に他の救済手段が存在しないような場合に限定して司法審査が許されるとする[20]。本件においては、問題となった上院召喚令状が第三者宛であったため本件原告が拒否を期待できず、通常の救済手続は利用できない状況にあったと見なす。次に、一般的に賛同者が少ないような活動に従事する非営利団体の修正1条の権利が、やむにやまれぬ州政府もしくは連邦政府の利益を立証することなしに、その団体への加入の事実や名簿を政府職員に対して開示されることに対する自由を保持することは明白であるとする。そして、本件においては、召喚令状の目的が団体への寄付者の身分情報の開示にあり、銀行が保持する名簿リストにより当該情報が容易に収集できることから、修正1条の諸権利の侵害が認められると結論したのである。

しかしながら、Eastland委員長らの上告を受けた連邦最高裁判所は、8対1の多数で控訴裁判所の差止命令を破棄したのである。Burger長官による法廷意見は、正当な立法機能を遂行している連邦議会議員には憲法1条6節1項の議員免責特権条項により民事訴訟から絶対的に保護されているとした[21]。そして、本件における小委員会の調査は、正当な立法行為の範囲内にあるとして、委員長の免責を認めたのである。このように法廷意見は、USSFの諸権利が侵害されたか否かについての審査を回避しつつ、議会側の主張を支持したことになる[22]。

　さて、Eastland最高裁判決は、議員個人、議院、もしくは委員会を被告とした召喚令状差止訴訟の提起を事実上不可能とした。この結果、本件事例のように銀行などの第三者がプライバシー情報を保持している場合に、プライバシーの権利を保持する者が議会令状の名宛人である第三者に代わって、異議を申し立てる手続が塞がれたことになる。無論、民間の第三者が議会侮辱処罰のリスクを負ってまで令状に抵抗することは期待できない[23]。Eastland判決が、第三者に対する令状を阻止する訴訟を否定したことは、現代社会におけるプライバシー情報の保護との関連で、問題を残したといえよう。

　次に、議会が行政機関の保持する私的情報の提供を要求した事例を検討する。この問題に関しては、いわゆる企業秘密の提出が争われたAshland Oil, Inc. v. FTC, 409 F. Supp. 297 (D.D.C. 1976)が重要である。ガス不足を調査していた下院州際通商貿易委員会監督調査委員会は、連邦取引委員会（FTC）に対してAshland Oilが提出していた天然ガス情報を引き渡すよう命ずる召喚令状を発給した。これに対してAshland Oilは、当該情報に企業秘密が含まれており、議会への引渡しによってその秘密性が失われるとして、FTCに対して令状を拒否するよう求めて提訴したのである。地裁のCorcoran判事は、次のように述べてAshland Oilの提訴を棄却した。まず、問題となった情報が重要な価値を有する企業秘密に該当することは認められる。しかし、下院小委員会の調査活動は正当な立法活動の範囲内にあり、親委員会および下院により明確に委任されたものである。また、議会の委員会は、関係当事者の利益に配慮してその権限を行使すると推定される。これに対して原告Ashland Oilは、当該推定を覆すような立証を行っておらず、FTCに対する下院小委員会の令状を阻止することができないと判断される[24]。控訴裁判所も、議会に対する情報の引渡しが一般への公開とは性質が異なっているとして、地裁判決を支持したのである[25]。

さて、行政機関が収集した個人情報は、1974年プライバシー法により一定の保護が与えられている。しかし、同法には、議会調査に関する適用除外規定があり、私人が同法を根拠として議会からの引渡要求に異議を申し立てることはできない[26]。また、制定法の中には、行政機関が保持する個人情報を議会に引き渡す手続を定めたものある[27]。要するに議会は、いかなる内容であれ行政機関が保持する情報を議会に対して秘匿することを認めていないのである[28]。そこで、この問題に関する司法審査が重要となるが、Ashland Oil 地裁判決では議会の調査が正当である場合には、行政機関による私的情報の提供が是認されるとの注目すべき判断を示した。この地裁判決の論理は、同事件の控訴裁判決および Exxon v. FTC, 589 F. 2d 582 (D.C.Cir. 1978) において支持されている[29]。McGrain 最高裁判決以降、連邦裁判所が議会調査の立法目的を推定し、その正当性を幅広く認容している以上、Ashland Oil 判決同様のアプローチを採用する限り、行政機関が保持する私的情報の引渡しを阻止するのは困難であると見なせる[30]。

そこで、実体的問題として問うべきは、議会に引き渡されたプライバシー情報、個人情報、あるいは企業秘密情報の秘匿性が維持されるか否かである。連邦最高裁判所は、Doe v. McMillan, 412 U.S. 306 (1973) においてこの問題について判断を示している[31]。公立学校制度を調査していた下院コロンビア特別区委員会小委員会は、生徒の氏名、成績、出席状況などの資料を含む報告書を下院本会議に提出し、さらに当該報告書を一般向けに出版しようと企画した。これに対して当該学校の保護者などが報告書によるプライバシー侵害を主張して、出版の差止訴訟を提起した。しかし、地裁、控訴裁ともに、議員、委員会スタッフおよび下院職員の民事訴訟における免責を認めて、原告の主張を退けたのである。

White 判事による法廷意見は、原審の一部を支持しつつ、一部を差し戻す判断を示した。まず、議員および委員会スタッフは、報告書の提出、議院内部での配布および公表、並びに出版の可否に関する投票に対して憲法1条6節1項上の免責を受ける。しかし、名誉棄損の可能性が存する報告書の一般に対する頒布や出版は、正当な立法行為の範囲外であると考えられる。このため、文書管理官などの下院職員に議員同様の免責を認めた部分については、原審に差し戻す。これに対して、Douglas 判事による結果同意意見は、プライバシー情報を含む報告書の一般に対する頒布が、正当な立法活動の範囲外であるとして、出版差止めの可能性を示唆している[32]。しかし、Burger 長官、Blackman 判事、および Rehnquist

判事による反対意見は、それぞれ議会の情報提供機能を重視し、調査活動報告書の頒布行為につき憲法上の免責を認めて、委員会の指示に従った議会職員の免責も支持している[33]。

さて、McMillan最高裁判決においては、プライバシー情報を含む調査報告書の一般に対する頒布、出版が正当な立法行為の範囲外であるとして、そのような職務に係る議会職員に対する責任追及の可能性を示した。この点に関しては、議会によるプライバシー情報の安易な公開に歯止めをかけたことで評価できよう[34]。その反面、最高裁は、議院内部での報告書の公表、配布に関する議員の免責を絶対的なものと見なすことで一致している。したがって、当該情報に利害を有する個人は、議院内部での報告書の公表を阻止しえず、また、報告書の内容が報道された場合などにおいても議員の責任を追及できないことになる。McMillan判決は、プライバシー情報の保護が議会の自制に委ねられていることを明確にしたのである。

以上概観したように、プライバシー情報であることを理由とする証言拒否は困難となっている。結局、ひとたび議会が収集したプライバシー情報の保護は、議会の裁量に委ねられていることになる[35]。議会が第三者に対して情報の引渡しを求める際には、利害関係人に対する通知や異議申立ての機会を与えること、また、引き渡された情報に関して秘密性を保護する手続が必要であると考えられる[36]。

第3節　修正1条に基づく証言拒否

憲法修正1条は、「連邦議会は、言論および出版の自由を制限する法律を制定してはならない」と定める。修正1条は、第二次世界大戦後顕著となった言論領域に対する議会調査に対する証言拒否の根拠として用いられるようになった。議会委員会がマスメディアに対して取材源や編集過程の情報を要求する事例もあり、議会調査における修正1条の適用性は、プレスの自由との関連でも問題を提起しているとの指摘がある[37]。

さて、初期の判例は、修正1条の対象が「法律」であることを理由として、立法過程である議会調査における同条の適用に否定的であった[38]。しかし、非米活動調査などにおいて政治的自由、思想の自由の侵害が深刻になると、対抗上、

証人が修正 1 条を積極的に援用して証言を拒否する事例が増加した。このような中で、連邦最高裁判所は United States v. Rumely, 345 U.S. 41 (1952) において、議会調査における修正 1 条の適用性を認容するに至ったのである[39]。さらに Watkins 判決において、Warren 長官が非米活動調査による修正 1 条の権利の侵害に対して警告を発した[40]。これら諸判決は、議会調査における修正 1 条の適用性を原則として認めたことで重要な意義を持つ。もっとも、最高裁は具体的な証言拒否の正当性を手続的問題との関連において判断しており、修正 1 条に関しては傍論もしくは結果同意意見における言及に過ぎなかったのもたしかであった[41]。

連邦最高裁判所が議会調査における修正 1 条の適用性に直接判断を行ったのは、Barenblatt v. United States, 360 U.S. 109 (1959) であった。同事件は大学講師であった Barenblatt が下院非米活動調査委員会小委員会において共産主義運動に関連する質問に対して、修正 5 条のデュー・プロセスを受ける権利および修正 1 条の権利を主張して証言を拒否したものである。Harlan 判事による法廷意見は、本件における修正 1 条の適用性を否定し、証人に対する議会侮辱処罰の成立を認めた。まず、修正 1 条が議会調査の場においても適用可能であるとしても、その保障はどのような場合においても認められるものではない。議会調査における修正 1 条の適用性は、個人的利益と公の利益を比較衡量する合憲性審査基準によって審査すべきであるとする。結論として Harlan 判事は、共産主義運動に対する下院の調査が国家の保持する自己保存の機能という重要な利益を有するとして、証人による修正 1 条に基づく証言拒否の主張を否定した[42]。これに対して Black 判事による反対意見は、法廷意見が採用した比較衡量審査基準が、個別の質問に対して証言を拒否する証人の利益を議会調査一般の利益と比較するものであるとして批判する[43]。さらに Brennan 判事による反対意見は、本件調査が暴露のための暴露を目的とした違法なものであり、証人の修正 1 条の諸権利に優越するものではないと決めつけている[44]。

しかしながら最高裁は、続く Wilkinson v. United States, 365 U.S. 399 (1961) および同日に下された Braden v. United States, 365 U.S. 431 (1961) において、Barenblatt 判決を無条件で先例として踏襲し[45]、この結果、議会における証人が共産主義運動に関する議員の質問に対して修正 1 条に基づいて証言を拒否することは困難と解されるようになったのである[46]。

ところが、連邦最高裁判所は、Gibson v. Florida Legislative Investigation Committee, 372 U.S. 539 (1963) において、州議会における調査に関して証人の修正1条の適用性に関して厳格審査を行い、同条に基づく証言拒否を幅広く認める立場を示したのである。各種団体への共産主義者の浸透を調査していたフロリダ州議会の委員会は、NAACPのマイアミ支部に14名の共産主義者が加入しているとの情報を入手し、同支部のGibson支部長に対して名簿の提出を命令した。これに対してGibsonは命令を拒否したために、州裁判所において議会侮辱処罰罪の有罪判決を受けた。そこでGibsonは、名簿の提出が修正1条および修正14条の保障する結社の自由を侵害するとして、連邦最高裁に上告したのである。最高裁は5対4で州裁判所の判断を破棄した。

Goldberg判事による法廷意見は、まず、立法調査が修正1条の諸権利を制約する場合に、州は要求した情報と「重要かつやむにやまれぬ」州の利益との関係を十分に立証しなければならないとする[47]。しかしながら本件においては、NAACPと共産主義運動との関係についても、また、当該名簿を調査するためのやむにやまれぬ州の利益も証明されておらず、Gibsonに対する有罪判決は修正1条などに違反することになる。これに対してHarlan判事の反対意見は、本件法廷意見がBarenblattの先例を無視するものであるとし、また、White判事も、本件判決が共産主義者に対して調査を行う議会の権利を侵害するものと批判していた[48]。

Gibson判決が採用した審査基準は、DeGregory v. Attorney Gen. of New Hampshire, 383 U.S. 825 (1966) において踏襲されている。同事件における証人は10年以上前の共産党との関係について証言を拒否し、州裁判所において有罪判決を受けていた。Douglas判事による法廷意見は、要求された情報に対する州の利益は、証人の修正1条の権利を否認するには不十分かつ不確定なものであるとし、州裁判所の判断を破棄したのである[49]。

このようにWarren長官時代の最高裁は、議会調査における修正1条の適用性を判断する際に二つの異なる審査基準を用いたことになる。まずBarenblatt最高裁判決が採用した個別的な比較衡量審査基準は、Sweezy v. New Hampshire, 354 U.S. 298 (1957) におけるFrankfurter判事の結果同意意見において、修正1条の権利を擁護するためにも主張されたこともある[50]。しかし、Barenblatt判決における審査は、証人の修正1条の諸権利を共産主義に関する調査の利益の前に完全

に否定する役目を果たしており、学説からは修正1条の優越的地位を否定するものとの厳しい批判を浴びた[51]。これに対してGibson判決は、修正1条の利益を上回るようなやむにやまれぬ利益の立証を政府側に要求した。もちろん、主義主張にかかわらず結社の自由への直接的侵害を違憲視するBlack判事が同判決の結果同意意見で批判するように[52]、公の利益と比較衡量するGibson判決の審査基準によっても、修正1条の諸権利に対する絶対的な保障が認められるわけではないのはたしかである。しかしながらGibson判決は、Barenblatt判決が事実上無条件に認容していた議会調査の利益を厳格に審査している。さらに、Gibson判決は、議会調査において少数者が保持する修正1条の諸権利を侵害することが「萎縮効果」を与えるとの注目すべき指摘を行っている[53]。Gibson判決の合憲性審査基準は、修正1条の保障に関して重要な意義を持つものであり、議会調査における同条の適用性を判断する基準として必要かつ妥当なものと評せよう。マスメディアの編集過程に対する調査や取材源の証言強制などの事例に関しても、Gibson判決の審査基準に照らせば、修正1条の諸権利に対する深刻な侵害との評価が下せるであろう[54]。

　もっとも、Gibson判決の先例性は明確ではない。例えば、プライバシーの権利の適用性に関して例として挙げたEastland事件の控訴裁判決は、法廷意見がGibson判決を先例として修正1条の適用を認容したのに対して[55]、反対意見はBarenblatt判決の審査基準に基づいて同条の適用性を否定しているのである[56]。また、最高裁もDeGregory判決以降、議会調査と修正1条の問題に関して判断しておらず、わずかにEastland最高裁判決の脚注においてBarenblatt判決の審査基準の適用性を示唆しているに過ぎない[57]。議会調査以外の脈絡において政治団体の名簿、予算の公表を強制することが、Gibson判決に照らして修正1条違反に該当するとの判断が示されているが[58]、議会調査、特に連邦議会の調査権との関わりにおいて修正1条の諸権利は不確かなものに過ぎないといえよう[59]。

第4節　デュー・プロセスを受ける権利に基づく証言拒否

　憲法修正5条のデュー・プロセス条項は「何人も、適正な手続によらずに、その生命、自由、財産を奪われない」と規定する。このデュー・プロセス条項は、議会証人に対する質問が明確でない場合に問題となる。そもそも議会調査におけ

る証人は、調査課題に適切な質問への証言を拒否すると議会侮辱処罰法（2 U.S.C. §§192-194）に基づいて刑事罰を受ける。そこで証人は、質問の適切性について当該調査に対する議院、もしくは委員会の授権決議を基礎として判断することになる。このため、調査の授権決議の内容が不明確であればデュー・プロセス条項に反するのではないかとの問題が提起されていた[60]。もっとも、授権決議と刑罰法規とが性質上異なるとして、決議にデュー・プロセス条項が求める明確性の要件は不要との反論も見られたのは事実である[61]。連邦最高裁は、Watkins v. United States, 354 U.S. 178 (1957) において、初めて議会調査手続にデュー・プロセス条項の適用を容認する判断を示したのである。

　下院非米活動委員会の小委員会は、労働運動に対する共産党の浸透を調査する際に、労働組合オルグの Watkins を喚問して、共産主義運動との関係について質問した。Watkins は、過去において共産主義運動に従事したものの現在では運動から身を退いている者に関する質問に対して、同委員会の職務に適切ではないとして証言を拒否し、議会侮辱罪として告発され有罪判決を受けた。そこで Watkins は、非米活動委員会への授権規定である下院規則 11 条の内容が漠然不明確であって憲法修正 5 条のデュー・プロセス条項に反すること、また、思想に関わる証言強制が修正 1 条に反することを理由として上告した。これに対して連邦最高裁判所は、6 対 1 で Watkins の有罪判決を破棄したのである。

　Warren 長官による法廷意見は、まず、議会調査の証人は侮辱処罰を受ける危険があるために、質問が調査課題に対して適切か否かを判断するための知識が明確に与えられていなければならないとする。しかしながら、非米活動調査委員会への授権規定である下院規則 11 条は「これ以上不明確なものを想定するのが困難」[62] なほど漠然としている。さらに、当該委員会の委員長または委員の発言、小委員会への授権決議、Watkins への質問自体、適切性に関する抗弁への委員長の声明も、適切性の判断の手懸りとしては不十分である。このため証人には質問が正当に回答を拒否できるものか否かを判断する公正な機会が与えられておらず、侮辱処罰罪での有罪判決はデュー・プロセス条項に反することになる。これに対して Clark 判事の反対意見は、従来の判例に依拠し、法廷意見の明確性を重視する論理は議会調査の情報提供機能を抑制することになると批判している[63]。

　Watkins 最高裁判決は、深刻な政治的問題となっていた非米活動調査などの調査委員会による調査権の濫用を抑制したことで評価を受けている[64]。しかしな

がら判決は、非米活動調査に対する下院の授権規定そのものがデュー・プロセス条項に反すると判示したものではない。デュー・プロセス条項が要求する明確性は、授権規定に加えて、委員長、委員の発言、調査手続自体の性格などを総合的に勘案して判断されていたのである。法廷意見の結論部分においてWarren長官は、議会調査を不可欠な機能を有するものとして尊重する姿勢を示し、唯一証人に対して強制権限を行使する際に配慮を求めたに過ぎないことを力説しており[65]、当時の連邦最高裁が明確に議会との対決を回避していたのはたしかであるといえる。それにもかかわらず連邦議会は、Watkins判決が調査権を不当に抑制するものであると批判し、同判決の効力を弱める目的を持つ立法提案を行っていたのである[66]。このような状況の中、連邦最高裁判所は、Barenblatt v. United States, 360 U.S. 109 (1959) において、Watkins判決が示したデュー・プロセス条項の適用性を狭める判断を行うのである。

下院非米活動調査委員会小委員会に出頭した証人Barenblattは、共産主義運動への関与についての一切の質問への回答を拒否したために、地裁において議会侮辱処罰罪で有罪判決を受けた。これに対してBarenblattは授権規定である下院規則11条が漠然不明確であること、および、質問の適切性について十分な説明を受けていないこと、および、質問が修正1条に反することを理由として上告した。

Harlan判事による法廷意見は、まず下院規則11条が漠然不明確であるとの主張に対して、授権規定が不明確であったとしても、非米活動調査の長きにわたる歴史がそれを補っているとした。また、デュー・プロセス条項の適用性に関して、証人Barenblattは、Watkins判決の事例とは異なり、委員会の調査目的、調査権限について知っており、さらに適切性に関する抗弁も行っていない[67]。このため、Barenblattは、当該質問が調査に適切であることを知っていると考えられ、質問がデュー・プロセス条項に反するとはいえない。これに対してBlack判事による反対意見は、非米活動調査への授権決議自体が漠然不明確であり、デュー・プロセス条項に違反すると結論している[68]。

このようにBarenblatt判決は、Watkins判決を実質的に変更した。その後最高裁は、Barenblatt判決と同様の事例であるWilkinson v. United States, 365 U.S. 399 (1961) およびBraden v. United States, 365 U.S. 431 (1961) において、デュー・プロセス条項の適用性を否定した[69]。さらに最高裁はWatkins判決と類似の事例であるDeutch v. United States, 367 U.S. 456 (1961) においても、デュー・

プロセス条項に対する判断を回避しており[70]、以後同種の問題につき判断を示していない。要するに、Barenblatt 判決の結果、議会は容易にデュー・プロセス条項の要請を満たせるようになったと考えられるのである[71]。

さて、当時の学説は、Barenblatt 判決がデュー・プロセス条項の適用性に関する Watkins 判決の意義を骨抜きにしたと批判していた[72]。現代的視点からは、連邦最高裁は、非米活動委員会に対する漠然不明確な授権決議自体をデュー・プロセス条項に反すると判断すべきであった。少なくとも、Barenblatt 事件のように証人の修正1条の権利への侵害も想定できる事例においては、裁判所は議会に対してより慎重な手続を要求すべきと考える[73]。前節も含めて確認したように、判例は権利章典の保障する実体的権利に基づいて証人が証言を拒否することに否定的である。そのような状況の中において、実質的に唯一の証言拒否事由と見なされているのが、自己負罪拒否特権なのである。

2 議会調査における自己負罪拒否特権

第1節 自己負罪拒否特権の意義

(1) 刑事裁判以外での適用可能性

合衆国憲法修正5条は、「何人も刑事事件において、自己に不利益な供述を強制されない」とし、自己負罪拒否特権を定めている。最高裁は、同特権について、「われわれの自由の発展において重要な前進を意味している」[74]と高く評価する。もっとも、このような特権は、コモン・ロー上の特権として英米法的伝統の中で認められてきたものであり[75]、本来的に「刑事事件」を対象としていたように見受けられる。James Madison が下院において憲法修正5条を提案したのは1789年6月8日、各州による批准が終了したのは1791年である。下院が St. Clair 事件に関する第1回の調査を行う前年である。Madison の提案において自己負罪拒否特権は「何人も、自己に不利益な証言を強制されない」であり、現行条文の「刑事事件において」の文言はない。Madison 自身は、訴訟当事者と証人を同様に扱い、また刑事事件に加えて民事事件も対象とすると解することも可

能となる提案について説明を加えてはいない[76]。その後、憲法修正案を検討する議会は、Madison 提案を基本的に了承しつつ、さほどの議論もなしに「刑事事件において」との文言を付け加えたのである。

このような自己負罪拒否特権に関する憲法制定過程の評価につき、Leonard W. Levy は、当時の各州憲法の権利章典や各州の連邦憲法修正提案にも Madison 提案と同じものはなく、コモン・ロー特権としての自己負罪拒否特権よりも広範だとする。Levy は、Madison の提案に対して、オリジナルの自己負罪拒否特権を超えたものと解し、「何人もみずからの事件に関して証人となることはない」との新しい格言の出現を見るのである。Levy は、修正５条は Madison 提案を踏襲するものとし、ここに、刑事裁判、民事裁判などの司法手続以外、議会調査手続などの政府による審問に適用できる特権が提案されたことになると結論している[77]。

もっとも、下院全体会議において「刑事事件」文言の追加について特別の議論を行っていない以上、憲法起草者が修正５条に従来のコモン・ロー特権を超えた内容を見出していたか否かは明確ではない。むしろ、結果的に「刑事事件」文言が追加された事実は、同条が本来的に「刑事事件」を対象としていたことを否定できないようにも思える。

そこで、議会証人による特権主張を肯定する通説は、議会慣行を持ち出す。まず、議会が証人に対して自己負罪拒否特権の行使を認めた例として、James Hamilton は、1834 年、合衆国銀行に対する下院の調査が最初であると説明していた[78]。下院発給の召喚令状に対して Nicholas Biddle ら銀行役員は、みずからが刑事手続の当事者であることを理由に書類提出を拒否した。これに対して下院委員会は、当該書類の提供を再度求めなかったのである。その後の議会慣行の中でも、第二次世界大戦後の冷戦期、非米活動調査において証人による自己負罪拒否特権が度々議会によって認容されていた事実は無視できない。そこでは、多くの証人が共産党員であるか否かについての証言を自己負罪拒否特権に基づき拒否し、その認容と引換えに「修正５条の共産主義者」として社会的に葬り去られたのである。共産党自体は非合法組織ではなかったが、最高裁の Dennis v. United States, 341 U.S. 494 (1951) 以来、共産党の指導者、オルグなどを Smith Act of 1940 違反として処罰することを合憲としていた。このため、刑事手続においては「共産党員であるか否か」の質問は自己負罪拒否特権によって証言拒否が可能と見なされていたのである。

(2) 議会証人の特権主張に関する判例

　さらに学説は、最高裁が刑事裁判以外における自己負罪拒否特権を認容しているとする。問題となる判断は、免責付与法の利用が否定された Counselman v. Hitchcock, 142 U.S. 547 (1892) で示されている。同事件では、州際通商委員会規則違反事件に関わる連邦大陪審手続において証人が自己負罪拒否特権を行使している。それに対して「いかなる証言も事後の刑事裁判手続の証拠として用いられない」旨を定めた州際通商法860条に基づき免責付与がなされたが、再度証言を拒んだため、裁判所侮辱処罰罪に問われ地裁命令により収監された。原審は自己負罪拒否特権が「刑事裁判」における被疑者に適用されるとし、さらに、本件に関しては証人が事後に起訴されたとしても、免責付与により当該証言を証拠として用いることができず、自己負罪拒否特権が保護しようとする利益が維持されることになるとした[79]。

　これに対して最高裁は、本件において大陪審による調査対象となっていた事項は刑事事項であるとし、それゆえに、本件大陪審手続も「刑事事件」に該当するとした。結論として、当該大陪審手続における同特権の適用性を認容し、さらに、当該免責規定が憲法上の特権の代替としては不十分であるとして、証人に対する侮辱処罰罪を破棄したのである。最高裁は、自己負罪拒否特権について、刑事訴追を受けている被告人がみずからの刑事裁判において主張できる特権との狭い解釈をとることはできないとし、「いかなる調査の証人としても」(as a witness in any investigation)、犯罪への関わりをみずから証明するような証言を強制されないとの目的を持つとした[80]。この結果、自己負罪拒否特権は、事後の刑事手続の対象となりうる者が法的強制のもとで負罪証言をなされない特権を意味し、刑事裁判のみならず、民事裁判、そして議会委員会においても用いられる可能性が示唆されたことになる[81]。

　しかしながら、自己負罪拒否特権の適用性問題への連邦最高裁判所の関与は、1950年代まで待たなければならなかった[82]。非米活動調査に関わる Quinn v. United States, 349 U.S. 155 (1955) では、3名の労働組合員が下院非米活動委員会小委員会に喚問され、自身が共産党員であるか否か、かつて党員であったか否かついての質問を受けた。これに対して Quinn 証人は、前日に同種の質問に対して「憲法修正5条によって補われた修正1条」「修正1条と修正5条」に基づき証言を拒否した仲間を支持するとして、証言を拒否した（弁護士は付いていなかっ

た）。小委員会は、質問に対する異議申立てを却下するのではなく、また、さらに回答を求めることもせずに、他の2名とともに議会侮辱処罰法に基づく刑事告発を行った。Warren長官ら7名による法廷意見は、自己負罪拒否特権の行使形式について特別な方法は求められていないとして、有罪判決を破棄した。法廷意見は、質問に対する証人の異議申立てが自己負罪拒否特権を援用していると合理的に判断できるものであればよいとしたのである[83]。最高裁は、Quinn判決において、議会証人の特権主張の適切性について初めての判断を下したのであり、一般的には議会証人の証言拒否事由として法的に認知されたと理解された。

　もっとも、自己負罪拒否特権を行使する場合には、判例において確立した幾つかの制約が存する。まず、明示的に援用しなければ、特権を放棄したものと見なされる。Quinn判決では、証人による不明確な特権主張が争点になっていた。また、一度特定の問題に関連して質問に答えた場合、その後同一の問題に対する質問を拒否できない。さらに、証言拒否は本人が自己のために利用できるものであり、第三者や団体の代表として管理する書類に及ばない。そして、このような法的制約に加えて、自己負罪拒否特権の行使自体に加えられる社会的制裁のリスクがある。このように、自己負罪拒否特権は慣例的には議会証人の唯一の証言拒否事由であるが、その行使には法的問題が多く、本質的には援用に困難の生じる特権といえる。

3　議会調査における適用性再考

　近時、議会証人の自己負罪拒否特権は、非米活動調査という異常事態の中で例外的かつ政策的に認容されたものであり、特権の適用を議会裁量であると再定義する主張がMichael E. O'Neillによって展開されている[84]。このような議論は、議会証人の唯一絶対的な証言拒否事由とされている自己負罪拒否特権の価値を根底から覆すものであり、にわかには認容し難い。しかしながら、証人による証言拒否が頻発し、議会調査の実効性が疑問視されている現在、自己負罪拒否特権の適用性が憲法文言、議会慣行、そして判例の支持を得た確固たるものである点を確認する必要はあろう。

　まず、O'Neillは修正5条の文言を厳格に解することから始める。同条は特権

を主張できる場合として「刑事手続」としている。そこで、刑事被告人は、自身の刑事裁判において、みずからに不利益な証言を拒否する権利を有する。ここでは、「自己に不利益な証言をすること」が禁止されるのではなく、当該証言の強制が禁止されているのである[85]。同様に、他の者が訴追されている刑事裁判において証人となった者は、みずからを罪におとしいれる場合に証言を拒否できる。同特権に関する初期の重要判例であり、多くの学説が議会調査における事例にも援用できると見なす Counselman 事件は、刑事裁判に前置される連邦大陪審における証人の証言拒否が問題となっていた。O'Neill は、連邦大陪審手続が「刑事事件」に該当することは疑いないとする[86]。

次に O'Neill は、議会調査における自己負罪拒否特権の適用が、単なる「議会慣行」であって、憲法的基礎を持つものではないとした。O'Neill の主張の根拠は、初期議会が自己負罪拒否特権の行使に否定的見解を示し、あるいは議会裁量的判断を行っていたという歴史的事実である。O'Neill によれば、議会手続において最初に特権の適用性が問題となったのは、1807 年、Aaron Burr, Jr. 元副大統領の反逆事件に関連して上院議員 John Smith に対する除名審査手続が問題となった際だとする。当該手続において上院委員会は、修正 5 条および修正 6 条の諸権利が司法手続において用いられるもので、議会手続において適用できないと結論する報告書を提出していた[87]。それら諸権利の適用は、憲法上直接に認容された権限に関してみずからのルールを決定する議会手続を害するものであると見なされていたのである。結局、上院本会議における除名審査手続において Smith 議員から自己負罪拒否特権の主張はなかったが、O'Neill は上院の多数派が反逆罪容疑を裁く刑事手続が予想される中で、修正 5 条の適用を考慮していなかった点に注目している。

また従来は、1834 年、合衆国銀行に対する下院の調査において同特権が初めて認容されたと説明されていた。しかしながら、問題となった事件において下院委員会は、銀行資料の提出拒否を銀行幹部の刑事裁判における訴追問題といった個人的なものではなく、むしろその職務に付随するものとして認識していたのではないかと指摘している[88]。1879 年には、前上海領事である George Seward が職務に関わる書類の提出を自己負罪拒否特権などに基づき拒否した事例で、下院調査委員会は修正 5 条の「刑事裁判において」を強調し、議会手続が刑事手続と同等ではないとして同特権の適用性を否定した[89]。このため下院本会議は問題

の判断を司法委員会に委ねた。司法委員会は、各委員会において自己負罪を理由とした証言拒否を認める慣行が存在するとしつつ、修正5条には言及しなかった。O'Neill は、この点につき、下院司法委員会が憲法上の特権の適用性ではなく、議会自身で決定できる議会慣行を確認したにとどまると指摘しているのである[90]。

さらに、O'Neill は、議会調査の長い歴史にもかかわらず、1950年まで、連邦裁判所に議会証人の自己負罪拒否特権適用問題が提起されていなかったこと自体、同特権の適用性問題において重要だとする[91]。最高裁判所はこの問題に直接判断を下していないにもかかわらず、議会慣行は一般的に特権行使を認め、また、現在多くのコメンテータが特権の適用性を前提として議論していると批判するのである[92]。

まず、Counselman 判決について O'Neill は、最高裁が依拠したマサチューセッツ州議会上下両院合同委員会における自己負罪拒否特権事件は、連邦憲法とは異なる州憲法の規定に基づく事件であり、先例としての価値がないと批判する[93]。さらに Quinn 判決についても、O'Neill は特権の議会調査における適用性を直接判断したものではないと批判する。Quinn 判決における上告受理の判断は、前日に行われた仲間の主張の借用によって適切に修正5条の特権を申し立てたことになるか否かであった。そこにおいて、最高裁は、同特権に関しては権利保障のために「リベラルな解釈」が求められるとしている[94]。このため最高裁は特権自体に関してはごく短い歴史的検討を加えただけで、特権の主張方法に関する問題に議論を限定してしまっている。最高裁が自己負罪拒否特権の議会調査における適用を前提としているとしても、Quinn 判決において判断されたのは、特権を主張する際に何が求められるのかという問題に過ぎないのである。

そこで、O'Neill は、権力分立原理に基づく構造的視点を強調し、最高裁が議会調査における自己負罪特権の適用を認容した点に付き、批判する。議会調査手続は、司法手続とその目的、および法的結果において全く異なるものである。最高裁は、立法過程において収集可能な情報を抑制することにより、立法機能に対する不必要な介入行っていることになる。むしろ最高裁は、下級裁判所に対する監督権限を通して、容易に議会証人を保護できる。修正5条文言の内容がどのようなものなのかについて解釈し、事後の刑事裁判において議会調査手続において強制された証言の採用あるいは利用を禁ずればよい。O'Neill は、このようなル

ールにより、議会が立法機能あるいは行政監督機能の行使において必要な情報を集めることが可能となり、同時に議会において強制された証言に基づく刑事訴追から個人を保護することができると結論するのである[95]。

さて、議会証人の自己負罪拒否特権の適用性について、議会裁量に基づく慣行であって憲法的に認容されるものではないとする O'Neill の主張は、特権の主張を当然のものと見なす非米活動調査以降の通説的見解と真っ向から対立する。通説的見解の判例上の根拠は、二つの最高裁判決、Quinn 判決と Watkins 判決である。しかし前者は、弁護人の助言を受けずになされた不明確な証言拒否が議会侮辱処罰法違反を構成するか否かが争点であった。もちろん O'Neill も認めるように、Quinn 判決における最高裁が議会証人の特権を前提としていることは間違いない[96]。しかしながら、最高裁が明確に示したのは、法的正確性に欠ける証言拒否について「リベラルな解釈」を行うべきである点、および、議会侮辱処罰手続を周知している議会委員会側に再度の質問を行うなど、証人の諸権利に対する手続的配慮を求めた点である。同様に、Watkins 判決においても、先例拘束力を持つのは不明確な質問が証人に対する手続的配慮に欠けており修正5条のデュー・プロセス条項に反するとした点のみであり、自己負罪拒否特権を含む権利章典の適用性に言及した部分は傍論である。実際、Watkins 判決における自己負罪拒否特権認容部分は、判例や議会慣行には具体的に触れず、その結論のみが述べられている[97]。O'Neill は、最高裁が議会証人の自己負罪拒否特権について判断を示したのが、現在においては調査権の濫用事例として周知の非米活動調査期であった点に注意を喚起し、法本来の価値を減じていると批判するのである。

たしかに非米活動調査においては、共産党員か否かの質問に対して自己負罪拒否特権を主張させ、「修正5条の共産主義者」として社会的制裁を加えることで議員の政治的思惑は達成されていた[98]。しかしながら、最高裁は、そのような立法調査の逸脱に対して、憲法上の手続的要件を厳格に解することで証言強制に関する法的限界を示したのである[99]。Quinn 判決および Watkins 判決における最高裁の判断は、議会内手続であり広範な裁量を認められる議会調査に対して法的枠組みを設定するうえで重要な意義があった。共産党員であるか否かの質問は、個人の政治思想の内容を問い、私生活を暴く結果、修正1条など権利章典違反となりうる。しかしながら、最高裁は、立法目的を推定できる議会調査に対する直接的衝突を回避し、司法部の得意とする法手続的問題に限定して判断を下し、実

質的に行き過ぎた議会調査に歯止めをかけ、証人の利益を保護したのである。そもそも、アメリカ議会が保持する調査権をめぐる法的問題は、当該権限が憲法上明記されておらず、イギリス議会以来の慣行に依拠した政治的装置である点や、最高裁が議会慣行に対する謙譲的立場を崩さずその介入に消極的であることから、法的に不明確な点が多かった。この意味において、むしろ従来の立場を修正したQuinn判決を契機として、非米活動調査以降議会による特権認容の慣行が確立したと見なすべきであろう[100]。加えて、自己負罪拒否特権の適用性が連邦大陪審、民事裁判、そして行政機関による手続においても同様に承認されてきている以上、当該特権が「すべての審問的性質を帯びたすべての手続」において適用されるとの通説的見解が維持されうると考える。

4　免責付与による証言強制をめぐる課題

第1節　免責付与制度の展開

　自己負罪拒否特権の適用性を認める以上、議会は潜在的な犯罪行為に関わる調査を制限されることになる。その合理的解決手段として、議会は、議会調査に限らず証言を強制できるすべての手続において当該特権が主張された場合に、後の刑事手続での免責を付与することと引換えに証言を強制する制度を立法化してきた[101]。事後の刑事訴追を生じる事項について修正5条により証言を拒否する証人の権利と、議会調査をはじめとする政府手続に認められる真実追求の利益を調整する制度といえる。もっとも影響を受けるのが事後の刑事手続に限定されるため、議会調査手続にとって免責付与は、証人の自己負罪拒否特権行使を法的に抑止する強力な手段となる。近時の学説の多くは、このような議会による免責付与の性質について注意を喚起し、刑事訴追を阻害しかねない免責付与を控えるべきだとの議論を強めている。ここでは、立法に関わる情報収集ではなく、政敵に対する攻撃、選挙目当てのスタンドプレーを助長し本来の機能を果たせていないとの調査権批判を内包する。

　議会が設けた現行手続では、議会調査における免責付与には二つの条件がある。

まず員数要件であり、議会各院が免責付与を求める場合には出席議員の過半数の同意が必要となる。委員会、小委員会、合同委員会が求める場合には、委員会全体の3分の2以上の賛成が必要となる。次に委員会もしくは各院は、裁判所に免責付与を求める10日以前に、司法長官に対して氏名を特定した証人への免責付与を求める意図について告知を行わなければならない。制定法上、連邦裁判所の裁量は認められておらず、手続的要件に合致していれば免責付与命令が発せられる。

もっとも、現行法において免責される範囲は、「証言その他の資料（または、その証言その他の資料より直接もしくは間接に派生する全ての資料）を後の刑事手続で資料とすることはできない」とする「派生使用免責」（derivative use immunity）である。初期の判例は、証言の刑事裁判における証拠能力を認めない「使用免責」（use immunity）を証言により得られた「果実」の利用が禁じられていないために違憲であるとし[102]、証言内容に関わる行為について刑事訴追を免責する「行為免責」（transactional immunity）は自己負罪拒否特権の代替として十分であると判断していた[103]。ところが、最高裁は、The Murphy v. Waterfront Commission, 378 U.S. 52 (1964) において、免責付与に関わる州法事件において「使用免責」を違憲としたCounselman判決についての伝統的な解釈が正確なものではなく、免責付与により強制された証言の直接的使用あるいは派生的使用に対する保護があれば、自己負罪拒否特権の代替となりうると示唆した。ここに、行為免責と使用免責の中間領域に、派生使用免責規定の合憲性が推定されたのである。

Kastigar v. United State, 406 U.S. 441 (1972) は、最高裁が連邦の派生使用免責法について自己負罪拒否特権と同様の効力を有すると判断した事件である。事例は連邦大陪審における派生使用免責付与が争われたものである。法廷意見は、自己負罪拒否特権の目的について、後の刑事手続で有罪の根拠となる証拠の手懸りを排除することにあるとする。最高裁は、証言を強制する政府権限を認容しつつ、その例外の代表として自己負罪拒否特権を挙げるのである[104]。証言内容に関わる行為について刑事免責を付与する「行為免責」は、同特権の範囲を越えていることになる。1970年法は違憲と見なされる単なる「使用免責」ではなく、免責証言の派生使用も禁止しており、自己負罪拒否特権と同等の広がりを持つ。派生使用禁止の保障が実際的ではないとの上訴人の批判に対しては、検察側に「独立した情報源」の重い立証責任を負わせることで解決可能と反論できる[105]。Kastigar 判決により 1970 年免責法の合憲性が確立され、現在まで維持されている。

第 2 節　議会による免責付与の問題点

　そこで、議会において強制された証言の派生使用の禁止が事後の刑事手続において十分に保障されるかどうかが問題となる。もし証言の派生的な使用が安易に認められれば、単なる使用免責と同様の効果を持つに過ぎず、証人の自己負罪拒否特権を侵害したと見なされる。逆に、後の刑事手続における検察側に「独立した情報源」について過度に重い立証責任を求めれば、派生使用免責は自己負罪拒否特権と同等の範囲を越えることになる。法的に争われるのは、議会による免責付与ではなく、後の刑事事件において課せられた「独立した証拠源」の立証責任についての判断である。

(1)　**Application of United States Senate Select Committee on Presidential Campaign Activities, 361 F. Supp. 1270 (D.D.C. 1973)**

　Kastigar 判決後、この問題に直面したのはウォーターゲート事件での免責付与であった。ウォーターゲート事件を調査した上院大統領選挙運動調査委員会の活動は、Nixon 大統領を辞任に導いたことで、最も成功した調査として評価されている[106]。同委員会は、その調査の過程で 27 名の証人に対して派生使用免責法手続を用いて証言を強制していた[107]。特にホワイトハウス法律顧問 John Dean に対する証言強制は、大統領の事件への関わりを裏付けるものとなった。委員会は、証人が事件の主役たちの活動について証言し、よって調査を促進できる場合に限定して免責付与を行う基本方針に立っていたとされる[108]。もっとも、このような議会側の配慮が存在したとしても、議会による証言強制は、後の刑事訴追を担当する検察側に重い立証責任を負わせる点で手続上の障壁となる。

　1973 年の Application of United States Senate Select Committee 事件決定は、ウォーターゲート事件について捜査を行っている特別検察官が、議会での証言強制の抑制を裁判所に求めた事件である。上院調査委員会は、共和党大統領再選委員会の Jeb Magruder 選対副委員長および John Dean 法律顧問に対して免責を付与し、証言を強制する準備を始め、両人も手続に異議を申し立てていなかった。ところが、並行して事件を捜査している Cox 特別検察官は司法長官を通じて、当

該証言の公表に条件を付けるよう連邦地裁に対して異議を申し立てたのである。

地裁のSilica判事は、免責法の制定史を検討し、同法の文言上免責付与手続における司法的裁量について、同法は言及していないことを指摘する。また、司法長官は、連邦大陪審手続、司法手続、および特定の行政手続における免責付与に関して拒否権を有するものの、議会調査の脈絡では命令発給を20日間遅らせる権限しか認められていない。結局、10日前告知に加えて最大30日間免責付与命令を保留することにより、司法長官には、議会側との交渉と、免責証言以前に収集した有罪につながる資料を隔離する機会が得られるのである[109]。

次に、Silica判事は、特別検察官が裁判所に免責付与手続への関与が認められていないことを知りつつ、条件付き命令の発給を求めていると指摘する。口頭弁論の段階において検察官は、裁判所に対して議会における免責証言時にテレビカメラとラジオマイクを排除するよう求めていた。Cox検察官は、裁判所には潜在的被告人の諸権利を保護するための黙示的権限が存在すると主張するが、正式起訴状の発給も行われておらず、被告人も刑事裁判も存在しない段階では、本件事項は判断に至るほど成熟していない[110]。また、特定の議会委員会の立法目的に、情報の公表が正当に含まれるのは明らかである[111]。このように述べて、Silica判事は、上院特別委員会の要求が免責法6005条の2要件に合致しているとして、要求通りの免責命令を発給すると結論したのである。

さて、ウォーターゲート事件に関して設けられた特別検察官は、現在では行政部幹部の犯罪容疑に関して、大統領から一定独立して捜査を行う権限を付与された独立検察官制度として発展してきている。政治的に独立し、かつ、議会に対する報告を求められる独立検察官は、行政部を対象とする議会調査の代替手段としての意義が見出される[112]。本件は、自己負罪拒否特権を主張する議会証人に対する免責付与に関して、議会調査手続と独立検察官(特別検察官)による刑事手続の両立に困難が生じる可能性が示され、その解決が議会主導で行われることが示されたのである。

(2) **United States v. North, 910 F. 2d 843 (D.C.Cir. 1990)**

しかし、議会による免責付与が、特に広く報道された場合、事後の刑事裁判に及ぼす悪影響が顕在化したのである。1987年、上下両院のイラン・コントラ事件調査委員会は、国家安全保障会議(NSC)が議会の許可なくイランに対して武

器を輸出し、その代金をニカラグアの反革命軍コントラに献金していた疑惑を調査していた。委員会メンバーの多数は、事件の背後にReagan大統領の存在を見出していたとされる[113]。そこで、委員会は、NSCのOliver North中佐とJohn Poindexter大統領特別補佐官に対して、1970年免責法を用い証言を強制した。同事件を並行して捜査していたLawrence Walsh独立検察官は、議会における免責証言以前に収集していた証拠を密封保管し、その後これらの資料に基づいて両名に対する刑事告発を行った。その結果、それぞれに対して連邦地裁段階での有罪判決を受けた。これに対して両被告人は、連邦大陪審および地裁の刑事手続において議会での免責証言から派生した証拠が使用されていたと反論したのである。

控訴裁は、まずNorthの有罪判決の決め手となった重要証人が議会における免責証言に影響されていた可能性があるとして、独立した証拠源の再確認を求めて事件を地裁に差し戻した[114]。独立検察官は再弁論の申立てを行ったが却下され、さらに最高裁への上告も拒否されたために、Northに対する刑事手続の継続を断念した[115]。さらに、控訴裁判所は、Poindexterに関する事件において地裁での証人が免責証言の報道により偏見を持っていたとして有罪判決を破棄し、本件に関しても、連邦最高裁は検察側の上告を認めなかった[116]。

上下両院合同のイラン・コントラ事件調査委員会は、委員の党派的行動が顕著かつ拙速に行われた結果、調査結果自体が芳しくなく、証人に対する不用意な免責付与が後の刑事訴追に深刻な影響を与えたことで厳しい批判にさらされた。実際、Walsh独立検察官によるイラン・コントラ事件最終報告書では、議会の免責付与が刑事訴追失敗の原因となったとする厳しい批判が盛り込まれた[117]。NorthおよびPoindexter両判決により、免責付与を受けた証言が報道された場合、証人に対する刑事訴追が困難になったと解されることになった[118]。しかしながら、免責付与によって強制された証言内容は、マスメディアによる報道あるいは議会自身によって国民に伝達されるのが通常である。免責付与を行うか否かの決定は、議会の裁量に委ねられている。イラン・コントラ事件以降、議会は証人に対する免責付与を抑制する傾向を見せているのである[119]。

1995年、ホワイトウォーター事件の調査においても、特別検察官の調査が先行しており、自己負罪拒否特権を主張する証人に対する免責付与が問題となっていた[120]。同事件は、Clinton大統領が州知事時代に有力支持者の経営する貯蓄貸付組合に便宜を図り、同組合から政治献金を受けるとともに、大統領夫妻と有力

支持者の共同経営する不動産会社ホワイトウォーター社に対する融資も受けていた疑惑に端を発している。その後、同組合は破綻し、不正経理の疑いで調査対象となった。さらに、州知事時代からの側近である大統領次席法律顧問 Vincent Foster が疑惑報道のさなか自死した件、また、ホワイトハウスのスタッフが破綻した組合を調査している財務省から情報を収集し圧力を加えた件、以上3点が議会の調査対象となっていた。1994年3月18日、上院は、全会一致でホワイトウォーター疑惑について独自の調査を行うこと決議した。しかしながら、同決議においては Fiske 特別検察官による調査活動を妨害しないため、免責特権付与に検察官の同意を求める旨の文言が付け加えられていたのである[121]。1月に Clinton 大統領が任命した Fiske 特別検察官は、6月の中間報告においてホワイトハウスと財務省との接触について起訴対象ではないとした。そこで、本格的に調査を開始した下院銀行委員会、上院銀行財政都市委員会は、調査の焦点を Foster の自死事件と財務省問題に集め、連邦大陪審手続が先行していた大統領夫妻による不正融資問題を事実上対象外としたのである。

　ホワイトウォーター事件における議会の態度について、民主党主導の議会がイラン・コントラ事件におけるみずからの失敗を経験とし、Clinton 政権への打撃を最小限に抑えるため、免責付与に対する政治的決定を行ったとの批判も見られる[122]。他方では、議会による免責付与が独立検察官や司法省所属の連邦検事の刑事訴追、および軍法会議における職務遂行を著しく妨げ、独立した証拠源の確保に多大なコストを費やさせ、あるいは、起訴自体を失敗に終わらせる結果を生じるとの批判も続いている[123]。だが、免責付与は、議会証人による行使が認容されてきている唯一の証言拒否特権を抑止できる点で、慎重に用いられた場合、議会調査に求められる真実探求の有力な道具となりうる。特に、政治的事件に関わる調査の場合は、独立検察官と協調しつつ、議会主導により積極的な免責付与が認容されるべきであろう。

小括

　2007年3月、アメリカ議会上下両院の司法委員会は、Gonzales 司法長官による連邦検事大量解任事件の調査を開始し、同長官の直属スタッフでありホワイトハウスとの連絡を担当する Monica Goodling に出頭を命じた。これに対して当時

休職中のGoodlingは、憲法修正5条の自己負罪拒否特権を主張して出頭を拒否した。司法省幹部職員が職務行為に関する議会調査に対して同特権を行使した例はない。これを受けて下院司法委員会は態度を硬化させ、連邦地裁にGoodlingに対する免責特権付与を求めた。免責決議は34対4の圧倒的多数であり、政党の枠を越えて共和党議員による支持も得ている。5月23日、Goodling（4月6日、退職）は、司法委員会に出頭し、検事解任に関して「一線を越えた」と証言し、長官の関与も示唆したのである。これを受けて上院司法委員会は、Bush大統領の旧友であるGonzales長官に対して異例の解任決議案提出の準備に入った。イラン・コントラ事件以降抑制傾向にあった議会による免責付与が民主、共和両党の協調のもとで久しぶりに成功したといえる。

　それでは、修正5条の適用性について再定義が必要か。たしかに議会証人は司法手続における証人とは異なった取扱いを受けることがある。裁判所において尊重されてきている弁護士依頼者間特権は、近時の議会慣行では認められていない[124]。また、大統領が保持する行政特権（executive-privilege）も、権力分立原理に基づく問題点は生ずるものの、議会側の要求を拒否するのは困難かもしれない。もっとも、弁護士依頼者間特権は伝統あるコモン・ロー特権ではあるが、憲法的基礎を持つものではない。裁判所による同特権の尊重は判例に裏付けられたものであるが、コモン・ローは議会によって必ずしも尊重されるものではなく、制定法によって覆されうる。この意味において、議会内部の手続でコモン・ロー特権の適用性を決定できるのは議会ということになる[125]。唯一、当該特権に基づく証言拒否が侮辱処罰法の対象となった場合、裁判所の救済がありうるのみである。また、本書第1章において検討したように、行政特権については、法的問題としてではなく、むしろそのほとんどが政治的妥協によって情報提供の可否が決定されており、個別の証人の証言拒否問題とは異なる様相を見せている。

　これに対して、自己負罪拒否特権は、議会が証人の諸権利への配慮を見せる組織であるとするならば、今後も尊重されるべきであろう。しかしながら、当該特権の行使により真実探求の深刻な妨げになると議会が判断した場合には、裁量により免責付与がなされる。これに対して、免責付与がなされなければ、事後の刑事事件における有罪評決の可能性は高まる。議会調査の現代的機能と意義を評価する立場からは、免責付与に関する議会の政治的責任を確認しつつ、真実探求と刑事処罰の利益を高度にバランスをとることが必要と考える。そこにおいては、

議会調査の刑事事件への影響に対する専門的判断が不可欠となる。そしてそれは、議会と行政部との協調でなされるのではなく、議会の政治的責任に基づき、専門の調査官を用いた議会制度内での判断であることが求められよう。

1) Roberto Iraola, Self-Incrimination and Congressional Hearings, 54 Mercer L. Rev.939, 940 (2003).
2) その他、同社幹部および監査法人幹部が自己負罪拒否特権を主張して、証言を拒んだのである。Iraola, *supra* note 1, at 940 & n.7.
3) In Defense of Kenneth Lay, The Washington Post (Feb. 12, 2002) at A24.
4) Iraola, *supra* note 1, at 946 & n.38.
5) Michael Edmund O'Neill, The Fifth Amendment in Congress: Revisiting the Privilege Against Compelled Self-Incrimination, 90 Geo. L. J. 2445 (2002).
6) 畑博行『アメリカの政治と連邦最高裁判所』(有信堂高文社、1992年) 107頁。
7) *See e.g.*, Howard R. Sklamberg, Investigation Versus Prosecution: The Constitutional Limits on Congress's Power to Immunize Witnesses, 78 N.C.L. Rev. 153 (1999). 議会調査における免責付与に関して、詳しくは、山内幸雄「議会の国政調査における証人の待遇―イラン・コントラ事件調査と免責付与―」山梨学院大学法学論集14号 (1988年) 1頁以下；植村直樹「米国議会の調査権と運用の実態―イラン=コントラ事件を例として―」議会政治研究27号 (1993年) 55頁以下などを参照。
8) 議会調査における権利章典の適用性問題については、わが国においてもすでに詳細かつ広範囲にわたる研究がなされている。芦部信喜『憲法と議会政』(東京大学出版会、1971年)；孝忠延夫『国政調査権の研究』(法律文化社、1990年)；猪股弘貴『国政調査権と司法審査』(信山社、2007年)。また、土屋孝次「アメリカにおける議会調査権の限界の再検討」近畿大學法學43巻1号 (1995年) も参照のこと。
9) McGrain v. Daugherty, 273 U.S. 135 (1927).
10) Watkins v. United States, 354 U.S. 178, 187 (1957).
11) *Id*.
12) Kerry W. Kircher, Memorandum of Points and Authorities in Support of Plaintiff's Motion for Summary Judgment, Committee on Oversight and Government Reform v. Holder, 979 F. Supp. 2d 1 (D.D.C. 2013) (No.1: 12-cv-01332-ABJ) at 28 (Dec. 16, 2013). *See also* Andrew McCanse Wright, Congressional Due Process, 85 Miss. L. J. 401, 405 (2016). そもそも権利章典における諸権利は、議会手続ではなく、文言上裁判手続における適用可能性を示している。*Id*. at 421.
13) Memorandum, *supra* note 12, at 28.
14) Kilbourn, 103 U.S. at 190.
15) McGrain, 273 U.S. at 173.
16) Watkins, 354 U.S. at 187.
17) Adam C. Breckenridge, The Right To Privacy, at 78-81 (Univ. of Nebraska Press, 1970).
18) Sinclair, 279 U.S. at 292-95.
19) Senate Select Committee on Ethics, 845 F. Supp. at 21-22. 地裁命令の停止を求める手続においても、連邦最高裁判所のRehnquist長官は、巡回区担当最高裁判所裁判官の資格において、プライバシーの利益と政府利益を比較する地裁のアプローチを支持して、執行停止を拒否したのである。*See* Packwood v. Senate Select Committee on Ethics, 510 U.S. 1319 (1994).

第 2 章　議会調査権の権利章典に基づく限界　83

20) Eastland, 488 F. 2d at 1259.
21) Eastland, 421 U.S. at 503.
22) Id. at 509-11.
23) 電話会社が議会令状を拒否した例外的事例として、see Hearst v. Black, 87 F. 2d 68 (D.C. Cir. 1936).
24) Ashland Oil, 409 F. Supp. at 308.
25) Ashland Oil, Inc. v. FTC, 548 F. 2d 977 (D.C.Cir. 1977).
26) 5 U.S.C. §552a(b)(9).
27) 例えば税務情報の引渡手続を定めた、26 U.S.C. §6103 (F) を参照。
28) 本書第 1 章を参照。
29) Exxon v. FTC, cert. denied, 441 U.S. 993 (1979).
30) もっとも、捜査当局が違法に収集した情報を対象とする議会令状は無効である。See United States v. McSurely, 473 F. 2d 1178 (D.C.Cir. 1972). McSurely 判決については、see Louis Fisher, Congress' Role and Responsibility in the Federal Balance of Power: Congress and the Fourth Amendment, 21 Ga. L. Rev. 107, 159-62 (1986).
31) McMillan 判決については、寿田竜輔「議員の免責特権—アメリカにおける憲法判例の一考察—」成城法学 32 号（1989 年）131 頁以下などを参照。
32) McMillan, 412 U.S. at 330 (Douglas J., concurring).
33) Id. at 339 (Rehnquist J., concurring in part, dissenting in part).
34) もっとも、本件の差戻審判決が示すように、議会職員に対する法的責任の追及も事実上困難である。See Doe v. McMillan, 374 F. Supp. 1313, 1316 (D.D.C. 1974); aff'd, 566 F. 2d 713 (D.C.Cir. 1977); cert. denied, 435 U.S. 969 (1978).
35) See FTC v. Owens-Corning Fiberglas Corp., 626 F. 2d 966, 970 (D.C.Cir. 1980).
36) Paul C. Rosenthal & Robert S. Grossman, Congressional Access to Confidential Information Collected by Federal Agencies, 15 Harv. J. on Legis. 74, 116-18 (1977).
37) See e.g., Timothy B. Dyk & Ralph E. Goldberg, The First Amendment and Congressional Investigation of Broadcast Programming, 3 J. L. & Pol. 625 (1987); James J. Mangan, Note: Contempt for the Fourth Estate: No Reporter's Privilege before a Congressional Investigation, 83 Geo. L. J. 129 (1994).
38) See e.g., United States v. Josephson, 165 F. 2d 82 (2d Cir. 1947).
39) Rumely, 345 U.S. at 44.
40) Watkins, 354 U.S. at 197.
41) Sweezy, 354 U.S. at 265-66 (Frankfurter J., concurring); Rumely, 345 U.S. at 45; Watkins, 354 U.S. at 197.
42) Barenblatt, 360 U.S. at 126-28.
43) Id. at 144 (Black J., dissenting).
44) Id. at 166 (Brennan J., dissenting).
45) Wilkinson, 365 U.S. at 413-15; Braden, 365 U.S. at 433-35.
46) See Alan I. Bigel, The First Amendment and National Security: The Court Responds to Governmental Harassment of Alleged Communist Sympathizers, 19 Ohio N.U.L. Rev. 885, 894 (1993).
47) Gibson, 372 U.S. at 546.
48) Id. at 579 (Harlan J., dissenting); Id. at 585 (White J., dissenting).
49) DeGregory, 383 U.S. at 830.
50) Sweezy, 354 U.S. at 266-67 (Frankfurter J. concurring).
51) See e.g., Thomas I. Emerson, Toward a General Theory of the First Amendment, 72 Yale L.J. 877, 943-45 (1963).

52) Gibson, 372 U.S. at 559 (Black J., concurring). *See also* Thomas I. Emerson, Freedom of Association and Freedom of Expression, 74 Yale L.J. 1, 14 (1964).
53) Gibson, 372 U.S. at 539.
54) Dyk & Goldberg, *supra* note 37, at 652-54. これに対して、議会調査における取材源特権の適用性に否定的な主張として、*see* Mangan, *supra* note 37, at 164.
55) Eastland, 486 F. 2d at 1264.
56) *Id*. at 1285 (MaCkinnon J., dissenting).
57) Eastland, 421 U.S. at 509 n.16.
58) *See* Brown v. Socialist Workers' 74 Campaign Committee, 459 U.S. 87, 91-100 (1982); Meese v. Keene, 481 U.S. 465, 492 (1987)(Blackmun J., dissenting).
59) Wright, *supra* note 12, at 439.
60) Note, The power of Congress to Investigate and to Compel Testimony, 70 Harv. L. Rev.671, 680 (1957).
61) Barsky v. United States, 167 F. 2d 241, 248 (D.C.Cir. 1948), cert .denied, 334 U.S. 843 (1948). Barsky 判決については、畑・前掲注（6）109-09 頁を参照。
62) Watkins, 354 U.S. at 202.
63) *Id*. at 224-25 (Clark J., dissenting).
64) Harry Kalven Jr., Mr. Alexander Meiklejohn and the Barenblatt Opinion, 27 U. Chi. L. Rev. 315, 318-19 (1960).
65) Watkins, 354 U.S. at 215.
66) *See* Harold W. Chase, The Warren Court and Congress, 44 Minn. L. Rev. 595, 599-600 (1960).
67) Barenblatt,360 U.S.at 123-25.
68) *Id*. at 137-39 (Black J., dissenting).
69) Wilkinson, 365 U.S. at 413; Braden, 365 U.S. at 432-33.
70) Deutch, 367 U.S. at 469.
71) Martin Shapiro, Judicial Review: Political Reality and Legislative Purpose: The Supreme Court's Supervision of Congressional Investigations, 15 Vand. L. Rev.535, 549-52 (1962).
72) *See e.g*., Norman Redlich, Right of Witnesses before Congressional Committees: Effects of Recent Supreme Court Decisions, 36 N.Y.U. Rev.1126, 1139-40 (1961).
73) Alexander Meiklejhon, The Barenblatt Opinion, 27 U. Chi. L. Rev. 329, 331 (1960). この意味で、Watkins 判決は、議会調査権の濫用を手続的に抑制したことで現在でも重要な意義を持つ。*See e.g*., LAURENCE H. TRIBE, AMERICAN CONSTITUTIONAL LAW, 794 (3rd ed.)(Foundation Press, 2000). もっとも、調査授権決議の明確性要件以外の手続的問題については、議会のセルフコントロールに任されており、議会調査の実効性確保のためにも議院規則レベルでの具体化が望まれる。*See* Wright, *supra* note 12, at 456.
74) Ullmann v. United States, 350 U.S. 422, 426 (1956).
75) John H. Langbein, The Historical Origins of the Privilege Against Self-Incrimination at Common Law, 92 Mich. L. Rev.1047, 1047 (1994). *See* LEONARD W. LEVY, ORIGINS OF THE FIFTH AMENDMENT: THE RIGHT AGAINST SELF-INCRIMINATION (1968)(Ivan R. Dee, 1999); Albert W. Alschuler, A Peculiar Privilege in Historical Perspective: The Right to Remain Silent, 94 Mich. L. Rev.2625, 2649 (1996). なお、邦語文献としては、伊藤博路「合衆国憲法修正 5 条の自己負罪拒否特権の沿革に関する一考察―独立後から合衆国憲法修正 5 条成立直後の時期までを中心として―」明治学院論叢 705 号（2003 年）205 頁以下が詳しい。
76) LEVY, *supra* note 75, at 423.
77) *Id*. at 443.
78) JAMES HAMILTON, THE POWER TO PROVE: STUDY OF CONGRESSIONAL INVESTIGATION 211-12 (Random

House, 1976).
79) *In re* Counselman, 44 F. 268, 270 (Cir. C., N.D. Illinois 1890).
80) Counselman, 142 U.S. at 562.
81) Note: Applicability of Privilege against Self-Incrimination to Legislative Investigations, 49 Colum. L. Rev.87 (1950).
82) 連邦裁判所が議会証人の自己負罪拒否特権の適用性を初めて判断した事件として、*see* United States v. Yukio Abe, 95 F. Supp. 991 (D. Haw. 1951).
83) これに対して Reed 判事による反対意見は、証人が明示的に特権を主張したとは認められず、また、法廷意見が侮辱処罰の危険がある以上議会委員会が証人の回答について指導すべきであるとした点も、不要な手続であると反対した。*See* Quinn, 349 U.S. at 186-87.
84) O'Neill, *supra* note 5.
85) *Id.* at 2470.
86) *Id.*
87) *Id.* at 2488-89.
88) *Id.* at 2492-93.
89) *Id.* at 2498. これに対して委員会の少数派は、当該調査が弾劾調査の性質を帯びている点に着目し、後に行われる可能性がある上院での弾劾裁判が刑事裁判と同様であるとして、特権の適用性を支持した。*Id.* at 2549-50.
90) O'Neill は、免責法の制定経緯が自己負罪拒否特権に対する議会の認識を示しているという。免責付与によって、議会証人は、後の刑事手続において当該証言が利用されなくなるのみで、結局証言自体は強制され、同特権の行使を制限されることになる。O'Neill は、オリジナルの 1857 年免責法を取り上げて、議会には議会手続において特権の行使を認める予定がないと評価するのである。*Id.* at 2503-04.
91) *Id.* at 2519.
92) *Id.* 1791 年の修正 5 条採択から 1865 年までの間、連邦裁判所は、議会調査におけるものはおろか、修正 5 条の自己負罪拒否特権そのものについて関わっていなかった。
93) *See* Henry Emery's Case, 107 Mass. 172 (S.C. Mass, 1871).
94) Quinn, 349 U.S. at 162.
95) O'Neill, *supra* note 5, at 2547.
96) Quinn, 349 U.S. at 161 & n25.
97) Watkins 判決について O'Neill は、法廷意見が述べる自己負罪拒否特権に関する部分について根拠を示していないと批判する。
98) 非米活動調査では、初めて公聴会のテレビ中継が行われ、議員の活動が放送されていた。*See* Kalah Auchincloss, Note: Congressional Investigations and The Role of Privilege, 43 Am. Crim. L. Rev. 165, 177 (2006).
99) 非米活動調査期以前の最高裁は、議会調査権の限界を権力分立原理に基づく問題として取り扱っていたが、以後権利章典に関連した法的判断を加えていくことになる。Iraola, *supra* note 1, at 954.
100) これに対して、O'Neill は非米活動調査期における秘匿特権の認容は、議会による憲法的特権の承認ではなく、調査権限に基づく裁量的判断であると見なしている。
101) 18 USCS §§6001-6005 (2007). 現行免責法の制定目的については、Andrew C. Phelan, Note: Legislative Investigations: the Scope of Use Immunity Under 18 U.S.C. §6002, 27 Am Crim. L. Rev.209 (1989).
102) Counselman, 142 U.S. at 554.
103) Brown v. Walker, 161 U.S. 591 (1896). 同判決については、山内・前掲注（7）14 頁を参照。
104) Kastigar, 406 U.S. at 444.

105) これに対して、Douglas 判事および Marshall 判事による反対意見は、法廷意見の判例無視を批判し、自己負罪拒否特権の絶対性を抑制していると反論する。Kastigar, 406 U.S. at 462-67 (Douglas J., dissenting); 467-71 (Marshall J., dissenting). Kastigar 判決については、田宮裕「刑事免責について」ジュリスト 676 号（1978 年）163 頁以下；山内・前掲注（7）18 頁以下を参照。

106) John Van Loben Sels, Note: From Watergate to Whitewater: Congressional Use Immunity and Its Impact on the Independent Counsel, 83 Geo. L. J. 2385, 2395 (1995).

107) HAMILTON, *supra* note 78, at 78-79.

108) Sels, *supra* note 106, at 2396.

109) Senate Select Committee, 361 F. Supp. at 1277.

110) *Id*. at 1280.

111) *Id*. at 1281.

112) *See* Michael B. Rappaport, Essay: Replacing Independent Counsels with Congressional Investigations, 148 U. Pa. L. Rev. 1595 (2000).

113) Sels, *supra* note 106, at 2397.

114) United States v. North, 910 F. 2d 843, 872-73 (D.C.Cir.1990)(per curium).

115) United States v. North, 920 F. 2d 940, 942(D.C.Cir.1990), cert. denied, 500 U.S. 941 (1991).

116) United States v. Poindexter, 951 F. 2d 369, 375-379 (D.C.Cir.1991), cert. denied, 506 U.S. 1021 (1992).

117) FINAL REPORT OF THE INDEPENDENT COUNSEL FOR IRAN/ CONTRA MATTERS: Part X Political Oversight and the Rule of Law.（http://www.fas.org/irp/offdocs/walsh/） *See also* Lawrence E. Walsh, The Independent Counsel and the Separation of Powers, 25 Houston L. Rev. 1 (1988). さらに、山内・前掲注（7）21 頁以下を参照。

118) これに対して、独立した証拠源の確保に成功し、議会による免責付与と刑事訴追を両立させた例として、*see* United States v. Romano, 583 F. 2d 1 (1st Cir.1978).

119) Michael J. Davidson, Congressional Investigations and Their Effect on Subsequent Military Prosecutions, 14 J.L. & Pol'y 281, 325 (2005).

120) ただし、ウォーターゲート事件、イラン・コントラ事件で見られた民主党主導議会による共和党政権に対する調査ではなく、立法部、行政部ともに民主党が支配している点が異なる。

121) S. Res. 229, 103d Cong., 2d sess. (1994).

122) Sels, *supra* note 106, at 2401-02. 結局、Fiske 特別検察官は独立検察官法制定後再任されず、共和党 Bush 政権において訟務長官を務めた Starr 独立検察官が後任に任命された。1995 年以後多数派となった共和党議会は、Starr 検察官にホワイトウォーター事件の調査全般を授権し、その過程で収集した瑣末な証拠に基づき Clinton 大統領弾劾訴追へと進むのである。

123) *See e.g*., Sels, *supra* note 106, at 2406; Davidson, *supra* note 119, at 320-21.

124) Auchincloss, *supra* note 98, at 181-82. *See also* Jonathan P. Rich, Note, The Attorney – Client Privilege in Congressional Investigations, 88 Colum. L. Rev. 145 (1988).

125) *See* Michael D. Bopp & Delis Lay, The Availability of Common Law Privileges for Witnesses in Congressional Investigations, 35 Harv. J.L. & Pub. Pol'y 897, 905 (2012). この結果、議会において証人になる可能性のある者と弁護士は、刑事被告人の諸権利と議会証人の権利との不一致を認識すべきであるとされる。*Id*. at 932. 憲法レベルではない秘匿特権について、政策的に議会調査の場において認容すべきであるとの主張については、*see* Jay Brody, Note: Congressional Policy for Work Product Protection in Congressional Investigations, 11 Cardozo Pub. L. Pol'y & Ethics J.313 (2013). *See also* Thomas Millett, The Applicability of Evidentiary Privileges for Confidential Communications before Congress, 21 J. Marshall L. Rev. 309 (1988).

第3章　連邦議会の国際協定承認権の憲法化と課題

問題の所在

　連邦議会の国際協定承認権は、憲法上の明文規定には定められていない。その憲法的根拠に関する議論が続いているだけではなく、一部には根強い違憲論が主張されているにもかかわらず、議会の国際協定承認権は、第二次世界大戦後上院の条約承認権に代わる存在として、実務上安定的に行使されてきている。

　我が国においては2012年8月3日、内閣が条約としての承認を求めてきた「偽造品の取引の防止に関する協定」（Anti-Counterfeiting Trade Agreement 以下、ACTA）の批准につき、参議院本会議が賛成217名、反対9名で可決承認した。続いて9月6日、衆議院本会議も賛成多数でACTAの批准を承認した。この結果、ACTAは日本国憲法73条3項の手続によって批准され、憲法98条2項が定める我が国が「誠実に遵守することを必要とする」対象となったのである。そもそもACTAは我が国が主導して策定された国際的取組みの一つであり、国会は同協定の批准を前提として、6月21日に著作権法2条1項20号を改正していた。このように、ACTAは「協定」という名称ではあるが、いわゆる大平三原則がいうところの「新たな立法措置が必要となる場合」に該当し、憲法上の国会承認条約として国会による承認を必要としたのである[1]。

　これに対してアメリカにおいては、そもそもACTAをどのように批准し、合衆国が遵守すべき国際法とする手続に関して憲法的議論が発生していたのである。国務省は、上院通商委員会のRon Wyden議員による批准手続の確認に対して、ACTAのアメリカ国内での実施には1976年著作権法などの現行法に依拠するだけでよく、また、そもそも同協定の締結に向けた交渉は、知的財産権の権利行使を促進するための国際的協調を求める2008年知的財産法によって議会の授権を受けたものであり[2]、事後の批准承認を不要であると回答したのである[3]。この

ような国務省の立場をとれば、ACTAは2011年10月1日、東京における署名調印の段階でアメリカの加入は確定しており、アメリカに対して国際法上の義務を課していたことになる。これに対して、著名な研究者50数名が上院通商委員会に公開レターを提出し、ACTAの交渉が2008年知的財産法制定以前から開始されていることから議会の事前授権は存在せず、憲法的観点により「条約」（treaty）として上院の出席議員の3分の2、もしくは「議会が承認した行政協定」（congressional-executive agreement）として議会の過半数の承認を要すると解すべきであるとし、承認に関する憲法的手続の進行を主張したのである[4]。

このようなACTAの締結手続をめぐる混乱は、国際協定の締結手続における議会の憲法的関与について法的見解が確立していないことを示す[5]。

まず、合衆国憲法2条2節2項の条約条項は、「大統領は、上院の助言と承認によって、条約を締結する権限を有する。ただし、この場合には、上院の出席議員の3分の2の同意がなければならない」と規定している。大統領に条約締結権、上院に条約承認権を明確に付与していることになる。

これに対して、第二次世界大戦後、アメリカにおいて台頭してきたのが、議会上下両院それぞれの過半数の承認により締結が完了する「議会が承認した行政協定」である[6]。「議会が承認した行政協定」の締結手続は、まず、大統領が外国政府と交渉し、合意に達した協定の承認を議会に求めて提出する。議会の承認手続は、上下両院共同決議の形式を用いる場合と通常の法律制定手続による場合がある。

「議会が承認した行政協定」は、名称こそ「協定」などとして「条約」を名乗らないが、その対象は、国際機関への加盟、通商協定など条約と同じ範囲に及ぶ。また、法的効力は、国際的にも国内的にも条約と同等である。「議会が承認した行政協定」は、条約と同一の義務を合衆国および合衆国国民に課す。さらに、「議会が承認した行政協定」は、憲法6条2項のいう合衆国の最高法規として、矛盾する州憲法、州法に優越し、既存の連邦法、条約を修正、廃止できるのである[7]。すでに70年近い慣行の歴史を根拠として、「議会が承認した行政協定」手続は、承認機関と承認に要する議員数が異なる以外、他の点では上院の条約承認権の完全な代替手段であるとする主張さえ見られるのである[8]。

しかしながら、「議会が承認した行政協定」に機能上の重要なメリットが認められるにせよ、またそれらが事実上長期間にわたって行使されてきた事実がある

にせよ、合衆国憲法が議会全体の国際協定承認権について何らの定めを置いていない以上、当然に憲法解釈上の問題が発生する。事実、1940年代から議会の国際協定承認権の合憲性は議論の的となっており、90年代には世界貿易機関（WTO）や北米自由貿易協定（NAFTA）など重要国際協定への加盟承認に関連して上院通商委員会の公聴会において激しく論じられている[9]。もっとも、連邦最高裁判所は、議会の国際協定承認権の合憲性について判断しておらず、問題の複雑化が進む中、法的な決着が見られていないのが現状である[10]。

そこで本章は、上院の条約承認権がどのように変貌したかについて検討し、その代替手段として登場した議会の国際協定承認権の合憲性について考察を行うとともに、大統領の外交権限に対する議会の統制機能を実効化する制度について論じることにする。

まず、上院の条約承認権の意義について検討する。本来、上院の条約承認権は、大統領による条約締結権の濫用を抑制するとともに、諸州の利益が連邦の多数派によって安易に侵害されないよう保障する目的をもっていた。しかし、上院による条約承認権の独占は、非民主的かつ非効率的であり、国際化時代に適さないと批判されるようになった。そこで、条約承認手続を回避するために、議会の国際協定承認権が発達することになったのである。この結果、上院の条約承認権は、単なる政治的オプションに過ぎないとも評されている。

次に、「議会が承認した行政協定」手続の合憲性について、連邦裁判所が直接判断を示した2例について検討する。そもそも国際協定の承認手続をめぐる問題に司法審査が行えるか否かが問題となる中、国際刑事裁判所協定および北米自由貿易協定という重要協定の合憲性が争われており、注目に値する。

最後に、議会の国際協定承認権が憲法に合致する手続であるかどうかについて諸学説の検討を通して考察する。この手続を支持する学説は、憲法1条8節に列挙された議会権限および「必要かつ適切」条項（1条8節18項）が議会の国際協定承認権を認めていると主張している。これに対して反対説は、憲法の文言、構造および憲法起草者の意図に基づき、条約条項は議会の国際協定承認権を否定していると解している。また最近では、全体としての「議会が承認した行政協定」の存在を肯定しつつ、条約との完全な互換性を否定して、個別的な憲法的根拠を憲法1条の列挙事項から確認しようとする限定的合憲説も登場している。

本章は、これら諸学説および関連する判例の考察を通して、議会の国際協定承

認権の合憲性とその現代的意義を明らかにする。

1 上院の条約承認権の意義

第1節 憲法制定会議における議論

　合衆国憲法の制定過程において、上院に条約を承認する権限が付与された経緯について検討する。イギリスからの独立後、1781年に制定された連合規約9条は、「連合会議は、条約または同盟を締結する全権を有する」、「ただし、9邦の同意なくして条約、同盟を締結できない」と規定していた。このように連合規約は、邦代表機関である連合会議に条約締結権を付与し、さらに、その承認について全13邦の3分の2以上にあたる9邦の同意を求めていた。このため、南北各邦の利害が対立したスペインとの間の通商条約の例に見るように、各邦の利害が衝突する場合に連合としての条約締結は困難となっていた[11]。

　1787年、憲法制定会議に集まった代表の多くは、新憲法においても、議会もしくは上院が条約締結権を保持すべきであると考えていた[12]。事実、細目委員会が本会議に提出した最初の草案では、条約締結権は上院に付与されていた[13]。しかし、各邦の妥協の結果、上院は各州平等の議員により構成されることが決定していた。このため、草案に対する審議が始まると、州代表的性格を持つ上院のみが条約締結権を保持することに批判が高まった[14]。例えば、George Masonは、上院に合衆国全体を売り払う権限を付与することの危険性を指摘し[15]、James Madisonは、上院が諸州のみを代表するものであるために、大統領を条約の代理人とするのが適当であると論じていた[16]。その結果、延滞事項委員会が作成した最終報告案は、現行規定通り、大統領が上院の助言と承認を得て条約を締結すること、ただし、承認には出席議員の3分の2の同意を要するとの内容に変更されていた[17]。そして、この案が本会議において採択されたのである。

　憲法制定会議における審議で注目されるのは、条約承認権を議会の上下両院に付与すべきであるとの主張が否定されていた事実である。James Willsonは、条約が法律と同様の機能を果たすために、その承認には法律と同等の支持が必要で

あると論じ、条約承認権を議会に付与する修正案を提出した[18]。これに対して、Roger Sherman は、条約締結過程に下院を参加させることは、秘密性の保持に関して問題が生じると反論し、最終報告案を支持した[19]。また、『フェデラリスト』において Alexander Hamilton は、条約を主権者と主権者の間の「契約」であるとして法律と区別したうえで、上院は、下院と比較すると少人数の議員によって構成されており、機密の保持や迅速な処理など外交交渉に不可欠な能力が期待できると述べている[20]。同様に、John Jay も、上院が長期的展望に基づいて外交問題について判断できる機関であるとして、上院の条約承認権を支持している[21]。このように、憲法起草者は、条約の締結過程に参加できる部門を大統領と上院に限定し、大衆が支配する可能性のある下院の関与を明確に排除していたのである[22]。

さて、憲法起草者は、上院の条約承認権に二つの意義を見出していた。第1に、大統領の条約締結権を抑制すること。第2に、州の権利、利益を保護することである。第1に、上院は、条約締結に関して「助言と承認」を行うことで、大統領の条約締結権限を抑制できる。強力な行政部を望んでいた Hamilton でさえ、公選の大統領が自己の利益のために条約締結権を濫用する危険性を指摘し、上院による抑制を主張していたことは注目される[23]。憲法起草者は、上院に条約承認権を付与することで、大統領による条約締結権限の濫用を防ぐ役割を期待していたのである。

第2に、上院の条約承認権には、州、地域の権利、利益が安易に侵害されないよう保障する目的があった[24]。憲法上、条約は合衆国の最高法規であり、矛盾する州憲法、州法に優越する（6条2項）。この最高法規条項は、連合時代に邦内での条約の効力が実質的に損なわれていた事実に鑑み、合衆国の外交政策の一体化を図るために規定されたものである[25]。その反面、最高法規としての条約は、州の利益を侵害する危険性を持つことになる。そこで、起草者は、新憲法の制定を確実にするための妥協の一つとして、州代表的性格を持つ上院に条約承認権を付与することで、州の利益が安易に侵害されないよう保障する必要があった[26]。この保障は、条約の承認を通常の過半数ではなく出席議員の3分の2の同意を求める特別多数決規定によってさらに強化されている[27]。つまり、上院は、出席議員の3分の1プラス1名の反対で条約の締結を拒否できることになる。合衆国憲法は各邦の妥協的産物であるが、州、地域の利益に配慮した条約条項はその典

型的規定といえよう[28]。

以上のように、憲法起草者は、条約条項に含まれる上院の条約承認権と特別多数決規定に重要な意義を見出していた。そして、第一次世界大戦後に上院がベルサイユ条約の承認を拒否するまで、このような条約承認権の意義は尊重されていたのである[29]。

第2節　条約以外の国際協定

憲法は、合衆国が締結できる国際協定について条約のみしか規定していない[30]。しかし、合衆国は、憲法制定直後より条約締結手続以外の方法で国際協定を締結し、外交関係を処理してきていた。条約承認権の非効率性を批判し、その代替手段の利用を主張する論者は、これらの国際協定の先例により条約の例外的存在を正当化できると論じていた[31]。そこで、条約以外の国際協定を検討し、それらと上院の条約承認権との関係について考察する。

条約以外の国際協定は、大統領が単独で締結する行政協定（executive agreement）と何らかの形で議会が締結に関与するものの二つに大別できる。このうち前者の大統領が単独で締結する行政協定は、我が国でいうところの、日本国憲法73条2号の「外交関係を処理」するために内閣が国会の承認を受けずに単独で締結できる「行政取極」に類似の制度である。もっとも、このような行政協定が、憲法上特別に定められた条約と互換性のある制度として認められないのは、我が国と同様である。

大統領が単独で締結できる行政協定は、その法的根拠から、すでに締結された条約に基づくものと大統領に固有の憲法的権限に基づくものの2種類に分類できる。条約に基づく行政協定（treaty-based executive agreement）は、条約の実施、義務履行、運用に必要な細目を定めている[32]。この種の協定は、憲法の条約条項自体および法律誠実執行条項（2条4節）に根拠を持ち、条約を補完するものであって、本来条約承認権と抵触するものではない[33]。

また、大統領権限に基づく行政協定（presidential executive agreement）は、軍の最高司令官としての権限（2条2節1項）、あるいは、条約条項や大使任命権（2条2節2項）、全権大使などを接受する権限（2条3節）など大統領の一般的な対外代表権に依拠しているとされる。例としては、交戦国と締結する休戦協定[34]、正

式の条約締結に先立って締結される暫定協定（modus vivendi）[35]、外国政府に対する合衆国国民の債権に関して清算、和解を行う協定などがある[36]。これらの行政協定は、その範囲を逸脱して締結された場合に、上院の条約承認権を侵害する可能性を持つ[37]。しかし、第一次世界大戦までに締結された行政協定は、限定的かつ相対的に些末な事項に関するものであり、条約の代替手段としての意義は認められていなかった[38]。

次に、下院を含む議会全体が締結に関与する国際協定を見る。まず、議会が事前に国際協定の締結権限を授権し、大統領がこれに基づいて締結するものがある[39]。この手続で締結された国際協定は多く見られ、その例として、特定品目の関税に関する互恵貿易協定[40]、郵便料金の互恵領収に関する郵便協定などが挙げられる[41]。このうち郵便協定については、同内容の協定について条約締結手続が用いられた事例があるために、条約承認権の憲法的例外とも評される[42]。しかし、憲法は、議会に対して関税（1条8節1項）や郵便（1条8節7項）に関する権限を付与している。つまり、議会は、憲法上明確に規定された権限に基づいて、大統領に対して国際協定の締結を授権していることになり、その限りにおいて、上院の条約承認権と矛盾しないと考えられていた[43]。

もっとも現在では、このような議会の事前授権に基づき締結される行政協定が、関税や郵便関連に限らず拡大されてきており、議会の事後承認なしに締結される「事前に議会が承認した行政協定」（ex ante congressional-executive agreement）として、国際協定の主力となったとの指摘がある[44]。このような状況により、議会の事前授権に基づく行政協定を関税、郵便に限定した歴史的承認を受けた例外的事項であるとの説明は困難となり、結局、そもそも議会に憲法の条約承認条項を回避する手段を行使する権限があるか否かの検討が必要となる。

また、議会は、上下両院共同決議の手続を用いて領土の併合を認めてきている。例えば、1845年のテキサス併合は、上院が条約承認を否決したために、両院共同の手続によって承認されている。同様に1898年のハワイ併合も、上院の条約承認手続が打切りとなった後、同じく両院共同決議で認められていた。この二つの事例については、その経緯から、上院の条約承認権の絶対性を否定する先例であると評する論者が多い[45]。しかし、議会は、新州を承認する権限を有しており（4条3節1項）、領土の併合はその範囲内と考えるべきであろう[46]。

以上のように、条約以外の各種の国際協定は、条約条項自体もしくは他の憲法

規定に根拠を持つものであり、上院の条約承認権を本質的に変更するものではない。次に述べるように、上院の条約承認権の意義を決定的に低下させたのは、議会の国際協定承認権の登場であった。

2　連邦議会の国際協定承認権の台頭

第1節　議会の国際協定承認権の意義

　現在、合衆国の国際協定の多くは、「議会が承認した行政協定」として締結されている。例えば、1946年から1972年にかけて締結された国際協定のうち「議会が承認した行政協定」の割合が88.3％にのぼるとする調査がある[47]。また、1980年から2000年にかけてアメリカが締結した国際協定のうち「議会が承認した行政協定」が2,744であるのに対し、条約はわずかに375とする報告もある[48]。

　議会の国際協定承認権の始まりについては、それ自体が当該制度の正当性主張に関わるため諸説があるが、その台頭が第二次世界大戦末期以降である点については一致が見られる。そのもっとも重要な国際協定がブレトン・ウッズ協定であろう。Truman大統領は、国際連合憲章への加盟については条約として上院に承認を求め、並行して、同協定については議会に承認を求めた。その結果、ブレトン・ウッズ協定は、1945年上下両院によるブレトン・ウッズ協定法（ch.339, 59 Stat. 512）可決により承認されたものである。同協定は、第二次世界大戦後の国際経済秩序に関しアメリカ・ドルを基軸とした固定為替相場制、国際通貨基金（IMF）や国際復興開発銀行（IBRD）の創設加盟を含んでおり、その重要度から、従来であれば条約として締結されているレベルにあった。

　それ以降、議会の国際協定承認権制度は拡大の一途をたどることになる[49]。まず、国際機関の創設、加盟に関する協定は、第二次世界大戦後のユネスコ、世界保健機関（WHO）から最近の世界貿易機関（WTO）まで、ほとんどが議会によって承認されている[50]。また、貿易、通商など大部分の経済的協定も同様であり、懸案となっていたNAFTAの加盟が議会によって承認されている[51]。あるいは、カナダとのセントローレンス運河に関する協定のように、上院が条約としての承

認を拒否し続けていたものが、実質的に同内容のままで「議会が承認した行政協定」として締結された例もある[52]。

このような議会の国際協定承認権制度の拡大状況を受けて、上院は、重要な政治、軍事、経済協定は条約締結手続を用いるべきであるとの決議を採択して抵抗する姿勢を見せた[53]。しかし、この決議は、国際協定承認権を保持することに成功した下院や行政部の激しい反対を受け、条約承認権の意義の低下を防ぐには至っていない。もっとも軍事協定に関しては上院による圧力が強く、当初Carter大統領が「議会が承認した行政協定」としての成立を目論んでいたSALT2から、Clinton大統領の包括的核実験禁止条約、Bush大統領のロシアとの核兵器制限条約、Obama大統領の核兵器制限条約（New START）まで原則として条約承認手続を経ている[54]。

この点、1950年代以降の実務では、いずれの国際協定を選択するかについて、Circular 175と呼ばれる手続を用いている[55]。国際協定の種類を選択する際に、以下の八つの要素が総合的に考慮される。1. 国際協定が合衆国全体に影響を与えるコミットメントまたはリスクをどの程度含むものか、2. 各州法への影響を与えるか否か、3. 議会による追加的な立法の成立なしに効力を発生できるか否か、4. 同種の国際協定に関する合衆国の慣行、5. 特定の種類の国際協定に関する議会の選好、6. 国際協定に望まれる形式の程度、7. 国際協定の有効期間、速やかな協定締結の必要性、定期的協定または短期的協定として締結することの望ましさ、8. 同種の国際協定に関する一般的な国際的慣行、以上8要素である[56]。例えば、2.の州法への影響は、合衆国憲法の連邦制度に基づき州代表的性質を持つ上院が承認する条約が選択される可能性を持ち、3.の追加的立法は、議会全体の関与が機能的選択となる。

「議会が承認した行政協定」を選択する際の憲法的根拠の確認は、列挙された立法権限を行使する議会にとってルーチンであることに鑑みると、今後蓄積されていく議会慣行が上記の4.の過去の慣行、5.の議会の選好要素とリンクして、条約と「議会が承認した行政協定」の棲み分けを促進する可能性を持つ[57]。しかしながら、実際の慣行に関して各分野において新たな展開が見られるため決定的ではない、との厳しい評価もなされている[58]。また、そもそもCircular 175の選択要素自体があいまいであるとの批判も強い[59]。結局、国際協定の選択に際して用いられるCircular 175の選択要素も、法的な評価の対象として値する枠組み

ではなく、単なる政治的かつ個別的な判断と評価せざるをえないのが実情である。

第2節　上院の条約承認権と議会の国際協定承認権の機能比較

　それでは、なぜ、上院の条約承認権の存在意義が低下し、議会の国際協定承認権が重視されるようになったのであろうか。その理由は、両制度の機能を比較検討すれば明らかである。

　まず、上院の条約承認権に対しては、次のように批判できる。第1に、州代表的性質を持つ上院を重視する姿勢は、憲法制定当時には一定の意義が認められるものの、連邦政府の活動範囲が拡大した現在では時代錯誤的である。また、肥大化した上院は、憲法起草者が少人数で構成された機関に期待した機能を果たせていない[60]。第2に、条約承認に出席議員の3分の2の同意を必要としたことは、現在では、全人口のわずか7％を代表する上院議員が反対すれば国家的利益に関わる条約を拒否できることになり、非民主的である。同様に、より民主主義的機関である下院を排除していることも問題である[61]。最後に、これまで重要な条約の締結を阻止してきた条約承認手続は、非効率的であり、国際社会における合衆国の地位にふさわしくない[62]。以上のように条約承認権は、時代錯誤的、非民主的、そして非効率的制度であると批判できる。今日、憲法が制定されれば、おそらく、条約条項は異なる形式であったろうと評されているのである[63]。

　これに対して、議会の国際協定承認権は、条約との比較の上で多くの機能上のメリットを有する。まず、国際協定締結過程に下院を参加させることは、外交問題に国民多数の意思を反映させることになり、民主的正統性が認められる[64]。また、議会の国際協定承認権制度は、下院が当該国際協定の国内効力に関する法律、予算の制定を拒否する危険を回避、軽減できる[65]。同様に、「議会が承認した行政協定」が既存の連邦法を修正、廃止したとしても、上院のみが締結に参加する条約の場合と異なり、正当性の問題は生じにくい[66]。

　さらに、議会の国際協定承認権制度は、両政治部門にとって外交政策を実現するための不可欠な手段と考えられる。まず、大統領は、この制度により厄介な条約条項を回避して国際協定を迅速、確実に締結できる。無論、条約および大統領が単独で締結できる行政協定も併存しているため、大統領は政治状況に応じて国際協定の締結手続を選択することも可能である。同様に、議会にとっても、国際

協定を承認する権限を保持することは、外交統制権限を拡大できる利点を有する[67]。議会は、条約の執行に伴う法律を制定し、予算支出を決定する権限を保持している。これに、新たに国際協定を承認する権限を加えることにより、大統領の外交権限の濫用を議会全体で抑制できることになる。さらに、上院も、条約承認権を完全に放棄したわけではなく、当該国際協定が州もしくは地域の利益を侵害すると判断すれば、過半数の支持により条約承認手続の利用を主張できる[68]。つまり、上院は、国際協定の締結手続を選択する機会を有しており、依然として、外交領域における大統領の重要なパートナーとしての地位を維持していることになる[69]。

以上のように、議会の国際協定承認権は、条約承認権と比較すると、民主的正統性を有し、効率化の要請を満たす現代的制度と評せよう[70]。しかし、これらの機能上のメリットのすべてを認めるとしても、制度自体が憲法論的評価に耐えるものではなく、また、形式的な条約締結手続違反を正当化する根拠となるわけでもない。そこで、次に、議会の国際協定承認権の合憲性について争われた下級審判決の検討を通して、具体的論点を検討するとともに、司法審査に向けた手続的障壁を確認する。

3 「議会が承認した行政協定」をめぐる判例の動向

これまで連邦最高裁判所は、「議会が承認した行政協定」の合憲性について直接判断を示していない。しかし、議会の国際協定承認権は、実務上、多くの機能的メリットを有するものとして安定的に行使されていた。その背景の一つとして、最高裁判所が外交問題に関して政治部門の判断を尊重しようとする傾向にあると考えられる。また、そもそも「議会が承認した行政協定」の合憲性判断に向けては訴訟手続上の障壁も予想される。

そこで、まず、「議会が承認した行政協定」を正当化する見解が依拠する国際協定に関する最高裁判例を概観する。ここにおいては、議会意図を重視する最高裁の姿勢が看取できる。次に、「議会が承認した行政協定」の合憲性について直接的に判断した二つの下級審判決を取り上げる。そこでは、NAFTAやWTOへの加盟承認手続をめぐって上院公聴会やローレビュー上で繰り広げられた憲法論

争に触発されたかのような議論が展開されたものの、結論的には司法手続的問題により却下されている。

第1節　国際協定に関する最高裁判例

　合衆国が締結した国際協定の憲法問題に関して連邦最高裁判所が関与した事例は少ない。その中で、初期の学説が援用したのは、Missouri v. Holland, 252 U.S. 416 (1920) である[71]。同事件では、渡り鳥の保護に関する条約に基づき議会が制定した連邦法が、州の管轄事項への立法を禁じた修正10条に反するか否かが争われた。最高裁のHomes判事は、条約の対象事項について、国家的に不可欠な福祉の範囲であれば、列挙された議会権限の範囲に限定されないとして[72]、条約の対象事項が議会の立法権限とは別個独立のものと認めた。そして、憲法1条8節18項の必要かつ適切条項は、議会に対してそのような正当な条約の実施に「必要かつ適切」な立法を行う権限を認めているとしたのである。Missouri判決は、条約と連邦法の組合せにより、州の管轄事項に対して合憲的に行使できる連邦権限を承認したことになる。そこで、初期の学説は、Missouri判決のこの部分を受けて、大統領が正当に締結できる行政協定の実施に必要かつ適切な立法制定も同様に可能であると主張した[73]。この議論の眼目は行政協定の憲法的地位を条約レベルに引き上げることであり、その後の条約と他の国際協定との間の互換性論に道筋をつけたのである。

　次に、United States v. Curtiss-Wright Export Corp., 299 U.S. 304 (1936) では、議会の合同決議に基づいて大統領が行った武器の輸入禁止決定が、憲法の禁ずる立法委任に該当するかどうか争われた。Sutherland判事による法廷意見は、大統領のみが国家の代表者として対外的関係を結ぶ権限を保持するとして、外交関係を処理する大統領の幅広い権限を認めた。そのうえで、幅広い権限を保持する大統領に対する議会の授権も、同様に広範囲にならざるをえないと結論したのである。同判決に対しては、大統領権限を広範に拡大している点につき批判が多いが[74]、少なくとも、最高裁が憲法の明文規定に依拠せずに大統領の幅広い外交権限を容認した点、および広範な議会による授権を認めた点で議会の国際協定承認権を支持する説に論拠を与えたといえよう。

　憲法文言に存在しない外交権限を容認した点では、United States v. Belmont,

301 U.S. 324 (1937) および United States v. Pink, 315 U.S. 203 (1942) も同様である。この二つの事件では、ソビエト連邦に対する国家承認に関する行政協定に付随して締結された譲渡協約の国内的効力が争われた。まず、Belmont 判決において Sutherland 判事は、連邦政府が外交事項に関する権限を保持していると指摘し、条約以外の国際協定であっても　州法に優越する効力が認められると述べる[75]。また、Pink 判決において Douglas 判事は、条約と同様、当該行政協定にも「国家の最高法規」としての効力がニューヨーク州法に優越すると判示した。以上 2 判決は、「議会が承認した行政協定」の事例ではないが、最高裁判所が条約とは異なる「行政協定」を合衆国憲法のもとでの国際協定と認知した意義が認められる。

　同様に大統領が単独で締結する行政協定が問題となったのが、Dames & Moore v. Regan, 453 U.S. 654 (1981) である。同事件では、イランとの間で締結された行政協定に基づいて大統領が発した行政命令の効力が争われた。Rehnquist 判事による法廷意見は、Youngstown Sheet & Tube Co. v. Sawyer, 343 U.S. 579 (1952) における Jackson 判事結果同意意見が示した、大統領権限に関する分析に依拠する。すなわち、議会の授権がある場合、議会の授権がない場合、そして議会が反対している場合を区別し、それらに応じて大統領権限の範囲が異なると考えるのである[76]。Rehnquist 判事は、本件事例においては法律規定が大統領の幅広い権限を認めていること、および外国政府に対するアメリカ国民の請求権に関する行政協定の慣行を議会が黙認してきた事実を指摘し、当該行政協定に基づく行政命令を支持したのである[77]。Dames & Moore 判決における最高裁の論理に従えば、「議会が承認した行政協定」は、大統領の国際協定締結権限に対して議会が明示的に承認を与えている場合に該当し、本件以上に合憲性が推定されることになるかもしれない[78]。

　さらに、Weinberger v. Rossi, 456 U.S. 25 (1982) では、議会による事前授権に基づく行政協定が、ある法律が規定する「条約」に該当するか否かが争われたが、ここでも、議会の意図を重視する最高裁の姿勢が見受けられる。問題となったフィリピンとの行政協定は、アメリカ軍の基地においてフィリピン人の雇用を優先的に行うことが定められていた。しかし連邦法は、条約が異なる定めをしていない限り、海外基地における雇用差別を禁止していた。そこで当該行政協定に基づき配置転換させられたアメリカ人が、協定が連邦法にいうところの「条約」には

該当せず、雇用差別は同法に反するとして提訴した。Rehnquist 判事は、当該法律制定時に 13 の行政協定が存在していたにもかかわらず、議会が「条約」文言を憲法2条の条約に限定する意図を示していないことを指摘して、問題となった行政協定が同法上の「条約」に該当すると判断したのである[79]。本件は、法律の文言解釈を争点とするものであるが、最高裁が条約に代わる国際協定の存在を認知していること、および、行政協定の有効性を議会の意図から推定している点が注目される。

以上概観したように、最高裁は、たしかに条約以外の国際協定の存在を是認し、しかもその締結において大統領と議会の協働行為を重視しており、この点で議会の国際協定承認権の合憲性を推定する根拠となりうる。もっとも、大統領単独の行政協定や議会の事前授権に基づく行政協定に関する法理が、条約の代替手段としての「議会が承認した行政協定」の憲法問題に、直接適用できるか否かについてはさらに検討を要しよう。

第2節　Ntakirutimana v. Reno, 184 F. 3d 419 (5th Cir. 1999)

(1) **Ntakirutimana 判決の事例**

本件では、「議会が承認した行政協定」として締結された犯罪人引渡協定の合憲性が、人身保護令状請求の脈絡で争われた。

1994 年春、アフリカ中央部のルワンダにおいて大統領暗殺を契機として多数派フツ族と少数派ツチ族との間で民族紛争が勃発し、わずかの期間のうちに 50 万人から 100 万人ともいわれるツチ族が虐殺された。その後樹立されたツチ族系政府の要請を受けた国連安全保障理事会は、ルワンダおよび隣国における大量虐殺の責任者を起訴し処罰するための国際刑事法廷（ルワンダ国際刑事法廷、ICTR）を開設する旨の決議を採択し[80]、国連加盟国に対して当該法廷への犯罪人引渡しを求めた[81]。

ルワンダ紛争時には国連軍の投入に消極的であったアメリカ合衆国は、国際法廷設立決議には賛成し、Clinton 大統領が同法廷との間に「領域内において発見された犯罪人を引き渡す」義務を負う協定を締結した。合衆国は当該締結に際して、憲法の条約条項所定の手続を用いず、大統領が単独で締結できる行政協定形式を選択した。そこで、議会は国家安全授権法を改正し、当該協定の国内的執行

に必要となる司法手続規定として1342条を定めたのである[82]。同条は、連邦犯罪人引渡法がICTRおよび旧ユーゴスラビア国際戦争犯罪人法廷に対する引渡しにも適用できる旨定めていた[83]。さらに、連邦裁判所に対して引渡請求を検討するための公聴会（hearing）を開催する権限を授権し、容疑を維持するに十分な証拠が存在する場合に、国務長官に容疑者の引渡確認ができるとする。なお、国家安全授権法1342条改正に対する票決は、上院においては56対34、下院においては287対129であった。

1996年6月および9月、タンザニアのアルシャに設置されたICTRは、テキサス州在住のルワンダ人牧師Elizaphan Ntakirutimanaに対して、大量虐殺、人道上の犯罪などを内容とする2通の正式起訴状を発給した。ICTRの判事は、2通の正式起訴状を是認し、Ntakirutimanaの身柄を拘束するよう決定した。直ちに合衆国政府は、Ntakirutimanaの身柄を拘束し、国家安全授権法の手続によりICTRへの引渡決定をテキサス南地区連邦地裁に求めたのである。

1997年12月17日、引渡しの可否を判断する連邦治安判事Notzonは、合衆国において条約形式を用いずに犯罪人の引渡しを認めた例はないと指摘し、政府の要求を拒絶した。同判事によると、合衆国の引渡し権限の根拠となる国家安全授権法1342条は条約に基づくものではないため違憲であり、テキサス南地区連邦地裁に引渡決定に関する管轄権は存在しないことになる[84]。治安判事の決定を受けてNtakirutimanaは、14か月ぶり釈放された[85]。

そこで、合衆国政府は訴状を作成しなおし、テキサス南地区連邦地裁に対して再度引渡しを求めたのである。これに対して地裁のRainey判事は、政府側の主張を全面的に支持し、当該協定および国家安全授権法の規定がNtakirutimanaの引渡しに関する憲法上の根拠を提供しており、条約なしに引き渡すことが可能であるとして、人身保護令状の発給を拒否した[86]。そこで、Ntakirutimanaは、合衆国憲法2条2節の条約条項がICTRとの間の協定を条約形式で締結することを求めているとして、引渡しの停止を求めて第5巡回区控訴裁判所に控訴した。

(2) 第5巡回区連邦控訴裁判所判決要旨

控訴裁判所は、2対1で原審を維持し、人身保護令状の発給を拒否した。法廷意見を書いたGarza判事は、犯罪人引渡し公聴会を主催する司法職員の証拠調べに対する人身保護令状審査の範囲が、極端に限定されたものであることを前提と

する。すなわち、裁判所は、引渡しに関わる裁判所が管轄権を持つかどうか、容疑が条約の範囲内かどうか、および、証拠が容疑者を有罪にするに足ると信じられる程度の合理的根拠をもつかどうかについてのみ審査を行う[87]。

まず、控訴人Ntakirutimanaは、憲法の条約条項が犯罪人引渡しに条約を要求しているとする。つまり、条約が不存在であるにもかかわらず特定の法律によりICTRの引渡要求に応じることは違憲となる。控訴人は、犯罪人引渡しの脈絡において、行政協定と連邦法の組合せによる「議会が承認した行政協定」を違憲と断定するのである。

たしかに、憲法2条の条約条項には、引渡しに関する言及も、また、引渡しにおける条約の必要性に触れた文言も存在しない。しかしながら、最高裁判所は、犯罪人引渡しが明確に条約締結権限および外交官接受権限に含まれているとしてきていた[88]。もっとも、最高裁も、そのような引渡しに関する大統領権限が無制限なものではないとする。Garza判事は、最高裁がValentine v. United States, 299 U.S. 5 (1936)において、大統領の犯罪人引渡権限が「条約もしくは法律」の授権がなければ認められないと判断したと指摘する[89]。Valentine判決においては、フランスとの間で締結された引渡条約に基づき、大統領に付与されていた裁量的権限が争われていた。最高裁は、引渡しに関する大統領権限については、単に法律もしくは条約が当該権限を否定していないとの消極的根拠ではなく、積極的な引渡権限が付与されていることが必要であるとする。裁判所は犯罪人引渡しに関する行政部の裁量を判断する際に、条約もしくは法律の存在の有無を吟味することになる。このため、同判決によれば、犯罪人引渡しの脈絡において、条約以外に大統領と議会が共同で行動できる法形式が存在すること認めたことになると考えるべきである[90]。

これに対して控訴人は、憲法制定会議における条約条項に関する議論を引用し、国際協定締結手続における「条約」の絶対性を主張する。すなわち、外国政府との間で交渉を行う単一の行政機関と、当該行政部へのチェックを行うために国際協定を審査する議会の一院としての上院を求めていたとするのである。しかし、控訴人は、犯罪人引渡しは条約形式が求められるとの憲法条文も歴史的議論も引用していない。控訴人の議論は、犯罪人引渡しに限らず、国際協定は条約であるべきだとするものだが、むしろ、合衆国が締結できる国際協定を条約形式以外の種類に拡大するとの解釈が一般的である[91]。

さらに、控訴人は合衆国の歴史において犯罪人引渡しに条約以外の形式の国際協定が用いられた慣行はないと主張する。しかしながら、最高裁判所はこのような歴史的慣行が議会の権限を制約するとは認めていない[92]。同様に最高裁が法律に基づく犯罪人引渡しを認める際に、憲法に関する歴史的理解に依拠している[93]。そこでは、議会が稀にしか連邦法に基づく犯罪人引渡手続を設けなかったとしても、それが当該行為を否定する根拠にはならない。結局、条約以外による犯罪人引渡しの先例が存在しないことが何らかの憲法的制約を構成するとの主張は、否定されることになる[94]。

同様に控訴人は、「議会が承認した行政協定」手続は、議会が大統領の外交権限を簒奪することになるとして、憲法上の権力分立違反を主張する。しかしながら、このような主張は、大統領が単独で行動したわけでもなく、また議会が外交交渉を行ったわけでもない本件事例においては、認められない。「議会が承認した行政協定」手続が連邦法による大統領の条約締結権限の簒奪を意味するとの主張も、最高裁判所が後法である連邦法による条約の否定を認容している以上、同様に認められない[95]。最後にNtakirutimanaは、条約を不要とすることは、憲法の条約締結権限を逸脱していると主張する。しかしながら、大統領は、交渉を行った条約につき、議会による法制定を選択せずに上院に提出することも可能であり、条約締結権は依然として影響を受けずに存置しているのである[96]。

そして法廷意見は、合衆国政府による第2の引渡請求の際に提出されたICTR資料が、犯罪人引渡手続における証拠が十分なものかどうかを審査する際に求められる合衆国憲法上の「相当の理由」基準に合致するとして[97]、原審の判断を支持した。法廷意見は以上のようなものであり、第5巡回区控訴裁判所は原審を維持し、Ntakirutimanaが提起した人身保護令状の発給を拒否したのである[98]。

これに対して、DeMoss判事による反対意見は、引渡しの根拠となる国際協定および法律を違憲と見なす[99]。まずDeMossは、合衆国憲法の構造理解によればある種の国際協定は憲法の条約条項に従って締結されなければならないとし、合衆国国内および国際的先例に照らせば、犯罪人引渡しはまさにそのような制約を受ける範疇にあるとする[100]。実際、引渡条項を持つ1795年のJay条約や1842年のThe Webster Ashburton条約は条約形式であるし、引渡しに関する最初の連邦法である1848年法も条約の存在を要求している。本件で問題となったICTR協定が初めての例外なのである。無論、憲法は条約以外の国際協定の存在を前提

としている。この点につき被控訴人合衆国側は、憲法が犯罪人引渡しを条約によって行うとの文言がない以上、他の手続に基づく協定締結も可能であると主張する。しかしながら、そもそも憲法は行政協定に関する文言を持っていない。憲法が言及しているのは条約のみなのである。

また、DeMoss 判事は、法廷意見が依拠する Valentine 最高裁判決の事例が引渡条約に関わるものであり、最高裁による「法律」への言及も純粋な付随的意見 (dicta) であって先例拘束性を持たないと見なす。この結果、行政部および立法部は、当該引渡協定の締結に際して、合衆国憲法により規定された構造を尊重する義務を怠ったことになると結論される[101]。

2000 年 1 月 24 日、連邦最高裁判所が上告を裁量で却下したために[102]、3 月 2 日、司法長官は Ntakirutimana の身柄を ICTR へ引き渡すことを決定した。ICTR において Ntakirutimana は、同法廷設立決議が国際連合憲章から逸脱しているとの手続的異議を申し立てたが、2001 年 4 月 2 日、却下され、カナダ人判事 Louis Arbour のもとで刑事手続が進行した。

(3) Ntakirutimana 判決の評価

本件判決は、「議会が承認した行政協定」の合憲性が連邦裁判所で争われた初めての事件であり、しかも、問題となったのがユーゴスラビア国際刑事法廷とともにその成否が注目されていたルワンダ国際刑事法廷との協定であったために、内外からの関心を集めた[103]。

さて、本件訴訟における論点は多岐にわたるが、本章の関心から問題とすべきは、引渡しの法的根拠となった国際協定が「議会が承認した行政協定」として締結された点に関する合憲性である。本件訴訟は人身保護令状請求事件であり、「議会が承認した行政協定」の合憲性を争う際に問題となる司法手続的問題が比較的容易に回避できる事例であった。しかも、問題が合衆国憲法制定以来、二、三の例外[104]を除いて、原則として条約形式が用いられていた犯罪人引渡協定の合憲性である。行政部の権限行使を統制するため長期間利用されてきた議会拒否権制度が、一外国人の国外退去判断をめぐる INS v. Chadha, 462 U.S. 919 (1983) で違憲とされた先例があるだけに、検討が必要となる。

本件控訴裁は、当該協定が議会の立法制定による実質的承認によって合憲的に存在できると結論した。ただし、その理論的根拠は、大統領の引渡権限が「条約

もしくは法律」によって授権されている場合に合憲であるとした Valentine 判決に負っている。ここでは、過去 200 年にわたる犯罪人引渡条約の歴史的慣行が簡単に無視されており、当該事項に関しては条約と「議会が承認した行政協定」の併存が認められたことになる。もっとも、他の事項に関する協定の合憲性問題と同様に、議会に「国際犯罪に関する」立法事項が存在するとしても、それが国際協定を承認するという異なる憲法的行動を単純に導けるかどうか慎重な検討が必要であろう。

　また、本件で争われたのは、合衆国に合法的に滞在している外国人の引渡しであった[105]。本件判決当時、常設裁判所である国際刑事裁判所に関するローマ規定へのアメリカの参加が議論されていた。本件判決との関連では、ローマ規定に際して、アメリカ国内のアメリカ市民の引渡しが求められた場合、連邦裁判所が本件同様の判断を示せるかどうかが問題となる可能性があった[106]。ローマ規定は、2000 年 12 月 31 日、任期最終日の Clinton 大統領による加盟署名の後、ICTR とは異なり、締結手続を条約形式で行うことが予定されていた。しかしながら、結局上院は承認手続を動かさず、その後 2002 年 5 月に Bush 大統領によりローマ規定への加盟は撤回され[107]、アメリカは同規定からの脱退を表明した。本件反対意見が指摘するように、ICTR 設立協定の締結手続は、国家安全保障法の細目に関わる改正として上下両院における実質審議を回避したものであって、政治的にはイレギュラーなものであったといえよう。

　Ntakirutimana は、2004 年 12 月 13 日、ICTR により禁固 10 年（未決拘留期間を含む）の判決を受けて収監され、2006 年に釈放、2007 年 1 月 22 日に死去した。

第 3 節　Made in the USA Foundation v. United States, 242 F. 3d 1300 (11th Cir. 2001)

(1)　**Made in the USA Foundation 事件の事例**

　北米自由貿易協定（以下、NAFTA）は、アメリカ、カナダ、メキシコの北米 3 か国が相互の貿易、投資障壁を削減、撤廃する目的で締結した国際協定である。懸案であった NAFTA の交渉、締結承認に際して、Bush、Clinton 両政権は、Trade Act of 1974 (19 U.S.C. §2101) および Omnibus Trade and Competitiveness Act of 1988 (19 U.S.C. §2901) 所定のファースト・トラック手続を利用した。こ

の手続に従えば、NAFTA の締結承認には、上下両院の過半数の賛成を得るだけでよい。1993 年 11 月、議会は、下院において賛成 234 票、反対 200 票、上院において賛成 61 票、反対 38 票で NAFTA の締結を承認し、同規定の国内執行に必要な法律を制定した[108]。

1998 年、アメリカ製品の生産、販売促進を訴える保護貿易団体 Made in the USA Foundation、国内での雇用確保を目的とする労働組合 United Steel Workers および 3 名の有権者は、NAFTA が憲法 2 条 2 節 2 項の条約条項が定める上院の「助言と承認」を受けていないために違憲、無効であるとの宣言的判決を求めて、アラバマ北地区連邦地裁に訴訟を提起した。これに対して被告、合衆国政府は、原告適格および事件の司法判断適合性を否定するとともに、憲法の条約条項が排他的なものではないとして NAFTA の合憲性を擁護し、原告の訴えを退けるよう地裁に求めた。

(2) アラバマ北地区連邦地方裁判所判決の要旨

連邦地裁の Propst 判事は、保護貿易団体、労働組合の原告適格を認め、政治問題の法理の適用を拒否して事件の司法判断適合性を認容したうえで、外国との通商に関する立法権限（1 条 8 節 3 項）が議会による NAFTA 締結承認の憲法的根拠となるとして、訴えを棄却した。

まず地裁は、有権者としての地位に基づく個人の原告適格を否定する。原告は、条約締結手続の回避により NAFTA の承認に反対する上院議員の投票に対して適切な比重が与えられず、その結果として有権者の投票権が減少したと主張していた[109]。地裁は、NAFTA の締結手続が有権者や上院議員の投票権を害するよう特別に企図されたものではなく、有権者原告の主張は抽象的な不平に過ぎないとして、原告適格の成立要件である「事実上の損害」の発生を否定した。これに対して、保護貿易団体や労働組合など組織的原告の原告適格は、NAFTA および関連法により失業や組合員減少による交渉力の弱体化という損害が確実に生じており、当該損害が原告勝訴により回復されうることになるとして肯定された[110]。

次に被告合衆国は、NAFTA が「条約」であるか否か、および憲法の条約条項が絶対的なものであるか否かは「政治問題」であり、司法判断適合性はないとする。しかし、この問題の解決は、憲法上はっきりした文言により議会もしくは大統領に委任されておらず、また、問題を判断するための司法的にわかりやすく処

理しやすい基準が欠如しているわけでもない。実際、国際協定の文言に対する違憲審査権が認められるのであれば、当該協定が憲法的要件に従って締結されたか否かについての審査権を否定される理由はない。憲法の「条約」文言の内容、性質の決定は、困難な作業ではあるが、司法審査対象となる法的問題と認められる。

そこで地裁は、NAFTAの合憲性自体の審査を行う。この点に関して両当事者が一致して本件の争点と見なしているのは、まず、NAFTAが憲法2条2節2項の規定する意味での「条約」なのか否か、次に、NAFTAが「条約」であるとすれば、当該協定および法の締結、制定は憲法の他の規定によって授権されているかの2点である。

まず、両当事者は条約と他の国際協定との区別について独自の基準を主張する。原告は、ある国際協定が憲法上の「条約」に該当するか否かは、協定内容の重要性と主権に対する効果によって決定できるとする。そして、NAFTAが知的財産権から健康、安全まで貿易協定として過去に類を見ないほど広範な内容を持ち、しかも紛争解決のための国際機関の設置および協定違反に対する制裁を定めて連邦政府および州政府の主権に対する影響力を有することを指摘して、憲法上の「条約」に該当すると主張する。

これに対して被告側は、ある種の国際協定が条約形式で締結されなければならないことを認容しつつ、そのような状況は憲法が大統領、議会もしくはその両者に他の方法を通して諸外国との交渉および国際協定の締結を行う権限を付与していない場合に限られると反論する。被告側は、本件で争われたNAFTAに関しては、憲法条文、歴史的慣行および最高裁判例[111]のすべてがその締結を議会および大統領の諸権限の範囲内にあると説明しているとする。

地裁は、NAFTAが「条約」に該当する点についての両当事者の議論は、その合憲性に関する最終的判断に寄与しないと考える。実際、両当事者はいずれもNAFTAについて憲法の条約条項に従って大統領が上院の助言と同意を経て締結できるものと見なしているのである。

そこで、本件の状況において条約条項が国際協定を締結する唯一絶対的な手段であるか否かが問題となる。この点に関して明白なのは、合衆国憲法上、すべての国際協定に関して条約条項を絶対的なものとする文言が見当たらないことである。これに対して、通商条項、ことに外国との通商条項の広範さはこれまで繰り返し強調されてきており、合衆国における通商に関する権限を明白に議会に付与

している。外国との通商条項について限定的な解釈を採用すべき、あるいは同条項が外国との通商に「必要かつ適切な」協定の承認を行う権限を議会に付与していないと仮定すべき理由はない。外国との通商協定が問題となっている場合に、憲法起草者が条約条項の手続を厳格に用いて外国との通商規制を行うべきであると意図していたとは考えられないのである。外国との通商を規制する議会の権限は、外国との通商に影響を与える条約ではない国際協定が、全体としての議会によって採択されている限りにおいて、有効なものであると合理的に主張できる程度には広範なものといえる[112]。

そして、条約条項に関して特別に制約を課す文言が見当たらないために、外国との通商に関する議会権限は、当該国際協定が外国との通商に特別に関係する条文によって構成されており、かつ、他の条文も合理的に見て他の事項の執行に必要かつ適切なものである場合に限り、条約条項が定める権限と共存できると結論できる。大統領は、NAFTAの締結過程において、外交に関する大統領権限と議会から付与された権限に従って活動していたことになる。以上により、NAFTAおよびNAFTA関連法は憲法的手段によって制定され承認されたと結論できる。

なお、本法廷は、NAFTAの実質的内容の妥当性に関する審査あるいはNAFTAが合衆国の利益に適合するか否かの判断を行う管轄権を保持していない[113]。

(3) 第11巡回区連邦控訴裁判所判決要旨

原告の控訴を受けた第11巡回区控訴裁判所は、保護貿易団体や労働組合の原告適格について原審の判断を維持した[114]。しかし、司法審査手続問題である「政治問題の法理」を援用して、NAFTAの締結手続が憲法2条の条約条項に反しているか否かの問題に対して司法判断適合性が認められないとして、原告の訴えを却下した。

控訴裁判所のFletcher判事による全員一致の法廷意見は、「政治問題の法理」に関する重要判例であるBaker v. Carr, 369 U.S. 186 (1962)、および大統領が上院の同意を受けずに条約を破棄できるか否かについて司法判断を回避したGoldwater v. Carter, 444 U.S. 996 (1979)を先例としている。

Fletcher判事は、本件の問題に関して憲法の文言がその判断を政治部門に委任しているかどうかを検討する。まず憲法には「条約」の文言が4か所で用いられ

ている。しかしながら、第1に、その「条約」という用語の定義付けは行われていない。第2に、条約と他の国際協定との相違点につき、明確な線引きが行われていない。第3に、憲法上、条約のみが合衆国の締結できる絶対的（exclucive）な協定であることが命じられていない。最後に、条約条項が定める手続が特定の条約を締結する唯一の方法であるとは述べられていない。他方、憲法は両政治部門に対して外交に関する権限、特に外国との通商権限を付与している。このような憲法の文言は、本件のような問題の判断に関して、司法部の役割を限定的にする。通商に関する国際協定に関しては、憲法が両政治部門に対して明確な割当てを行っていることを重視すべきである[115]。

次に、専門性の問題が検討される。この点につきFletcher判事は、司法的に用いられることができる基準が欠如していることを指摘する。ここではGoldwater最高裁判決において、憲法が条約の終結に関する規定を欠いている点が司法的基準の問題として取り上げられていた点が強調される。本件とは事例が異なるものの、憲法規定が同じく憲法によって賦与された権限の限界を定めていなかった点では同様である。実際、原告は憲法2条の条約条項を用いるべき「条約」とその他の国際協定との明確な区別について示すことができていない。この点につき原告は、本件問題が手続問題であると主張し、幾つかの最高裁判決を挙げて、憲法が司法的基準を示していない場合においても司法判断が容認されると反論する[116]。しかしながら、原告が援用する諸判決の事例は、外交権限に関するものではない。条約該当性を決定するために国際通商協定の意義を判断することを要求されれば、法廷は、本来訴訟対象ではない種類の政策的判断に踏み込まざるをえなくなる[117]。

最後にFletcher判事は、本件訴訟が慎重な判断を求められるものとして、外交政策に関する連邦政府の一体性、両政治部門の方針と矛盾する判決を下した場合に惹起される内外の混乱、そして、憲法上の同格部門である大統領と議会への敬意の問題を指摘し、本件訴訟の司法判断適合性を否定したのである[118]。

(4) Made in the USA Foundation判決の評価

本件判決は、「議会が承認した行政協定」の合憲性が争われた2件目の事件であるとともに、現在までで最後の事件である。また、その対象が1990年代に締結された重要な国際協定であるNAFTAであったために下級審判決ながら注目を

集めたものである[119]。

　まず、最初の論点は原告適格や司法判断適合性などNAFTAの合憲性を司法的に争う際の手続的問題に関するものである。これまで「議会が承認した行政協定」の合憲性に関する司法審査はNatkirutimana事件1例のみであり、学説の多くも司法審査に消極的であった[120]。特に、本件のように民主党大統領が共和党議会の協力を得て辛くも承認を得たNAFTAの合憲性を争う事例は、政治的舞台で敗北した議員あるいは支持者が司法の場で敗者復活を目論むケースと見なされることになる。

　この意味において、地裁、控訴裁ともに上院議員に代位して訴訟を提起した有権者の原告適格が否定されたものの、NAFTAの締結に反対していた貿易保護団体、労組など諸団体の組合員の減少や交渉力の低下に「事実上の損害」が認容されていた点は注目される。しかしながら、「事実上の損害」を認容できたとしても、それがNAFTAの破棄によって確実に救済できるものであろうか。合衆国政府も、NAFTAを破棄したとしても、カナダやメキシコの貿易政策や合衆国企業の活動方針が変更されるかどうかは不明確であり、損害回復が確実なものではないと主張していた。控訴裁判所では、NAFTAの国内経済への悪影響について、政府の公開情報が十分な証拠になるとして同協定の破棄が所団体の損害を回復させるとするが、司法上救済できない種類のものとの判断も可能であろう。

　これに対して、「政治問題の法理」の適用に関して控訴裁は地裁とは異なる判断を示して、政治部門との対決を回避した。仮にNAFTAを違憲と判断すれば、他の多くの国際協定が同様の運命をたどり、内外に大きな影響を与える危険性がある。逆に、「議会が承認した行政協定」について積極的な合憲判断を示すことによって、刺激を受けた上院が、憲法規定を盾にすべての国際協定を条約形式で締結することを要求する契機ともなりかねない。このように「議会が承認した行政協定」の司法審査には、重大な影響が予想できるのである。連邦裁判所がこの問題への関与を回避したこと自体は理解できる。

　しかしながら、第11巡回区控訴裁による理由付けには問題が残されている。たしかに、Goldwater判決において争われた条約の「終結」に関しては憲法の規定がなく、問題解決を示唆するような条項も存在しないことから、その解決が政治部門に委任されている事例と見なすことができる。これに対して、国際協定を締結する「手続」に関して憲法は、連邦と州それぞれのレベルにおいて、主体や

プロセスを明記しており、司法部が諸条文に基づいて法的な解釈を行う余地が残されている。司法的に利用できる基準の存否についても、最高裁自体、外交権限に関する条文に基づいて大統領単独の行政協定について実体審査を行い、その締結手続を尊重する判断を示しており、肯定的に解することもできる。

控訴裁判所は、議会権限の憲法構造上の限界を審査した諸判決が外交権限に関する本件の先例としての価値を持たないとする。つまり、外交権限の行使が憲法構造上矛盾を生じたとしても、司法判断適合性の決定において特別の扱いを受けることが示唆されているのである。無論そのような別扱いが外交権限に関する憲法問題全体において一般化されるわけではなく、控訴裁判所は、本件判決の射程について、国際的な通商協定の締結過程に関わる事例に限定している。しかし、通商協定への限定も、議会の列挙された諸権限を検討すれば、実効性のあるものとは考え難いことがわかる。実際、ある通商協定が合衆国憲法所定の連邦主義に重大な影響を与えた場合、当該「議会が承認した行政協定」に対する司法審査を、本件同様に政治問題の法理によって回避できるか、疑問が残る。

最後に、本件地裁の実体審査について検討する。地裁は、「議会が承認した行政協定」が単に合憲というのみならず、条約の代替手段として機能することを認容した。この結果、大統領は、同一内容の通商協定の締結に際して、条約条項に基づいて上院の出席議員の3分の2の同意を得るか、もしくは上下両院それぞれの過半数の同意を得ることになる。地裁は、本判決をNAFTAの事例に限定する旨を繰り返し述べているが、このような「互換性」(interchangeability) 理論によれば、通商、貿易、戦争、平和、財産、知的財産権など事実上ほとんどすべての事項に関する協定が、条約条項に従わずに「議会が承認した行政協定」という代替手段によって締結可能となる。

しかしながら、憲法の条約条項に「唯一」(only) の文言が認められないという根拠で憲法起草者が同条項を絶対視していなかったと結論できるか疑問が残る[121]。例えば、連邦下級裁判所を設置するための立法権限（1編8節9項）は、それら裁判所の裁判官の任命承認を憲法規定の上院ではなく上下両院に求める新たな手続の根拠となるのであろうか。通商に関する立法権限は、大統領が上院の同意を経て締結した貿易条約が非自動執行である場合に、アメリカ国内での適用に不可欠な立法を制定するために用いられるよう限定的に意図されていたとも解することができるのである。このような両制度の互換性については、以下において、

対立する諸学説を詳細に検討する。

さて、これまで連邦最高裁判所は、議会の国際協定承認権の合憲性について判断していない[122]。実際、この問題に対する司法審査には、NAFTA事件に見られるように多くの法的障害が予想される。まず当事者適格の問題がある。上下両院の過半数により行政協定が承認された場合に、締結反対派の上院議員は、条約承認手続に従った場合に比べて投票権の価値が減少したとの「事実上の損害」を主張して訴訟を提起できるのであろうか[123]。次に、司法部は、議会と大統領が協働で上院の権限を回避することによって生じる憲法問題に対して、どのような司法審査基準を用いるべきなのであろうか[124]。さらに、そもそも、このような国際協定の締結に関する政治部門の判断が司法審査の対象となるかどうか明確ではない[125]。しかし、特定の政府活動が憲法手続に合致しているかどうかを最終的に判断するのは、司法部の職務であると考えられる。特に近時は、連邦最高裁判所が外交関連の事件に関して積極的に判断を示しているとの評価があり[126]、今後、司法部がどのように国際協定承認手続の憲法問題に関与するかを注目すべきであろう。

4 「議会が承認した行政協定」をめぐる学説の検討

第1節 「議会が承認した行政協定」台頭期の議論

「議会が承認した行政協定」が合衆国の採用する国際協定の主力として登場して以来70年が経過した。しかしながら、現段階においても条約以外の国際協定の憲法的根拠をどのように位置付けるかについての議論は収まっていない[127]。学説は合憲説、違憲説、そして限定的合憲説の3種類である。

まず、合衆国が締結する国際協定として「議会が承認した行政協定」が本格的に登場し始めた1940年代の第二次世界大戦末期の議論を概観する。当時の議論は、憲法の条約条項の解釈と条約以外の国際協定の歴史的慣行の評価をめぐるものであった。

「議会が承認した行政協定」について、必要論ではなく憲法論として合憲性を

主張したのが、Myres S. McDougal と Asher Lans の共著論文である[128]。まず McDougal らは、条約以外の国際協定の先例を列挙し、憲法の条約条項が絶対的なものであるとするのは間違いだとする。また、合衆国建国当初と比較すると肥大化した上院には、交渉時の秘密性の保持といった憲法起草者が期待した機能を果たせない。そもそも、国際協定の承認権を条約が独占するとの憲法起草者の意図は、より民主的な機関である下院を排除する点で反民主的であり、憲法理論的に見て時代遅れなものである。少数の代表である3分の1の上院が、大統領および議会の過半数の決定に対する拒否権を持つ制度は、内政、外交が複合する世界には合致しない。そこで、McDougal らは、歴史、慣行、憲法解釈は、議会と大統領に対して条約締結手続から完全に独立した国際協定締結権限を認めているとする。外交に関する両部門の憲法的権限を結合すれば、条約締結手続と完全に互換性を持つ国際協定が出現するのである。このような憲法権限の創設には憲法改正手続は不要であり、上院が人民の意思と公共の利益に配慮してこのような新たな手続に参加すれば十分であると結論する。

　これに対して当時の違憲論の代表に挙げられるのは、Edwin Borchard である[129]。まず、Borchard は、「議会が承認した行政協定」を支持する主張が列挙した先例では、協定内容が重要な事項であるのか、瑣末な事項であるかの区別がなされていないとする。歴史的に見れば重要内容の国際協定は条約形式で締結されてきていたのである。次に、Borchard は、憲法の条約条項が合衆国の国際協定締結に関する絶対的な根拠条文であると主張するとともに、憲法起草者の意図に現代的意義を見出す。すなわち、上院の条約承認権は、少数派の利益の保護よりも、むしろ大統領が短期的な利益のために国家に対して長期的損害を与えることを防止する意味があるとする。このように述べて、Borchard は、「議会が承認した行政協定」の拡大を大統領による権限濫用であると決め付けているのである。

　このように合憲説が条約条項の問題点を機能論的立場から批判するのに対して、違憲論は憲法起草者の意図と条約条項違反を主張し、憲法文言との整合性を重視する立場にある。しかしながら1940年代の論争は、「議会が承認した行政協定」の利用が常態化するようになると、以後顧みられなくなる。例えば、憲法上の外交権限に関して積極的な議論を行う Louis Henkin も、1972年の著書において、「議会が承認した行政協定」に関する憲法理論がけっして明確ではなく、同意を受けていないとしつつ[130]、議会、大統領さらに裁判所も問題視しておらず、す

でに制度自体が条約の完全な代替手段として確立していると評価する[131]。Henkinは、「議会が承認した行政協定」には、何度も重要な条約の締結を阻止した上院の条約承認権の行使を回避できること、当該協定の国内的効力に関する法律制定を下院が拒否する危険を回避できること、大統領が単独で締結する行政協定と異なり、「議会が承認した行政協定」により内容が反する既存の連邦法が無効となっても問題を生じないなどの機能上のメリットを挙げていた。先例重視、機能重視説に立つHenkinの主張は、1940年代の合憲説の立場とは異ならないが、20世紀の代表的な見解と見なすことができよう。もっとも、当時の議論は、現実的要請に応えるために機能の評価に重点を置くものであり、憲法解釈論として十分な説得力を持つものではなかったとの評価もある[132]。

第2節　NAFTA、WTO加盟手続をめぐる議論

(1) AckermanとGoloveの合憲論の検討

「議会が承認した行政協定」が合衆国の締結する国際協定の一種類として条約の事実上の代替手段として登場して外交実務上問題なく利用され、議会が国際協定承認権を行使する慣行を確立して以来50年が経過していた。1994年4月15日、WTOへの加盟承認に関して上院が開催した公聴会において、著名な憲法学者Bruce AcKermanとLaurence H. Tribeによる議論の応酬があった[133]。両者の主張はハーバード・ローレビューにおいて公表され、議会の国際協定承認権に関して新たな憲法論が展開されたのである。

まず、議会の国際協定承認権を合憲と主張するAckermanとDavid Goloveによる論説を中心に検討する[134]。AckermanとGoloveは、従来の合憲論が依拠した国際協定の先例について詳細に検討し、それらは条約の完全な代替手段の創設を正当化する根拠ではないとする。例えば、多くの論者が引用するテキサスやハワイの併合に関する議会手続は、憲法4条3節1項によって定められた新しい州の加盟を承認する議会権限に基づくものであり、条約の対象外であるとする[135]。また、第一次世界大戦後において同盟国が合衆国に負った債務に関する協定も、同じく、憲法4条3節2項の合衆国の財産を処分する議会権限に基づくものであるとする[136]。

そこで、Ackermanらは、「議会が承認した行政協定」を第二次世界大戦終了

時に憲法的に新設された制度と捉える。すなわち、第二次世界大戦後の法秩序を形成するにあたって、ベルサイユ条約締結承認の失敗を繰り返さないために、「議会が承認した行政協定」手続が提案され、それが両政治部門間の妥協および国民の支持を得て国家的コンセンサスを得た「憲法革命」の一環として創設されたとするのである[137]。

ベルサイユ条約は、合衆国のWilson大統領の主導によりまとめられたもので、第一次世界大戦の終結と戦後の世界秩序を維持する機関として国際連盟を創設することなどを内容としていた。しかし、ベルサイユ条約は、孤立派上院議員の反対によって承認を拒否され、この結果、合衆国は国際連盟に加盟できず、国際社会において十分な影響力を発揮できなかった[138]。Franklin Roosevelt大統領は、第二次世界大戦の趨勢が決した時期に、ベルサイユ条約の失敗を繰り返さないために、戦後の新たな外交政策を具体化する手段として、条約手続に代わる迅速確実な国際協定締結手続を求めたと解されているのである。

AcKermanとGoloveは、問題の解決において最初に主導権をとったのは、憲法上条約締結手続から排除されていた下院であったとする。下院は、条約の承認を議会の過半数とする憲法修正案を賛成288票、反対88票、棄権56票の圧倒的多数で可決して上院に送付した[139]。憲法修正手続が進行する間、Rooseveltの後継者であるTruman大統領は、国際連合憲章の承認を条約条項に従って上院に求める一方、国際通貨基金や世界銀行などへの加盟を含むブレトン・ウッズ協定の承認を議会に求めた。前年の選挙において孤立派の中心的議員が引退、もしくは落選しており、上院では国際協調派が多数を占めていた。その結果、上院は、憲法修正案に対する審議を回避して条約承認権を維持しつつ、大統領の提案を受け入れて「議会が承認した行政協定」を認めたのである[140]。このため、AckermanとGoloveは、議会の国際協定承認権制度について、合衆国の新たな外交政策を具体化するための一種の緊急避難的手続として創設されたと評価するのである[141]。

Ackermanらは、以上の独自の「憲法革命」論に加えて、「議会が承認した行政協定」に関する憲法解釈を行っている。まず、Ackermanらは、条約条項が排他的なものではなく、議会の国際協定承認権を認容する余地があると論じている。Ackermanらが注目するのは、条約条項に「唯一」（only）という語が存しない点であり、そこから条約締結手続以外の国際協定締結手続が合憲的に認められると

論じる[142]。つまり、憲法1条と2条は、ともに独立した権限付与規定であり、憲法2条の条約条項に基づいて上院が承認する条約と憲法1条の立法手続に従った「議会が承認した行政協定」の2種類が合憲的に併存できると解するのである[143]。つまり、Ackermanは、憲法修正手続に4種類（両議院の3分の2の賛成で提案する場合と州の3分の2の要請により憲法会議が提案する場合、および、州議会が批准する場合と州の憲法会議が批准する場合）、立法制定手続に2種類（大統領が制定に賛成する場合と大統領の拒否権を覆して制定する場合）存するように、国際協定承認手続にも条約と「議会が承認した行政協定」の2種類が合憲的に存すると解する[144]。

そこで、Ackermanらの合憲論は、憲法1条8節に列挙された議会権限と「必要かつ適切」条項が国際協定承認権の根拠であるとする。ここでは、「必要かつ適切」条項に関してMcCulloch v. Maryland事件判決においてMarshall長官が用いた同条項の解釈理論が援用される[145]。McCulloch判決では、目的が正当で憲法の範囲内にあり、手段が適切であって目的に適していて、憲法が禁じていない場合に議会の権限行使は合憲であるとの論理が示されていた[146]。

Ackermanらは、McCulloch判決の論理を、次のように、NAFTAに当てはめる。まず、「外国との通商」を規制する議会権限（1条8節3項）に照らせば、北米における新たな通商・貿易秩序を形成しようとするNAFTAの目的は「正当」である。また、議会はその正当な目的を達成する手段としてカナダおよびメキシコとの間で国際協定を締結することが「適切」であると判断できる。さらに、条約条項の文言は、上下両院が協力して憲法1条の権限を行使することを「禁じていない」と解される[147]。このように、合憲論は、外国との通商規制権、宣戦布告権限（1条8節11項）、軍隊を創設、維持する権限（1条8節12項、同13項）など外交、軍事に関連する議会の諸権限と「必要かつ適切」条項を結合して、議会の国際協定承認権の憲法的根拠であると主張するのである[148]。

最後に合憲論は、Dames & Moore事件判決において最高裁が大統領の行為に対する議会の暗黙の支持に重点を置いていた点に注目した[149]。「議会が承認した行政協定」のケースは、大統領がみずからの憲法的権限を用いて国際協定を締結することに対して議会が明示的に承認を与えている場合と考えられ、合憲性がより強く推定される範疇に含まれる[150]。このように、Ackermanらは、「議会が承認した行政協定」制度が外交関係における大統領と議会の協働行為である点を重

視しているのである[151]。

　また、Ackermanらは、機能論も展開しており、「議会が承認した行政協定」制度が、上院の外交上の地位を下げるものではなく、上院側に条約締結手続と議会が承認した行政協定手続の選択を行う機会を与えたことになるとする。この場合、上院の過半数が条約手続の採用を承認した場合に、大統領が当該協定の承認を完結したいのであれば、憲法2条所定の手続に従う以外にない[152]。これに対して、WTOやNAFTAなど下院の歳入権限に関係する協定の場合には、条約締結手続に固執すれば下院の抵抗を招き、当該協定の国内効力に問題が生じ、結果として合衆国の国際的信用を失墜させるおそれがあるとするのである。

　以上、AckermanとGoloveによる主張は、従来の合憲論に指摘されていた先例への過度の依拠、機能論への偏重、および憲法条文軽視という批判に対応して、議会の国際協定承認権の正当性を憲法解釈論として再整理したことになる。

(2) Tribeの違憲論の検討

　AckermanとGoloveに対する反論として主張された、Laurence H. Tribeの「議会が承認した行政協定」違憲論を確認しよう[153]。Tribe説は、憲法の文言、構造および憲法起草者意図に着目し、国際協定の締結には条約条項に基づく制約があると主張して、「必要かつ適切」条項の拡大解釈を批判する。

　まず、Tribeは、憲法2条2節2項の条約条項の手続を絶対的なものであると理解することで、1940年代のBorchardと一致している。つまり、憲法2条が特別に付与した権限は、憲法1条が規定する権限の限界を示しており、条約条項に反する議会の国際協定承認権限を否定するのである[154]。Tribeは、この条約条項の絶対性を任命条項の解釈を用いて説明している[155]。任命条項は、条約条項と同じく憲法2条2節2項に規定されており、大統領に合衆国の主要公務員を指名し、上院の助言と承認を得て任命する権限を付与している。このように、任命条項は、条約条項と同じ構造を持ち、主要公務員の任命手続が「唯一」のものであるとの文言も見当たらない。しかし、これまで任命手続は、絶対的なものと理解されてきている。例えば、全体としての議会は、最高裁判事の任命を承認する権限を保持しえないのである。このような任命条項と条約条項の類似は、議会が条約と同等の国際協定を承認する権限を持たないとの主張に論拠を与えることになる[156]。

次に、Tribeは、「必要かつ適切」条項に議会の国際協定承認権の根拠を求めることを疑問視する。まず、特定の課題について立法を行う権限がその課題に関する国際協定を承認する権限を自動的に含意するとの解釈には問題がある[157]。すなわち、「必要かつ適切」条項は、議会、連邦政府の権限の実体的領域に関する立法には拡大できるものの、国際協定承認手続のような合衆国の特定の権限行使に関する構造的、手続的要件にまで拡大できないと解すべきである[158]。同様に、憲法起草者が「条約」の本質を外国政府との「契約」と解して法律と区別していたことに鑑みると、「必要かつ適切」条項は、議会に対して必要かつ適切な「法律」を作る権限を付与するが「国際協定」を承認する権限までは認めていないと理解される[159]。

　最後に、Tribeは、議会拒否権を違憲とした最高裁の論理が、議会の国際協定承認権にも適用できると考えている。議会拒否権とは、1932年に創設されたもので、法律上委任された権限、あるいは憲法上の権限に基づいて大統領もしくは行政部が形成した判断を、議会が審査して承認または否認できるという権限である[160]。INS v. Chadha, 462 U.S. 919 (1983) において、最高裁のBurger長官は、このような制度が議会外の人々の権利、義務を変更する目的および効果を有する立法行為であるにもかかわらず、両院の過半数による可決、および大統領への提出という憲法1条7節2項所定の手続に従っていないために違憲であると判断した[161]。

　そこでTribeは、Chadha判決において立法対象事項に関する議会の拒否権が憲法上の立法手続に反すると判断された点に注目する。すなわち、Chadha判決の論理によれば、議会の権限は、憲法1条8節の諸規定のみによって定義されるのではなく、他の憲法上の構造的制約によって限界付けられていることになる[162]。つまり、国際協定の対象が1条8節の事項内であるとしても、そのことは、条約条項の手続を変更してしまう国際協定承認権制度が有効であるとの結論を導かない[163]。また、Chadha判決は、長期にわたる歴史的慣行も憲法文言、構造に抵触する議会権限の合憲性を支持する結論を導くものではないとしていた[164]。つまり、ニューディール期以来50年間の歴史を持つ議会拒否権を違憲とした最高裁の論理は、同様に、第二次世界大戦後50年間利用されてきた国際協定承認権制度の正当性を疑問視する根拠になると考えられるのである[165]。

　以上の憲法解釈的批判に加えて、Tribeは、Ackermanらの「憲法革命」の主

張についても厳しく批判している。Tribeによる批判の要旨は、1. 憲法改正手続を経ないで条約条項を変更することは、憲法が保護する州の利益を二重に否定することになる[166]、2. Ackermanが「憲法革命」説で依拠する1944年の選挙結果は、「議会が承認した行政協定」制度に対する国民の意思表示と認めることができるか疑問である[167]、3. 下院によるその後の憲法改正提案は、憲法改正手続によらない「憲法革命」を否定している[168]、4. 上院による「議会が承認した行政協定」認容は、一時的な政治的妥協に過ぎないのではないか[169]、などである。そもそも、憲法が賦与した権限のもたらす利益は全国家的なものであり、上院が自由に放棄できる性質のものではない[170]。

Tribeは、憲法文言、構造および起草者意図を厳格に解し、議会の国際協定承認権を違憲視している。また、AckermanとGoloveが主張する「憲法革命」説についても厳しく批判するのであった。

さて、当時の議論をどのように評価すべきであろうか。まず、Ackermanのように「議会が承認した行政協定」を条約と互換性のある代替手段として位置付ける場合、建国期から第二次世界大戦までの乏しい先例をどのように理解するかが問題となる。Ackermanらは、40年代の合憲論が依拠した数少ない国際協定の先例性を否定し、「議会が承認した行政協定」を第二次世界大戦末期の「憲法革命」の産物であるとする新たな位置付けを主張することにより、一気に解決して見せた。保守的な上院が独占する特別多数決制による非民主的な条約承認手続の代替手段を、「憲法革命」により改革できるのであれば、憲法制定期において条約以外の国際協定締結手続が議論されていない点についての疑問も解決でき、起草者意図との乖離問題も解決できることになる。

しかしながら、このような「憲法革命」によって条約と「議会が承認した行政協定」の互換性が確保されたとする主張には、Tribeの指摘通り、無理がある。問題に関して国民の間を二分するような議論があったわけでもなく、また、「法は何か」について最終的に判断できる最高裁判所の判示もなしに、大統領と議会の協働、下院選挙による人民の承認によって、憲法起草者が念入りに議論をした条約条項に関して憲法改正手続を回避して新たな制度を設けることは考え難い。この「憲法革命」に関するAckermanの主張は、憲法制定期、南北戦争後の再建期、ニューディール期に関する主張と一体に吟味する必要があろう[171]。

むしろ、AckermanとGoloveのこの問題への貢献は、条約条項に関するMc-

DougalとLansの主張をより精緻化した点にあると考えられる。この点に関しては、若干緻密さに欠ける40年代の主張や、事実上機能していることを前提とした合憲論と比較してもより注意深く、現在まで多数を占める「議会が承認した行政協定」合憲論の中でも重要文献と評せよう。

これに対してTribeの違憲論は、そもそも批判の多いAckermanの「憲法革命」説への批判部分を除くと、基本的にはBorchardによる条約条項の絶対性論と同義、もしくは延長線上にあり、形式主義的論調であると批判できる[172]。

もっとも、Tribe説に関しては、すべての「議会が承認した行政協定」を違憲であると判断しているわけではないことに注目すべきであろう。まず、大統領が「議会が承認した行政協定」として議会に承認を求めていても、その承認手続において上院の出席議員の3分の2が賛成した場合には、条約承認手続に従ったものと見なすことができる。例えば、WTOへの加盟承認は、「議会が承認した行政協定」の手続で行われたが、上院での票決は76対24であり、出席議員の3分の2の賛成を得ているために条約条項に反するとは見なされない[173]。また、大統領が単独で締結できる行政協定、および、議会の事前授権に基づく行政協定が合憲的に認められるものは、同様の事項に対する議会の国際協定承認権も正当化できる[174]。このようにTribeの主張は、憲法の条約条項の絶対性を強調しているためにBorchard説のリバイバル的評価を受けざるをえないが、議会の国際協定承認権の合憲性判断に際して協定内容に対する個別的な検討を要すると指摘している点には注目すべきであろう。

第3節　両制度の互換性をめぐる議論

NAFTA、WTOの加盟をめぐるAcKermanとTribeの論争から20年が経過した。その間にも多くの学説が条約と「議会が承認した行政協定」をめぐる憲法問題に関与している。「議会が承認した行政協定」が事実上国際協定の重要な位置についたと考えられる第二次世界大戦末期より70年が経過しており、その間、多くの国際協定がこの形式で締結されている事実から[175]、憲法の条約条項を根拠として条約以外の国際協定の存在を違憲視する学説はほとんど見当たらない。しかしながら、条約と「議会が承認した行政協定」の互換性に関しては、依然として厳しい対立が見られる。以下、代表的な二つの学説を検討する。

(1) Yoo の限定的合憲説

　John C. Yoo は、「議会が承認した行政協定」を合衆国憲法上の存在として認容しつつ、協定内容によって条約とは区別されるべきであるとして、両者の互換性を否定している[176]。まず、Yoo は、憲法が2条2節により条約の存在を認め、同時に1条10節が州による「協定もしくは協約」(agreement or compact) の締結を禁止していることを確認する。1条10節は、憲法が「条約」以外の他の幅広い国際協定の存在を認知していたことを示しており、憲法起草者は州政府がその種の協定を締結することを禁止しつつ、連邦政府に対しては規定を設けていない。Yoo は、このような憲法の沈黙は、「協定もしくは協約」締結を禁ずるものではないと見なす[177]。

　Yoo は、合衆国が締結した国際協定を分類し、条約締結手続が用いられるものとして、日本やイタリアとの平和条約、国際連合憲章や NATO への加盟などの重要な政治的協定、核実験禁止条約などの軍縮条約、ハーグ条約や赤十字協定などの人権条約、犯罪人引渡協定、環境に関する協定を挙げる[178]。Yoo は、両政治部門が、条約と「議会が承認した行政協定」を互換的に用いるのではなく、両者を明確に区別しているとした[179]。

　そこで、議会の国際協定を承認する権限の根拠として、Ackerman と Golove などが唱える、憲法上の議会権限もしくは他の部門の権限を実施するために「必要かつ適切」な法律を設定する条項（1条8節10項）ではなく、憲法が1条8節において「外国との通商」や「財政」など具体的に列挙した権限を根拠と見なす[180]。これに対して、条約は、連邦政府が憲法1条8節以外の事項、もしくは大統領と議会が共同で保持する権限に関する事項について政策的に必要とする項目を対象とする。具体的には、政治的に重要な協定、人権条約、軍縮、犯罪人引渡条約である。条約は、議会権限の範囲内の事項にも及びうるが、この場合には、両政治部門間の権力分立上、非自動執行条約であり事後の立法制定が要求される[181]。

　Yoo は、このような両制度の根拠規定の区分が、憲法文言および構造に合致するとともに、制限され、列挙された連邦権限の概念、および、州主権に対する保護に関する憲法原理を維持することになるとする。また、条約の開始と終結、条約の実施と非自動執行、さらに条約内容と連邦主義の抵触など、条約との互換性問題によって生じる憲法的矛盾も解決できるとするのである[182]。特に、Yoo は、

大統領と上院のみにより締結できる条約が連邦法と同格であることに鑑み、憲法1条の立法権を保護するため、国際協定締結手続としての「議会が承認した行政協定」の意義を重視する。このように、Yoo は、「議会が承認した行政協定」を承認する手続が立法手続そのものであることを確認し、立法権限の広範な範囲内にある事項への承認権限として積極的に位置づけて、限定された条約との併存を主張したことになる。

(2) Hathaway による条約終焉説

近時最も影響力のある議論を展開していると考えられるのが Oona A. Hathaway である[183]。Hathaway は、条約と「議会が承認した行政協定」の互換性問題について、多くの論者が国際協定の実態を理解せずに議論を展開していると批判する。

まず、Hathaway は、最新のデータベースを複数利用して、1980 年から 2000 年までのアメリカの国際協定についての分類を試みた。その結果、まず、一般的に想定されているほど、各種の国際協定の線引きが明確ではないことを示した[184]。そこでは、条約に加えて、議会が事前に授権する行政協定と事後に承認を行う狭義の「議会が承認した行政協定」が併存している[185]。特に Hathaway の分析で注目すべきは、国際協定のうちで議会の事前授権の行政協定が最多となっていた点である。Hathaway は、事後に議会に承認される行政協定が漁業、通商、投資、教育および環境に関する分野に限定されており、数量的に事前承認型よりも少なくなっていると示したのである[186]。

次に、Hathaway は、条約と「議会が承認した行政協定」が、いかなる研究者による説明とも合致しない方法で用いられていたとする[187]。まず、上記 20 年間に締結された 375 件の条約の内訳は、犯罪人引渡しと刑事的支援に関する条約が 27％（103 件）、関税条約が 19％（73 件）、海外投資が 11％（43 件）、通商が 7％（27 件）、漁業と野生生物に関する条約が 7％（25 件）、軍縮条約と海事条約がそれぞれ 4％（15 件）、その他 18 種類の条約に限定されている[188]。これに対して、同期間に締結された「議会が承認した行政協定」2,744 件（これには事前授権と事後承認の両方が含まれる）の内訳は、防衛に関する協定が 13％（358 件）、防衛協定が 8％（226 件）、借款協定が 8％（220 件）、郵便協定が 7％（204 件）、農業協定が 6％（167 件）、原子力エネルギー協定が 4％（117 件）、経済共同協定が 4％（115 件）、その

他として93種類の協定が28％（782件）などと幅広い。

この結果からは、例えば、20年間の間に条約が絶対的に利用されていた分野として、犯罪人引渡条約と人権に関する条約、紛争和解と調整に関する条約が挙げられる[189]。また、重要な内容の協定については条約を用い、当該条約に基づく義務履行のための協定などは「議会が承認した行政協定」あるいは大統領単独の権限に基づく行政協定が利用される分野がある。この代表として軍縮条約（義務履行協定のほとんどは議会の関与しない行政協定）、航空条約（義務履行協定は「議会が承認した行政協定」が多い）などが挙げられる。さらに、協定内容の重要度にかかわらず、条約と「議会が承認した行政協定」の両方が用いられる分野がある。例えば経済援助協定（条約が43、「議会が承認した行政協定」が77）、海事協定（条約が53、「議会が承認した行政協定」が68）、教育協定（条約1、「議会が承認した行政協定」が67）、原子力安全技術協定（条約が5、「議会が承認した行政協定」が19）などとなっている。貿易に関する協定のように、「議会が承認した行政協定」が独占していると考えられていた分野でも、上院における分野区分において「通商」として条約条項が用いられている（条約27、「議会が承認した行政協定」が226）。

Hathawayは、「議会が承認した行政協定」と条約との完全な互換性を主張する議論について、合衆国における過去および現在の実例により否定する[190]。この意味において、二つの国際協定に完全な互換性がないとの主張は正当ではあるが、同時に、実例の分析によって、両者が別個の分野において締結されているとの認識も誤解であると断言する[191]。

また、Hathawayは、「議会が承認した行政協定」を合衆国建国当初から用いられていると指摘しつつ[192]、詳細な歴史的検討においても、結局アメリカがこの2種類の制度を今日保持しているかについての解答を与えていないとする[193]。最近主張される両者の線引き論についても、結局理論的なものではなく、歴史の偶然によって導かれたものであると理解する[194]。このように、Hathawayの検証は、従来の議論の枠組み自体に変更を求めるものとなっている。

次にHatahwayは、各種の国際協定の機能論的評価を行い、ほとんどの分野において条約を「議会が承認した行政協定」として締結しても問題がなく、むしろ正統性および民主的利益を増加すると主張する。また、信頼性のあるアメリカのコミットメントを策定できることで実務上の利益もあると評価する[195]。特に、国際的効力のために立法を要する非自動執行条約と比較すると、「議会が承認し

た行政協定」は、立法手続により締結されるものであって連邦法そのものであり、上院の3分の2の同意が不要のため安定的に締結できる[196]。同様にこのような信頼性は、「議会が承認した行政協定」の終結においても確保しやすい。条約に関しては大統領による一方的終結権限が問題となるが、連邦法を基礎とする「議会が承認した行政協定」の終結については、大統領が連邦法を一方的に破棄できないのと同様に、議会両院の過半数の同意を要することになると解される[197]。Hathawayは、両政治部門の協働作業を要する点を強調し、「議会が承認した行政協定」を合衆国においてより良い国際協定作成方法と見なすのである。

　このような機能論を根拠として、Hathawayは結論として、条約の利用を終了すべきであると主張する。「議会が承認した行政協定」は、憲法上の議会権限によって設定された限界を越えることはできない[198]。条約条項に基づく国際協定とは異なり、「議会が承認した行政協定」の範囲は憲法1条に列挙された諸権限によって限定される。そこで、「議会が承認した行政協定」の憲法的範囲を越えるような少数の事項では、条約条項によって協定を締結する。Hathawayは、近時の判例、学説、および歴史的慣行を吟味し、領土の割譲、犯罪人の引渡し、外国人の国内的無能力に関する国際協定の3分野についてのみ、議会の権限を越えており、条約条項に基づく協定締結を行えると結論している。

　Hathawayは、条約と「議会が承認した行政協定」に完全な互換性を認めるMcClureからAcKermanとGolove、条約条項の絶対性に基づき「議会が承認した行政協定」の合憲性を否定するBorchardからTribe、さらに、「議会が承認した行政協定」が条約とは「分離された場所」において併存できるとの主張を行う、近時のYooなどの主張すべてについて、議論の前提となる国際協定の締結に関する実務について知りえていないとして切り捨てる。そして、このような実証的検討と機能論的評価の結果、限定的な項目を除いて、合衆国が締結する国際協定として「議会が承認した行政協定」が条約に代わって利用されるべきと結論する。このようにHathawayの主張は、アプローチこそ異なるものの、結論的にはAckermanとGoloveの主張と同様の位置に落ち着くのである[199]。

　さて、たしかに、70年以上にわたる数多くの国際協定締結に関する実務を前提にすれば、そして、両政治部門間において異論が提起されていない状況に鑑みれば、もはや、「議会が承認した行政協定」の合憲性を論じること自体が、不効率との批判を受けるかもしれない。しかしながら、数々の機能上のメリットのあ

る制度に、多数の互換性の実例があるとしても、条約と「議会が承認した行政協定」の憲法的根拠の確認が不要ではない。ことに、議会権限の総合的行使による議会復権への道を探るのであれば、議会による憲法的権限の限界の確認は不可欠である。この点、Yoo が「議会が承認した行政協定」の根拠を 1 条 8 節列挙事項に限定したのに対して、Hathaway は、逆に条約の独占できる分野を 3 項目に限定し、ほかについて議会の憲法的権限に基づき「議会が承認した行政協定」を用いるべきとした点は、明確な線引きを行ったと評価できよう。

　最後に、Hathaway の議論で最も注目すべき点は、近時、議会による事前授権で締結される行政協定が増加していると確認し[200]、締結手続の構造上、このタイプの行政協定に対する議会の関与が弱くなる結果民主的正統性に問題が生じると指摘した部分である[201]。事前承認型の場合には、ACTA の例が示すように、議会の事前授権のみで大統領は単独で協定を締結することが可能となり、実質的には、条約と事後に「議会が承認した行政協定」とも区分されうる第 3 のカテゴリーとしての評価も必要となる。事前授権型の場合、議会はみずからの国際協定承認権を放棄した形になり、手続の効率化は図れるものの、大統領の外交権限行使をチェックする議会の機能が決定的に削減される。この点、Hathaway は、事後に「議会が承認した行政協定」の民主的正統性や協定執行に不可欠な立法制定の容易さによる信頼性の高さを強調する[202]。そして、それとの比較のうえで、議会の事前授権に基づく行政協定について、いわゆるファースト・トラック手続の整備による授権手続の明確化を要求するのである[203]。

　さて、この種の新たな国際協定制度の興隆は、アメリカの歴史を概観すれば、上院ないし議会の孤立主義的、保守主義的傾向への現実的対抗策の脈絡で理解できる。しかし、一般的な議会立法が、事後に締結される個別具体的な国際協定への議会の事前承認の根拠と見なされることがあれば、そのような協定が合衆国内での法的効力を認められることになり、憲法起草者が予定した外交に関する大統領権限の範囲を越えたものとなり、また、国際協定締結の効率性と議会による民主的統制の均衡を破るものといわざるをえない。議会が果たすべき役割に関して憲法的根拠を確定する作業は、その制度運営の正統性確保のために不可欠であろう。

小括

　2017 年 6 月 1 日、Trump 大統領は気候変動に関するパリ協定からの離脱を表明した。パリ協定は、第 21 回国連気候変動枠組条約締約国会議で採択された温暖化対策であり、2016 年 9 月 3 日に Obama 前大統領によって署名、批准されたものである。もっとも、同協定は、「条約」として上院の 3 分の 2 の承認、もしくは、本章が対象とした「議会が承認した行政協定」として、議会両院の過半数の承認を受けていない。京都議定書からの離脱を支持した共和党が多数を占める議会において、パリ協定は、条約はもとより、「議会が承認した行政協定」としての承認も困難であると見られていた。このため、Obama が選択したのは、上院、もしくは議会の承認を必要とせずに、大統領単独で締結できる行政協定であった。議会承認を経ない Trump 大統領の一方的な離脱表明は、このような Obama 前大統領の選択を逆手に取ったものであった。

　外交権限に関して積極的に発言を行う H. Jefferson Powell は、合衆国憲法上、政府のいずれの機関に外交政策の決定権が委ねられているのか、明確ではないと主張している[204]。大統領が広範な外交権限を保持しており、迅速かつ効果的、統一的に権限を行使しているのは間違いない。大統領は最高司令官として国内外において合衆国軍を指揮する権限を保持し、大使を任命し、外交使節を接受し、条約を締結できる。しかし、同時に憲法は、議会に対して立法権、予算歳出権、宣戦布告権など外交に影響を与える諸権限を付与しており、近時はそこに「議会が承認した行政協定」に向けた事前事後の承認権も含む。また、上院には外交官任命承認権、条約承認権などを割り当てている。この点につき憲法学説の多くが外交分野に関する議会権限の重要性を評価しているものの、第二次世界大戦後の実務では、大統領が外交権限を執行する唯一の機関と見なされている。国際協定の締結手続に関する憲法的権限の所在をめぐっては、条文、学説と実務の憲法解釈に、はなはだしい乖離が見られる点を確認する必要があろう。

　さて、合衆国憲法制定時に慎重に策定された条約締結制度は、現在では合衆国の国際協定手続の主役ではない。大統領が交渉締結し、上院の出席議員の 3 分の 2 が承認する条約はもはや時代遅れでクラシックな存在と見なされ、これに対して、議会の国際協定承認権制度が、民主的、効率的で国際化時代に適合するもの

として、条約締結手続の代替となっているのである。しかし、多くの機能的メリットが認められるにしても、そのような実質論だけでは議会の国際協定承認権制度を憲法上正当化しえない。議会の国際協定承認権については、その手続が憲法2条2節2項の条約条項に反しないかどうか、また、憲法上の根拠をどこに求めるかが問われることになる。

　この点に関して、限定的合憲説は、「議会が承認した行政協定」の根拠を憲法1条8節に列挙された議会権限とし、当該立法事項に関する国際協定承認権を限定的に議会に認める。この結果、条約と「議会が承認した行政協定」は、異なる分野を対象とした別途の種類の国際協定として併存できることになる。「必要かつ適切」条項を拡大解釈して大統領が保持する外交権限の実施のために、条約とは異なる全く新たな国際協定承認権を設定する従来の全面的合憲説は、憲法が定めた統治機構全体との整合性で問題を生じる[205]。上院の条約承認権と議会の国際協定承認権の併存が国際化時代の要請であるとしても、憲法上の根拠を明確にし、法的安定性を高めるためにも、協定内容に対する個別的検討により当該国際協定の締結手続が選択されることが望ましい。

　いずれにせよ、議会は、条約の実施に伴う法律を制定し、予算を決定する権限に加えて、国際協定を承認する権限を得たことで、大統領の外交権限行使を監視し、その濫用を抑制する役割をよりいっそう期待されることになる。このような状況を踏まえて、外交領域に関する議会の憲法的権限について再検討すべきであろう[206]。

　Trump大統領による一方的離脱声明が発表されたパリ協定の締結に関しては、単なる大統領単独で締結できる行政協定ではなく、また、事前に「議会が承認した行政協定」のように明確な議会の直接的事前授権こそないものの、議会による黙示的支持、もしくは当該協定の批准に向けた各種立法による環境整備が実施済みであるとの状況下で批准できる、新たな「行政協定プラス」（executive agreement +）であるとの評価が見られる[207]。この種の国際協定を新たな制度として認容すれば、憲法上の条約、承認時期が事前と事後の2種類の「議会が承認した行政協定」、そして大統領権限もしくは締結済みの条約に基づく行政協定に加えて5種類目となる。議会の関わり方は直接的なものでないため、「議会が承認した行政協定」との比較においても憲法上の正当性を見出し難く、また、大統領権限への議会統制の視点からも問題が残るため、大統領が条約や「議会が承認した行

政協定」手続を回避するために用いる新たな制度として固定されるか否か動向を注目すべきであろう。

1) 国会承認条約に関する大平三原則については、中内康夫「条約の国会承認に関する制度・運用と国会における議論―条約締結に対する民主的統制の在り方とは―」立法と調査330号（2012年）3頁以下などを参照。
2) The Prioritizing Resources and Organization for Intellectual Property Act of 2008. Pub. L. No.110-403, codified at 15 U.S. C. 8113(a).
3) *See* http://www.state.gov/documents/organization/211889.pdf (Mar. 6, 2012)
4) *See* http://infojustice.org/wp-content/uploads/2012/05/Law-Professor-Letter-to-Senate-Finance-Committee-May-16-20122.pdf (May 16, 2012) ACTA批准をめぐる議会の関与に関しては、*see* Margot E. Kaminski, The U.S. Trade Representative's Democracy Problem: The Anti-Counterfeiting Trade Agreement (ACTA) As A Juncture For International Lawmaking In The United States, 35 Suffolk Transnat'l L. Rev. 519, 533 (2012).
5) *See e.g.*, John Yoo, Rational Treaties: Article II, Congressional-Executive Agreements, And International Bargaining, 97 Cornell. L. Rev. 1, 3 (2011).
6) congressional executive agreementの語は、一般的には、議会が締結に関与する国際協定の総称として用いられ、議会が事後に（ex post）締結を承認する場合だけではなく、特定の立法課題に関する国際協定の締結を議会が事前に（ex ante）授権するものも含む。*See e.g.*, Restatement Of The Law: The Foreign Relations Law Of The United States § 303 (2) & cmt. e (3rd. 1987). このように、議会全体が関与する協定は、合衆国が締結する国際協定全体の9割近くに上っているとされる。*See* Kenneth C. Randall, The Treaty Power, 51 Ohio St. L.J.1089, 1092 & n.18（1990). ただし最近では、議会の国際協定締結への関与について事前授権と事後承認を区別して議論すべきであるとする主張も多く注目される。*See e.g.*, Kaminski, *supra* note 4, at 533. 本章では、特に言及しない限り、「議会が承認した行政協定」を議会が事後に承認する国際協定の意味に限定して扱う。「議会が承認した行政協定」（congressional-executive agreement）に関する邦語文献として、畝村繁「アメリカの『Executive Agreement』について（一）（二）（三・完）」甲南法学4巻3号（1963年）317頁以下、同5巻3号397頁以下、同5巻4号（1965年）379頁以下；高良鉄美「行政国際漁業協定をめぐる米国議会と行政府の対立―議会と外交問題―（上）」九大法学45号（1983年）115頁以下などを参照。また、議会の条約締結への関与をめぐる重要論点については、山田哲史『グローバル化と憲法―超国家的法秩序との緊張と調整―』（弘文堂、2017年）が詳細に検討を加えており、本章において参照させていただいた。なお、土屋孝次「アメリカにおける上院の条約承認権の変貌」近畿大學法學44巻3・4号（1997年）77頁以下；同「『連邦議会が承認した行政協定』の台頭と憲法問題」アメリカ法〔2001-1〕57頁以下；同「アメリカ連邦議会の国際協定承認権の憲法的根拠」法政論叢38巻1号（2001年）173頁以下、参照。
7) Bruce Ackerman & David Golove, Is NAFTA Constitutional?, 108 Harv. L. Rev. 799, 805 (1995).
8) Louis Henkin, Foreign Affairs And The United States Constitution 217(2nd ed.) (Clarendon Press, 1996).
9) Ackerman & Golove, *supra* note 7, at 917-18.
10) *See e.g.*, Yoo, *supra* note 5, at 3. *See also* Ackerman & Golove, *supra* note 7, at 925.
しかしながら、このような憲法学的見解に対してアメリカにおける国際法研究の分野では、連邦最高裁判所は「議会が承認した行政協定」の合憲性についてあまり問題視していないとの

認識が示されている。See e.g., David L. Sloss, Michael D. Ramsey, and William S. Dodge, Continuity and Change over Two Centuries, INTERNATIONAL LAW IN THE U.S. SUPREME COURT: CONTINUITY AND CHANGE 592 (Cambridge Univ. Press, 2011). もっとも、そこにおいて合憲性の根拠として引用された判例のうち二つは関税法に関するもので、不平等関税に関する実体調査および実体に関する「宣言」(proclamation) を1890年関税法により大統領に委任した事件に関する Field v. Clark, 143 U.S. 649 (1892)、および関税に関する行政協定への事前授権（ex ante authorization) が問題となった事件において、連邦裁判所の司法管轄権が「条約」と同様に行政協定に関する事件にも及ぶか否かが争われた B. Altman & Co. v. United States, 224 U.S. 583, 600 (1912) であり、「議会が承認した行政協定」、あるいは議会の国際協定承認権の合憲性問題を直接扱ったわけではない。See Ackerman & Golove, supra note 7, at 829-830. また、引用された残り二つの最高裁判例は、ともに大統領単独で締結した行政協定が争われた、United States v. Belmont, 301 U.S. 324 (1937) および United States v. Pink, 315 U.S. 203 (1942) であり、当該領域における重要判例ではあるが、いずれも議会の関与はなく、「議会が承認した行政協定」問題を取り上げた先例ではない。See Ackerman & Golove, supra note 7, at 859-860.

11) See Arthur Bestor, Respective Roles of The Senate and President in the Making and Abrogation of Treaties – The Original Intent of The Framers of the Constitution Historically Examined, 55 Wash. L. Rev. 1, 60-68 (1979).

12) Id. at 93.

13) MAX FARRAND, ed., 2 THE RECORDS OF THE FEDERAL CONVENTION OF 1787, at 183 (rev. ed. 1937).

14) Bestor, supra note 11, at 93-94.

15) Id. at 103.

16) FARRAND, supra note 13, at 392.

17) Id. at 498-99.

18) Id. at 538.

19) Id.

20) THE FEDERALIST No.75, at 366-67 (Terence Ball ed.)(Cambridge Univ. Press, 2003). A・ハミルトン = J・ジェイ = J・マディソン『ザ・フェデラリスト』齋藤眞 = 武則忠見訳（新装版）（福村出版、1998年）365-66頁。

21) THE FEDERALIST, supra note 20, No.64, at 314-15.『ザ・フェデラリスト』前掲注（20）313-14頁。

22) See e.g., HENKIN, supra note 8, at 195; Edwin Borchard, Treaties and Executive Agreements – A Reply, 54 Yale L. J. 616, 625 (1945).

23) THE FEDERALIST, supra note 20, No.75, at 365-66.『ザ・フェデラリスト』前掲注（20）364-65頁。See also Sharon G. Hyman, Note on Presidential Foreign Policy Power (part 2): Executive Agreements: Beyond Constitutional Limits?, 11 Hofstra L. Rev.805, 805 & n.2 (1983); Jack S. Weiss, Comment: The Approval of Arms Control Agreements As Congressional – Executive Agreements, 38 UCLA L. Rev. 1533, 1540 (1991).

24) 芦部信喜『憲法と議会政』（東京大学出版会、1971年）184頁を参照。

25) C・ビーアド = M・ビーアド著、岸村金次郎 = 松本重治訳『アメリカ合衆國史 上巻』（岩波書店、1954年）184頁を参照。

26) Peter L. Fitzgerald, Executive Agreements and The Intent Behind The Treaty Power, 2 Hastings Const. L. Q.757, 765 (1975).

27) James Wilson は、中央政府の権限強化の立場から単純過半数による承認を主張し、これに対して、John Rutledge と Elbridge Gerry は、全議員の3分の2による承認を求めて州権の維持を狙っていた。See Bestor, supra note 11, at 130-31.

28) MERRILL JENSEN, THE MAKING OF THE AMERICAN CONSTITUTION 111 (1958)(Kreiger Pub. Com., Reprint ed. 1979). メリル・ジェンセン著、斉藤眞 = 武則忠見 = 高木誠訳『アメリカ憲法の制定』

(南雲堂、1976年) 132頁を参照。
29) Ackerman & Golove, *supra* note 7, at 808.
30) 州は条約を締結する権限を保持しないが (1条10節1項)、議会の承認があれば外国政府と協定、協約を結ぶことができる (1条10節3項)。
31) *See e.g.*, WALLACE M. MCCLURE, INTERNATIONAL EXECUTIVE AGREEMENTS: DEMOCRATIC PROCEDURE UNDER THE CONSTITUTION OF THE UNITED STATES 368-71 (Columbia Univ. Press, 1941); EDWARD S. CORWIN, THE CONSTITUTION AND WORLD ORGANIZATION 31-54 (Princeton Univ. Press, 1944); Myres S. McDougal & Asher Lans, Treaties and Congressional-Executive or Presidential Agreements: Interchangeable Instruments of National Policy: part 1, 54 Yale L. J.181; part 2, 54 Yale L. J.534 (1945).

  See also e.g., John Murphy, Treaties and International Agreements Other Than Treaties: Constitutional Allocation of Power and Responsibility among the President, the House of Representatives, and the Senate, 23 U. Kan. L. Rev. 221, 233 & n.73 (1975); Solomon Slonim, Congressional-Executive Agreements, 14 Colum. J. Transnat'l L. 434, 436-37 (1975); Armen R. Vartian, Approval of SALT Agreements by Joint Resolution of Congress, 21 Harv. Int'l L. J. 421, 425 & n.9 (1980).
32) Kenneth C. Randall, The Treaty Power,51 Ohio St. L. J. 1089, 1093 (1990).
33) *Id.* もっとも、行政協定が当該条約の範囲外の事項を対象とする場合には問題を生じる。*See* Hyman, supra note 23, at 812-13. 我が国においても、憲法73条3号所定の条約締結手続以外の方式により内閣が単独で多くの行政協定を結んでおり、そのような回避が正当化できるかどうかが問題となる。芦部・前掲注 (24) 179頁以下および488頁以下；樋口陽一他編著『注釈日本国憲法 下巻』(青林書院、1988年) 1088頁以下 (中村睦男担当部分)、などを参照。
34) Ackerman & Golove, *supra* note 7, at 816-17.
35) *Id.* at 816.
36) *Id.* at 817.
37) ベトナム戦争に関連して、この種の行政協定の濫用が指摘されている。*See* JOHN HART ELY, WAR AND RESPONSIBILITY: CONSTITUTIONAL LESSONS OF VIETNAM AND ITS AFTERMATH 35-36 (Princeton Univ. Press, 1993).
38) Ackerman & Golove, *supra* note 7, at 820.
39) このような国際協定は、一般的には「議会が承認した行政協定」に含まれると解されている。前掲注 (6) を参照。
40) Ackerman & Golove, *supra* note 7, at 824-26.
41) *Id.* at 826-27.
42) *Id.*
43) Laurence H. Tribe, Taking Text and Structure Seriously: Reflections on Free-Form Method in Constitutional Interpretation, 108 Harv. L. Rev. 1221, 1276-77 (1995).
44) Oona A. Hathaway, Presidential Power over International Law: Restoring the Balance, 119 Yale L. J. 140, 149 (2009).
45) *See e.g.*, Weiss, *supra* note 23, at 1546 & n.47; MCCLURE, *supra* note 31, at 67-68; McDougal & Lans, *supra* note 31, at 263-66.
46) Ackerman & Golove, *supra* note 7, at 832-36. 同様に、第一次世界大戦終了後、議会は、合衆国に対する同盟国の債務を処理するための協定を締結するよう大統領に授権し、協定締結後の承認を行っている。しかし、これらの手続も条約条項とは関わりなく、合衆国の財産を処理する議会権限 (4条3節2項) の範囲内と考えられる。*Id.* at 837-841.
47) R. Roger Majak, Cong. Resarch Serv., International Agreements: An Analysis of Executive Regulations And Practice 22 (Comm. Print, 1977).

48) Oona A. Hathaway, Treaties' End: The Past, Present, and Future of International Lawmaking in the United States, 117 Yale L. J. 1236, 1258-60 (2008).
49) 「議会が承認した行政協定」など条約以外の形式の国際協定が増加した理由としては、1. 第二次世界大戦後の独立国の増加、2. 戦後の合衆国の国際的地位の向上、3. 国際協定の対象範囲拡大、4. 行政機関レベルでの協定の増加、が挙げられている。See Arthur W. Rovine, Separation of Powers and International Executive Agreements, 52 Ind. L. J.397, 406-7 (1977).
50) Ackerman & Golove, *supra* note 7, at 891-92 & n.425.
51) この分野に関して議会は、議会の国際協定承認権を前提としたファースト・トラック手続を立法化している。See e.g., 19 U.S.C. §2101; 19 U.S.C. §2112(b)(4); 19 U.S.C. §2902(1988). See also Harold H. Koh, The Fast Track and United States Trade Policy,18 Brooklyn J. Int'L 143 (1992).
52) Ackerman & Golove, *supra* note 7, at 893.
53) S. Res. 24, 95th Cong., 1st Sess. (1977), *See* Hyman, *supra* note 23, at 842-43.
54) JOSH CHAFETZ, CONGRESS'S CONSTITUTION: LEGISLATIVE AUTHORITY AND THE SEPARATION OF POWERS 30-32 (Yale Univ. Press, 2017). SALT2交渉については *see* Weiss, *supra* note 23, at 1574-81. 軍事関係および人権関係の国際協定については、あくまでも条約形式が中心であるとの指摘がある。HAROLD H. KOH, THE NATIONAL SECURITY CONSTITUTION: SHARING POWER AFTER THE IRAN-CONTRA AFFAIR 194 (Yale Univ. Press, 1990). この点については、条約と「議会が承認した行政協定」との間に完全な互換性があるか否かの議論で問題となる。
55) *See* Circular 175 Procedures, 11 U.S. DEPARTMENT OF STATE, FOREIGN AFFAIRS MANUAL @721.3.(revised ed. Feb. 25, 1985). Circular 175については、信夫隆司「行政協定に対するアメリカ議会の監視機能」日本大学大学院法学研究年報16号（1986年）43頁、71頁以下が詳しく検討している。
56) Hathaway, *supra* note 48, at 1249-1250.
57) *See* Randall, *supra* note 32, at 1096. なお、国際協定締結手続の選択に関して、Henkinは、いっそうの民主化と効率化を図るために、議会内に行政部と協議する機関を設置すべきであると主張している。LOUIS HENKIN, CONSTITUTIONALISM, DEMOCRACY, AND FOREIGN AFFAIRS 66-67 (Columbia Univ. Press, 1990).
58) Hathaway, *supra* note 48, at 1251-52.
59) Circular 175の8要素を曖昧であると批判するものとして、*see* Weiss, *supra* note 23, at 1561 & n.116.
60) CORWIN, *supra* note 31, at 32-34; *see also* Ackerman & Golove, *supra* note 7, at 869-70.
61) HENKIN, *supra* note 8, at 217.
62) HENKIN, *supra* note 57, at 49-51.
63) MICHAEL J. GLENNON, CONSTITUTIONAL DIPLOMACY 189 (Princeton Univ. Press, 1990).
64) HENKIN, *supra* note 57, at 59.
65) HENKIN, *supra* note 8, at 217.
66) *Id.*
67) Stefan A. Riesenfeld & Frederick M. Abbott, Symposium on Parliamentary Participation in The Making and Operation of Treaties: United States: The Scope of U.S. Senate Control over The Conclusion and Operation of Treaties, 67 Chi.-kent L. Rev. 571, 638 (1991).
68) この例としては、州、地域の利益に影響する国際私法条約、伝統的な州法秩序を修正する人権保護条約などが考えられる。Phillip R. Trimble & Jack S. Weiss, The Role of The President, The Senate and Congress with Respect to Arms Control Treaties Concluded by The United States, 67 Chi.-kent L. Rev. 645, 703 (1991).
69) Riesenfeld & Abbott, *supra* note 67, at 638.

70) もっとも、「議会が承認した行政協定」を支持する諸学説の間にも、その現実的機能、効率性に重点を置き、大統領の外交権限強化を主張する説と、民主主義的傾向を重視して議会による大統領権限の抑制、監督に意義を見出す説との対立が見られる。前者の例としては、Weiss, *supra* note 23; Trimble & Weiss, *supra* note 68. 後者の例としては、Hyman, *supra* note 23, at 866-73; HENKIN, *supra* note 57.
71) MCCLURE, *supra* note 31, at 359-63.
72) Missouri, 253 U.S. at 433.
73) MCCLURE, *supra* note 31, at 360.
74) Ackerman & Golove, *supra* note 7, at 927.
75) Belmont, 301 U.S. at 331.
76) Youngstown Sheet & Tube Co., 343 U.S. at 637-38 (Jackson J., concurring).
77) Dames & Moore, 453 U.S. at 679-80. Dames & Moore 判決を批判的に検討するものとして、清都千春「行政協定の国内的執行権限の根拠」判例タイムズ476号（1982年）29頁以下、参照。
78) Ackerman & Golove, *supra* note 7, at 928. *See also* Weiss, *supra* note 23, at 1548; Koh, *supra* note 51, at 193.
79) Weinberger, 456 U.S. at 31.
80) UNSC Res.955, UN Doc. S/RES/955 (1994) (Nov. 8, 1994).
81) Statute of the International Tribunal for Rwanda Art.28, §§ 1, 2(d) & (e).
82) The National Defense Authorization Act for Fiscal Year 1996; Pub. L. No.104-106, § 1342, 110 Stat. 186, 586 (1996).
83) 18 U.S.C. § 3181 et seq.
84) *In the Matter of* Surrender of Ntakirutimana, 988 F. Supp. 1038, 1042 (S.D. Tex. 1997).
85) 手続上、政府側による控訴は認められていない。*See* In re Extradition of Howard, 996 F. 2d 1320, 1325 (1st Cir. 1993); Gusikoff v. United States, 620 F. 2d 459, 461 (5th Cir. 1980).
86) *In The Matter of* The Surrender of Elizaphan Ntakirutimana, 1998 U.S. Dist. LEXIS 22173 (S.D. Tex. 1998).
87) Ntakirutimana, 184 F. 3d, at 423.
88) Terlinden v. Ames, 184 U.S. 270, 289 (1902).
89) *See* Valentine, 299 U.S. at 8.
90) Ntakirutimana, 184 F. 3d, at 425.
91) *Id.* at 426. 法廷意見が引用したのは、上下両院共同決議により支持された国際協定を認容していた Tribe のケースブック第2版であり（LAURENCE H. TRIBE, AMERICAN CONSTITUTIONAL LAW § 4-5, at 228-29 & n.18 (2nd ed.) (Foundation Press, 1988)）、「議会が承認した行政協定」を違憲とする主張に変更されたケースブック第3版を用いていない。*See* LAURENCE H. TRIBE, AMERICAN CONSTITUTIONAL LAW § 4-4, at 652-56 (3rd ed.) (Foundation Press, 2000).
92) Ntakirutimana, 184 F. 3d, at 426. *See* Valentine, 299 U.S. at 9.
93) *See e.g.*, Valentine, 299 U.S. at 18.
94) Ntakirutimana, 184 F. 3d at 426.
95) *Id.* at 426-27.
96) *Id.* at 427.
97) *Id.* at 427-28.
98) 本件控訴裁判決には、結果同意意見と反対意見が付いている。このうち Parker 判事による結果同意意見は、法廷意見が支配的な判例に従ったものとして評価しつつ、司法長官 Albright に対して Ntakirutimana の ICTR への引渡しの際に証拠を慎重に検討することを要請している。*Id.* at 427 (Parker J., concurring). Parker 判事自身は、20年に及ぶ裁判官職のキャリアから Ntakirutimana が有罪であることを疑問視している。*Id.* at 430-31 (Parker J., concurring). このよう

な引渡要求に合衆国憲法上身柄拘束に値する「相当な理由」が存在するかどうかは、引渡しの可否に関する実体的問題といえる。See M. CHERIF BASSIOUNI, INTERNATIONAL EXTRADITION: UNITED STATES LAW & PRACTICE, at 737-38 & 778-79 (3d ed.) (Oxford Univ. Press, 1996). 合衆国裁判所が国際法廷を含む国外の裁判所における犯罪人の取扱いに関与できない以上、国内裁判所における事前手続はより慎重にならざるをえない。本件において、法廷意見を構成する2名中1名が問題視している点は無視できない。

99) Ntakirutimana, 184 F. 3d. at 434 (DeMoss J., dissenting).
100) Id. at 436 (DeMoss J., dissenting).
101) Id. at 438 (DeMoss J., dissenting).
102) Ntakirutimana v. Reno, cert, denied, 528 U.S. 1135 (2000).
103) Mary Coombs, International Decision: In Re Surrender of Ntakirutimana, 184 F. 3d 419, 94 A. J.I.L. 171 (2000); Panayiota Alexandropoulos, Note: Enforceability of Executive-Congressional Agreements in Lieu of An Article II Treaty for Purposes of Extradition: Elizaphan Ntakirutimana v. Janet Reno, 45 Vill. L. Rev. 107 (2000).
104) 独立直後のキューバやマーシャル諸島などアメリカが実質的に支配する領域への引渡しといった特殊な状況下において、条約を根拠とせずに引渡しが行われている。See Coombs, supra note 103, at 174 & n.3.
105) 本件が、合衆国国内に居住する外国人を、外国政府ではなく、アメリカが拒否権を保持する国連安全保障理事会の翼下にある特別裁判所へ引き渡す事例である点に着目すべきであろう。See Hathaway, supra note 48, at 1346 & n.325.
106) CONGRESSIONAL RESEARCH SERVICE: LIBRARY OF CONGRESS, TREATIES AND OTHER INTERNATIONAL AGREEMENTS: THE ROLE OF THE UNITED STATES SENATE, (jan. 2001) at 293. (https://www.gpo.gov/fdsys/pkg/CPRT-106SPRT66922/pdf/CPRT-106SPRT66922.pdf)
107) See http://legal.un.org/ola/Default.aspx#N7
108) North American Free Trade Implementation Act, Pub. L. No.103-182, 107 Stat. 2057 (1993).
109) Made in the USA Foundation v. United States, 56 F. Supp. 2d 1226, 1232 (N.D. Ala. 1999). See Michel v. Anderson, 14 F. 3d 623 (D.C.Cir. 1994).
110) 地裁は、組織的原告に損害を与えているNAFTA関連法をNAFTAと一体不可分であると見なしている。Made in USA Foundation, 56 F. Supp. 2d at 1253-54.
111) Belmont、Pink、Dames & Moore判決は、大統領が上院あるいは議会と関わりなく単独で行政協定（executive agreement）を締結する権限を有することを認めている。
112) Made in the USA Foundation, 56 F. Supp. 2d, at 1320.
113) Id. at 1323. NAFTAの実体的合憲性に関する訴訟として、see e.g., Public Citizen v. Office of the United States Trade Representative 5 F. 3d 549 (D.C.Cir. 1993), cert denied, 510 U.S. 1041 (1994); American Coalition for Competitive Trade v. Clinton, 128 F. 3d 761 (D.C.Cir. 1997).
114) Made in the USA Foundation, 242 F. 3d at 1311.
115) Id. at 1312-14.
116) United States v. Munoz-Flores, 495 U.S. 385, 395-96, (1990); Morrison v. Olson, 487 U.S. 654, 671 (1988); Chadha, 462 U.S. at 942; Powell v. McCormack, 395 U.S. 486, 548-49 (1969).
117) Made in the USA Foundation, 242 F 3d at 1314-17.
118) Id. at 1317-19.
119) 本件判決の評としては、see Recent Case: Constitutional Law- Treaty Clause - District Court Holds That NAFTA Is a Valid Exercise of the Foreign Commerce Power. - Made in the USA Foundation v. United States, 56 F. Supp. 2d 1226 (N.D. Ala. 1999), 113 Harv. L. Rev.1234 (2000); Constance Z. Wagner, Case Note: Another Attack on The Fast Track, 44 St. Louis L. J. 1047 (2000); Rachel S. Brass, Note: Made in the USA Foundation v. United States: NAFTA, the Treaty Clause,

and Constitutional Obsolescence, 9 Minn. J. Global Trade 663 (2000).

120) Hyman, *supra* note 23, at 843; Weiss, *supra* note 23, at 1545 & n.46; Detlev F. Vagts, Comment: The Executive Treaty Power Revisited, 89 A.J.I.L. 40 (1995).

121) *See* Tribe, *supra* note 43, at 1272-75.

122) Ackerman & Golove, *supra* note 7, at 925.

123) 1970年代以降、議会内外の問題に関する議員の原告適格は拡大傾向にある。しかし、多くの訴訟がコロンビア地区連邦控訴裁の採用する「エクイティ上もしくは救済上の裁量理論」(the doctrine of equitable or remedial discretion) に基づいて却下されており、この種の訴訟の成立は疑問視されている。議員が提起する訴訟に関する諸問題については、本書第7章を参照。

124) 連邦最高裁判所の権力分立問題に対するアプローチについては、松井茂記『アメリカ憲法入門［第7版］』（有斐閣、2012年）152頁以下；大林文敏『アメリカ連邦最高裁の新しい役割』（新評論、1997年）148頁以下；駒村圭吾『権力分立の諸相―アメリカにおける独立機関問題と抑制・均衡の法理―』（南窓社、1999年）；阪本昌成『権力分立―立憲国の条件―』（有信堂高文社、2016年）41頁以下などを参照。

125) *See e.g.*, Goldwater v. Carter, 444 U.S. 996 (1979). また、土屋孝次「判例研究：条約破棄手続の合憲性審査が拒否された事例：Kucinich v. Bush, 236 F. Supp. 2d 1 (D.D.C. 2002)」近畿大学工学部紀要（人文・社会科学篇）34号（2004年）11-21頁を参照。

126) Doniel Bodansky & Peter Spiro, Executive Agreements+, 49 Vanderbilt J. of Transnational L., 885, 924 (2016).

127) Yoo, *supra* note 5 at 3.

128) McDougal & Lans, *supra* note 31.

129) Edwin Borchard, Shall The Executive Agreement Replace The Treaty?, 53 Yale L. J. 664 (1944).

130) LOUIS HENKIN, FOREIGN AFFAIRS AND THE CONSTITUTION at 174 (Foundation Press,1972).

131) *Id*. at 175-76.

132) 当時の論争の評価については、*see* Ackerman & Golove, *supra* note 7, at 866-73. 1970年代から80年代、90年代前半までの合憲論として、*see* Rovine, *supra* note 49; David J. Kuchenbecker, Agency-Level Executive Agreements: A New Era In U.S. Treaty Practice, 18 Colum. J. Transnat'l L. 1 (1979); Arthur S. Miller, Dames & Moore v. Regan: A Political Decision by A Political Court, 29 UCLA L. Rev. 1104 (1982); John E. Nowak & Ronald D. Rotunda, A Comment on The Creation and Resolution of A "Nonproblem"：Dames & Moore v. Regan, The Foreign Affairs Power, and The Role of The Court,29 UCLA L. Rev. 1129 (1982); Hyman, *supra* note 23; Weiss, *supra* note 23; Trimble & Weiss, *supra* note 68. これに対して少数ではあるが違憲論として、*see* Raoul Berger, The Presidential Monopoly of Foreign Relations, 71 Mich. L. Rev. 1 (1972); Peter L. Fitzgerald, Executive Agreements and The Intent Behind The Treaty Power, 2 Hastings Const. L. Q. 757 (1975); MICHAEL J. GLENNON, CONSTITUTIONAL DIPLOMACY (Princeton Univ. Press, 1990).

133) GATT Implementing Legislation Hearings on S.2467 Before the Senate Comm. on Commerce, Science, and Transportation, 103d Cong., 2d Sedd. 285-339 (1994). NAFTA、WTOをめぐるTribeとAcKermanによる議論が、外交分野における憲法的方法論に関して貴重なプラットフォームを提供したと評されている。*See* Peter J. Spiro, Treaties, Executive Agreements, and Constitutional Method, 79 Tex. L. Rev. 961, 962 (2001). 事実、Made in the USA Foundation 判決では、両者の議論が実体審査部分において繰り返し引用されている。*See* Made in USA Foundation, 56 F. Supp. 2d at n.155 & 165.

134) Ackerman & Golove, supra note 7.

135) *Id*. at 832-36.

136) *Id*. at 838-41.

137) *See id*. at 861-96. このため Ackerman & Golove の主張は、不文の憲法改正同様であるとの評

が見られる。See Yoo, *supra* note 10, at 8.
138) 結果から見れば、ベルサイユ条約の承認拒否は、上院にとって「致命的な失策」となったと評されている。See Edward S. Corwin, The President: Office And Powers, 1787-1984, at 248 (5th. revised ed.) (New York Univ. Press, 1984).
139) Ackerman & Golove, *supra* note 7, at 865 & n.296.
140) 上院司法委員会は、戦争終結まで当該憲法修正案の処理を行わないと宣言している。*Id.* at 865 & n.297.
141) *Id.* at 806.
142) *Id.* at 811.
143) *Id.* at 920.
144) *Id.* at 920.
145) McCulloch v. Maryland, 17 U.S. (4 Wheat.) 316 (1819).
146) *Id.* at 421.
147) Ackerman & Golove, *supra* note 7, at 914.
148) *Id.* at 920.
149) *Id.* at 928.
150) *Id. See also* Weiss, *supra* note 23, at 1548; Koh, *supra* note 51, at 193.
151) *Id.* もっとも、McDougalによる初期の論文も、このような両政治部門の協働行為を重視する立場であった。See McDougal & Lans, *supra* note 31, at 237.
152) Ackerman & Golove, *supra* note 7, at 920.
153) Ackermanの合憲論を激しく批判するTribe自身も違憲の主張が少数説であることを認めている。See Tribe, *supra* note 43, at 1276.
154) Tribe, *supra* note 43, at 1258.
155) *Id.* at 1272.
156) *Id.* at 1272-75.
157) *Id.* at 1258.
158) *Id.* at 1259.
159) *Id.* at 1261-62.
160) See Immigration & Naturalization Service v. Chadha, 462 U.S. 919 (1983).
161) Chadha判決については多くの評があるが、釜田泰介「議会拒否権違憲判決の意味するもの―アメリカ連邦最高裁判決を契機に―」ジュリスト799号（1983年）；清都千春「権力分立と議会の拒否権」判例タイムズ535号（1984年）；宇賀克也「議会拒否権条項違憲判決と今後の動向」ジュリスト812号（1984年）；松井茂記「岐路に立つアメリカ行政法（一）」阪大法学133・134号（1985年）；奥平康弘「行政活動に対する議会統制」『公法の課題（田中二郎先生追悼論文集）』（有斐閣、1985年）；尾上浩一「議会による行政監督」近畿大学比較法政治研究2号（1989年）などを参照。
162) Tribe, *supra* note 43, at 1259.
163) *Id.*
164) Chadha, 462 U.S. at 944-47.
165) これに対して、Ackermanは、Chadha判決は議会拒否権が憲法1条7節3項の立法手続に反するかどうかが問われた事件であるとし、議会の国際協定承認権に同条違反がない以上、先例とはならないと反論する。Ackerman & Golove, *supra* note 7, at 926-27. しかし、Tribeは、問題はChadha判決自体の先例性ではなく、憲法の構造、手続を厳格に解する同判決の論理に従った場合、議会の国際協定承認権の合憲性がどのように判断されるかだとする。See Tribe, *supra* note 43, at 1259-60 & n.128.
166) Tribe, *supra* note 43, at 1228.

167) *Id.* at 1283-84 & n.210.
168) *Id.* at 1301.
169) *Id.*
170) *Id.* at 1253.
171) *See* Bruce Ackerman, We The People: 1 Foundations (Belknap Press of Harvard University, 1991).
172) Goleve による Tribe 説への反論としては、*see* David M. Golove, Against Free-Form Formalism, 73 N.Y.U. Rev. 1791 (1998).
173) Tribe, *supra* note 43, at 1276.
174) *Id.* at 1276-77.
175) Tribe の違憲説については、「議会が承認した行政協定」の長期にわたる歴史を評価できていないとの批判が多い。*See e.g.*, Yoo, *supra* note 5, at 9-10. 両制度の互換性をめぐる議論と評価について詳しくは、山田・前掲注（2）126頁以下を参照のこと。
176) John C. Yoo, Laws As Treaties?: The Constitutionality of Congressional-Executive Agreements, 99 Mich. L. Rev. 757 (2001). 条約と「議会が承認した行政協定」の互換性について、Yoo 説は Tribe の違憲説と AcKerman & Golove の合憲完全互換説の中間説となる。*See* Yoo, *supra* note 5, at 8. 同じく中間説として説明されている説として、*see* Spiro, *supra* note 133. Spiro の主張も、Yoo 説と同様に、Tribe などが示す条約条項の絶対性論を否定して条約以外の国際協定の存在を合憲的なものと見なしつつ、Ackerman & Golove 的な条約と「議会が承認した行政協定」の完全な互換性論を「神話」(Myth) であるとして否定して両者の区分を主張する。Spiro, *supra* note 133, at 993-94. もっとも、Spiro は、両者の区分において承認手続の憲法的根拠に依拠した Yoo と異なり、憲法的規範に基づいて長年にわたって形成された歴史的慣行を用いるところに決定的な相違がある。*Id.* at 1009-34.
177) Yoo, *supra* note 176, at 768-769.
178) *Id.* at 803-812.
179) *Id.* at 812.
180) *Id.* at 821.
181) *Id.*
182) *Id.* at 822. 条約と「議会が承認した行政協定」が別の事項を対象とする国際協定として併存可能との Yoo 説は、憲法3条上の連邦裁判官と別個の事項を担当する憲法1条上の連邦裁判官が併存できていることからも理解可能であろう。
183) *See* Hathaway, *supra* note 48, at 1257-61. Hathaway の批判を受けた Yoo や Spiro も最近の論文においては国際協定のデータに関しては Hathaway に負っている。*See* Yoo, *supra* note 5, at 2; Bodansky & Spiro, *supra* note 126, at 894 & n.32.
184) Hathaway, *supra* note 48, at 1254.
185) *Id.* at 1254-55.
186) *Id.* at 1256 & n.49
187) *Id.* at 1254.
188) *Id.* at 1258.
189) *Id.* at 1261.
190) *Id.* at 1270.
191) *Id.*
192) *Id.* at 1286.
193) *Id.* at 1306.
194) *Id.* at 1306.
195) *Id.* at 1307-38.

196) *Id.* at 1321.
197) *Id.* at 1334-35.
198) *Id.* at 1339.
199) Yoo の学説分類によれば、Hathaway は、条約について「議会が承認した行政協定」へと変形（transformation）したと解する点で、Ackerman 理論と同じ系統にある。Yoo, *supra* note 5, at 9. Yoo によって同じく変形理論と紹介されているものとして、*see* Rosalind Dixon, Updating Constitutional Rules, 2009 Sup. Ct. Rev. 319 (2009). Dixon は、議会が一般的な立法手段を利用して国際協定の承認に関する権限を憲法的にアップデートしたと見なしている。Dixon, *supra* note 199, at 331.
200) Hathaway, *supra* note 44, at 149.
201) *Id.* at 212-15.
202) *Id.* at 260-63.
203) *Id.* at 263-66. さらに最近では、事前授権の行政協定において、大統領が既存の広範な議会立法を事実上の議会による授権と見なす場合があるとの指摘がある。See Bodansky & Spiro, *supra* note 126, at 887-88. この場合、議会の授権自体が、より曖昧にされてしまう危険性がある。
204) *See* H. JEFFERSON POWELL, THE PRESIDENT'S AUTHORITY OVER FOREIGN AFFAIRS: AN ESSAY IN CONSTITUTIONAL INTERPRETATION 1 (Carolina Academic Press, 2002). 詳細な事例分析の後、Powell は、外交分野に関して大統領によるイニシアティブと議会による拒否権行使の型が見られるとし、効率的政府の樹立という連邦政府樹立の共通認識に立つものと見なす。同書に関する評としては、土屋孝次「書評：大統領の外交政策決定権：H. JEFFERSON POWELL, THE PRESIDENT'S AUTHORITY OVER FOREIGN AFFAIRS」アメリカ法〔2003-2〕388 頁以下を参照。
205) 違憲説の立場から上院公聴会で証言した Tribe も、合衆国の WTO 加盟に反対したわけではなく、あくまでも憲法学的に手続的異議を述べたに過ぎない。See Tribe, *supra* note 43, at 1234 & n.47.
206) 外交分野に対する議会の関与については、江橋崇「人権外交の憲法理論」宮崎繁樹編『現代国際人権の課題』（三省堂、1988 年）221 頁以下；宮里政玄「米国の対外政策決定における議会の役割 (1) (2-完)」独協法学第 41 号（1995 年）53 頁、43 号（1996 年）1 頁以下、特に山田・前掲注 (2) 100 頁以下を参照。
207) *See* Bodansky & Spiro, *supra* note 126, at 886-88.

第4章　議会による裁判官規律権の機能的限界[1]

問題の所在

　2014年11月12日、議会下院のSewell議員は、下院司法委員会に対して書簡を送り、ホテル内での妻への暴力事件で逮捕され、有罪をみずから認める答弁の結果釈放されたアラバマ中地区連邦地方裁判所のMark E. Fuller判事に対して、弾劾手続を開始するよう求めた。Fuller判事については、同地裁を管轄とする第11巡回区控訴裁判所の司法協議会が懲戒処分の調査対象としているものの、結論を下すまでには至っていなかった。同じ時期、アメリカンフットボールリーグ（NFL）所属のRay Rice選手がホテル内でフィアンセに暴力を振い逮捕された事件では、直ちにチームからの解雇が発表されるとともに、NFLによる試合出場停止処分が下されていた。逮捕後も職にとどまる裁判官との対比が全米に報道されたのである。Sewell議員は、事件発覚直後よりFuller判事に対して辞職しなければ弾劾手続を求める旨警告し、司法部内部の手続が進行していることを承知しつつ、議会は問題ある連邦裁判官を罷免する唯一の権限を合衆国国民のために行使すべきであると、声明していた[2]。

　Sewell議員が述べるようにアメリカ合衆国憲法上、問題行動を起こした裁判官を規律する制度は、議会下院が訴追を行い上院が裁判を行う弾劾のみである。合衆国憲法にはわが国憲法78条が予定する裁判官懲戒制度、あるいは心身故障に関する裁判の手続もない。しかしながら弾劾は、本来大統領の政治的罷免制度として設計されたものであり、憲法上同格の議会全体が関わることを当然とし、また、その判決は罷免および将来にわたる公職就任権の剥奪に限定されている。連邦裁判官は、最高裁判所判事のみならず下級審裁判所裁判官に至るまで終身任期を保障されているため、弾劾裁判の結果として有罪罷免判決を受けなければ、憲法上その職にとどまることは可能である。歴史的に見れば、刑事訴追の前後に

みずから職を辞する例があるものの、それはあくまでも裁判官個人の自主的な判断であり、法的な制度の一環ではなかった。問題行動を起こした裁判官に対して、公式には大掛かりな弾劾裁判の結果としての「弾劾罷免」と「何もしない」ことの二者択一となっていたのである[3]。

1980年、議会は裁判官規律制度における大きなギャップを埋めるための立法を行った。「司法協議会改革および司法における行動と職務不能に関する法律」(Judicial Councils Reform and Judicial Conduct and Disability Act of 1980, 28 U.S.C. §§ 351-364)（1980年法）である。巡回区控訴裁判所の行政組織である司法協議会に、管轄内の裁判官の非行行為に対する非公式の注意から公式の事件配点停止に至るまでの懲戒権限を賦与するとともに、その上部機関である合衆国司法会議に下院に対する弾劾勧告を行う権限を授与したものである[4]。議会が憲法上の弾劾権を根拠にしてすべての裁判官の行動を監視し、規律することは非現実的である。むしろ、司法権の独立の観点からは司法部に対して所属する裁判官の規律を行わせることが望ましく、また、司法部に証拠資料を付して弾劾勧告を行わせることができれば、議会にとっても効率的に弾劾権を行使できるのである。さらに国民にとっても、裁判官に対する苦情を申し立て、処分、対応を求める公式の手続が開かれたことになり、その適切な運用が国民の裁判所への信頼を増進する契機になると期待されたのである。

しかしながら、以後30数年、1980年法手続に基づく年間1,200件以上（2016年度は1,303件、2015年度は1,220件）の苦情申立てのうち、本格的な調査のための特別委員会が構成されたのはわずか数件であり[5]、しかも、重大な問題行動を起こした裁判官の中には終身制を盾に現職のまま居座る事例すら見られるようになった。その結果、21世紀初頭に頻発した裁判官不祥事に対して、議会は最終的な弾劾権を行使せざるをえなくなり、司法倫理の欠如に対する国民の批判が高まる事態となった。ここに、連邦裁判官に対する規律制度の再検討が求められるようになったのである。

本稿は、まず近年頻発した連邦裁判官の不祥事について各事件の展開とそこで示された結論を概観し、裁判官規律制度の現代的課題を確認する。次に、21世紀最初の弾劾事件が提起した憲法的問題点を抽出し、議会による弾劾権行使の適切性を問う。最後に1980年法の裁判官懲戒手続の現状を示し、議会および司法部の問題解決への努力を吟味するとともに、制度改革の方向性を見極めることに

する。本章の課題は、アメリカにおける裁判官規律制度の21世紀的展開を追い、司法権の独立に配慮しつつ国民に対するアカウンタビリティの確保を可能とする制度のあり方を論じることにある。

1 21世紀初頭の事例

第1節　Manuel L. Real 判事事件（2010年懲戒処分確定）

カリフォルニア中地区連邦地方裁判所のManuel L. Real判事は、2017年1月で93歳、在職50年以上にわたる連邦司法部の最年長裁判官である。Real判事は弁護士、連邦検事などの経歴を経て1966年Jhonson 大統領によって任命された。1982年から1993年までは同裁判所所長を務めている。連邦裁判官は合衆国憲法によって終身任期が保障されているが、65歳以上でシニア裁判官の地位を得て、現職時の報酬を実質的な年金として受け取り引退することも可能である。このような中、90歳代で現職にとどまるのは連邦司法部の歴史の中でも異例といえる。

Real判事の行動のうち問題視されたのは、過去に担当した訴訟の当事者に有利な決定を行った件である。1999年4月、Real判事は、ローン詐欺事件において被告人Deborah M. CanterにÉ行猶予付き有罪判決を下し、猶予条件として4か月ごとに面会するように求めた。Canterは当該判決前に離婚していたが、元夫家族が所有する住居に住み続けており、10月26日その明渡しの訴訟を提起された。そこでCanterは、連邦破産法13章に基づく自己破産手続を開始するとともに、面識のあるReal判事に住居の明渡しを防ぐためのアドバイスを求めた。2000年2月29日、Real判事は法的に認められた管轄権に基づき、連邦破産裁判所の判断を取り消し、Canterの希望通りに住居の明渡延期命令を再確認する決定を下した。しかしながら、2002年8月15日、第9巡回区連邦控訴裁判所は、より情報に接する機会のあった破産裁判所の決定を地裁が「明確な理由なし」に覆した点につき、権限濫用があったとしてReal判事の決定を破棄したのである[6]。

2003年2月、カリフォルニア州の弁護士Stephen Yagmanは、Real判事が旧知の「魅力的な女性」の利益となるよう破産事件に介入し、その結果として住居

に関して正当な権利を有する者に3万5,000ドル以上の損害を与えたとして苦情を申し立てた[7]。第9巡回区控訴裁のSchroeder長官は、当該破産事件に関わるReal判事の失策はすでに控訴裁の決定により是正されているとして、申立てを却下した[8]。Yagman弁護士の不服申立てに対して第9巡回区司法協議会は、裁判官には以前に関わった訴訟当事者の利益となるように別の訴訟に関与する権限がないとし、今回のReal判事の行動が不適切であった可能性が認められるとして、Schroeder長官に再審査を指示した。しかしながら、2004年11月4日、同長官は、苦情申立てを再度却下した。2005年10月、Yagman弁護士による再度の不服申立てに対して、司法協議会は8対2の賛成多数で却下したが、同協議会のKozinski判事はその反対意見において、控訴裁判所長官が2度にわたって特別委員会の構成を命じなかった点、および司法協議会がそれを追認した事実を厳しく批判していた[9]。Yagman弁護士の不服申立てを受けた連邦最高裁判所内の合衆国司法会議特別委員会は、2006年4月28日、3対2の多数においてReal判事に対する司法協議会の対応が不適切であった点を認めつつ、1980年法上司法会議に懲戒処分を行う権限が存在せず、問題の介入には新たな立法を待つしかないとして、不服申立てを第9巡回区司法協議会に差し戻した[10]。以上のようにReal判事に関する問題は苦情申立て後数年を経ても審査の入り口にとどまっており、その間に、新たに同判事の別の訴訟指揮に関する問題についての苦情申立てがなされるといった状況に陥った[11]。

　2006年7月19日、下院司法委員会のSensenbrenner委員長は、下院みずからがReal判事に関わる問題を調査すべきとの決議916（H.R. Res. 916, 109th Cong. (2006)）を提出、承認を得た。同年9月21日、下院小委員会はReal判事を喚問した[12]。下院が弾劾調査決議を行わずに、一般的な調査権に基づいて裁判官を喚問するのは近年例のないことであった[13]。

　手続非公開、氏名の非開示が原則の1980年法手続とは異なり、下院小委員会の証人喚問は連邦ビルディングにおいて公開で実施され、その映像はC-Spanにより生中継されていた[14]。Real判事は、自身に対する疑惑、特に問題となった訴訟当事者との不適切なコミュニケーションを全面的に否定し、すべて裁判官としての権限の範囲内であったと証言した。委員会での議論は政党ラインで分かれ、カリフォルニア州選出の民主党Lofgren議員からは、Real判事を第9巡回区管内の裁判所に対する共和党の敵意の「犠牲者」とする発言も上がった。1980年法

手続に詳しい専門的証人のアドバイスは、Real 判事に対する下院小委員会の調査について、憲法が議会に付与した弾劾権の範囲内であることを承認しつつ、同判事の行動が「犯罪」に該当しないことから、近時の弾劾権行使の慣行により、1980 年法手続による司法部の報告を待つべきであるとしていた[15]。結局、下院司法委員会小委員会は Real 判事に関する何らの決議を採択することなく、手続を終了した。

　Real 判事の行動に関する調査は、再び司法部の 1980 年法手続に委ねられることになった。下院小委員会での喚問の 2 日前には、最高裁判所の Breyer 判事を長とする裁判官規律に関する委員会（以下、Breyer 委員会）が、連邦裁判官の行動と 1980 年法手続に関する報告書を提出していた[16]。報告書の中では、Real 判事事件における一連の手続が吟味されており、調査権限を持つ特別委員会を構成せずに苦情の申立てを却下した司法協議会の手続運用を厳しく批判していた[17]。

　2006 年 11 月 16 日、第 9 巡回区控訴裁判所司法協議会は、破産事件における Real 判事の行動を、本来関与すべきではなく不適切であったとしつつ、それが個人的な利益目的ではなく、また、歴史的考察においても弾劾勧告事項に該当しないとして、譴責処分（public reprimand）相当と結論付けた。Real 判事側による不服申立てを受けた合衆国司法会議は、2008 年 1 月 14 日、司法協議会の決定を支持し、苦情申立てより 6 年を経過して本件事件は決着を見た[18]。

第 2 節　Edward W. Nottingham 判事事件（2008 年辞職）

　2008 年 10 月 29 日、コロラド地区連邦地方裁判所の Edward W. Nottingham 判事は、職務とは関わりのない個人的行動を問題視される中、辞職した。Nottingham 判事は、連邦検事補などの経歴を経て 1989 年 Bush 大統領により同連邦地裁判事として任命され、2007 年より同地裁所長職に就いていた。裁判官としての彼は、地元新聞によって多くからの尊敬を集めた「思慮深い裁判官」と報じられていた[19]。2007 年 8 月、地元メディアは、同判事がトップレスクラブにおいて一晩に 3,000 ドル以上を費やし、その間の事情について泥酔していたために説明できないと述べていると報道した。当時同判事は自身の離婚訴訟の当事者となっており、この情報はその過程で暴露されていたのである。

　報道を受けて、コロラド地区地裁を管轄とする第 10 巡回区控訴裁判所の

Tacha長官は、Nottingham判事の行動が司法部に対する信頼を損ねる可能性があるとして、司法協議会に調査を行うよう申し立てた。協議会の命令により編成された特別委員会は、同判事が裁判所ポリシーに反し執務室のパソコンを用いて「性的にきわどい」画像を閲覧していた件も、調査対象とした。さらに、同判事が障害者専用駐車場を違法に利用した際に車いすの女性と口論になり、みずからが連邦判事であると名乗り連邦保安官を呼ぶと脅かした件も、当該女性の申立てにより調査対象として追加された。調査を進める過程で同委員会は、Nottingham判事の事件発覚直後の虚偽説明も調査対象とした。

　2008年3月、Tacha長官の後任であるHenry長官は、Nottingham判事がコロラド州法に反する売春組織のメンバーをクライアントとしている件、裁判所支給の携帯電話を買春行為で利用した件、および、事情聴取の際の虚偽説明に関して、新たに調査を行う特別委員会を組織した。4月には、コロラド州選出のSalazar上院議員が同判事の弾劾を公言する事態となった[20]。同年10月8日、二つの特別委員会は司法協議会に対して、共同で調査報告書を提出した。さらに、10月10日には、Nottingham判事と関係のあった売春婦が、調査の過程で同判事により虚偽の証言を行うよう指示されたとの内容の苦情申立書を提出した。10月29日、ついにNottingham判事は辞職を表明した。翌日、第10巡回区司法協議会は、1980年法手続が現職裁判官を対象としているために、以後の苦情処理手続を不要として、同判事の氏名を公表したうえで手続を終了した[21]。

第3節　Samuel B. Kent判事事件（2009年下院弾劾訴追、辞職）

　テキサス南地区連邦地方裁判所のSamuel B. Kent判事は、テキサス州内での弁護士活動を経て、1990年Bush大統領に同地裁判事に任命された。Kent判事は、同地裁ガルベストン支部担当の唯一の裁判官であった。

　2007年5月21日、連邦地裁ガルベストン支部の女性職員Cathy McBroomが第5巡回区司法協議会に対して、Kent判事によるセクシャルハラスメントを受けている旨の苦情申立てを行った。被害者は同地裁においてKent判事の法廷を担当していた。被害は、本人の拒絶にもかかわらず2003年から2007年まで続いたとされた。司法協議会が任命した特別委員会において、Kent判事は申立て内容を否定し、女性秘書Donna Wilkersonも同様の証言を行っていたが、調査の

途中から当該秘書も2001年以降のハラスメント被害を訴え始めた。特別委員会の報告を受けた司法協議会は、9月28日、まず2008年1月までの4か月間同判事への事件割当てを停止するよう指示した[22]。11月30日、FBIはKent判事に対する捜査を開始した。12月20日、第5巡回区司法協議会は、申し立てられた事件が連邦刑事手続の対象となったことを指摘し、当事者の諸権利に配慮して手続を停止するよう特別委員会に命じた[23]。

2008年8月28日、連邦大陪審は、司法協議会が調査対象とするセクシャルハラスメント事件について正式起訴状（indictment）を提出した。同判事は、性的犯罪を問われる初の連邦裁判官となった。大陪審は、2009年1月6日、司法協議会の調査範囲を越えてさらに司法妨害を含む3件の容疑を追加した[24]。すべての容疑に有罪評決が下された場合、裁判所は最高20年の刑に処することもできると報道された[25]。

2009年2月23日、連邦地裁での陪審員選任手続の初日、Kent判事は司法妨害容疑に関して有罪を認める答弁を行った。また、被害者職員に対して身体的接触の無いセクシャルハラスメント行為があったことを認めている。さらに、同判事は自主的に退職（retire）する意向を示した。連邦検事は、Kent判事の有罪答弁と引換えに、セクシャルハラスメント事件に関する起訴を取り下げた。3月11日、連邦地裁のVinson判事は、Kent判事を33か月の禁固刑、罰金1,000ドルに処した。また、被害者であるMcBroomに対して3,300ドル、Wilkersonに対して3,250ドルの賠償金を支払うことも命じられた。

2009年3月12日、議会下院のConyers議員とSensenbrenner議員は、Kent判事が辞職（resign）ではなく離職後も生涯にわたって年棒相当額を保証される自主退職を願っていることを指摘し、金銭的保証のない弾劾罷免を求めて下院司法委員会に手続を開始するよう求める決議案を提出した。前年秋には下院司法委員会が、後述するG. Thomas Porteous, Jr. 判事に対する弾劾調査を開始しており、同時に2件の弾劾事件が係属することとなった。3月13日、司法委員会はKent判事の弾劾可能性を調査する目的でタスクフォースを設立した。

他方、第5巡回区控訴裁判所のJones長官は、2009年5月27日、身体的職務不能を理由とするKent判事の自主退職願を拒否する決定を示した。Jones長官は、医療専門家のアドバイスにより健康上の理由を退け、同判事が議会による弾劾可能性のある有罪答弁を行ったことで、金銭的保証のあるシニア裁判官のステイタ

スを得る機会をみずから放棄していると指摘した。下院における弾劾調査が公式に開始される前日、2009年6月1日、Kent判事は、任命権者であるObama大統領に対して1年間の猶予の後辞職する旨の届けを提出した。Kent判事の顧問弁護士によると、この猶予は弾劾手続に費やされると予想できる期間とのことであった。

2009年6月3日、下院司法委員会のタスクフォースは弾劾に関する公聴会を開催し、Kent判事、同判事の顧問弁護士Dick DeGuerin、被害者の2名の女性および弾劾に関する専門家を喚問した。2人の被害者はそれぞれ、公開の場において初めて事件内容と当時の思いについて詳細に語り、長期間にわたるハラスメント行為に対して抗議しなかった点について職を失いたくなかったことが理由であったと証言している。

これに対してKent判事および顧問弁護士は出頭を拒否し、タスクフォースに書簡を届け、当該事件について自身の生来からの性格的な問題がアルコール濫用、前妻の死などの家庭的ストレスにより悪化した結果であるとし、被害者および被害者家族への謝罪を述べている。もっとも、自身には退職後の年金の用意がなく、アルコール中毒およびメンタル治療の準備のため、自主退職により保証される給与相当分が不可欠であると述べ、過去18年間にわたる1万3,000件の事件担当および合衆国への貢献を評価するよう求めた。

2009年6月9日、合衆国司法会議は、1980年法に基づきKent判事の弾劾罷免を検討するよう下院議長に勧告した。理由は、2名の裁判所職員に対するセクシャルハラスメント行為と第5巡回区司法協議会の調査における虚偽証言の3点である。6月15日、Kent判事は、在職のままディベンスの連邦医療刑務所に収監された。年棒169,300ドルを保証された裁判官職の去就に関する判断は、議会に委ねられることになった。

2009年6月10日、下院司法委員会は、Kent判事に対する4項目の弾劾条項の審議を開始した。第1条項と第2条項はそれぞれ裁判所職員に対するセクシャルハラスメント事件、第3条項は2007年6月8日に行われた第5巡回区司法協議会の特別委員会における偽証（刑事裁判で有罪答弁を行っている）、第4条項は2007年11月30日と2008年8月11日のFBIおよび司法省に対する偽証容疑である。司法委員会は、建国以来1989年のWalter L. Nixon, Jr.判事弾劾事件までの先例を検討したうえで、4条項すべてが合衆国憲法の定める弾劾要件「重罪もしくは

軽罪」（high crimes and misdemeanors）に該当するとし、全員一致で承認して下院全体会議に送付した[26]。6月19日、下院全体会議は4条項すべてを全員一致で承認し（第4条のみ棄権1票あり）、その弾劾訴追決議を弾劾裁判を行う議会上院に送付した[27]。同時に下院本会議は、上院での弾劾裁判における弾劾訴追委員役の議員を選出した。下院による弾劾訴追は1999年のClinton大統領以来10年ぶり史上18人目、裁判官としては1989年のNixon判事以来史上14人目であった。

6月24日、議会上院は、4項目の弾劾条項に関する答弁を行うためKent判事を喚問するなどの上院決議202[28]、および、同判事に対する弾劾条項に関わる証拠を収集し、報告するため上院内に上院議員12名からなる委員会を設置する旨の上院決議203[29] を可決した。6月25日、上院スタッフが召喚状を持参したところ、連邦刑務所に収監中のKent判事は、6月30日付で辞職する旨を届けたのである。この辞職願は、上院、下院、および大統領にも報告され、上下両院はそれぞれ対応を協議し、弾劾裁判を中止する方向で調整に入った。6月30日、Obama大統領はKent判事の辞職を認めた。7月20日、下院全体会議はKent判事に対する弾劾決議を取り下げる旨の決議を行い、上院に送付した。7月22日、これを受けて上院は、弾劾裁判手続を終了した[30]。

第4節　G. Thomas Porteous, Jr. 判事事件（2010年弾劾罷免）

2010年3月11日、上院はルイジアナ東地区連邦地裁のG. Thomas Porteous, Jr. 判事を罷免した。弾劾罷免はNixon判事以来21年ぶり、8人目である。Porteous判事は、州検事補、州第24区地方裁判所裁判官などの経歴を経て、1994年、Clinton大統領により同地裁判事に任命された。Porteous判事の前任者は、贈賄罪により5年の実刑判決を受け連邦刑務所に収監されながら裁判官職を辞さず、下院司法委員会の弾劾調査開始直前に辞任したRobert F. Collins判事であった[31]。

1999年以降、FBIはルイジアナ州第24区地裁管内における裁判所の腐敗問題を捜査対象としていた。関係者の盗聴を含む大掛かりな捜査が行われ、Porteous判事も捜査対象であった。その結果、2名の州裁判官を含む14名が起訴されたのであるが、連邦司法省はPorteous判事の偽証容疑などについて起訴を断念した。2005年8月に発生したハリケーン「カトリーナ」によりPorteous判事の自宅が倒壊し、さらに同年12月22日には同判事の妻が突然亡くなった。心身とも

に健康状態を損ねた同判事は裁判官職務を全うできなくなったとして、2006年5月に第5巡回区控訴裁判所長官に対して職務不能の証明を求めたが、拒否された。2007年5月18日、司法省は第5巡回区司法協議会に対して、Porteous判事の行動に対する苦情申立てを行った。

　第5巡回区司法協議会は、司法省による苦情申立書を受理し、特別委員会を設置した。委員会は、2007年10月29日と30日の両日をかけてPortrous判事および同判事側の証人を喚問した。委員会はPorteous判事を含む証人に、合衆国憲法修正5条および免責法に基づく免責特権を賦与して証言を強制した[32]。11月20日、委員会は、1980年法に基づいて必要かつ適切な行動をとるよう求める報告書を提出した。12月20日、司法協議会は、1. 財務状況の虚偽報告、2. 自己破産に関する財務状況に関する偽証、3. 訴訟関係者からの贈与などを秘匿し、裁判官忌避を不可能にした件、4. 特定の訴訟[33]に関して担当弁護士との関係を秘匿した件、5. 銀行ローンの返済期間を延長する目的でなした虚偽表示、以上5点に関して裁判官職にふさわしくない行為があったとして、合衆国司法会議に証拠とともに提出した。2008年6月17日、司法会議は、司法協議会の報告を了承し、Porteous判事に対して2年間、もしくは同判事が弾劾罷免されるまでの間訴訟事件の配点を行わないこと、裁判所職員に関する一切の権限を停止することを命じた[34]。さらに、翌日下院に対してPorteous判事の弾劾罷免を妥当とする勧告書を提出した。

　2008年9月17日、下院司法委員会は全員一致でPorteous判事の弾劾訴追に関する調査を開始することを決議し、10月15日に当該調査を担当する12名の議員からなるタスクフォースを任命した。しかしながら、下院司法委員会による調査活動は、中間選挙のために中断し、2009年1月15日、新たに構成された下院本会議が司法委員会にPorteous判事の弾劾の可否を調査する権限を賦与した。タスクフォースは、1999年から2007年にかけて司法省が捜査し、第5巡回区司法協議会に提出した資料および免責特権付与により得られた資料の提供を求めた[35]。これに対して、11月12日、Porteous判事は、下院タスクフォースを被告とし当該免責資料の使用を禁ずる旨の宣言を求めて、コロンビア地区連邦地方裁判所に訴訟を提起したのである。しかしながら、地裁のLeon判事は、訴訟にメリットが認められないとして、却下した[36]。2010年1月21日、タスクフォースは4か条からなる弾劾容疑をまとめ、下院司法委員会に提出した。委員会は全員

一致で4か条の弾劾条項を承認し、下院本会議に送った。

　弾劾条項第1条は、Porteous判事がLifemark Hospitals v. Liljeberg Enterprises事件の被告代理人Amato & Creely, P.L.C.と金銭関係にあったにもかかわらず、忌避申立てを拒否した件に関わる。1. Porteous判事は、ルイジアナ州第24区地方裁判所裁判官時代、1980年代初頭から終わりにかけて法律事務所のパートナー弁護士、Jacob Amato, Jr.とRobert Creelyと共謀し、両弁護士を裁判所係属事件における保佐人（curator）として委託することにより手数料40,000ドルを支払い、みずからは事務所より20,000ドルをキックバックとして受領していた。2. また、地方裁判所における裁判官忌避手続において当該法律事務所との交友関係を詳報せず、同様に、第5巡回区控訴裁判所における同裁判官忌避問題審査においても決定的な情報を提供せず、その結果として、公正な裁判に対する両当事者その他の者の権利を奪った。3. さらに、Lifemark事件の非陪審審理以降も当該法律事務所から現金数千ドルを含む利益供与を受け、最終的に有利な裁定を下した。

　第2条項は、Porteous判事が1980年代後半の州裁判所裁判官時代から連邦裁判官時代までの長期間にわたって、保釈金保証人（bail bondsman）であるLouis M. Marcotte、およびその妹であるLori Marcotteとの間で不適切な癒着があった件に関わる。1. この関係においてPorteous判事は、保証人両名から食事、旅行、自宅および自家用車の修理などの利益供与を受け、その見返りとして州裁判官時代に保証金金額を減額するなどの不正を行った。2. また、Porteous判事は、自身の連邦裁判官への任命を有利とするように当該保証人がFBIに偽証をしている事実を認知していた。

　第3条項は、Porteous判事が自身の破産事件に関わる手続において、不正行為を働いた件に関わる。2001年3月から2004年7月にかけて同判事は、1. 破産事件における債務者として特定させることを困難とする目的で偽名、および偽の私書箱を利用した、2. 資産を隠匿した、3. 特定の債権者への優先的債務履行を秘匿した、4. ギャンブルによる借財を秘匿した、5. 破産裁判所の命令に反して、破産事件が係属中に新たな借財を行った、などである。

　第4条項は、1994年の連邦裁判官への任命承認手続における複数の偽証行為に関わる。1. 任命に関わる自己申告書（Supplemental SF-86）において、個人的生活に関わってPorteous判事を威迫するような問題、あるいは、公になれば困惑

させられるような事象が存在するかという質問に対して、いずれも否定している点が偽証となる。2. 任命過程において行われたFBIによる2度の背後調査の際に、同判事に対する影響、圧力、威迫、妥協を強いるような、あるいは、同判事の性格、評判、判断、もしくは裁量に対して否定的な評価をもたらすような行動もしくは行為を隠していないかと問われていたが、その回答に偽証があった。3. 上院司法委員会における連邦裁判官への任命承認手続において、Porteous判事は、任命に影響するような好ましくない情報の存在についての質問を受け、宣誓の上で、そのような情報の存在を否定する証言を行った。以上の証言が偽証であった点についてはすでに明白であり、憲法が定める弾劾要件である「重罪もしくは軽罪」に該当する。

2010年3月11日、下院本会議は四つの弾劾条項すべてについて全員一致で承認した。第1条項は賛成412反対0、第2条項は賛成410反対0、第3条項は賛成416反対0、そして第4条項は賛成423反対0であった。

2010年3月17日、上院は、Porteous判事に対して弾劾訴追状に回答するよう求めるとともに、上院弾劾裁判規則11条に基づき、同判事の弾劾に関して証拠収集および証人喚問の権限を有する委員会を設置する決議を採択した[37]。委員会は共和党6名、民主党6名の合計12名の上院議員により構成された。

Porteous判事は、4月7日、上院の要求に応えて弾劾条項に対する回答文を提出し、本件弾劾訴追が憲法的先例に合致しないと主張した。1. 本件弾劾訴追は、合衆国憲法制定以後初めて、行政部が刑事訴追を前提とした調査をした後に起訴を断念した問題を弾劾理由としている。2. 本件は史上初めて、連邦公務員として雇用される以前の問題を取り上げて下院が弾劾訴追したものである。3. また、本件に関わる事実問題は、憲法上弾劾罷免が許される「重罪もしくは軽罪」に合致しない。弾劾訴追条項自体、本件の問題の幾つかが刑事罰を持たない司法倫理の諸規則に抵触するに過ぎないことを認めている。憲法条文と弾劾に関する先例に照らすと、本件は新たな基準を提起しており、憲法起草者の構想の中核をなす司法権の独立を深刻に害する。4. また、Porteous判事は、第5巡回区司法協議会の特別委員会において憲法修正5条の免責特権を与えられていたとし、それゆえに、弾劾裁判においても当該免責賦与によって得られた証拠内容を利用することはできないと主張した。

下院は、4月22日、Porteous判事の反論を受けて弾劾訴追状に対する説明を

加えている。1. まず、刑事訴追を受けていない事件を根拠に弾劾訴追を行ったとの批判に対して、憲法上連邦裁判官の罷免権限は、捜査および起訴を担当する行政部の司法省ではなく、上院が保持するものであり、刑事訴追の成功・不成功は当該権限とは無関係である。2. 連邦裁判官就任以前の行為については連邦の弾劾手続の範囲外になるとのPorteous判事の主張は、法的に時効が成立しているがそれが言語道断の行為の場合、あるいは、連邦裁判官としての任命、承認プロセスにおいて当該行為が詐欺的に秘匿されている場合も弾劾罷免が不可能となる。このような主張は合衆国憲法の支持するところではなく、また、一般的常識の範囲外でもある。3. 下院は、修正5条の免責特権付与に関して、その後証拠利用が禁じられるのは「刑事裁判」のみであり、「弾劾裁判」において当該証拠の利用は可能であると反論していた。

2010年9月13日、上院弾劾裁判委員会は、Porteous判事を喚問し、証拠調べを開始した。また、それぞれ個別の弾劾事由となった事件に関連して、Porteous判事の息子を含む多くの証人が喚問されていた。多くの証人は、下院による弾劾訴追内容について詳細に証言し、概ね内容を肯定していた[38]。11月16日、上院弾劾裁判委員会は、全員一致で承認した報告書を上院全体会議に提出した。

2010年12月7日、すでに中間選挙が終了しており、一部議員についてはレイムダック期間に入っていたが、上院は弾劾裁判を開始した。12月8日、弾劾訴追条項について投票を行い、まず第1条項は賛成96反対0であり、合衆国憲法が求める3分の2以上の賛成により、Porteous判事の弾劾罷免が確定した。さらに、第2条項は賛成69反対27、第3条項は賛成88反対8、第4条項は賛成96反対0であり、すべて3分の2を超えていた。続けて上院は、公職就任権に関する投票を行い、賛成94反対2の多数によって、Porteous判事の連邦職への就任権を剥奪したのである。弾劾有罪判決によって公職就任権が剥奪されたのは、1913年のRobert W. Archbald判事弾劾裁判以来のことであった。

第5節　Richard F. Cebull判事事件（2013年辞職）

Richard F. Cebull判事は、25年間の弁護士業務ののち1998年に合衆国治安判事として採用され、2001年、George W. Bush大統領によってモンタナ地区連邦地方裁判所判事として任命された。2008年より同地裁所長を兼務している。

2005年には、カナダからの牛肉の輸入再開決定に関して、農場労働者組合R-CALFが労働者と消費者を狂牛病の危険にさらすとして反対した訴訟で、訴えを認める判決を下して注目を集めた[39]。

2012年2月20日、Cebull判事は、裁判所のメールアカウントを利用して6名の知人宛に「ママの記憶」と題するEメールを送付した。その内容はアメリカ史上初の黒人系大統領であるObama大統領の人種とその母親を侮辱する低俗なジョークであった。Eメールの内容は、2月29日には地元メディアによって報道され、その結果、議会議員や多くの人々から辞職を求める声が上がったのである。

これに対してCebull判事は、Obama大統領に対して非礼を詫びる私信を送付し、また、3月23日には、第9巡回区控訴裁判所のKozinski長官に対して当該事件の調査を開始すること、また、手続においてEメールなどを秘匿する権利を放棄する旨伝えた。公式には、Cebull判事に対する苦情申立ては同判事自身によって提出されたことになる。同時に、第3巡回区控訴裁判所のMcKee長官が匿名で苦情を申し立てていた。Kozinski長官は、Cebull判事自身によって申し立てられた苦情とあわせて、McKee長官の申立てに関しても調査することを決定し、5名の裁判官からなる特別委員会を設置した。委員会は、1. 2008年から2012年2月までの間のCebull判事のEメール記録の審査、2. モンタナ州在住の25名の証人からの事情聴取、3. Cebull判事が担当した訴訟の再審査、および、4. Cebull判事本人の証言と証拠取得を内容とする調査を開始した。2012年9月24日には、Cebull判事が2013年3月18日付で引退し、シニア裁判官の地位を取得すると発表したが、シニア裁判官は1980年法の対象であるため、同法手続は停止されなかった。

2012年12月17日、特別委員会は報告書を提出した。委員会は、Cebull判事が関わった労働事件、市民的権利に関わる事件、受刑者の権利に関する訴訟における人種的偏見の有無、また、合衆国量刑委員会（U.S. Sentencing Commission）提供の資料に基づき刑の宣告などについても同様の人種的偏見が存するかどうか審査したが、裁判官職務上の問題点は見つからなかった。また、モンタナ地区における市民の証言によると、同判事は良識ある正直な法曹であると評価されていた。しかしながら、過去4年分の私信を含むEメール内容をチェックした結果、Obama大統領に関連するもの以外に、さらに人種的、性的、そして政治的に不適切な内容のEメールを多数送った形跡が示されていた。

2013年3月15日、第9巡回区司法協議会は、特別委員会の報告を受けてCebull判事に対する命令を下した。協議会の命令によれば、結論として同判事には連邦法および州法違反はなく、弾劾事由も存しないものの、Eメールに関する問題行動に対する一般的反応も鑑み、180日間にわたり新規訴訟の割り当てを停止し、倫理問題、人種問題に関するトレーニングを受けるとともに、公に対する再度の謝罪を求めていたのである。司法協議会の2名の裁判官は、同判事に自発的に退職するよう求めるべきであるとの補足意見を追加していた[40]。

司法協議会による命令はCebull判事および苦情申立者には通告されていたものの、合衆国司法会議に再審査を申請する手続期間である5月17日まで、非公開扱いとなった。Cebull判事は、Obama大統領関連以外にも多数の偏見に満ちたEメールが送信されていたという事実が公表されることを確認し、3月28日、司法協議会に対して5月3日付で自発的に退職することを伝えた。7月2日、司法協議会は、退職裁判官に対して3月15日付命令を強制することが不可能であるため[41]、Cebull判事に対する苦情申立自体が申立ての利益を失っており、却下すべきと結論したのである。

7月23日、苦情申立てを行っていた第3巡回区控訴裁のMcKee長官は、第9巡回区司法協議会に対して、問題の最終的解決を図るために3月15日付報告書を公開することを求めて、不服申立てを行った。合衆国司法会議の特別委員会は、2014年1月17日、前年3月15日付の命令発給段階ではCebull判事の辞職は完了しておらず、1980年法が命令公開の停止を認める要件には該当しないと結論した。同委員会は、1980年法手続において決定された司法協議会命令のすべてを公開することが、当該手続に対する国民の信頼を得るために重要であると指摘していた[42]。この結果、McKee長官の要求通りCebull元判事に関する命令内容が公開されたのである。

2　弾劾裁判手続の課題

Clinton大統領の弾劾裁判以来10年ぶり、裁判官としてはNixon判事以来20年ぶりとなったPorteous判事の弾劾裁判は、先例が少ない弾劾手続に関して実務上重要な示唆を与えるものであった。特にPorteous判事が四つの弾劾条項す

べてについて、合衆国憲法が定める弾劾要件「叛逆罪、収賄罪またはその他の重罪および軽罪」に合致しないと反論していたことは注目に値する。たしかに、裁判官弾劾事件としては直近となる3事件、1986年のHarry Claiborne判事弾劾事件、1989年のAlcee Hastings判事弾劾事件および同年のNixon判事弾劾事件のすべてが連邦犯罪で起訴された事件に関わっていた[43]。Porteous判事は、そのような先例と憲法条文に照らすと自身に対する弾劾が新たな基準を提起しており、司法権の独立を深刻に害すると主張していたのである。憲法上の弾劾要件については、文言上ある程度限定されているものの具体的内容については明確ではなく、検討を要する[44]。

第1節　弾劾事由は起訴されうるレベルが必要か

　Porteous弾劾事件においては、弾劾事由となったすべての事件について連邦および州レベルで刑事事件として訴追されていなかった。第1条項は旧知の弁護士が担当した訴訟からの回避問題、第2条項は自己破産における不適切な行動、第3条項は保釈保証人から受領した不適切な利益供与、そして、第4条項が連邦裁判官職への任命承認手続における虚偽報告であり、そのすべてに関して刑事事件としては立件されていない。特に第3条項の事件については、FBIによる長期間の捜査をもってしても司法省が起訴を断念せざるをえなかった。このためPorteous判事は、下院における弾劾調査および上院における弾劾裁判において、憲法制定以後初めて行政部が起訴を断念した問題が弾劾理由とされたと批判していたのである。

　しかしながら、先例を検討すれば、刑事裁判と弾劾裁判が必ずしも関連性を持たないことがわかる。まず、Claiborne判事事件において、弾劾訴追を担当する下院は、事前の刑事裁判では有罪禁固2年と判断された脱税行為について弾劾事由として含めていない。また、同判事の弾劾条項第3条において「刑事裁判において有罪となった事実そのもの」を弾劾事由としていたのであるが、上院の弾劾裁判では合衆国憲法が定める3分の2の賛成を得られなかった。この点に関しては、上院内において、刑事事件で無罪となった者に対する弾劾が将来阻害されることを危惧する声があったとされる[45]。事実、1989年、Hastings判事が弾劾有罪判決を受けた事件では、同様の内容について刑事事件において無罪の評決を受

けていたのである。このように弾劾に関する先例は、刑事裁判と弾劾裁判の関連性について不可欠なものとは示しておらず、弾劾事由について必ずしも起訴レベルの内容を求めているとは解せないであろう[46]。

以上のように、憲法上連邦裁判官の罷免権限は、上院が保持するものであり、刑事訴追の成功・不成功は弾劾権限とは無関係である。弾劾権を連邦の公職に就けることに不適切な者を排除する手続であるとするならば、弾劾事由を刑事訴追可能な事例、もしくは、起訴された事例に限定するのは狭過ぎる解釈と考えざるをえない。

今回のPorteous判事の事例では、訴訟からの回避問題が弾劾事由となるかが問われた。同判事に対する弾劾条項第1条は、Liljeberg事件において連邦法28 U.S.C. §455および裁判官行動規則に違反していた点である。Porteous判事は、ハンティング旅行に同伴し、州裁判所時代から長年にわたって金銭関係にもあり、事実上友人ともいえる弁護士が代理人となっていた訴訟において、みずから訴訟担当を回避せず、また、忌避請求も拒否したのであった。連邦法および裁判官行動規則はともに刑事罰を有しない。この点につきCharles G. Geyhは、訴訟からの回避を行わなかった点が上訴審での破棄事由になるに過ぎないとしつつ、本件に関しては裁判官行動規則の贈与ルールに違反するのみならず、弁護士との関係についての意図的な情報秘匿が単なる回避失敗を超えたものと見なす[47]。公正な司法に対する国民の信頼を損ねた点で、本件の事例は重要となる。近年、裁判官の訴訟からの回避、忌避に関して不適切事例が多いとの批判が高まっており[48]、Porteous判事弾劾事件において悪質な場合には弾劾事由となると示された点は注意が必要であろう。

第2節　弾劾事由は現職期間内の事件に限定されるべきか

同様に問題となったのは、Porteous判事に対する弾劾事由が、連邦職に就く以前の州裁判官時代に発生している点である。Porteous判事に対する弾劾条項のうち連邦裁判官在職中の自己破産に関わる第3条項以外は、前職時代の問題が発端になっていた。特に第4条項は、上院の裁判官任命承認過程において「任命に不都合な情報があれば（上院司法委員会に）教えてほしい」という質問に対して、否定的回答を行ったというものである。下院によれば、州裁判官職時代から弾劾

条項第1条および第2条に見られるような弁護士などとの不適切な関係があるにもかかわらず、虚偽の回答を行ったとされた。この点につきPorteous判事は、上院に提出した弾劾条項に対する反論文において、本件が史上初めて、連邦公務員として雇用される以前の問題を取り上げて弾劾条項としたものであると批判していた。

　弾劾事由が現職期間中の事象に限定されるべきか否かについては、下院司法委員会のタスクフォースが公聴会で検討している。タスクフォースは、2009年12月15日、弾劾を研究対象とする大学教授3名、Charles G. Geyh、Akhil Reed AmarおよびMichael J. Gerhardtを喚問し、本件事例が合衆国憲法および裁判官弾劾の先例に合致するか否かについて意見を聴取した。3証人は結論として、弾劾可能である旨証言をしている。

　公聴会において、まずAmarは、合衆国憲法の文言は弾劾事由を連邦職在職中の問題に限定していないと述べる。そして、自身が連邦職に就くために行った贈賄行為を例に挙げて、もし当該承認手続においてPorteous判事が真実を述べていた場合に連邦裁判官職に就くことは不可能であったろうと指摘している[49]。これに対してGerhardtは、連邦職就任以前の事項が弾劾事由となるかどうかについて、先例がないため一般論としては回答を回避するとしつつ、裁判官任命承認手続における虚偽報告を行った者が連邦裁判官職として不適である点を認めるのは容易であるとした。Gerhardtは、連邦職就任前に犯した殺人などの重大犯罪が後に露見したケースを例に挙げて説明していた。合衆国憲法が定める弾劾事由に問題行動の期間が限定されていない以上、当該行動を弾劾事由とするか否かの判断は弾劾訴追を行う下院の判断に委ねられていると解されよう。

　本件では上院における任命承認手続における虚偽申告が問題となっていた。当該手続では、最高裁判事を含むすべての連邦裁判官が、憲法上大統領による任命および上院における承認決議を経ることになっており、本件の第4条項が弾劾事由として適切性を保持するかどうかが注目された。Porteous事件に関しては、当該情報の秘匿が単なる過失ではなく深刻な事象と判定されたため、連邦裁判官の任命過程に関する大統領および上院権限への侮辱行為と見なされたわけである[50]。そして、そのような事象に対しては、議会が弾劾権行使を躊躇するとは考えられないことが明白になったのである。

第3節　事前手続で行使された自己負罪拒否特権の弾劾手続における効力問題

　第5巡回区司法協議会の特別委員会は、Porteous 判事を含む証人に対して合衆国憲法修正5条および免責法に基づく免責を付与し、証言を強制した[51]。憲法修正5条は「何人も、刑事事件において自己に不利な証人となることを強制されない」と規定する。当初同特権は「刑事事件において」文言により刑事裁判における行使に限定されると解されていたが、連邦最高裁判所がまず連邦大陪審における適用を認め[52]、その後、議会調査などの非刑事的手続においても行使が認められた[53]。本件で見られたように、巡回区司法協議会における調査においても証人が修正5条を明示的に援用すれば、証言を拒否することができる。そこで議会は、特権を主張する証人に対して事後の刑事手続における免責を付与することによって、証言を強制する制度を設けた。1970年に制定された連邦免責法は、「証言その他の資料（または、その証言その他の資料より直接もしくは間接に派生するすべての資料）をその後の刑事手続で使用できない」と規定している。Porteous 判事が第5巡回区司法協議会の特別委員会において賦与されていたのは、この制定法上の免責特権であった。

　そこで、Porteous 判事は、連邦職からの罷免および公務就任権を剥奪する弾劾手続が刑事手続に準ずるものと解し、事前の免責賦与により弾劾手続における当該証言の使用が禁止されていると主張した。これに対して下院は、修正5条の免責特権に関して、その後に証拠の使用が禁じられるのは「刑事裁判」のみであり、「弾劾裁判」においては当該証拠の使用が可能であると反論していたのである。ここでは、弾劾手続が公職から罷免し、将来にわたって公職就任権を剥奪することに限定された手続である点が強調されている。

　さて、合衆国憲法1条3節7項は、上院が行使する弾劾裁判の判決について、罷免と公職への就任権剥奪に限定するとともに、同項但書において弾劾につき有罪判決を受けた者が、その後処罰対象となることを妨げない旨を明記している。修正5条が保障する二重処罰禁止原則からも、弾劾有罪判決後に刑事処罰を科すことを明確に認容する1条3節7項は、弾劾の非刑事的性質を示す。もっとも、合衆国憲法2条2節1項は、「大統領は、弾劾の場合を除き、合衆国に対する犯

罪について、刑の執行停止または恩赦をする権限を有する」としており、恩赦権の脈絡においては犯罪と弾劾を同列視しているようにも見受けられる。しかしながら、同条文については、恩赦権の及びうる範囲が「合衆国に対する犯罪」（連邦犯罪）に限定する趣旨であり、弾劾を犯罪と同列視する意味ではなく、弾劾同様に州法上の犯罪および民事上の判決にも及ばないと解されよう。このように、下院が述べるように、憲法上、弾劾手続は刑事手続と性質を異にすると理解できる。

　もっとも、手続を問わず証言を求められる立場になった者にとって、合衆国憲法修正5条が判例上も認められた唯一の絶対的な証言拒否特権である点には注意が必要である。このため1970年連邦免責法は、真実探求のために不可欠な証言を得るために、代替として刑事手続での免責を付与したのである。最高裁判所の **Kastigar v. United States, 406 U.S. 441 (1972)** は、19世紀以来伝統的であった行為免責に代わって制度化された1970年法の派生使用免責を合憲としているが[54]、刑事裁判での証言の使用が厳しく制限されていることは間違いない。事実、下院調査特別委員会において免責が付与されたイラン・コントラ事件では、連邦司法省が議会調査以前に取得していた証拠について封印を行ったが、結局刑事裁判における当該証言の使用は禁じられたのである[55]。

　Porteous 判事事件に関しては、すでに連邦司法部が起訴を断念した事項に関わっており、証言強制後に同判事が起訴される可能性は低くなっていた。このように見ると、第5巡回区司法協議会における免責付与は、事後予定される司法部内部での懲戒手続、もしくは議会における弾劾手続において使用することを目的としたものであったことは明らかである。1980年法実施のための規則23条(f)項は、司法会議が弾劾勧告を妥当と判断した場合、1980年手続「すべてに」(all)関わる記録を提出するものと定めており、当該免責証言記録もそこに含まれると解される。本件事例では、刑事訴追こそ断念したものの、裁判官としての問題行動ありと決定し、1980年法手続に基づき苦情を申し立てた行政部（司法省）、弾劾勧告が妥当な問題であると判断した司法部（合衆国司法会議）、そして弾劾手続を遂行する立法部（上下両院）の連邦政府の三部門が弾劾に向けて協調していることから、裁判官の独立の保障および修正5条の趣旨を反映した手続的配慮が求められるケースに該当すると考えられる。

　さて、裁判官弾劾に関しては、従来二つの問題点が指摘されていた[56]。一つは、

下級審裁判官の罷免手続としての非効率性であり、他方が弾劾手続における権限濫用への備えが欠如している点である。人的、経済的に大掛かりな出費を強いられたPorteous判事事件、弾劾裁判直前まで辞職時期を延長させられたKent判事事件は、弾劾手続の非効率性をあらためて印象付けたといえる。また、連邦最高裁判所がNixon v. United States, 506 U.S. 224 (1993)において弾劾裁判に関する司法判断適合性を否定して以来初の裁判官弾劾となったPorteous事件は、弾劾事由の内容確定および弾劾における手続的権利の保障の両面ともに、議会裁量に委ねられている現状を明確に示した。憲法的に特異な弾劾手続の性質について、その権限濫用の危険性回避が議会の良識と自制に委ねられている点をあらためて吟味する必要があろう。

3　裁判官懲戒手続の課題

　過去10年間の1980年法をめぐる議論を概観すると、その多くがReal判事事件を契機としていることに気付かされる。事実Real事件は、異例の展開をたどった。まず、一般的には引退をしている年齢を超えて在職する裁判官に対して、繰り返し苦情申立てが行われたこと[57]。また、一見して問題が認知可能な事例であるにもかかわらず、苦情内容を最初に審査する控訴裁判所長官が、頑なに詳細な調査を不要と判断したこと。再審査を求められた巡回区司法協議会も、多数決によって控訴裁判所長官の判断を支持したこと。さらに、不服申立てを受けた中央の合衆国司法会議も、制定法の根拠がないことを理由として、自主的な再審査を拒否したことなどである。1980年法手続全体が、何らかの公式処分が出た場合の最終報告を除いて、原則として非公開であることもあいまって、Real判事事件は、1980年法制度に対する信頼そのものを損なうような危機を導いたのである。

第1節　1980年法制度の展開と評価

　1980年法は、当初の「司法協議会改革および司法における行動と職務不能に関する法律」の名の通り、13ある巡回区控訴裁判所に設けられた司法協議会に

管轄内の裁判官の非行行為に対する懲戒権限を賦与して改革するとともに、身体的精神的理由に基づく職務不能に関する手続を定めたものである。議会は、司法部内に下級審裁判官の活動に対する国民の苦情を処理するための制度を設け、最も厳しい弾劾罷免勧告から非公式の譴責に至る一連の裁判官懲戒制度を整えた。稀にしか発生しない弾劾事件よりも、むしろ、法的根拠がなければ曖昧になりがちな非公式の懲戒手続に対して、一定の有効性を付加するよう制度を整備した点が注目される。裁判官の規律について司法部内の自律的制度として位置付け、その具体的行為を連邦司法部全体ではなく問題裁判官を管轄する各巡回区司法協議会の裁量に委ねたところに、「非中央集権的自己抑制」(decentralized self-regulation) [58] と評された1980年法制度の特質があるといえよう。

　さて、1980年代後半から1990年代初頭にかけて相次いで発覚した下級審裁判官の不祥事は、1980年法の試金石となった。刑事訴追を受けた5名の下級審裁判官のうち3名が弾劾罷免され、2名を弾劾手続開始直前に辞職に追い込んだことで、裁判官規律制度としての1980年法は一定の評価を受けたといえよう [59]。1980年法制度の有効性を検討するため司法、行政、立法の三部門合同で行われたNational Commission on Judicial Discipline and Removalの調査報告書も、概ね同制度を肯定的に評価していたのである [60]。これを受けて2000年、合衆国裁判所行政事務局は、1980年法に関するモデル規則を定め [61]、各巡回区も基本的にそれを踏襲して規則化した。さらに、2002年、議会は、民主、共和両党の協調のもと、1980年法の基本制度を踏襲した2002年司法改革法（Judicial Improvement Act of 2002）として改正し、制度の維持を表明した。法制度化20年を経て、1980年法手続は、判決内容や訴訟指揮などへの苦情を含めた年間1,000件を超える一般的な苦情と、刑事訴追されたような重大事件を同一のスキーム内で処理しつつ、後者に関しては、下院への弾劾勧告を通じて議会が意図した弾劾制度の前審的位置付けを確保していたと見なしてよいだろう。

　2004年、このような1980年法をめぐる環境に変化の兆しが見えた。一部裁判官が示すリベラル傾向にある判決に対して議会保守派の反発が強まり、調査権の行使、証人喚問を通して問題点の洗い出しを始めたのである。本稿第1章で概観したように、同時期以降には裁判官の不祥事が再度頻発しており、事件内容が全国的に報道されて厳しい批判にさらされるとともに、問題行動を起こした裁判官がそのまま職に居座る状況などが新たな司法部批判を招くなど、悪循環が生じた。

まさに、1980年法の有効性が厳しく問われたのである。

連邦司法部は、司法権の独立が脅かされる状況に危機感を持ち、当時のRehnquist最高裁長官の指示により最高裁のBreyer判事を長として下級審裁判官をメンバーとする委員会を立ち上げ、2年にわたる調査を開始した。同委員会は、2006年、新たに最高裁判所長官となったRoberts宛に1980年法の制度運用状況についての報告書を提出した[62]。同報告書では、700件近い苦情申立て事例のサンプリング調査の結果、1980年法制度に持ち込まれた事件のうち一般的な裁判官苦情処理については、手続的問題は若干生じていたものの、その処理の妥当性に問題はないと結論した。しかしながら、「国民の注目を集めるような事件」(high visibility cases)に関しては、17件中Real判事事件を含めた5件、すなわち、30％近い高率で手続上の問題点が発覚したと報告した。特に、各巡回区控訴裁判所長官の不適切な判断、情報公開の遅滞、中央の合衆国司法会議の関与不足がその制度的欠陥として指摘されたのである。

Breyer委員会の報告書には制定法上の基礎付けはないが、2008年、合衆国司法会議は報告書の勧告部分を採用し、1980年法制度に関して初めて全国的拘束力を持つ規則を制定した（2008年規則）。規則の改正案にはBreyer委員会の勧告に対応する旨が明記されていた。現在すべての巡回区司法協議会が司法協議会規則として採用している。2008年規則は、合衆国司法会議による監視権限を強化することにより、「非中央集権的自己抑制」制度を一元的懲戒権行使へ広げたことになった。議会からの圧力に抗する形とはいえ、連邦司法部自身によって裁判官規律を強化し、アカウンタビリティにより配慮した政策が始まったと見なせよう。

第2節　苦情申立てに関する手続的課題

1980年法の行使過程において問題となるのは、大多数の苦情申立てについて調査権限を持つ特別委員会が設置されずに却下されている点、そして、手続全体が原則非公開であり、進行状況やその結論について国民に知らされる機会が少ない点である。前者は1980年法手続の有効性そのものへの疑問、後者は司法のアカウンタビリティを支える基本的課題といえよう。

まず、1980年法上の特別委員会の設置問題である。特別委員会の設置に関与

するのは、控訴裁長官と各巡回区司法協議会である。控訴裁判所に提出された苦情は、控訴裁長官のもとに集約される。長官が苦情を確認（identify）し、必要と認めれば司法協議会内に設けられる特別委員会に付託される。また、長官が苦情申立てを却下した場合、もしくは何らかの結論を下した場合、その決定に不服のある苦情申立人は司法協議会に対して不服申立てを行うことが可能である。司法協議会は、不服申立てに対して特別委員会を設けて手続を進行させるか、却下するかを決定できるが、後者の却下決定は1980年法上最終であり、司法審査も認められていない。

さて、Breyer委員会の分析では、苦情申立てには2種類ある。裁判の当事者がその結論に対して不満を表明するものとマスメディアなどによって報道されるような注目事件に分けられる。圧倒的に数の多い前者に関しては、1980年法手続に重大な問題は認められない。これに対して後者に関しては、Real判事事件が典型であるが、再三訪れていた委員会設置の機会が利用されていなかった点が批判されたのである[63]。国民注視の事件だけに、司法部内手続において同僚である裁判官をかばい立てしているのではないかとの印象を与えたのである。

1980年法の中心的機構である司法協議会特別委員会の機能不全に対して、法制度の根本的な改革を求める声があるのも事実である。この中でも最もラディカルな提案としては、1980年法の調査手続に連邦司法部より一定の独立性を維持した常設の監察官（Inspector General）制度の導入を求めるものがある。2007年、暗礁に乗り上げていたReal判事事件への対応として、当時下院司法委員会委員長であり共和党所属のSensenbernner議員による立法提案（Judicial Transparency and Ethics Enhancement Act of 2007）（H.R. 785 - 110th Congress 1st Session）がその代表である。同法案では、議会上下両院の両党派の意見を聞いたうえで連邦最高裁判所長官が任命する監察官に、1980年法において特別委員会が担当していた権限を付与するものとされていた。

このような裁判官規律に特化した監察官制度提案は、当時引退したばかりの最高裁判所のO'Connor判事によって、司法権の独立を侵害するものとして厳しい批判を受けた[64]。また、Ginsburg 最高裁判事も、それがあたかも「旧ソ連時代」を想起させると評しており[65]、保守、リベラルの枠を越えて司法部内での評判は芳しくない。また、研究者からも、監察官制度を支持する声は少なく、多くは司法権の独立を害するものであると批判する[66]。

例外的に、権力分立制度のあり方について発言を続ける Ronald Rotunda が、Real 判事以降の不祥事に関して特別委員会が機能しなかった点を厳しく批判し、監察官制度が国民の信頼を維持するために有益なものとする[67]。Rotunda によれば、同様の監察官制度は連邦政府、議会下院においても用いられており、合衆国憲法がその司法部への適用を禁ずるものではないと主張しているのである。

たしかに、監察官制度を設けたとしても、問題行動を起こした裁判官に対する調査が司法権の中核を侵害するものとまでは見なせないかもしれない。ただし、監察官の調査権限の内容および対象と、任命過程への政治的影響力の存在が、司法権の独立に影響することも否定できない。このように現状では、1980年法の基本構造を変更するプランに対しては批判が強く、議会自体も1980年法の改正ではなく、その実施に関わる規則制定の方向を注視している状況にある。

次に、1980年法の情報開示問題である。1980年法は、被申立裁判官に対する巡回区司法協議会もしくは合衆国司法会議の命令が発せられた場合のみに、手続に関する情報開示を限定している。手続全体は非公開であり、苦情申立てが却下される多くの事件においては、その当該裁判官の氏名が開示される機会すらない。事実、Real 判事に対する苦情申立ては、控訴裁判所長官および司法協議会段階で審査が却下されていたため、長年にわたって裁判官名が非開示のままとなっていたのである。

この点につき、Breyer 委員会の勧告を受けて合衆国司法会議が制定した2008年規則23条(a)項では、特別の事情が認められる場合には結論を含めて情報が開示されることになった。1980年法手続の進行がマスメディアなどにより報道されている場合など、情報の秘匿がかえって当事者の利益を損なう場合に、秘匿が解除されることもありうるのである。Real 判事事件において活発に実名報道がなされる中、司法協議会のみが問題となった裁判官名の秘匿にこだわっていたことへの批判が念頭にあると考えられる。情報非開示原則についての立法意図が、根拠のない苦情申立てを受けた裁判官をいわれのない悪評から守ることにあるとすれば、例外的に情報を開示する運用が求められることも考慮のうちである。1980年法制度を維持すべきとの論者の多くが、アカウンタビリティ確保のために、規則レベルでの改革を求めるのはそのためであろう[68]。

第3節　2015年規則改正について

2014年7月23日、合衆国司法会議は1980年法を実施するための2008年規則の改正案を公表した[69]。その後、パブリックコメントを経て字句修正を施し、2015年9月17日、新たな2015年規則として制定された[70]。同規則により、連邦司法部による制度改革の方向性が示されていると考えられる。

まず、2015年法条文およびコメンタリー、2014年規則改正案の追加文書を概観すると、基本的には前回2008年の規則改正と同一方針であることが示唆されている。しかしながら、控訴裁判所長官による審査権限の強化、特別委員会へのシニア裁判官の参加、精神的あるいは身体的問題を理由とする場合の職務不能手続の整備、そして合衆国司法会議の審査権限の明確化が志向されているのもたしかである。全体としては、21世紀初めから続く厳しい批判を受けて、1980年法手続自体への信頼回復が重要課題となっていることが確認できる。

まず、1980年法制度への信頼回復に関わる事項として、2015年規則の定義規定である3条(h)項において「非行行為」(misconduct)を明確にしている。3条(h)項(1)(D)では、従来「訴訟当事者と弁護士」に対する理不尽な敵対的マナーを「非行行為」と定めていたものに、「その他の者」を対象として追加している。さらに新たに設けられた同条(h)項(1)(G)では、1980年法手続における苦情申立人、証人その他の関係者に関する事項も苦情申立て対象に含めた。同様に追加された同条(h)項(1)(H)では、1980年法の苦情申立人に対して正当な理由なく協力を拒否した場合も「非行行為」に含めている。このように、1980年法手続上における問題行動自体を「非行行為」と加えることで、同法手続制度の有効性を担保するとともに、同法制度に対する国民の信頼回復を志向する努力が見られる。

次に、控訴裁判所長官段階での審査権限の充実も重要である。2015年規則11条(a)項は、苦情申立状を受け取った控訴裁判所長官による最初の審査について、「関連資料の審査」から「関連資料の確保と審査」に変更しており、長官の職務を単なる申立状の確認作業ではなく、調査的内容とする方向を探っている。

また、控訴裁判所長官もしくは司法協議会が調査を決定した後に設置される特別委員会についても、調査権限の強化が図られようとしている。規則13条(a)項は、委員会活動について問題に関するエキスパートや専門家の利用を明文化して

いる。コメンタリーによると、ここでは裁判官の問題行動の原因として精神面、身体面での健康問題が認められる場合に、専門家のアドバイスを求めることが予定されている[71]。また、16条(b)項は、従来苦情申立人からの新たな情報提供は委員会が求めた場合にのみ認められていたが、申立人みずからの判断で情報を提供することを可能にしている。調査の実体化が図られていると見てよいであろう。

さらに、合衆国司法会議の司法協議会活動への監督機能も整備されている。2015年規則17条では、従来、司法協議会から司法会議へは「報告書」のみを送付すると定められていたものを、「その他の声明や文書」も送る旨求められる。また、20条(f)項は、司法会議の審査権限そのものを強化している。特に、21条(a)項は、2008年規則では具体化されていなかった司法会議の審査内容について、「法律上の誤り、事実認定の明確な誤り、および裁量濫用」を挙げており、Real判事事件型の失敗を繰り返さない意図を示す。

議会が設計した司法部内の自主的な裁判官規律制度は、まず、公の信頼が維持されている場合でなければ機能しない。司法権の独立への配慮が効いた1980年制度の基本構造が維持される中、2015年規則による強化を受けて、司法部みずからがアカウンタビリティの確保に向けて行動できるかが問われている。

小括

近時、議会は司法監督機能を強化する姿勢を示し、司法権の独立との間で深刻な問題を提起している。無論両部門の緊張関係は、アメリカ合衆国憲法の基本構造たる均衡抑制制度に織り込み済みであり、Marbury v. Madison, 5 U.S. 137 (1803) が確立した司法審査制度によって決定的なものとなっていた[72]。事実、第二次世界大戦後の人種隔離、選挙区割り、そして、妊娠中絶などをめぐる諸判決は、議会による最高裁判所批判の要因となった。もっとも、最高裁判所の保守化傾向に即して、21世紀の議会の関心は、下級審裁判所の一部で見られるリベラルな方向での積極的な司法審査権の行使に移行しつつある[73]。議会は、憲法上、裁判手続、量刑手続、司法管轄権、司法部の組織・員数、司法行政組織の整備、司法予算を含む幅広い立法権を保持しており、それらについて司法部へのチェック機能を果たすものと見なす。また上院は裁判官候補者の承認権を有し、さらに、裁判官の非行については、下院に弾劾訴追権、そして上院に弾劾裁判権が付与さ

れている。終身任期の裁判官を議会の判断で罷免できるのである。議会は、このような憲法上の権限に基づき、国民に直接責任を負わない司法部の活動を監視する義務を自負し、司法統制活動を活発化させているのである。

また、本章で示したように、21世紀初頭は連邦裁判官の不祥事が頻発した時期でもあった。同時期に2件の弾劾事件が議会下院に係属し、1名は上院の弾劾裁判において有罪罷免、もう1名は弾劾裁判開始直前に辞任した。マスメディアによって報道された事件の中には、弾劾には至らないものの1980年法手続によって処分が下され、辞職に追い込まれた事例もある。

2011年12月31日、厳しい状況を受けて、連邦最高裁判所長官Robertsは、年末レポートを公表し、司法倫理に関する諸問題についてみずからの見解を述べた[74]。その中でRoberts長官は、合衆国憲法上の存在である連邦最高裁判所と裁判所法によって設置される連邦下級裁判所を区別し、後者に属する下級裁判所裁判官の倫理問題について、議会が立法権限を用いて一定程度関与できることを確認した。このような認識に基づきRobertsは、下級裁判所の裁判官に対して司法倫理の遵守を呼び掛けるとともに、政治部門による過度の関与が司法権の独立への脅威となることへの警戒感も表明しているのである。

さて、高度の身分保障に応じた高い倫理性を求められる裁判官をめぐって、一般市民同様の性犯罪やドメスティック・バイオレンス、ポルノサイトの閲覧や過度の飲酒などの問題行動が顕著となってきている。連邦最高裁判所の職務に関するGallupの世論調査によると、2000年9月期には支持率62％、不支持率29％と連邦政府機関の中では比較的支持が高かったが、2012年9月期から支持、不支持が拮抗し始め、2015年にはついに支持率45％に対して初めて不支持率が50％に到達した[75]。国民の信頼のみに依存する機関としては、厳しい数字といえよう。

このような中、裁判官の問題行動の防止のために、1980年法を具体化する合衆国司法会議による規則が精神面、身体面を理由とする職務不能状態に関して新たな配慮を見せ、また、例えば第9巡回区控訴裁判所管区内ではカウンセラーを配置するなど実効性の高い対策を講じていることは評価できよう。不祥事を防止し、発覚時には司法権の独立を維持しつつ、アカウンタビリティの確保を希求する1980年法の重要性は増している。厳しい世論を背景として議会は、今後裁判官に対する規律権限の行使を躊躇しない可能性があり、この意味でも、新しい2015年規則の制定による1980年法制度の自律的運用のあり方が注目されるのも

当然であろう。

　2017年8月14日、合衆国司法会議の審査委員会は、オハイオ北地区連邦地裁のJohn Adams判事から提起されていた再審査請求に対して、訴訟担当の停止期間についてのみ再検討を認め、他の部分については棄却する判断を示した[76]。同判事については、職務上の失策に加えて、個人的トラブルが多数報告されていた。このため、第6巡回区司法協議会は、職務上の問題に関して公式の譴責（publicly reprimand）処分とするとともに、調査委員会指定のメンタルヘルスの専門家による面談評価を命じていた。司法会議委員会は、1980年法手続について、議会が裁判官活動に対する規律を司法部内での自律権に委ね、必要な権限を授けたものであることを繰り返し述べている[77]。これに対して、9月14日、Adams判事は、1980年法の文言が漠然不明確であり修正5条のデュー・プロセス条項に反すること、および、メンタルヘルスの専門家への面談強制が修正4条に反する違憲的捜索に該当することなどを理由として、当該処分の無効を求めた訴訟をコロンビア地区連邦地裁に提起している[78]。1980年法手続が合衆国司法会議に審査に関する排他的管轄権を付与しており、別途司法審査の対象とはならないとするのが従前の判例であるが[79]、裁判官の精神的問題の判定に関する手続的問題として司法審査対象となる可能性は残っており、2015年規則に関する判断が待たれるところである。

1)　アメリカにおける裁判官弾劾および懲戒を含む規律制度の展開については、土屋孝次『アメリカ連邦議会と裁判官規律制度の展開―司法権の独立とアカウンタビリティの均衡を目指して―』（有信堂高文社、2008年）を参照。
2)　http://sewell.house.gov/uploads/Fuller Impeachment Letter to Judiciary.pdf（last visited Sep. 16, 2017）結局Mark E. Fuller判事は2015年8月1日付で自主退職した。
3)　Lara A. Bazelon, Putting the Mice in Charge of the Cheese: Why Federal Judges Cannot Always Be Trusted to Police Themselves and What Congress Can Do About It, 97 Ky. L.J. 439, 445 (2008).
4)　1980年法について詳しくは、浅香吉幹『現代アメリカの司法』（東京大学出版会、1999年）136頁以下などを参照。
5)　Complains Against Judges-Judicial Business 2016, http://www.uscourts.gov/statistics-reports/complaints-against-judges-judicial-business-2016
6)　*In re* Canter, 299 F. 3d 1150 (9th Cir. 2002). Real判事の懲戒手続が進行する中、Canterは相手方と和解し、住居から退去している。なお、1980年法手続に際してはReal判事の氏名は匿名化されていたが、住居引渡訴訟において控訴裁判所が同判事を名指しで批判しているため、実質的には特定されていた。

7) 申立人Yagman弁護士は本件破産事件とは関わりがなかったが、Real判事の証言によれば、同判事とは過去20年間敵対関係にあるとされる。
8) *In re* Charge of Judicial Misconduct, No.03-89037 (9th. Cir. Jud. Council) (July 14, 2003) (Schroeder C.J.).
9) *See In re* Complaint of Judicial Misconduct, 425 F. 3d 1179, 1190 (9th. Cir. Jud. Council 2005) (Kozinski J., dissenting).
10) *In re* Opinion of the Judicial Conference Committee To Review Circuit Council Conduct & Disability Orders, 449 F. 3d 106, 117 (U.S. J. C. 2006). 5月31日、これまで特別委員会を設けることに消極的であったSchroeder長官は、差戻しを受けて方針を転換し、委員会に調査を指示した。
11) 第9巡回区司法協議会の調査対象は、最終的に89件の訴訟に拡大した。
12) Impeaching Manuel L. Real, a Judge of the United States District Court for the Central District of California, for High Crimes and Misdemeanors: Hearing on H.R. Res. 916 Before the Subcomm. on Courts, the Internet, and Intellectual Prop. of the H. Comm. on the Judiciary, 109th Cong. 2-4 (2006).
13) 土屋・前掲注（1）137頁以下を参照。
14) 現在でも当日の録画映像は視聴可能である。http://www.c-span.org/video/?194383-1/judge-manuel-real-impeachment-inquiry（last visited Sep. 16, 2017）
15) Arthur D. Hellman, Impeaching Manuel L. Real, *supra* note 12, at 52.
16) Judicial Conduct and Disability Act Study Committee, Implementation of the Judicial Conduct and Disability Act of 1980: A Report to the Chief Justice, 239 F.R.D. 116 (2006).
17) Report, *supra* note 16, at 189.
18) *In re* Complaint of Judicial Misconduct No.05-89097, 517 F. 3d 563 (U.S.J.C. 2008). なお，Real判事の訴訟指揮に関する苦情については、2007年3月21日、法的根拠を説明すべき際にそれを述べない問題点があると指摘し、個人的懲戒（譴責処分）に値すると結論した。Real判事による不服申立てを受けた合衆国司法会議は、2010年4月12日、申立却下の結論を下し、処分が確定した。*In re* Complaint of Judicial Misconduct, Nos.07-89000 and 07-89020, 640 F. 3d 354 (U.S.J.C. 2010).
19) http://www.denverpost.com/opinion/ci_10780028（last visited Sep. 16, 2017）
20) http://townhall.com/columnists/johnandrews/2008/04/05/impeach_judge_nottingham（last visited Sep. 16, 2017）
21) *In re* Nottingham, Complaint Nos. 2007-10-372-36, 2007-10-372-45, 10-08-90089, 10-08-90090, Order Dismissing Complaints at 5 (10th Cir. Oct. 30, 2008), available at http://howappealing.abovethelaw.com/EWN_final order.pdf（last visited Sep. 16, 2017）
22) その後、Kent判事は同地裁ヒューストン支部への異動を指示されている。
23) http://www.ca5.uscourts.gov/news/news/SK.Order.pdf（last visited Sep. 16, 2017）
24) 1月9日、司法協議会も同様に三つの容疑を調査対象としている。
25) Nathan Koppel, Federal Judge Pleads Guilty to Obstruction, Wall St. J., Feb. 24, 2009, at A2, *available at* http://online.wsj.com/article/SB123540590474748727.html（last visited Sep. 16, 2017）
26) 第1条項は賛成30反対0、第2条項は賛成28反対0、第3条項は賛成30反対0、第4条項は賛成28反対0であった。
27) 1989年に上院の弾劾裁判において罷免された元裁判官、Alcee Hastings下院議員（1992年当選）もKent判事の弾劾罷免に賛成票を投じていた。
28) S. RES. 202, 111th Cong. (June 24, 2009)
29) S. RES. 203, 111th Cong. (June 24, 2009)
30) Kent元判事は2011年4月11日に保釈されている。

31) Collins判事事件については、土屋・前掲注（1）50頁参照。
32) 憲法上の免責特権については、本書第2章を参照。
33) Lifemark Hospitals v. Liljeberg Enterprises, 2000 U.S. Dist. Lexis 17262 (E. D. La., Nov. 17, 2000).
34) http://www.ca5.uscourts.gov/news/news/GTP%20ORDER%20AND%20PUBLIC%20REPRIMAND.pdf（last visited Sep. 16, 2017）
35) Memorandum in Support of the U.S. House of Representatives Committee on the Judiciary for an Order Directing the Department of Justice to Disclose Certain Grand Jury Materials, In re: Grand Jury Investigation of United States District Judge G. Thomas Porteous, Jr., Misc. No.09-4346 (E.D. La. July 8, 2009) (Ex. 401).
36) Porteous v. Baron, et al, Case No.1: 09-cv-2131 (D.D.C. Nov. 16, 2009).
37) 上院の弾劾裁判における委員会制度の利用とその問題点については、土屋・前掲注（1）27頁以下を参照。
38) 証人は利益供与を認めたが、Porteous判事からの見返りはなかったと証言していた。
39) http://www.washingtonpost.com/wp-dyn/content/article/2005/07/15/AR2005071501706.html（last visited Sep. 16, 2017）
40) *In re*: Complaint of Judicial Misconduct: Proceeding in Review of the Order and Memorandum of The Judicial Council of the Ninth Circuit: J.C. Nos. 09-12-90026, 09-12-90032 (U.S. J.C. Jan. 17, 2014)., *available at* http://www.uscourts.gov/uscourts/RulesAndPolicies/conduct/ccd-13-01Order-final-01-17-14.pdf（last visited Sep. 16, 2017）
41) 28 U.S.C. §351 (d); *In re* Charge of Judicial Misconduct, 782 F. 2d 181 (9th Cir. Jud. Council 1986).
42) *In re*: Complaint, *supra* note 40, at 11.
43) 土屋・前掲注（1）14頁以下を参照。
44) アメリカ合衆国憲法が定める弾劾要件の歴史的検討として、佐藤立夫『弾劾制度の比較研究（下）』（原書房、1996年）973頁以下を参照。また、Clinton大統領弾劾事件およびPorteous判事弾劾事件を例とし、弾劾事由に関して綿密な憲法理論的考察を加えるものとして、柳瀬昇「アメリカ合衆国における弾劾されるべき罪の意義について」小谷順子＝新井誠＝山本龍彦＝葛西まゆこ＝大林啓吾編『現代アメリカの司法と憲法―理論的対話の試み―』（尚学社、2013年）所収を参照。
45) 土屋・前掲注（1）16頁以下を参照。
46) Clinton大統領弾劾事件では、同大統領の私生活上の不祥事および民事訴訟上は責任を認めたセクシャルハラスメント事件が弾劾訴追事由となっており、大統領の弾劾に関しては必ずしも刑事裁判における起訴を前提としていないと解される。
47) Hearing before the Task Force on Judicial Impeachment of the Committee on the Judiciary House of Representatives (Dec. 15, 2009): Consider Possible Impeachment of United States district Judge G. Thomas Porteous, Jr. (part IV), at 4.
48) Cheney v. United States District Court for the District of Columbia, 541 U.S. 913 (2004). 本件に関する邦語文献として、土屋孝次「最近の判例：訴訟当事者と休暇を過ごした最高裁判官に対する忌避申立てが却下された事例」アメリカ法〔2005 - 1〕127頁以下を参照。
49) Hearing, *supra* note 47, at 17-18.
50) *Id*. at 33.
51) http://howappealing.abovethelaw.com/JudgePorteousVsUSCongressComplaint.pdf（last visited Sep. 16, 2017）
52) Counselman v. Hitchcock, 142 U.S. 547 (1892).
53) Quinn v. United States, 349 U.S. 155 (1955).

54) Kastigar v. United States, 406 U.S. 441 (1972). 同判決については、本書第2章76頁以下を参照。
55) 本書第2章78頁以下を参照。
56) 土屋・前掲注（1）82頁参照。
57) このように見ると Real 判事事件は、ひとたび連邦地方裁判所の裁判官として任命されれば、終身制によって数十年にわたり勤務でき、管轄区内への一定の影響力を長期間維持できるなど、合衆国憲法が定める連邦裁判官の地位に基づく問題であることも事実である。
58) Jeffrey N. Barr & Thomas E. Willging, Decentralized Self-Regulation, Accountability, and Judicial Independence Under the Federal Judicial Misconduct and Disability Act of 1980, 142 U. Pa. L. Rev. 25, 29 (1993).
59) 1986年の Claiborne 判事弾劾事件では、制定直後の1980年法の利用はなかった。この理由につき、当時の第9巡回区控訴裁判所司法協議会が、同法手続を軽微な事件のみを取り扱うものと見なしていたことが挙げられる。土屋・前掲注（1）49頁参照。
60) http://judicial-discipline-reform.org/judicial_complaints/1993_Report_Removal.pdf (Aug. 2, 1993)
61) Judicial Conference Committee to review Council Conduct & Disability Orders, Illustrative Rules Governing Complaints of Judicial Misconduct and Disability (Administrative Office of U.S. Courts 2000).
62) Judicial Conduct and Disability Act Study Committee, Implementation of the Judicial Conduct and Disability Act of 1980: A Report to the Chief Justice, 239 F.R.D. 116 (2006). Breyer 委員会報告について詳しくは、土屋・前掲注（1）60頁以下参照。
63) 問題を指摘された第9巡回区司法協議会自体は、Real 判事事件において協議会の姿勢を批判した Kozinski 判事の控訴裁長官就任と同時に調査委員会の利用を積極化している。皮肉なことに Kozinski 長官自身がポルノサイトの閲覧に関する問題が生じた際に調査対象となっている。土屋・前掲注（1）80頁参照。
64) Sandra Day O'Connor, The Threat to Judicial Independence, Wall St. J., Sept. 27, 2006, at A18.
65) Tony Mauro, Justices Fight Back, U.S.A. Today, June 20, 2006, at A13, available at http://blogs.usatoday.com/oped/2006/06/justices_fight_.html（last visited Sep. 16, 2017）
66) See e.g., Bazelon, supra note 3; Donald E. Campbell, Should the Rooster Guard the Henhouse: Evaluating the Judicial Conduct and Disability Act of 1980, 28 Miss. C. L. Rev. 381 (2009); Eric Robbins, Current Development 2009-2010: In re Nottingham, the Model Code of Judicial Conduct, and the Judicial Conduct and Disability Act of 1980, 23 Geo. J. Legal Ethics 783, 794 (2010).
67) Ronald D. Rotunda, Judicial Transparency, Judicial Ethics, and a Judicial Solution: An Inspector General for the Courts, 41 Loy. U. Chi. L. J. 301 (2010).
68) See e.g., Arthur D. Hellman, Statement: The Federal Judicial Conduct and Disability System: Unfinished Business for Congress and for the Judiciary: Hearing Before the House Committee on the Judiciary Subcommittee on Courts, Intellectual Property, and the Internet (April 25, 2013).
69) Rules for Judicial-Conduct and Judicial-Disability Proceedings: Redlined Draft Reflecting Proposed Amendments (July 23, 2014). http://www.uscourts.gov/uscourts/rules/jcdrules_amendments_redlined.pdf（last visited Sep. 16, 2017）
70) Rules for Judicial-Conduct and Judicial-Disability Proceedings (Sep. 17, 2015). http://www.uscourts.gov/sites/default/files/guide-vol02e-ch03.pdf（last visited Sep. 16, 2017）
71) Rules, supra note 70, at 21.
72) Todd David Peterson, Congressional Investigations of Federal Judges, 90 Iowa L. Rev. 1(2004).
73) Neal Devins, Essay: Should the Supreme Court Fear Congress?, 90 Minn. L. Rev. 1337, 1348-49 (2006).
74) http://www.supremecourt.gov/publicinfo/year-end/2011year-endreport.pdf（last visited Sep.

16, 2017）もっとも、Roberts長官は、特に最高裁判所判事に関する忌避制度を念頭に、その憲法上の地位および、代替裁判官が存在しないなどの特殊性を根拠として、議会による実体的、手続的関与を拒否している。
75) http://news.gallup.com/poll/4732/supreme-court.aspx（last visited Sep. 16, 2017）
76) *In re*: Complaint of Judicial Misconduct, Proceedings in Review of the Order and Memorandum of the Judicial Council of the Sixth Circuit, J. C. No.06-13-90009 (Aug. 14. 2017, U.S.J.C.).
77) *In re*: Complaint of Judicial Misconduct, *supra* note 76, at 26-27.
78) Adams v. The Judicial Council of the Sixth Circuit, Case 1: 17-cv-01894 (D.D.C. 2017).
79) *See e.g., In re* petition to Inspect and Copy Grand Jury Materials, 735 F. 2d 1261 (11th Cir.1984). 土屋・前掲注（1）74頁を参照。

第5章　課税権の遡及禁止原則に基づく限界

問題の所在

　Alexander Hamiltonが『フェデラリスト』において示すように、課税権は新しい国家にとって最も重要な権限として位置付けられた[1]。本国議会がアメリカ植民地へ課した過酷な税負担が独立戦争のきっかけとなった歴史からは、国民代表者により構成された連邦議会に課税権が付与されたことも当然と見なせよう。この結果、合衆国憲法1条8節1項は、「議会は、合衆国の債務を支払い、共同の防衛および一般の福祉のために支出する目的で、税、関税、賦課金および消費税を課し徴収する権限を有する」と規定したのである。もっとも、議会の課税権も無制限ではなく、課税権条項、他の議会権限に関する条項、および、権利章典の各条項による制約を受ける。中でも修正5条のデュー・プロセス条項は、納税者の諸利益を保護することで、課税権を制限する重要な根拠となると考えられる。

　しかしながら、裁判所は課税権に対する憲法的異議について常に政府側の主張を肯定する判断を示してきていた[2]。特に憲法的異議が提起される可能性の高い遡及課税立法に関しては、最高裁がUnited States v. Carlton, 512 U.S. 26 (1994)において、議会の立法目的を重視する新たな審査基準を示して、修正5条に基づく納税者の訴えを退けたのが決定的事象であった。このような判例の傾向により、課税立法に対する「合憲性の推定」が確立しているとの評価すら下されているのである[3]。

　議会の課税権に対する制約となりうる憲法条文は、理論上は、多く存在する。しかし、課税権に対する裁判所の敬譲的傾向により、納税者が提起する憲法訴訟のほとんどが不成功に終わる現実がある[4]。このような状況についてある論者は、「税金に関する憲法と他の事項の憲法」の2種類の憲法が存するとまで評するのである。本章では、議会が大統領、行政部の支持を受け、裁判所の判断にも裏付

けされて行使する課税権限の拡大状況について、憲法的問題として再検討することにする。

　まず、課税権の現代的意義を確認し、遡及課税立法の合憲性に関する判例を検討する。議会による遡及課税の歴史は古いが、初期の判例は、実体的デュー・プロセス理論により、遡及課税立法について納税者の予見可能性を侵害するものとして違憲判決を下していた。しかし、1930年代以降、最高裁は、遡及適用が苛酷、圧迫的かどうかを審査する新たな基準を示し、それに基づいた合憲判断を行うようになった。ただし、この審査基準は、課税をめぐる諸条件をどのように評価するかにより結論が異なる可能性があり、事実、その後の控訴裁レベルの諸判決において違憲合憲の結論が分かれた。

　次に、最高裁が1994年に下したCarlton事件判決を検討する。Carlton判決は、遡及課税事件に経済立法に関する緩やかな審査基準と同等の基準を採用し、立法目的が恣意的、不合理なものでなければ遡及課税を合憲であると判示した。以後20年以上にわたってCarlton判決は先例としての地位を維持しており、課税権の拡大的行使により確実な財源手段が確保された反面、納税者の諸権利、利益が侵害されるおそれが指摘されているのである。

　最後に、本章は、課税権の限界としてのデュー・プロセス条項の意義を再検討する。そして、遡及課税事件においては、政府利益と納税者利益が明確な条件のもとで比較衡量されるべきであると主張する。また、Carlton判決以後の下級審判決によって示された遡及課税の具体的限界を明示する。以上の検討を通して、本章は議会の課税権の限界を示す。

1　遡及課税に関する判例の展開

第1節　連邦議会の課税権と遡及禁止の原則

(1)　課税権の憲法的制限

　議会の課税権は、合衆国政府の歳入確保と効果的な機能行使に不可欠な権限である[5]。憲法制定会議は、このような課税権規定の制定にあたり、慎重な審議を

行っていた[6]。憲法起草者は、イギリス政府が植民地に賦課した印紙税が独立戦争のきっかけであった事実をよく記憶しており[7]、また、その後連合に直接税金を賦課する権限が認められなかったために生じた財政上、通商上の諸問題を十分に認識していた[8]。憲法起草者は、中央政府の財政基盤を強固にするとともに、統一的な関税政策を採用してアメリカ経済の一体化を促進する意図をもって課税権規定を制定したのである。

そこで、憲法起草者は、1条8節1項で議会に課税権を付与し、その権限行使に関して明文で二つの制限と一つの禁止を定めた[9]。まず、関税、賦課金および所得税は、合衆国を通じて均一でなければならない（1条8節1項）。また、人頭税、直接税に関しては、国勢調査もしくは他の人口算定に基づいて各州の人口に比例して賦課しなければならない（1条9節4項）[10]。さらに、憲法は、議会が州から輸出された物品に対して関税を賦課することを禁じている（1条9節5項）[11]。要するに、1788年に成立したオリジナルの憲法は、新しい連邦制度における州の立場、諸利益に配慮して、課税権の制限規定を設けていたことになる[12]。

このように、憲法制定時の妥協により連邦主義に基づく幾つかの制限規定が設けられたものの、議会が課税権を持った意義は大きかった。特に、南北戦争後、連邦政府の活動範囲が拡大するようになると、議会は、それに見合った財源を確保するために、事実上無制約の課税権を行使するようになったのである[13]。このような状況において、19世紀末期、議会は遡及的に課税する立法を制定し始め、新たな憲法問題を提起することになる。

(2) 事後法禁止条項と租税法の遡及適用

ところで、憲法は、1条9節3項において立法権の一般的制限として事後法（Ex Post Facto）の禁止を定めている。事後法禁止条項は、対象となる法律の種類について限定しておらず、表面的には、租税法の遡及適用も禁じているように見える。事実、憲法起草者は、同条項が刑事罰規定に限定されるのか、それとも、租税法を含む他の種類の法律に関する事後法も禁ずるものなのかについて明確にしていなかった[14]。例えば、同条項の提案者である Elbridge Gerry は、刑事法の事後法禁止以外に民事事後法も明文をもって禁止すべきであるとしていた[15]。また、John Dickinson は、William Blackstone のコンメンタリーを引用して事後法を刑事法に限定した解釈を示していた[16]。さらに、Hamilton も、『フェデラリ

スト』において、同条項の存在意義を刑事罰の遡及禁止に見出している[17]。しかし、George Mason のように、事後法禁止条項が民事法に適用されるおそれがあるために削除すべきであると主張する者も存在したのである[18]。このため、現在においても、憲法起草者が事後法禁止を刑事法に限定していたかどうか疑問であるとする主張が見られる[19]。

しかし、最高裁は、Calder v. Bull, 3 U.S. (3 DaLL.) 386 (1798) において、事後法禁止条項を刑事罰の不遡及原則を意味するものであると断定した[20]。Chase 判事による法廷意見は、憲法起草者がイギリスにおける私権剥奪法、個人処罰法の遡及事例を熟知していたことを指摘し、同条項が刑事裁判と同等の危険を回避するために制定されたものと結論したのである。この結果、議会は、刑事法以外の民事法（civil law）分野において幅広く遡及立法を制定できることになった[21]。各裁判所は、租税法分野においても、Calder 判決の先例としての地位を認めた[22]。判例上、「遡及立法禁止」原則なるものは、刑事法分野に限定されるものであり、租税法分野において認められない。そこで、遡及適用により不利益を受けた納税者は、デュー・プロセス条項に基づく保障を訴えることになったのである[23]。

第2節　遡及課税に関する判例の展開

(1)　初期の判例

最高裁は、租税法分野において遡及立法の禁止を憲法上の原則としては認めていない。この点を明確にしたのは、Stockdale v. The Insurance Companies, 87 U.S. 323 (1873) である。同事件では、企業の配当金に対する税法の遡及適用規定が争われた。Miller 判事による全員一致の法廷意見は、議会は会期年中の租税法を制定し、当該年度初頭に遡って課税を強制する権利を有するとして当該税法を支持した[24]。

Stockdale 判決の法廷意見は簡単なものであり、結論に至る論理的説明が明確でなく、また、過去の最高裁判決を参照していない点などを批判できる[25]。さらに、本件判決が実体的デュー・プロセス理論の確立以前のものであるために、デュー・プロセス条項との関連で遡及適用がどのように判断されるかについても明らかにされていない。

しかし、実際には、Stockdale 判決は、その後50年間にわたり、租税法の遡及

適用事件の先例としての地位を築くことになる。例えば、Brushaber v. Union Pacific Railroad Co., 240 U.S. 1 (1916) は、Stockdale 判決に依拠し、修正16条制定後の所得税遡及規定がデュー・プロセス条項に反しないと結論している[26]。White 長官による法廷意見は、憲法は一方で課税権を付与しながら、他方でその権限をデュー・プロセス条項による制限で奪うような自己矛盾に陥ってはいないとし、修正5条が憲法1条に基づく課税権を制限するものではないと判断した[27]。このように最高裁は、Lochner v. New York, 198 U.S. 45 (1905) において、実体的デュー・プロセス理論により経済的自由の積極的保護方針を打ち出した以後も、租税法の遡及適用を同条項に照らして合憲であると簡単に判断していたのである。これら諸判決により、議会は、会期年度初頭に遡る所得税法の制定を慣行化することができたのである[28]。

(2) 1920年代の違憲判決

ところが1920年代になると、最高裁は、新たに創設された連邦遺産税および連邦贈与税をめぐって、遡及適用をデュー・プロセス条項に反するとの判断を示すことになる。まず、Nichols v. Coolidge, 274 U.S. 531 (1927) では、連邦初の遺産税法の遡及適用が違憲であると判断された。1918年歳入法は、生前に移転された財産であっても、死亡時に故人が所持していたと同じ効果を持つ場合には、遺産税の課税対象となるとしていた[29]。さらに、同法は、法制定前に移転された財産も対象としていた[30]。本件事例では、1921年に死亡した者の1917年の移転財産が1918年法上の「遺産」と判断されていた。McReynolds 判事は、課税を行うための議会の正当目的のみでは、遡及法の正当化に不十分であるとし[31]、このような遡及を修正5条に反する「没収に相当するほど恣意的で気紛れなもの」であると判断した[32]。

続く、Blodgett v. Holden, 275 U.S. 142 (1927) では、連邦初の贈与税を定めた1924年歳入法の遡及適用が争われた。1924年法は、6月2日に制定されたが、同年1月1日まで遡及適用されることが規定されていた。そこで、McReynolds 判事は、問題となった贈与がなされた段階では法案が議会に提出されておらず[33]、市民がその贈与のために多額の税負担を負うのは不合理であるとし、同法規定をデュー・プロセス条項に反する恣意的なものであると結論した[34]。法廷意見は、1924年法を完全な新法と断定し、その場合の遡及適用を否定した点

で注目される[35]。ただし、Holmes判事による結果同意意見（Brandeis、Sanford、Stone各判事同調）は、当該法律が遡及効果を持つものではないと解釈して本件に関する憲法問題を回避しており、保守派主導の法廷意見との微妙な違いを示していた[36]。

最高裁が最後に租税法の遡及適用を違憲としたのは、Untermyer v. Anderson, 276 U.S. 440 (1928) である。本件では、Blodgett判決と同じ贈与税法の遡及規定が争われていた。ただし、問題となった贈与は、法案成立の10日前になされていた[37]。このため、政府側は、Blodgett事件と異なり、本件では納税者が新規定に関する推定上の告知を受けており、予見可能性が存在したと主張していた。しかし、McReynolds判事は、立法者の意図は最終的な法制定まで明確ではないとし、それ以前に完了していた善意の贈与に適用される限りにおいて、当該規定は恣意的なものでありデュー・プロセス条項に反すると判断した[38]。これに対して、Holmes判事らの反対意見は、議会の課税権を尊重する姿勢を示しており、法廷意見との対立を明確にした[39]。

以上のように、1920年代後半に下された三つの最高裁判決は、租税法の遡及適用がデュー・プロセス条項に反すると判断される場合のあることを示した。それは、課税による財産権侵害を問題視する保守派判事の主張が最高裁で多数を占めた結果であるといえる[40]。しかし、時代はまさに、最高裁が実体的デュー・プロセス事件に関する態度を大きく変更する段階に差し掛かっていた。以後、最高裁は、三つの違憲判決の判断を個々の事例に限定して捉えることで、その先例性を事実上否定していくことになる。

(3) 「苛酷、圧迫」テストの確立

1930年代に入ると、最高裁は、再び租税法の遡及適用を認容する姿勢を示すようになる[41]。まず、最高裁は、Cooper v. United States, 280 U.S. 409 (1930) およびMilliken v. United States, 283 U.S. 15 (1931) において、租税法の遡及適用を認容し、1920年代の違憲判決の先例性を一定の条件で制限した。Cooper判決では、1921年歳入法の所得税規定の遡及適用が認められている。McReynolds判事は、遺産税、贈与税に関わるNichols、BlodgettおよびUntermyerの各違憲判決は、「年内に完了した行為からの収益を課税可能所得に含むべきことを求める議会権限について何ら考慮していない」として、所得税事件の特殊性を強調し

た[42]。

　次に Milliken 判決では、Nichols 判決で問題となった1918年贈与税法の他の遡及規定の合憲性が争われた。1918年法の402条(c)項は、一定期間内に亡くなった者の贈与を「死を予期したもの」(in contemplation of death) として遡及的に課税することを定めていた。本件では、1916年に贈与を行った者が1920年に亡くなったために、当該贈与を1918年法に基づき「死を予期したもの」と判断され、贈与時よりも高い税率で課税された。Stone 判事による法廷意見は、租税の平等を保障し、租税回避を防ぐ目的のために、「死を予期したもの」として贈与を遺産総額に含むことが課税対象の許される区分であるとした[43]。そして、そのような租税政策が故人に対する告知を与えることになると判断した[44]。

　1930年代において最重要の判決が Welch v. Henry, 305 U.S. 134 (1938) である。同事件において最高裁は、租税法の遡及適用の合憲性審査に用いる「苛酷、圧迫」(harsh and oppressive) テストを示し、確立させたのである。

　ウィスコンシン州議会が1935年に制定した租税法は、1933年の所得に対する遡及適用を定めていた[45]。このため、納税者が同法の修正14条違反を主張して訴訟を提起した。最高裁の Stone 判事は、まず、租税についての一般的定義を行う。すなわち、租税とは、納税者に課されるペナルティでもなければ契約によって引き受ける損害賠償でもない。それは、政府のコストを納税者間に配分するための一つの方法に過ぎないのである[46]。このような納税責任から市民が逃れられないとすれば、遡及課税は必ずしもデュー・プロセス条項に反するものとはいえない[47]。そこで、Stone 判事は、租税の遡及適用の合憲性審査に関して「苛酷、圧迫」テストを示す。すなわち、遡及適用が憲法上の限界を越すほどに苛酷で圧迫的であったと述べるに際しては、税の性質、制定の状況を考慮すべきである[48]。そして、本件では、納税者が旧法規定に依拠しておらず、また、仮に当該修正を知っていたとしても行動を変更しなかったと考えられる[49]。さらに、既存の所得税法の改正は、納税者に衝撃を与える新税とは異なる[50]。最後に、Stone 判事は、立法義務に合致するように租税を調整する政府利益も強調して[51]、州法規定に対する修正14条違反の主張を退けたのである。

　なお、本件判決には Roberts 判事による反対意見が加えられている。Roberts 判事は、当該州法が意図的かつ恣意的な差別を示しており、平等保護に反すると結論している[52]。この反対意見には、Nichols 判決、Blodgett 判決、Untermyer

判決で法廷意見を書いた McReynolds 判事とそれを支持していた Butler 判事が同調している。

さて、Welch 判決は、実体的デュー・プロセスに関して最高裁が方針を変更したいわゆる「憲法革命」後の判決である。ただし、最高裁は、デュー・プロセスに基づき違憲判断を下した Nichols 判決などを明示的に変更してはいない。最高裁は、問題となった課税法の性質および状況を具体的に検討したうえで、憲法違反を構成するほどに苛酷で圧迫的なものではなかったと結論しているのである。このように、Welch 判決は、合理的根拠テストを用いて議会の判断を最大限に尊重した同時期の経済規制立法に関する諸判決とは異なるものであったといえる[53]。

その後最高裁は、40年以上にわたって租税法の遡及適用問題に直接関与しなかった。その間、下級審は、ほとんどが Welch 判決の示す「苛酷、圧迫」テストに従って憲法問題を審査した[54]。しかし、Welch 判決の文言自体曖昧なものであり、その後の諸判決は遡及適用が苛酷で圧迫的かどうかを判断する際に、それぞれ異なる状況を特別に強調する傾向が見られた[55]。

最高裁は、United States v. Darusmont, 449 U.S. 292 (1981) において Welch 判決の「苛酷、圧迫」テストの明確化を試みた。Darusmont 判決では、ミニマム課税の最低ライン規定を10か月間遡って適用した1976年連邦税制改革法の合憲性が争われた。被上訴人 Darusmont 夫妻は、1976年7月15日にミニマム課税の適用を除外される3万ドル以下の価額で不動産を売却した。しかし、議会は、同年10月4日に所得税法を改正し、課税最低ラインを1万ドルに変更、同年1月1日に遡って適用することを規定した[56]。このため、被上訴人は2,280ドルの所得税を支払うとともに、当該改正を知っていれば不動産の売却を行わなかったと主張し、同法が修正5条に反するとして提訴した。カリフォルニア東地区連邦地裁は、同法の遡及適用が恣意的かつ圧迫的であるとしてデュー・プロセス条項に反すると判断した[57]。

全員一致の法廷意見（percuriam）は、まず、被上訴人が旧法規定を知っていたわけでも依拠していたわけでもなかったと認定した[58]。さらに、議会がこの種の遡及効果を持つ法律を制定してきていた事実を指摘する[59]。そこで、法廷意見は、租税法の遡及適用事件では、Welch 判決の「苛酷、圧迫」テストが適用されることをあらためて確認する。その審査においては、第1に、法修正により納

税者が行動を変更するかどうか、第2に、告知が適切に行われたかどうか、第3に、遡及適用規定が新税かどうか、以上の3点が問われることになる[60]。そして、贈与税の事例と異なり、本件のような所得税法事件では納税者が行動を変更するかどうかは結果に影響しない[61]。次に、当該法律について1年以上にわたって議会内外で激しく議論されてきており納税者への告知は十分なされていた[62]。最後に、同種の法律が1969年より存在しているために、当該法は新法ではないと判断されたのである[63]。Darusmont判決において、最高裁は、遡及課税のデュー・プロセス審査に関してWelch判決の「苛酷、圧迫」テストを維持していること、および、結論を導く際には、議会に対する敬意が反映されることも示したといえよう[64]。

(4) 経済立法の遡及適用事件との関連

最高裁は、租税立法の遡及適用事件と異なり、経済政策立法一般の遡及適用においては「恣意的、不合理」(arbitrary and unreasonable) テストを採用してきていた。同テストは、経済立法に対する合理的根拠テストの一種であり、正当な立法目的が存在する場合に合憲と認めるもので、「苛酷、圧迫」テストよりも緩やかな審査基準と見なされていた[65]。ところが、Darusmont判決以後の事件において、最高裁は、「恣意的、不合理」テストが「苛酷、圧迫」テストと同じものであるとの解釈を示し、租税法の遡及適用規定をめぐる憲法問題に新たな論点を提供したのである。

まず、Usery v. Turner Elkhorn Mining Co., 428 U.S. 1 (1976) は、Darusmont判決以前に、経済政策立法の遡及事件で「恣意的、不合理」テストが用いられた事例である。Usery判決では、退職した疾病労働者への保障を鉱山業者に強制する遡及法がデュー・プロセス条項に反しないと判断された。Marshall判事による法廷意見は、まず、経済生活の責任と利益を調整する目的の法律の合憲性を最高裁判例が推定してきたと述べる。つまり、経済政策立法が問題となっている事件においては、原告は立法者が恣意的かつ不合理な方法で活動していたことを証明しなければならない[66]。また、この分野において、諸権利と責任を遡及的に再調整する立法は、確固たる期待を覆したとの理由のみで不法と判断されるものではない[67]。無論、法律の遡及適用はデュー・プロセスの要請に合致しなければならないが[68]、本件は、労働者の不能力のコストを分散する「合理的方法」

として正当化される[69]。このように述べて、Marshall判事は、当該法律制定前に退職した者に対する保障を遡及的に強制することがデュー・プロセスに反しないと結論するのである。

さて、Usery判決で最高裁が用いた「恣意的、不合理」テストは、一般的な将来効を持つ経済政策立法の合憲性を審査する際に用いられるものと同種である。将来効法律と遡及効法律が同一のテストによって審査されることについては疑問が残るが、少なくとも、Usery判決までは、経済政策立法に関するテストが租税法の遡及適用に関する「苛酷、圧迫」テストとは異なったものであるとの認識が一般的なものであった。

ところが、最高裁は、Pension Benefit Guaranty Corp. v. R. A. Gray & Co., 467 U.S. 717 (1984) において、「恣意的、不合理」テストがWelch判決の「苛酷、圧迫」テストと同様のものであるとの新たな解釈を示すのである。同事件では、労働者退職所得保障法の遡及規定の合憲性が争われた[70]。Brennan判事による全員一致の法廷意見は、Usery判決が示した経済立法に対する合憲性推定法理を繰り返し[71]、そのうえで、法律の遡及適用が合理的な手段によって促進された正当な立法目的により支持されている場合には、そのような立法の賢明さに対する判断は立法部および行政部の排他的範囲内に残ることになるとする[72]。そこで、当該法律には、十分な資金が蓄積される前に年金制度が終了する場合に、受益者が期待する退職、定年の利益が奪われないように保障する立法目的が認められる[73]。これに対して、被上訴人は、本件において遡及修正法に関する告知が十分ではないとするが、当該法制定時の議会における議論が十分な告知を与えている[74]。さらに、Brennanは、より厳格な審査を求める被上訴人の主張に対して、「遡及民事法が特別に苛酷で圧迫的な場合にはデュー・プロセスに反すると最高裁は述べているが、その基準は、恣意的で不合理な立法の禁止と何ら異なるものではない」とするのである[75]。そこで、Gray判決の法廷意見は、当該法の5か月間の遡及適用は合理的な立法目的に支持されており、デュー・プロセス条項に反しないと結論した[76]。

このように、最高裁は、正当な立法目的の存在に焦点を集める「恣意的、不合理」テストが「苛酷、圧迫」テスト同様のものであるとの解釈を示した。しかし、最高裁は、両テストの同一性を、両者の比較検討抜きで簡単に論じており、具体的な審査において両テストがどのように互換性を持って用いられるのかについて

明確にしていなかった。事実、最高裁は、1976年税制改革法の遡及適用に関するUnited States v. Hemme, 476 U.S. 558 (1986) において、Usery、Gray両判決には全く触れずに、Welch判決の「苛酷、圧迫」テストを繰り返したのである[77]。

1977年1月1日から効力を持つ1976年税制改革法は、新しく統一的税額控除を採用するにあたり、経過措置として、前年9月8日以降になされた贈与に関して旧法の控除額から一律20％、もしくは6,000ドルをカットすることを定めていた[78]。訴外Charles Hirschiは、1976年9月28日に45,000ドルの贈与を行い、2年後に亡くなった。Hirschiの遺産受託者である被上訴人は、死去前3年以内に行われた贈与を「死を見越したもの」として遺産総額に算入する規定[79]および統一的税額控除規定[80]を利用し、34,000ドルの控除を行った。これに対して、内国歳入庁は、問題の経過措置規定を用いて、控除を6,000ドル減額する決定を下した。そこで、被上訴人は、1976年法を遡及的に適用することがデュー・プロセスに反するとして訴訟を提起した。イリノイ南地区連邦地裁は、Untermyer判決に依拠して当該規定が恣意的かつ気紛れなものであるとし、デュー・プロセス条項に反すると判断した。

最高裁は、Marshall判事による全員一致の法廷意見において、連邦初の贈与税が争われたUntermyer判決の先例性が、旧法の修正に関わる本件事例において制限された価値しか持たないとした[81]。そこで、Marshallは、Welch判決の「苛酷、圧迫」テストを採用し、1976年法の性質および制定された状況を検討する[82]。そして、故人Hirschiが贈与を行った際に、統一的税額控除の創設を期待していなかったこと、また、当該納税額が旧法規定と比較すると655ドル程度しか増加しておらず、1976年法の遡及適用は圧迫的効果を与えていないと結論した[83]。

このように、Hemme事件における最高裁は、租税法の遡及適用事件に関してWelch判決の「苛酷、圧迫」テストを維持する姿勢を再確認した。しかし、1990年代に入ると、控訴裁レベルにおいて遡及適用事件の合憲性審査基準をめぐる混乱が生じた。まず、第9巡回区控訴裁が、1986年包括的予算再建法の重加算税遡及規定に関して、Gray判決に依拠した「恣意的、不合理」テストによる合憲判決を下した[84]。その直後、遺産税法の遡及規定事件に関して、第9巡回区連邦控訴裁が「苛酷、圧迫」テストに依拠して納税者の信頼と告知に重点を置くテストを用いた違憲判決[85]、第5巡回区連邦控訴裁が「恣意的、不合理」テストによ

る合憲判決を下したことで[86]、控訴裁レベルでの混乱が明確となった。そこで、最高裁は、Carlton事件判決において、税法における遡及適用事件の合憲性審査基準を再度明確化する必要に迫られたのである。

2 United States v. Carlton, 512 U.S. 26 (1994)

第1節 事実の概要

遺産税法の遡及適用をめぐる本件事例の概要は次の通りである。議会は、1986年租税改革法において内国歳入法典の大幅な改定を行った。同法は、1986年10月22日の施行日以後に納税申告書を提出するすべての遺産に適用される新しい遺産税規定2057条を含んでいた。同条は、遺産執行者による株式売却が従業員持株会（employee stock ownership plan）に対して行われた場合、売却価額の半分の控除を認めていた[87]。

Jerry Carltonは、1985年9月29日に死去したWillametta K. Dayの遺言執行者である。Carltonは、Dayの遺産に関する納税申告書の提出手続を1986年12月29日まで6か月間延長することを認められていた。そこで、Carltonは、2057条の控除を利用するために、1986年12月10日にMCIコミュニケーション社株、150万株を1,120万6,000ドルで購入し、2日後に1,057万5,000ドルで同社従業員持株会に売却した。差し引きの売却損は63万1,000ドルにのぼったが、Carltonは、2057条に基づき遺産総額より528万7,000ドルを控除し、納税額を250万1,161ドルにまで引き下げることができたのである。

ところが、1987年1月5日、内国歳入庁は、2057条の控除適用対象を故人の直接保有する株式証券に限定する修正が行われる旨の告知を行った[88]。この修正法案は、同年2月26日に、上下両院に提出された。下院歳入委員会のRostenkowski委員長は、当該修正の目的について、2057条が控除対象を限定していなかったために、歳入損が当初見積りの3億ドルから20倍以上の70億ドルにも及ぶことが明らかになったためである、と説明している[89]。また、上院財政委員会のBentsen委員長も、議会は株式を証券市場において購入し、その後従業員持

株会に再売却するだけで控除を主張できることになると意図しておらず、当該修正がなければこのような「ごまかし行為」による控除を認める結果になると述べている[90]。

さて、1987年12月22日に成立した修正法は、問題の控除について「故人が直接に保有していた株式証券をその死の直前に従業員持株会に売却した場合」との要件が付加され、しかも、効力発生日を前年のオリジナル規定制定日に遡ることを定めていた[91]。そこで、内国歳入庁は、1987年法に従い、故人DayがMCI社株を死の直前に保有していなかったことを指摘し、Carltonに対して不足額の250万1,161ドルの納付を行うよう命じた。Carltonは、不足額プラス利息を支払い、同時に、当該修正法の遡及適用が修正5条のデュー・プロセス条項に反しているとして、同額の還付を求める訴訟を連邦地裁に提起したのである。

カリフォルニア中地区連邦地裁のStotler判事は、合衆国政府側のSummary Judgementの申立てを受理した。この中で、同判事は、1987年修正法が2057条規定の控除を遡及的に制限したことは、同修正が完全に新しい法を意味していないために、デュー・プロセスに反しないと結論した[92]。

これに対して、第9巡回区連邦控訴裁は、当該修正法の遡及適用が過度に苛酷で圧迫的であるとして、違憲であると結論した。法廷意見を書いたO'Scannlain判事は、まず、過去半世紀にわたって最高裁は租税法がデュー・プロセス条項に一致しているかどうかを判断する際に一貫して唯一の基準である「苛酷、圧迫」テストを採用していたと指摘する[93]。さらに、過去の判例が「苛酷、圧迫」テストの審査に際して二つの検討要素を示しているとして、第1に、当該法律が遡及的に修正されるとの実際上もしくは推定上の告知を納税者が受けていたかどうか、第2に、納税者が旧法を信頼して不利益を被り、また、そのような信頼が合理的なものかどうかを挙げる[94]。そこでO'Scannlain判事は、本件事例を検討し、旧法の制定時における議論が十分な告知を構成しているとの政府側の主張を退けた[95]。また、Carltonが旧法に依拠して活動した点には問題がなく、彼の行動は旧法の明確な文言に依拠した合理的なものであったとし、本件遡及適用がデュー・プロセス条項に反する苛酷で圧迫的なものと結論した[96]。ただし、控訴裁判決には、Norris判事による反対意見がついている。同反対意見は、法廷意見が依拠した二つの要因テストを、デュー・プロセスの考慮に際して求められるものではないと批判している[97]。本件控訴裁判決を受けて政府側は、連邦最高裁

への上告を行った。

第2節　最高裁法廷意見

　最高裁は、全員一致で控訴裁判決を破棄し、1987年修正法の遡及適用はデュー・プロセス条項に反しないと判断した。法廷意見はBlackmun判事によるものであり、O'Connor判事とScalia判事がそれぞれ結果同意意見を書いている。

　Blackmun判事による法廷意見（Rehnquist長官、Stevens、Kennedy、Souter、Ginsburg各判事が同調）は、まず、租税法の遡及規定についての審査基準を明確にする。最高裁は、これまで遡及税法をデュー・プロセスに反しないと判断する際に、遡及適用が憲法上の限界を超えるほど苛酷で圧迫的なものであったかどうかに依拠していた。しかしながら、「苛酷、圧迫」テストは、Gray判決が述べるように、「恣意的、不合理」な立法の一般的禁止と何ら異なるものではない[98]。つまり、Blackmunは、租税法の遡及規定に適用されるべきデュー・プロセス基準は、経済立法に対して適用されるものと同一であったと述べるのである[99]。

　それでは、遡及経済立法において用いられている審査基準の内容はどのようなものであろうか。Blackmun判事は、GrayおよびUsery両判決を引用して説明する。すなわち、最高裁は、遡及適用が合理的手段によって促進される正当な立法目的により支持されている場合に、立法の妥当性についての判断は、議会および行政部に排他的に委ねられていると判断している。たしかに、遡及立法には将来効のみを有する立法には求められない立証責任がある。しかし、そのような付加的な責任の審査も、遡及適用が合理的な立法目的によって正当化されることを証明できれば満たされる[100]。

　そこで、Blackmun判事は、本件における1987年修正法が合理的な手段により促進される正当な立法目的を持つかどうかを審査する。

　まず、Blackmun判事は、議会における1986年法および1987年修正法の審議過程を検討し、1987年法が「治癒的手段」として制定されたと断定する。旧2057条には問題の控除の適用対象が限定されておらず、株式市場において株式を購入し、それを従業員持株会に売却することで、遺産税の納税義務を大幅に減少、消滅できるような控除を主張できた。しかし、議会は、明らかにそのような幅広い控除を意図していなかった。旧法制定時の議論では、当該控除の目的は、

会社発展に助力した従業員へ会社を売却することを株式保有者に奨励することにあった[101]。ところで、議会は、旧2057条制定当時、このような控除に基づく歳入損を5年間で3億ドルと見積もっていた。しかし、1987年修正法の審議に際して、当該控除の対象を死亡時に株式を保有していた者に限定しなかったために、歳入損が20倍の70億ドルにも及ぶことが明らかになっていた[102]。このように、1987年修正法は、予想外な歳入損をもたらすことになった旧法規定の欠陥を是正する目的を持っていた。

次に、Blackmun 判事は、1987年修正法の目的は違法でもなく、恣意的でもないとする。議会は、合理的に見て深刻かつ予期せぬ歳入損をもたらす1986年法規定の失策を是正するために活動していた。また、議会は、Carlton などの遺言執行者が従業員持株会に株式を売却するよう故意に誘導した後に、彼らを標的とするような不当な動機に基づき行動していたわけではない。むろん、Blackmun も、通常の将来効を持つ課税を行うことで、予期せぬ歳入損を埋合わせする選択が存することも認める。しかし、そのような選択は「無実」の納税者に等しく負担を負わせることになる。その代わりに、議会は、租税動機の株式譲渡を行った者に対する控除を否定することにより、歳入損を防ごうと決定したのである。Blackmun は、このような議会の決定が不合理なものではないと結論している[103]。

さらに、Blackmun 判事は、議会の立法活動が迅速であったかどうか、また、適度な遡及期間（modest period）が設定されていたかどうかを検討する。最高裁は、Darusmont 判決において、議会がほとんどの例外なく通常の歳入法に実際の制定日に先立つ効力発生日を設定していたと述べている[104]。ただし、このような議会の伝統的慣行は、立法をなすうえでの実用性が要求する短期的で制限された期間に限定されていた[105]。また、Welch 判決において、最高裁は、1935年に制定された州所得税法が1933年中の配当に課税することを認容していた[106]。そこで、Blackmun は、本件事例において、1987年修正法の遡及効力が1年をわずかに超える期間に拡大されたに過ぎないことを指摘する。さらに、当該修正が1987年1月に内国歳入庁が発案し、同年2月に議会に提出されたことから、Blackmun は、修正提案が旧規定制定のわずか数か月後になされていることを強調する。このように、Blackmun は、1987年修正法に関して議会が迅速に活動していたこと、および、その遡及期間も先例が支持した範囲内であるとするのであ

る。

　そこで、Blackmun 判事は、納税者が旧規定を信頼していたかどうかを検討する。Carlton は、MCI 社株売却において旧2057条規定に特別かつ有害な信頼をおいたために、修正法がデュー・プロセスに反すると主張していた。これに対して、Blackmun は、Carlton の旧規定に対する信頼には疑問がなく、また、その旧規定解釈が正しかったとしながらも、彼の信頼のみでは憲法違反を主張するには不十分であると判断した。すなわち、租税法は約束ではなく、納税者は内国歳入法典上何らかの権利を付与されているわけでもない[107]。さらに、Blackmun は、有害な信頼の原理は、遡及立法に限定されたものではないと指摘する。すなわち、法律上、将来的な変更も個人の確固たる期待を揺るがすことになるかもしれないが、それゆえに、そのような変更がデュー・プロセスの侵害になるとまでは考えられないからである。

　加えて、Blackmun 判事は、Carlton が1987年修正法に関する告知を受けていないことも決定的であるとは考えない。実際、最高裁は、Welch 判決において、立法の事前告知が欠如していたにもかかわらず遡及課税を支持していたのである[108]。

　このように Blackmun 判事は、納税者の現行法に対する信頼と、修正に関する告知の不存在の意義を限定的に捉える姿勢を示したうえで、最後に、本件控訴裁による判例分析を批判する。まず Blackmun が問題にするのは、控訴裁が先例とした諸判決の現代的意義である。控訴裁は、Nichols 判決、Blodgett 判決および Untermyer 判決に大きく依拠していた。しかし、これら諸判決は、「長期間放棄されたままとなっている」アプローチに基づき経済立法への厳格審査を行っていたと特徴付けられる時代に下されたものである。このように、Blackmun は、控訴裁が依拠した諸判決を過去の遺物と見なす。

　次に、Blackmun 判事は、それら諸判決の先例性が認められる部分についても、本件事例をコントロールしないとする。まず、連邦初の贈与税に関わる Blodgett 判決および Untermyer 判決の意義は、「完全に新しい税」の創設事例に限定されてきていた[109]。さらに、Nichols 判決も、12年も前に行われた財産移転を対象とする遺産税法の新奇な展開に関わっていたのである。これに対して、本件で問題となった修正は、「完全に新しい税」として特徴付けられるものではなく、その遡及期間も限定されたものであった。さらに、Nichols 判決などに基づき、遡

及適用は所得税に関してのみ許され、遺産税では禁止されるとの主張も、Hemme、Milliken両判決において最高裁が贈与税、遺産税の遡及適用を支持している以上認められない。

以上のように、Blackmun判事は、納税者への告知や信頼の問題に絶対的に依拠した控訴裁判決は、議会の法制定を過度に厳格な基準で拘束してしまったと述べた。そして、1987年修正法の遡及適用が正当な立法目的に合理的に関連していたと判断し、Carltonの1986年の行為に適用するうえで、当該修正はデュー・プロセス条項に反するものではない、と結論したのである[110]。

第3節 結果同意意見

(1) O'Connor判事の結果同意意見

O'Connor判事の結果同意意見は、法廷意見よりも立法目的の正当性審査を緩やかに行いつつ、遡及課税の時間的限界を強調している点に特徴がある。O'Connorの結果同意意見はCarlton判決以後に下された連邦下級審判決において積極的に引用されている。また、州裁判所レベルにおいて、租税立法の遡及適用を違憲と判断する際に援用されているとの指摘もある[111]。

まず、O'Connor判事は、課税控除を目的とした株式売買を批判する立場をとらない。法廷意見は、議会が予期せぬ歳入損を通常の課税立法により納税者一般に負担させるよりも、租税動機の株式売買を行った者の控除を否定することで解決しようとしたことを、不合理ではないとする。しかし、O'Connorによれば、遺産税の減額を追求することは遺言執行者として適切であり、何ら批判されるものではない。Carltonは、他のすべての納税者と同様に、可能な限り納税負担を抑制しながら、租税法に従って遺産関係を構成する権利を有しているのである[112]。

さて、法廷意見は、本件で問題となったオリジナルの規定が莫大な歳入損を生み、ごまかしの取引による租税回避を認めていると考える。そして、修正法は、議会が初めに犯した「失策」を是正するという正当な立法目的に奉仕するものであるとされた。しかし、O'Connor判事は、このような法廷意見の審査を不適切であると批判する。つまり、すでに立法化された分野に関わる法は、以前の状況について気付いた問題を解決するという立法目的に奉仕するものなのである。そ

もそも、古い法律に満足であれば、立法者が新法を制定する理由などない。また、法律を制定する際の議員の実体的な動機も、この文脈において無関係である。もし、当該遡及規定のもとに幾つかの正当目的が存在すれば、デュー・プロセス分析には十分といえるのである[113]。

そこで、O'Connor 判事は、歳入方法に関する立法の遡及適用は、歳入を得るという正当な立法目的に合理的に関連するものであると結論する。つまり、立法機関は、租税法の改定において、現在の歳入の必要性に照らし、改定前の期間における多様な課税可能な収入の源とその総量に関する知識を持って、増加した政府の費用を納税者間で分配できるのである[114]。

しかし、O'Connor 判事も、議会が租税法の遡及適用に関する無制限の権限を持つとまで認めるものではない。租税法を改定するうえでの政府利益は、幾つかの点で納税者の終局性と平静（finality and repose）への期待に関する利益に道を譲らなければならない。この比較衡量においては、納税者の利益が優越すると判断される場合も存する。その例として、O'Connor は、「完全に新しい税」による遡及課税を挙げる[115]。商取引に対する課税結果は、資金利用について納税者が決定する際に関連性を持ち、場合によれば方針を決定する考慮となるものであり、取引開始時に課税対象でなかったものへの課税は、恣意的であると考えられる[116]。このように、O'Connor は、確実な増収に奉仕するという正当な立法目的を持っていようとも、「完全に新しい税」による遡及課税を認めない。

さらに、O'Connor 判事は、税率および税控除の利用可能性に関する遡及的変更の場合においても、遡及期間に関する限界があるとする。最高裁は、連邦租税法の合憲性を支持したすべての事件において、問題となった法律が相対的に短期間の遡及適用しか規定していない[117]。O'Connor は、当該法律が制定された立法会期の前年をこえる遡及期間の場合には、深刻な憲法問題を生じると警告している。ただし、O'Connor は、本件事例では、1987 年 12 月に制定された修正法が 1987 年 10 月までしか遡及しておらず、先例および限定的な遡及期間に合致するとして Carlton のデュー・プロセスを侵害するものではないと結論する[118]。

(2) Scalia 判事の結果同意意見

Scalia 判事の結果同意意見（Thomas 判事同調）は、デュー・プロセス条項が財産権のような実体的権利を保障するものではないとの独自の解釈に基づき、

Carlton の主張を否定している。

　まず、Scalia 判事は、「実体的デュー・プロセス」を憲法上の権利と仮定すれば、その権利が「おとり商法的」課税により侵害されたかもしれないとする。つまり、最高裁が示してきた「苛酷、圧迫」概念は、本件事例のようにオリジナル制定法の明確な意味を信頼した納税者に60万ドル以上を浪費させた遡及修正に及ぶのはたしかである[119]。

　これに対して、法廷意見は、当該修正を「治癒的手段」と特徴付けることにより、その苛酷さを少なく見積もろうとしている。しかし、Scalia 判事は、特定の市民を議会が抑圧したかどうかの問題が、そのような抑圧がみずからの失策に対する「治癒」であるかどうかの問題に変更されるのは疑問であるとする。そして、いずれにせよ、本件事例が「治癒」を超えたものであるとする。つまり、当該遡及は議会が本来「意図していたとされる」租税により Carlton に打撃を与えただけではなく、旧規定に対する信頼により被った出費を無価値にしてしまう原因ともなっていた。このため、Scalia は、旧規定が提供していた租税上の利益を遡及的に不認可とすることは、出費に対する補償がない場合には、標準的な基準によってさえも苛酷で圧迫的なものと解する[120]。

　また、法廷意見は、先例について、税率変更ではなく新税を課した事例である点を指摘して区別しようとしている。しかし、Scalia 判事は、高価な活動に対して特別に約束された報奨を事後に排除し、さらに、費用の弁済を拒否することは、単に過去の活動に対して課税することよりも、苛酷で圧迫的なものであると批判するのである。

　さらに、法廷意見は、「適度な遡及期間」を伴っていることで、当該修正の納税者へのインパクトを和らげようとしている。しかし、Scalia 判事は、税金による奨励 (tax-incentive) 規定に関わる場合には、所得獲得などの継続的活動に対する課税とは逆に、当該奨励に対する納税者の信頼が重要であり、鍵となる時間的問題は、変更が信頼の後に生じたものかどうかであると考える。そして、変更は、長期間経過した後よりも、直後に生じたほうが確実に苛酷なものとなる。

　以上のように、Scalia 判事は、法廷意見が適用した理由付けがすべての遡及課税立法を今後有効とすることを保障するものであると批判する。つまり、法律が合憲と判断されるためには、遡及がただ単に「合理的に関連した正当な立法目的」に合致すればよいことになるのである。歳入の増加は確実に正当な立法目

となる。そして、遡及的に租税を付加し、控除を取り消し、税率を上昇させるどのような法律も、歳入増加という目的を合理的に促進するものなのである。

もっとも、Scalia 判事は、デュー・プロセス条項が何ら実体的権利を保障するものではなく、プロセスのみを保障しているとの独自の解釈により、同条項が遡及課税を妨げないとの法廷意見の結論を支持する。

この点につき、Scalia 判事は、本件事例に対する法廷意見のデュー・プロセス論と家族の生活構成についての権利や妊娠中絶に関する権利などの基本権に関する最高裁のデュー・プロセス論との間に二つの明らかな矛盾が存すると指摘する。まず、第1に、法廷意見は、財産権が問題となっている場合には、租税修正が正当な利益を促進しているとして支持する。ところが、基本権であるとされる他の諸権利が問題となっている場合には、最高裁は、明白に正当な利益を促進している法律ですら取り消している[121]。第2に、法廷意見は、初期の判決の先例性を否定する際に、それら諸判決を古いアプローチに従って厳格審査を行ったものと見なしている。しかし、Scalia によれば、経済立法は、その時代において厳格審査に従った唯一の立法ではなく、なぜ特定のカテゴリーについてのみ古いアプローチを捨て去ることを正当化できるか疑問が残る[122]。実際、最高裁は、妊娠中絶などの他のデュー・プロセス「基本権」事件において、Nichols 判決時代の厳格審査事件を引用しているのである[123]。

Scalia 判事は、このような最高裁判決の矛盾点を指摘し、「実体的デュー・プロセス」保護で一致している多くの諸権利の中から選り好みを行うことは、疑問を生じると決め付ける。そして、「経済的権利」についての絶対的で不可解な排除は、中立的な法的分析というよりも、むしろ、司法による政策決定ではないかと疑う。そこで、Scalia は、「奪い去ることのできない特定の実体的権利を列挙し、それを超えて、生命、自由、もしくは財産が奪われる場合のデュー・プロセスに対する権利を付け加えた憲法の文言に従うことにする」、と自己の立場を明確化するのである[124]。

3 遡及課税とデュー・プロセス条項

第1節　Carlton 判決への批判

　Carlton 判決において最高裁は、租税法の遡及適用事件で用いる合憲性審査基準に関する議論に最終的決着をつけた。同判決が確認した審査基準のもとで、議会は、租税法分野において遡及適用を行える幅広い権限を手に入れ、他方、納税者はデュー・プロセス条項に基づく保障を確実に失った。本件判決により、租税法の遡及適用に対してデュー・プロセス違反を問う訴訟は、事実上不可能となったことになる[125]。以後、連邦裁判所は Carlton 判決の判断枠組みを維持しており、下級審レベルで合憲判断を示し続けているのが現状である。

　しかし、Carlton 判決の論旨には、幾つかの重要な問題点を指摘できる。以下、立法目的審査の適切性、および、納税者の影響評価について検討する。

(1)　立法目的審査の妥当性

　さて、Carlton 判決の法廷意見が採用した「恣意的、不合理」テストは、最高裁が一般的な経済政策立法がデュー・プロセス条項に反するかどうかを審査する際に用いてきた合理的根拠テストと実質的に同様のものである[126]。このテストのもとでは、裁判所は、法律規定に正当な立法目的が認められる限り、デュー・プロセス条項に違反しないと判断する。ただし、最高裁は、このテストを遡及事件に適用するにあたり、立法目的の正当性要件に加えて、旧法から新法制定までの期間および新法が定める遡及期間の二つの時間的要素を考慮するとしていた。つまり、形式的には、通常の将来効を持つ法律の場合よりも、若干厳格なデュー・プロセス審査が求められていることになる。

　それでは、Carlton 判決における実体審査は適切であったのだろうか。Blackmun 判事による法廷意見は、まず、当該遡及規定の立法目的について、旧法規定に基づき発生する歳入損を防ぐための治癒的なものであるとして正当化している。しかし、議会の犯した失策を是正するには、遡及効規定よりも将来効規定に

よるほうが一般的である。法廷意見は、本件事例が70億ドルという巨額の歳入損に関わるものであることを強調するが、それがあくまでも例外的事例として評価されているのかどうか明確ではない。遡及規定の立法目的が治癒的ゆえに正当化されるのであれば、遡及により回復される歳入額も考慮の対象とすべきであろう。

法廷意見の立法目的審査に対して、O'Connor判事は、法改正が本来的に旧規定内容を是正する治癒的目的により行われるものとし、租税法の遡及適用の正当性は歳入増そのものに求められるべきであるとする。しかし、その場合、遡及事件に限らず、議会の課税権に関わるすべての事件において、立法目的が正当と判断されてしまう危険が生じる。つまり、O'Connorの主張に従えば、租税法は租税法であるがゆえに正当な立法目的に奉仕する存在と判断されることになる。

そこで、立法目的審査に付加された時間的問題に関する審査は、実質的意義を有するであろうか。法廷意見は、時間的条件について、それが短期かつ限定的なものであることを求める。Carltonの事例では、旧規定制定から新規定に関する内国歳入庁の告知まで約2か月半、議会の審議開始まで4か月であった。また、当該規定の遡及期間は、約1年2か月であり、十分に限定されたものと判断された。

しかし、法廷意見は、具体的な時間的条件を明示しているわけではなく、依然として、その判断が恣意的に行われる危険が残る[127]。さらに、Welch判決において州議会の会期の都合により2年以上の遡及期間が認められたように、最高裁は、遡及に関する時間的条件を議会活動の合理性の問題としている[128]。つまり、時間的要素は、あくまでも議会の自制の問題であり、議会の慣行が長期的遡及を認めていないことから、合理的根拠テストを限定する実質的意義は少ないといえよう[129]。

以上のように、法廷意見の立法目的審査は、本件事例の特殊性に鑑みれば一定の妥当性が認められるものの、議会活動の正当性をほとんど無制限に認容してしまう危険性を持つと評せよう。

(2) 納税者への影響の過小評価

次に、遡及適用の納税者に及ぼした影響をほとんど無視している点で法廷意見には疑問が残る。

まず、法廷意見は、Carltonが旧法規定を信頼して活動していたことに疑問はないとしながらも、そのような信頼のみでは憲法違反を主張できないとした。すなわち、租税法は、納税者に対する約束でもなければ何らかの権利を付与するものでもなく、納税者の信頼に反する議会活動も認容される。また、法廷意見は、法内容の遡及的変更と将来的変更を同列に扱い、通常の法修正において個人の期待、信頼が裏切られたとしても、デュー・プロセス違反は生じないことを強調する。

　しかし、納税者への影響は、最高裁が1920年代の違憲判決のみならず、「苛酷、圧迫」テストに基づく過去60年間の合憲判決においても考慮していたものである。Carltonが旧法規定を信頼した結果60万ドル以上の損益を生じ、しかも、その損益が遡及規定により無意味となってしまった点を考慮すれば、本件事例において遡及規定が納税者に与えた影響には深刻なものがあったといわざるをえない[130]。法に対する信頼要素を軽視する法廷意見の論旨に従えば、今後、納税者は法律が有効か無効かをみずから判断して行動しなければならないことになる[131]。納税者の信頼の要素は、遡及規定の納税者に対する影響を評価するうえで、無視されるべきではないと考える。

　さらに、法廷意見は、納税者が法修正に関する告知を受けていたかどうかをほとんど考慮していない。法廷意見は、この要素が決定的ではないと理由として、同じく告知が存在しなかったにもかかわらず合憲判断が下されたWelch判決、Milliken判決を先例とする[132]。しかし、Welch事件は、所得税法の遡及適用に関する事件であり、本件のような遺産税の遡及適用事件と状況が異なる[133]。一般的に見れば、遺産税事件や贈与税事件においては、法修正の告知を受けた納税者が課税対象となる行為を控える可能性が高いため、告知の有無が重要となる[134]。また、Milliken判決は、贈与税事件ではあるが、本件事例と状況が異なり、推定上の告知を認容できる事例である[135]。最高裁は、遺産税事件における納税者の行為の特別性を考慮して、告知の重要性を配慮すべきであった。

　さて、控訴裁の違憲判断が納税者の信頼と告知の問題に大きく依拠していただけに、最高裁の判断が注目されていた。しかし、最高裁は、これまでの判例とも異なり、納税者に対する遡及適用の影響をほとんど考慮していない。法廷意見の立法目的審査が幅広く議会活動の正当性を認容してしまうことと併せて、本件判決が納税者の諸権利を著しく制限したと批判できるのである[136]。

このように見ると、Carltonテストによって違憲と判断される可能性を持つ事例は、全く新たに創設された税の遡及適用の場合、および、遡及期間が長期間にわたって設定されている場合のみということになる。事実Carlton判決以後の下級審は遡及期間が1年、もしくはそれ未満の場合にデュー・プロセス条項違反を問えなくなっている[137]。このように、Carlton判決は、遡及課税に対する司法審査を事実上放棄したことを意味し、納税者の権利との関係で重大な疑問を投げかけることになったとの批判を受けることになる[138]。

第2節　Carlton判決の先例性

学説からの厳しい批判を受けながら、Carlton最高裁判決は遡及課税立法の合憲性に関する先例としての地位を維持し続けている。これら下級審判決によって、Carlton判決により示された基準に基づき、遡及課税の枠が示されていることになる。最後に本章は、デュー・プロセス条項に基づく課税権の具体的限界を、これら下級審判決の判断から探ることにする。

(1) 遡及期間1年以内の事例
1. Furlong v. Commissioner of Internal Revenue, 36 F. 3d 25 (7th. Cir. 1994)

Furlong控訴裁判決は、Carlton最高裁判決直後に、事例の異なる所得税法の遡及適用の合憲性が争われたものである。1982年8月25日、原告Ralph D. Furlomgは、みずからが経営する企業の年金基金から9万9,000ドルの融資を受けたが、当該貸付金などを課税所得としては申告しなかった。しかしながら、1990年5月29日、内国歳入庁は26 U.S.C. §72 (p)(1)(A)に基づきFurlongの1982年の申告額が不足しているとの通知を行った。同条項は、議会上下両院の可決後、1982年9月3日のRegan大統領の署名により成立し、同年8月13日以降の事項に遡及適用されていたのである。そこで、Furlongは、同条項の遡及適用が修正5条のデュー・プロセス条項に違反して無効であるとして租税裁判所に訴訟を提起したが棄却されたため[139]、控訴したのが本件である。

1994年9月19日、第7巡回区控訴裁判所のKanne判事による全員一致の法廷意見は、Furlongによる控訴を棄却した。まず、Kanne判事は、Carlton判決ま

での諸判例を引用し、連邦裁判所が遡及課税立法に対するデュー・プロセス訴訟を一貫して退けていたことを確認する。もっとも、遡及適用された税法が「完全に新しい税」である場合には、同条項の適用可能性があるとする。この点につきFurlongは、企業年金からの貸付金への課税が、「完全に新しい税」に該当すると主張する。しかしながら、Kanne判事は、問題となった税法が20世紀初頭より続く所得税法の一部であり、また、納税者に貸付金への課税を予見させうるものであったとする。類似の法が貸付金を課税対象としており、また、Furlongが企業年金から融資を受ける6日前に上下両院での議論を経て問題となった条項が可決されているところから、合理的に予見可能であったと考えられるのである[140]。

また、Kanne判事は、Carlton最高裁判決のO'Connor補足意見を引用し、合理的な手段による正当な立法目的が存在するかどうかを確認する。そして、税法の遡及適用が、法が近々変更されることを予見する納税者が、その法修正の効果を回避することを防止し、結果として生じる税収入の減少を防ぐ現実的な方法として用いられるとし、それを正当な立法目的であるとする。そして、わずか1か月に満たない遡及期間を定めた法律は、正当な立法目的に合理的に関連していると結論したのである[141]。

2．Quarty v. United States, 170 F. 3d 961 (9th Cir. 1999)

本件は、連邦遺産税の改正税率が約8か月遡及して適用された事例である。1993年8月13日に制定された包括的予算再建法（OBRA）13208条は、遺産税および贈与税の最高税率をそれぞれ53％および55％に変更し、1992年12月31日以降の事例に遡って適用される旨規定した。同法のオリジナル規定によれば、1984年以前の遺産税および贈与税の最高税率は50％であった。しかし、議会は1984年以降2度の改定を行い、遺産税の最高税率を53％、贈与税を55％とする特別法を制定していた[142]。しかし、1993年1月1日以降に関しては、Bush大統領による拒否権発動により3度目の延長が回避され、最高税率を50％とする1983年以前の法律が効力を持つことになったのである。ところが、1993年2月に就任したClinton大統領が議会の可決した最高税率の変更法案に署名し、さらに同法が遡及適用される旨定めていたために、結局50％の最高税率は1993年分には適用できなくなっていたのである。

John M. Quartyは、1993年1月12日に亡くなったAngele C. Quartyの300万

ドル分の遺産相続人の1人として課税対象となった。当該税法が遡及適用されたため、税率は50％から53％に変更され、Quartyの納税額は22万8,682.98ドル増えていた。Quartyはアリゾナ地区連邦地裁において当該遡及適用を違憲とする訴訟を提起したが、棄却されたため控訴したのが本件である[143]。

　第9巡回区連邦控訴裁判所のTashima判事による全員一致の法廷意見は、Carlton最高裁判決に依拠して、地裁判決を支持する判断を示した。

　まず、Tashima判事は、連邦最高裁判所が遡及課税立法に対するデュー・プロセス条項事件について、繰り返し合憲性を支持する判断を示していると指摘する[144]。そこでCarlton判決によって示された基準に照らすと、まず、13028条のような税率の変更は、全くの新しい税法ではなく、既存の税への修正であると認められる[145]。また、被告合衆国政府は議会下院の当該法改正に関する報告書を引用して、「歳入額を増加させ、連邦の負債に対応し、租税を公平に改善し、もって税制をいっそう進歩させるものである」とする[146]。さらに被告政府は、8か月の遡及期間が過去の判例により認容されていた遡及期間を超えるものではなく、また、合理的な立法目的に合致すると主張した。Tashima判事は、Carlton判決のO'Conner判事補足意見を引用し、8か月の遡及課税が歳入増加の立法目的と合理的な手段であると認容した[147]。

　これに対して原告は、本件事例がCarlton最高裁判決と異なると反論している。まず、Carltonで問題となった遡及課税立法が租税に関する議会の失策を「是正」するためのものであったのに対して、本件ではそのような「是正」目的は認められない。しかし、Tashima判事は、最高裁がCarlton判決において立法の失策を是正するものであったと認定した事実は、そのような是正的意味をデュー・プロセス条項のもとに置いて遡及課税の合理性に関する要件とするものではないとした[148]。Carlton判決の意味するところの是正的なものではなかったとの理由で、本件の遡及規定がデュー・プロセス条項のもとで非合理的なものとはならないのである。

　また、Tashima判事は、本件遡及適用が遺産や贈与に関する計画に影響し、納税者に思いがけない帰結をもたらすため、合理性がないとする主張に対して、8か月という短期的で限定された期間のみの遡及であるために、遺産、贈与に関わる納税者に対して追加の課税があるのではないかとの不安を永久にもたらすものではないとする。法の支配の観点から一般的に遡及立法に問題が存することは認

容されるとしても、本件での審査は、ある遡及適用が正当な立法目的に合致するような合理的手段であるか否かという、狭い範囲に限定されたものなのである[149]。以上のように述べて、Tashima 判事は、本件遡及課税立法がデュー・プロセス条項に合致するものであると結論したのである。

3．Kitt v. United States, 277 F. 3d 1330 (Fed. Cir. 2002)

21世紀に入っても遡及期間が1年未満の事例においては、Carlton 最高裁判決の先例性は確実に維持されている。

1974年に創設された個人年金制度である Individual Retirement Account (IRA) には、拠出について税制上の特典が認められる半面、既定の年齢未満において法条件に適合しない引出しを行った場合に 10％の追加課税がなされることになっていた。議会は、1998年1月1日施行の第2の制度として Roth 上院議員提案の IRA 制度いわゆる Roth IRA を設けた。Roth IRA には IRA にある 10％の追加課税は設けられておらず、IRA から Roth IRA への転換も認められていた。しかしながら、議会は、Roth IRA への転換において予期せぬ節税効果が生じていると判断し、その対応策として IRS 改革法を制定した。同法は 1998年7月22日に制定され、同年1月1日以降の転換に遡及適用されることになった。

本件の Douglas Q. Kitt 原告は、1998年3月6日に6万9,059ドルを IRA から Roth IRA に転換し、同年4月27日にそのうちの5万3,000ドルを引き出し、住宅ローンの返済に充てた。その結果、新法が遡及的に適用され、5,300ドルの追徴課税を受けたのである。そこで、Kitt は同法の遡及による追徴課税が修正5条および過大な罰金を禁じた修正8条に違反する「罰則」であると主張して訴訟を提起したのである。合衆国請求裁判所は当該遡及が議会による失策を是正するとともに税制上の優遇措置制度を回復するとの正当な立法目的に合理的に関連しており、納税者の利用を防ぐために遡及期間を7か月としているとして Kitt の訴えを棄却したため[150]、控訴したのが本件である。

連邦巡回区裁判所の Friedman 判事による判決は、Carlton 最高裁判決を引用して当該遡及適用を合憲であると判断した。まず、Friedman 判事は、議会がすでに行った立法に関する是正的手段として遡及を行った点で本件事例の状況が Carlton 最高裁判決に類似すると指摘する[151]。もし、1997年に立法した際に、原告のような状況のある者にも 10％の追徴課税が回避されうると知っていたら、議会は疑いもなく当該事例を課税対象とするように修正を施していたであろうと

する。しかも、本件における遡及期間は、Carlton 判決における14か月よりも短い7か月であった点も強調されたのである[152]。

これに対して原告 Kitt は、当該追徴課税が事実上の罰則であると反論する。原告は、当該追徴課税は歳入の増加が目的ではなく、IRA 制度が予期しない期日前の解約払戻しを阻止し、そのような試みを行う者を罰する意図があると主張する。たしかに、罰則は特定の行為に対する罰として制定されるものである。しかしながら、罰則は人が罰に値する行為を行わないように意図され、そのような行為を妨げるものであるが、その逆は必然ではない。ある行為を抑止し、影響を与える政府の行動には必ずしも罰則は必要ではないのである。Friedman 判事はこのように述べ、そもそも原告は追徴課税ルールが策定された時にはすでに期日前の解約を実行していたわけであり、当該10％の課税が何らかの抑止力を持ったわけではないとする。そして、課税は納税者への罰則でもなければ損害賠償でもないとする Stone 判事の言葉を引用し[153]、問題となったのは10％の追徴課税以外の何物でもなく、罰則ではないと結論するのである[154]。

(2) 遡及期間が1年を超える事例
1. Montana Rail Link, Inc. v. United States, 76 F. 3d 991 (9th Cir. 1996)

Carlton 最高裁判決以降連邦裁判所は、Furlong 判決が1か月、Quarty 判決が8か月、Kitt 判決では7か月と、それぞれ遡及期間1年未満の連邦課税法を合憲と判断してきたが、本件 Montana 判決においては1年を超える遡及期間が合憲とされた。もっともこのような長期にわたる遡及期間の設定は、Carlton 最高裁判決がいうところの「適度な遡及期間」への適合には問題があり、第9巡回区連邦控訴裁判所も比較的緩やかに利用しているのが特徴である[155]。

1989年12月19日に制定された包括的予算再建法（OBRA 1989）の10206 (c) (2) (A) は、鉄道事業者が鉄道退職者法（RRTA）に基づき確定拠出型年金401(k) への拠出分に関して納付した税金の還付につき、遡及的に認めないよう定めていた。本件訴訟で争われたのは2年の遡及適用であったが、OBRA 1989 自体は401(k) の鉄道事業者への適用が実質的に始まった1983年の時点、6年間遡及できるようになっていた。

原告 MRL 社は401(k) の事業主拠出に関する税制優遇措置として、1987年お

および1988年分として合計24万7,842.89ドルの還付を求めていた。しかしながら、内国歳入庁はOBRA 1989の遡及適用により還付請求を拒否したのである。そこでMRL社は当該遡及適用を違憲とする本件訴訟を提起したのであるが、直前にCarlton最高裁判決が下されていたために、立法目的および遡及期間が本件と異なること、また、平等条項違反の判断が求められていなかった点を主張していた。しかし地裁の判事は、Carltonと事例が異なるとする原告の主張を退け訴訟を棄却したのである。そこで、MRL社が控訴したのが本件である。

MRL社は、当該遡及適用がCarlton最高裁判決の示す立法目的と遡及期間に関する基準に適合しないとする。議会は401(k)への寄与に対する将来の課税について根拠を示す際に、遡及課税について十分な正当化を行っておらず、また、本件では遡及期間が2年に及んでおり、1年を超えることでデュー・プロセス条項に反していると主張した[156]。

これに対して、Nelson判事による法廷意見は、まず、10206(c)(2)(A)が正当な立法目的に合致すると判断した。下院のレポートによると、同法の目的は、従業員が401(k)制度に関して雇用者が行った納税などにより得られると期待していた利益を増加するためのものであった。また、議会が遡及課税を行ったのが、政府の歳入の減少を回避するものであったとも認められ、それはCarlton最高裁判決に照らせば正当な立法目的に合致する[157]。

そこで次にNelson判事は、10206(c)(2)(A)の遡及適用が立法目的達成について合理的な手段であるとする。そもそもRRTAのもとで401(k)への拠出分に対する課税については、議会が社会保障法により401(k)への拠出を課税可能とした1983年時点で明確性に欠けるものとなっていた。OBRA 1989の10206(b)は、このような曖昧さを、雇用企業による401(k)拠出分を課税可能な補償と見ることによって解決したものである。しかし、雇用企業が1983年以降納税してきた結果、すでに利益を受けている従業員が存在することに鑑み、同法の適用を10206(c)(2)(A)により1983年に遡及させたのである。Nelson判事は、このような遡及期間の設定がなければ、鉄道労働者の退職者基金は重大な危険にさらされることとなったとするのである[158]。

このように、Nelson判事は、1年以内といったような短い遡及期間では、かえって立法目的に合致することができないと見なし、本件事例で問題となった長期的な遡及期間の設定が正当な立法目的を達成する合理的手段であると認めたの

である[159]。Carlton最高裁判決が示した正当な立法目的への審査と遡及期間への審査のうち、本件判決では、本来厳格に行われるべき比較的長期にわたる遡及期間が立法目的自体に含まれる時間的要素によって、緩やかに解されたことになる[160]。

(3) Carlton判決の先例性の明確化

　以上のように、Carlton最高裁判決以降の連邦下級審の判断は、基本的にCarltonの法廷意見に依拠し、その具体的な当てはめにおいて議会の意図を尊重する姿勢を示しているといえる。Carlton判決後学説が批判した通り、広範な立法目的審査が比較的容易に議会の立法目的の合理性を認容することになるといえる。Carlton法廷意見が強調した、議会による失策を是正するための遡及手段の採用との解説も、O'Conner結果同意意見が批判するように、本来的に後法に含意される修正的要素によって、審査基準としての意味を失っている。

　これに対して、Nichols判決などが示しCarlton判決も支持した「完全に新しい税」による遡及期間の設定禁止は、依然として議会の遡及課税立法への重要な制約として機能している。もっとも、Furlong控訴裁判決に見られるように、すでに多様な課税類型を持つ連邦租税システムにおいて、このように完全に新しい課税立法が登場する可能性は低いと考えられる。「完全に新しい税」について次年度の立法により遡及適用させた場合も、この制約の回避が起こりうるかもしれない。

　むしろ、現在注目されているのは、Carlton判決の法廷意見ではなく、O'Conner判事の結果同意意見が示した1年を超える遡及期間への比較的厳格な審査であると目されている[161]。労働者の退職制度が抱えていた問題点の修正目的で長期的な遡及期間を認めたMontana判決を例外として、下級審判決は、遡及期間を原則として1年を超えるべきではないと解している。O'Conner意見は、立法目的審査に重きを置かず、むしろ遡及期間を限定することで、従来の判例との整合性を維持し、かつ、社会経済立法における遡及との異同を確保する姿勢を見せているといえる。

　このようなO'Conner結果同意意見を積極的に援用するのが各州裁判所である[162]。サウスカロライナ州のキャピタルゲインに関する税法の遡及適用期間2年から3年を州憲法および連邦憲法のデュー・プロセス条項に違反するとした、

Rivers v. State, 490 S.E. 2d 261 (S.C. 1997)。4年から8年の遡及適用を定めカリフォルニア州法を違憲とした、City of Modesto v. National Med. Inc., 27 Cal. Rptr. 3d 215 (Cal. Ct. App. 2005)。5年から9年の所得税の遡及を定めたケンタッキー州法を違憲とした、Johnson Controls, Inc. v. Rudolph, No.2004-CA-001566-MR, 2006 Ky. App. LEXIS 132 (Ky. Ct. App. 2006)。そして、ミシガン州税法の11年間遡及を違憲とした、Gen. Motors Corp. v. Dep't of Treasury, No.07-151-MT (Mich. Ct. Cl. 2009) である。

例えば、Johnson Controls, Inc. 判決においては、Carlton 判決の立法目的審査と遡及期間審査が行われ、まずは歳入を増進するとの立法目的を正当と認めた後に、O'Conner 結果同意意見を引用して、明確に1年を超える遡及適用を違憲と判断した[163]。ここでは、Carlton 判決のいう「適度な遡及期間」について1年という明確なラインが引かれているのである。

以上のように、現在に至るまで Carlton 最高裁判決の先例性は維持されている。しかし、その遡及適用が「適度な遡及期間」に限定されるとの Carlton 判決の曖昧な文言については、原則として1年以内を意味するとの新たな解釈が有力になりつつあるといえよう。

第3節　遡及課税の合憲性に関する学説の検討

(1) デュー・プロセス条項と遡及適用

最高裁判例は、租税法分野における不遡及禁止の原則を相対化してきた。これを受けて、議会は、所得税法の分野において遡及適用規定を慣行的に定めてきている[164]。しかし、そもそも不遡及禁止の原則は、法の基本原則の一つである[165]。このことは、合衆国憲法制定当時においても確認されていた[166]。法律に基づくものであっても、すでに完了した行為に対する課税は、恣意的な租税賦課を防ごうとした憲法起草者の意図からも疑問視されよう。また、租税法の遡及適用には、成文法の法的安定性を害して連邦税制自体を危険にさらし、しかも、予見可能性を失わせて納税者の遵法精神を低下させるという、深刻な害悪を生じる可能性がある[167]。このように、租税法における遡及適用は、本来、一定の条件内で認められる例外的事象と考えるべきである。

そこで、租税法の遡及適用を限界付ける根拠として、修正5条のデュー・プロ

セス条項が問題となる。デュー・プロセス条項には、納税者がいつどのように資金を軽減するかを決定する公正な手続についての権利を定めた意義が認められる[168]。つまり、納税者は、議会が明示した法律内容に従い予見可能性をもって経済活動を行う権利を有し、仮にそれに反する決定を議会が行った場合には、デュー・プロセス条項に基づき救済される権利が付与されているのである。このため、租税法の遡及適用の脈絡におけるデュー・プロセス分析には、単なる経済的実体的デュー・プロセス理論の適用ではなく、広い意味での手続保障への配慮が付加されるべきであると考える。

以上のようなデュー・プロセス分析を前提とすれば、Carlton 判決が採用した「恣意的、不合理」テストは、租税法の遡及適用を審査する基準としては不適切なものとなる。それは、社会経済立法の合憲性を判断する基準であり、租税法分野に関して納税者の利益を一定配慮してきた判例とも明確に区別される[169]。

租税法の遡及適用の合憲性を判断するためには、歳入を調整し連邦予算を管理する政府利益と法律に依拠して経済行為を行う納税者の利益が比較衡量される必要がある[170]。実際、最高裁は、Welch 判決のみならず、それ以前の違憲判決時代も含めて、租税法の遡及適用事件において一貫して政府利益と納税者利益の比較衡量を行ってきていた[171]。無論、このような比較衡量テストは、個々の事例において問題状況を考慮することによる柔軟性が認められるものの、結論が判事の価値判断に左右されやすく、司法審査基準としては安定性に欠けるともいえる。しかし、最高裁が納税者利益を軽視する姿勢を示した以上、比較衡量が租税法の遡及適用事件において前提となることを明確にする意味はある。比較衡量テストが内在する問題点は、考慮すべき諸条件を以下のように明確化することである程度解決されよう。

(2) 比較衡量審査の適格性

そこで、租税法の遡及適用事件においては、以下の諸状況を考慮して政府利益と納税者利益が比較衡量されるべきであると考える。

まず、政府利益に関しては、遡及により確保できる歳入額、遡及適用以外の代替手段の有無、遡及期間の長さ、当該遡及適用による修正が旧法の失策を是正する治癒的なものであったかどうか、納税者が駆け込み的に旧法に依拠した場合の歳入損の危険、そして、変更により損害を被った納税者への救済の有無などが考

慮対象として挙げられる[172]。他方、納税者側は、旧法を信頼して行動していたかどうか、修正に関する推定上、実際上の告知が存したか、そして、納税者が修正を知った場合に行動を変更する可能性があったかどうかが評価される。

信頼要素については、税法の変更に関わるリスクは経済ビジネスの環境変化に伴うリスクと同等のものであり、納税者の信頼は憲法的保護の認められるものではないとの批判がある[173]。しかし、議会が制定した租税法の明文規定に対する信頼が憲法的に保護されないとすれば、納税者は予見可能性をもって活動できず、現行法の法的安定性は著しく損なわれる。明白な印刷ミスや誤記などを除いて、現行法に対する信頼は、納税者の利益として考慮されるべきである[174]。

次に、告知については、議会や大統領による税制の変更に関する発表、もしくは内国歳入庁による修正予定の発表などが実際上の告知がなされた時点と考えられる。問題となるのは、推定上の告知の有無である。これまでの判例では、旧法の存在や税制改革に関する政治論議などが推定上の告知を構成するとしていた[175]。このうち、所得税率変更の年度内遡及など議会が慣行的に行ってきた事例などは「推定上の告知」と認容できる例となろう。しかし、贈与税や遺産税など他の租税領域に関しては、そのような慣行がなく、旧法の存在がそのまま推定上の告知を構成するとは考えられない。また、政治的議論が推定上の告知と認められるべきかどうかも判断が困難であり、選挙公約や議会、行政部による公式見解発表などのタイミングとともに客観的に評価すべきであろう。

最後に、納税者が法修正を知っていれば行動を変更したかどうかについては、法の種類、性質が問われることになる。一般的に見て、所得税法分野など継続的行動の結果に関する課税の場合には、仮に納税者が税率の変更などを知らされていても、行動を変更するとは考えにくい。しかし、贈与税、遺産税などの分野では、納税者は、税率変更、控除の設定、取消しなどを主たる判断材料として行動するものであり、現行法の変更の予見は、その行動を変化させる大きな要因となる[176]。ここでは、法の性質が納税者の行動にどのような影響を与えるかが考慮されるべきである。

以上の政府利益と納税者利益を比較衡量するテストは、Carlton判決が採用した合理的根拠テストと比べれば、違憲審査基準としてより厳しいものとなる。しかし、遡及適用があくまでも例外的事例であると考えれば、デュー・プロセス条項を適用する際にCarltonテストよりも厳格な基準が妥当すると考えられる。す

なわち、このような合理的根拠テストよりも厳格な審査基準は、議会の課税権の限界を一般的に判定する場合に用いられるものではなく、納税者の権利、利益が著しく侵害される危険のある遡及適用という限られた事例に妥当するものなのである。

このような比較衡量テストをCarlton事件に当てはめると、まず、政府利益に関しては、遡及期間、および治癒的方法要件には合致するものの、当該遡及が回復できる歳入は大幅なものではないこと、旧規定の駆け込み的利用を防止するものではないと考えられる[177]。これに対して、納税者利益は、著しく侵害されているといわざるをえない。Carltonが旧法規定を信頼して行動していたことは、最高裁の認めるところであり、また株式売買は内国歳入庁による告知以前のものであった。また、Carltonが法修正を事前に知っていれば株式売買を取りやめていたことも明白である。その他、株式売買におけるCarltonの莫大な損失も考慮すると、本件において侵害された納税者利益は、当該規定がもたらす政府利益を上回り、当該遡及適用はデュー・プロセス条項に反し違憲と結論できることになる[178]。当該遡及適用が合憲と見なされるのは、内国歳入庁の告知以後の控除取消しに限定されると考えられるのである[179]。

このような比較衡量審査は、Carlton最高裁判決におけるO'Conner結果同意意見が、政府利益と納税者の終局性と平静への期待に関する利益の比較を求めたものをより精緻化したものであり、具体的には1年以内を意味する「適度な遡及期間」審査を組み込むことにより、議会の課税権解釈において整合性のとれるものとなる可能性がある。

小括

課税権は、合衆国憲法が議会に付与した権限の中でも最も重要なものの一つである。今や租税政策は、単に連邦政府の歳入確保を目的とするのみならず、国内の景気動向に重大な影響を与えるものとして、政治的、経済的に重視されている。このような課税権に関して、100年にわたって議論されてきたのが、遡及適用の合憲性の問題である。憲法の事後法禁止規定の対象が刑事罰法規に限定して解釈されているために、租税法の遡及適用の問題はデュー・プロセス条項による課税権の限界として争われている。

従来、最高裁は、租税法の遡及適用について、納税者に対する影響に配慮して当該規定の性質、状況を考慮して合憲性を判断していた。ところが、Carlton 判決において、最高裁は、社会経済立法に対する違憲性を審査する合理的根拠テストと同等の審査基準を用いて、議会の立法目的の正当性を簡単に認容する姿勢を示した。租税立法の遡及適用に関する審査の焦点が納税者の影響から議会の必要性に安易に移されることになり、批判できよう。

　いずれにせよ、Carlton 判決の結果、議会は保持する課税権限を実質的に拡大し、これまでよりも遡及適用規定を容易に租税法分野に持ち込むことが可能となった。無論、遡及適用が納税者に対してもたらす不利益を考慮すれば、議会もそのような規定の利用に慎重にならざるをえない。民主党議会が制定した1993年包括的予算再建法の遡及適用規定が翌年の中間選挙における共和党の地滑り的勝利の要因の一つに挙げられているように、租税法の遡及適用はけっして政策的には得策ではない[180]。実際、共和党主導の下院では、遡及適用に対する納税者の反感を考慮して、遡及的効果を持つ増税法案の制定を禁ずる旨の議院規則が制定されているほどである[181]。Carlton 判決の結論が全員一致であることから見ても最高裁が今後方針を転換することは期待できない。この意味でも、議会は、租税法の遡及適用規定を制定する際に、審議過程から法修正に関する告知を明確に行うなど納税者に対する政策的配慮を示すべきであろう[182]。

1) The Federalist No.33 at 150 (Alexander Hamilton)(Terence Ball ed.)(Cambridge University Press, 2003). A・ハミルトン＝J・ジェイ＝J・マディソン『ザ・フェデラリスト』齋藤眞＝武則忠見訳（新装版）（福村出版、1998年）154頁。
2) RICHARD A. WESTEIN, BASIC FEDERAL TAXATION 48 (Aspen Law & Business, 2002).
3) Leo P. Martinez, To Lay and Collect Taxes: The Constitutional Case for Progressive Taxation, 18 Yale L. & Pol'y Rev. 111, 114 (1999). *See also* Stephen W. Mazza & Tracy A. Kaye, Restricting the Legislative Power to Tax in the United States, 54 Am. J. Comp. L.641 (2006). アメリカにおける租税法の遡及立法に関連する判例の分析、およびCarlton 判決については、宮原均「税法における遡及立法と憲法―合衆国最高裁の判例を中心に―」法学新報104巻2・3号（1997年）95頁以下が詳しく、本章においても参照させていただいた。また同判決については、土屋孝次「アメリカ連邦議会の課税権とデュー・プロセス条項―合衆国対カールトン事件判決を中心に―」近大法学46巻1号（1998年）109頁以下においても若干の検討を加えている。
4) Mazza & Kaye, *supra* note 3, at 670.
5) Andrew G. Schultz, Note: Graveyard Robbery in The Omnibus Budget Reconciliation Act of 1993: A Modern Look at The Constitutionality of Retroactive Taxes, 27 J. Marshall L. Rev. 775, 777 (1994).

6) MERRILL JENSEN, THE MAKING OF THE AMERICAN CONSTITUTION 80-81 (1958) (Krieger Pub. Co., reprint ed. 1979). また、M・ジェンセン著、斉藤眞＝武則忠見＝高木誠訳『アメリカ憲法の制定』(南雲堂、1976 年) 95-96 頁を参照。
7) アメリカ人の反税ムードの源は、独立戦争のきっかけとなった印紙税反対闘争である。See Brian E. Raftery, Comment: Taxpayer of America Unite! You Have Everything to Lose — A Constitutional Analysis of Retroactive Taxation, 6 Seton Hall Const. L. J. 803, 813 (1996).
8) 連合規約 8 条によって、連合は人民に対する直接的な課税権を持たなかった。このため連合は、統一的関税政策によって強力なイギリスの経済力に対し力を合わせて対抗することができなかった。田中英夫『アメリカ法の歴史 (上)』(東京大学出版会、1968 年) 103 頁参照。また、各邦が個別的に課していた邦際通商に関する関税は、国内の商品経済を著しく阻害していた。田中・前掲書 107 頁。
9) RONALD D. ROTUNDA & JOHN E. NOWAK, TREATIES ON CONSTITUTIONAL LAW: SUBSTANCE AND PROCEDURE Vol.1, at 514 (3rd ed.) (West Publishing Co.1999).
10) ただし、直接税のうち所得税については、1913 年の合衆国憲法修正 16 条により各州人口比例ルールの適用がなくなった。
11) 同条の目的は、「南部経済を支える米、煙草の輸出に支障を来さぬ」ことであった。田中・前掲注 (8) 114 頁参照。なお、同条に基づく違憲判決が下されて注目された。See United States v. IBM, 517 U.S. 843 (1996).
12) このほか、合衆国憲法 1 条 9 節 1 項も、奴隷州に配慮して、奴隷 1 人あたりの輸入税額を 10 ドルに制限することを規定している。
13) 連邦税制の発展については、石村耕治『アメリカ連邦税財政法の構造』(法律文化社、1995 年) 4 頁以下などを参照。
14) 田中英夫『英米法研究 2　デュー・プロセス』(東京大学出版会、1987 年) 74-75 頁、参照。
15) 2 Records of The Federal Convention of 1787, at 617 (M. Farrand, ed. 1937) (Yale Univ. Press).
16) *Id.* at 448.
17) The Federalist, No.84 at 418 (Alexander Hamliton) (Terence Ball ed. Cambridge Univ. Press, 2003).『ザ・フェデラリスト』前掲注 (1) 416 頁。
18) 2 Records, *supra* note 15, at 617.
19) M Bryan Schneider, Note: The Supreme Court's Reluctance to Enforce Constitutional Prohibitions against Retroactive Income Tax Statutes, 40 Wayne L. Rev. 1603, 1612 & n.54 (1994).
20) Calder, 3 U.S. at 390. *See also* Schneider, *supra* note 19, at 1613-16. また、田中・前掲注 (14) 76 頁も参照。
21) The Supreme Court: 1993 Term: Leading Case: 108 Harv. L. Rev. 139, 221 (1994).
22) *See* Kentucky Union Co. v. Kentucky, 219 U.S. 140 (1911). 同事件で最高裁は、ケンタッキー州税法が本質的に刑罰的な罰もしくはペナルティを課すものではないとし、Calder 判決に依拠して、憲法は、単に税金を課すだけで付与された諸権利に影響しない遡及法を禁ずるものではないと結論している。*Id.* at 152-53. *See also* Mathes v. Commissioner, 63 T.C. 642, 644 (1975).
23) 同様に、憲法 1 条 10 節 1 項の契約条項に基づく訴訟も失敗に終わっている。Schultz, *supra* note 5, at 783; Raftery, *supra* note 7, at 817. さらに、最高裁は、憲法 1 条 10 節 2 項を連邦法レベルの問題に適用することを否定している。*See* Pension Benefit Guaranty Corp. v. R. A. Gray & Co., 467 U.S. 717, 733 & n.9 (1984).
24) Stockdale, 87 U.S. at 331. ただし、Stockdale 判決は、前年への遡及適用も事実上容認している。*See* Faith Colson, Case Note: Constitutional Law Due Process-The Supreme Court Sounds Death Knell for Due Process Challenges to Retroactive Tax Legislation: United States v. Carlton,114 S. Ct. 2018 (1994), 27 Rutgers L. J. 243, 248 (1995).
25) *See* Andrew C. Weiler, Note: Has Due Process Struck Out? The Judicial Rubberstamping of Ret-

roactive Economic Laws, 42 Duke L. J. 1069, 1105-06 (1993). Miller 判事が参照したのは、ルイジアナ州最高裁判決のみであった。See Municipality No.1 v. Wheeler, 10 La. Ann. 745, 747 (1855).
26) Brushaber, 240 U.S. at 20.
27) Id. at 24.
28) 最高裁は所得税法の遡及適用規定について、一貫して合憲であると判断してきている。
29) Revenue Act of Feb. 24, 1919, ch.18, 40 Stat. 1057, 1096, 1097, 1149, 1150, 402.
30) Id. 402(c).
31) Nichols, 274 U.S. at 540.
32) Id. at 542-43.
33) Blodgett, 275 U.S. at 146-47.
34) Id. at 147.
35) Id.
36) Id. at 147-49 (Holmes J., concurring).
37) Untermyer, 276 U.S. at 444.
38) Id. at 445-46.
39) Id. at 446 (Holmes J., dissenting).
40) 田中・前掲注（14）182 頁を参照。
41) See also Reinecke v. Smith, 289 U.S. 172 (1933); United States v. Hudson, 299 U.S. 498 (1937); Helvering v. Gregory, 69 F. 2d 809 (2d Cir. 1934).
42) See Cooper, 280 U.S. at 411-12.
43) Milliken, 283 U.S. at 23-24.
44) Id. at 23.
45) 1935 Wis. Laws ch 15, 6.
46) Welch, 305 U.S. at 146.
47) Id. at 147.
48) Id.
49) Id. at 147-48.
50) Id. 148-49. ここでは、納税者に対する「告知」（notice）の有無が問題とされており、所得税に関する遡及適用の慣行が告知の存在を推定させると判断されている。See Heather Lynn Gray, Note: Carlton v. United States: An Analysis of Retroactive Tax Legislation, 24 Stetson L. Rev. 765, 781 (1995).
51) Welch, 305 U.S. at 149-50.
52) Id. 159 (Robert J., dissenting).
53) 「苛酷、圧迫」テストと合理的根拠テストとの相違については、see Colson, supra note 24, at 263-64; Leading Case, supra note 21, at 221; Laura Ricciardi, Comment: The Aftermath of United States v. Carlton: Taxpayers Will Have to Pay for Congress's Mistakes, 40 N.Y. L. Sch. L. Rev.599, 621 (1996). See also West Coast Hotel Co., v. Parrish, 300 U.S. 379 (1937); United States v. Carolene Products Co., 304 U.S. 114 (1938).
54) See e.g., Wheeler v. Commissioner, 143 F. 2d. 162, 166-67 (9th Cir.1944); rev'd, 324 U.S. 542 (1945).
55) Gray, supra note 50, at 782-83.
56) Pub. L. 94-455, 90 Stat. 1520, 1549, 301.
57) Darusmont, 449 U.S. at 295.
58) Id.
59) Id. at 296.
60) Id. at 299.

61) *Id.*
62) *Id.*
63) *Id.* at 300.
64) Raftery, *supra* note 7, at 830.
65) 前掲注（53）参照。
66) Usery, 428 U.S. at 15.
67) *Id.* at 16.
68) *Id.* at 17.
69) *Id.* at 18.
70) Multiemployer Pension Plan Amendments Act of 1980, Pub. L. 86-364, 94 Stat. 1208.
71) Gray, 467 U.S. at 728-29.
72) *Id.* at 729.
73) *Id.* at 730.
74) *Id.* at 732.
75) *Id.* at 733.
76) *Id.* at 734.
77) なお、Gray 判決以後の経済立法遡及事件については、*see* Weiler, *supra* note 25, at 1081. *See also* United States v. Sperry Corp., 493 U.S. 52 (1989); General Motors Corp., v. Romein, 503 U.S. 181 (1992).
78) 26 U.S.C. 2010(c).
79) 26 U.S.C. 2035 (1970).
80) 26 U.S.C. 2010(a), 2505(a).
81) Hemme, 476 U.S. at 568.
82) *Id.* at 568-69.
83) *Id.* at 571.
84) Licari v. Commissionaer of Internal Revenue, 946 F. 2d 690 (9th Cir.1991). 同判決が用いたテストについては、*see* Gray, *supra* note 50, at 793.
85) Carlton v. United States, 972 F. 2d 1051 (9th Cir. 1992). この問題に関する第 9 巡回区控訴裁の諸判決の混乱状況いついて、*see* Weiler, *supra* note 25, at 1088.
86) Ferman v. United States, 993 F. 2d 485 (5th Cir.1993), *cert. denied, 512 U.S. 1218* (1994).
87) 26 U.S.C. 2057(a)(b)(supp. 1986).
88) Notice 87-13, 1987-1 Cum. Bull, 432.
89) 133 Cong. Rec. 4145 (1987).
90) 133 Cong. Rec. 4249 (1987).
91) *See* Omnibus Budget Reconciliation Act of 1987, Pub. L. No.100-203, 10411(a), 10411(b), 10412, 101 Stat. 1330-432 to 1330-436.
92) *See* Carlton v. United States, 972 F. 2d 1051, 1055 (9th Cir.1992). 地裁は、Carlton 判決による契約条項違反と収容条項違反の主張も退けている。*Id.*
93) Carlton, 972 F. 2d at 1055. ただし、すべての遡及課税が否定されるわけではない。*Id.* at 1056.
94) *Id.* at 1059.
95) *Id.*
96) *Id.* at 1059-60.
97) *Id.* at 1065-66 (Norris J., dissenting). Norris 判事は、法廷意見が 1905 年の Lochner 判決時代に逆戻りしたものであると批判する。*Id.* at 1062 (Norris J., dissenting).
98) Gray, 467 U.S. at 733.
99) Carlton, 512 U.S. at 30.

100) *Id.* at 31. *See* Gray, 467 U.S. at 729-30.
101) Joint Committee on Taxation, Tax Reform Proposals: Tax Treatment of Employee Stock Ownership Plans, 99th Cong., 2d Sess., 37 (Joint Comm. Print 1985).(105) 133 Cong. Rec. 4145 (1987).
102) Carlton, 512 U.S. at 31-32.
103) *Id.* at 32.
104) Darusmont, 449 U.S. at 296.
105) *Id.* at 296-97.
106) Welch 判決は、租税法が遡及的に適用できる「最近の行為」には、「当該法制定前の議会会期中に行われた所得の受領を含む」と解していた。*See* Welch, 305 U.S. at 150.
107) *See* Welch, 305 U.S. at 146-47.
108) Milliken 判決においても、同様の告知議論を否定していた。Milliken, 283 U.S. at 23.
109) この点につき、Hemme 判決は、両判決の先例性は、租税法施行中に一定の変更をなすような修正の合憲性を検討する際には、限定的な価値を持つに過ぎないとする。*See* Hemme, 476 U.S. at 568.
110) Carlton, 512 U.S. at 34.
111) Robert R. Gunning, Back from the Dead: The Resurgence of Due Process Challenges to Retroactive Tax Legislation, 47 Duq. L. Rev. 291, 293 (2009).
112) Carlton, 512 U.S. at 35 (O'Conner J., concurring). Hand 判事の言葉を借りれば、「みずからの納税負担を増額させなければならない愛国的義務など存在しない」のである。*See* Helvering, 69 F. 2d at 810.
113) Carlton, 512 U.S. at 36-37 (O'Conner J., concurring). *See* FCC v. Beach Communicationsw, 508 U.S. 307 (1993).
114) *See* Welch, 305 U.S. at 149
115) Carlton, 512 U.S. at 38 (O'Conner J., concurring). Hemme, 476 U.S. at 568.
116) Welch, 305 U.S. at 147.
117) Carlton, 512 U.S. at 38 (O'Conner J., concurring). Hemme 事件では1か月、Darusmont 事件では10か月、Hadson 事件では1か月、それぞれ遡及している。これに対して、Welch 事件では、1933年に完了した取引に対する遡及適用を定めた1935年州法が問題となっていた。しかし、最高裁は、州立法部が年2度しか開催されず、当該改定が問題となった所得が得られた課税年の後の最初の機会に行われていたことを強調していたのである。Welch, 305 U.S. at 151.
118) Carlton, 512 U.S. at 38-39 (O'Connor J., concurring).
119) *Id.* at 39 (Scalia J., concurring).
120) *Id.* at 39-40 (Scalia J., concurring).
121) *See* Roe v. Wade, 410 U.S. 113, 150 & 162 (1973).
122) Carlton, 521 U.S. at 41 (Scalia J., concurring).
123) Roe, 410 U.S. at 153 & 159; Griswold v. Connecticut, 381 U.S. 479, 483 (1965).
124) Carlton, 512 U.S. at 42 (Scalia J., concurring).
125) Colson, *supra* note 24, at 262 & 271.
126) *See id.* at 263-64; Leading Case, *supra* note 21, at 221; Ricciardi, *supra* note 53, at 621.
127) Leading Case, *supra* note 21, at 221.
128) Carlton, 521 U.S. at 32-33.
129) Leading Case, *supra* note 21, at 229.
130) *Id. See also* Ricciardi, *supra* note 53, at 622. これに対して、判決を支持する論者は、法規定を信頼した結果 Carlton が被ったとされる損害について、2057条の規定が従業員持株会への株式売買の際に売却損を出すことを要件としていないゆえに、法律問題として考慮する必要はないとする。*See* Gray, *supra* note 50, at 802-03. 実際、政府側ブリーフは、Carlton が当該株式の売

買のタイミングを 10 日程ずらすだけで、逆に 82 万 5,000 ドルもの売却益が見込まれていたと指摘している。See United States v. Carlton, Brief for the United States (Nov. 15, 1993). たしかに、株式売買が損益を生むか利益を生むかは法律問題ではなく経済問題である。しかし、Carlton は、株式売買によって生じた損益の補償を求めているわけではなく、法規定への信頼に基づいた行動が遡及規定により無意味と化したことについて、憲法的配慮を求めている点に注意する必要があろう。

131) Colson, *supra* note 24, at 266-67.
132) 前掲注（45）および（43）参照。
133) Welch, 305 U.S. at 147. *See also* Ricciardi, *supra* note 53, at 630-31; Pat Castellano, Comment: Retroactively Taxing Done Deals: Are There Limits?, 43 Kan. L. Rev.417, 435 (1995).
134) 所得税と贈与税、遺産税事件を区分する意義については、*see* Schneider, *supra* note 19, at 1608.
135) 前掲注（44）参照。
136) Ricciardi, *supra* note 53, at 621.
137) Gunning, *supra* note 111, at 312.
138) Colson, *supra* note 24, at 271.
139) The United States Tax Court No.18586-90.
140) Furlong, 36 F. 3d at 28.
141) *Id.* at 29.
142) *See* Deficit Reduction Act of 1984, Pub. L. No.98-369, §21, 98 Stat. 494, 506 (1984); Omnibus Budget Reconciliation Act of 1987, Pub. L. No.100-203, §10401, 101 Stat. 1330-430 (1987).
143) United States District Court for the District of Arizona. D.C. No. CV 96-02472 RGS.
144) Tashima 判事は、最高裁が議会による遡及立法の慣行を支持してきているとし、それら議会慣行が全国的立法の制定における幾つかの実用性の要求により、「短期間で限定された期間」（Carlton, 512 U.S. at 33）により限定されていると述べている。
145) Quarty, 170 F. 3d at 967.
146) H.R. Rep. No.103-111, at 644, reprinted in 1993 U.S.C.C.A.N. at 875.
147) Quarty, 170 F. 3d at 967.
148) *Id.* at 968.
149) *Id.*
150) Kitt v. United States, 47 Fed .Cl. 821, 2000 U.S. Claims LEXIS 196 (Oct. 6, 2000).
151) Kitt, 277 F. 3d at 1335.
152) *Id.*
153) Welch, 305 U.S. at 146.
154) Kitt, 277 F. 3d at 1336.
155) Gunning, *supra* note 111, at 314.
156) Montana Rail Link, Inc., 76 F. 3d at 994.
157) *Id.* at 994.
158) *Id.* at 994.
159) *Id.* at 994. See Gunning, *supra* note 111, at 335.
160) これに対して、租税立法そのものではなく、租税賦課に関する財務省規則の長期にわたる遡及が違法とされたものとして、*see* Tate & Lyle Inc. v. Commissioner of IRS, 87 F. 3d 99 (3rd Cir.1996).
161) *See* Gunning, supra note 111, at 323-324.
162) *Id.* at 318-20.
163) Johnson Controls, Inc., 2006 Ky. App. LEXIS 132, at 21 n.36.

164) 修正16条の制定後1993年までに26の遡及規定が認められる。*See* 139 Cong. Rec. S10, 648 (Aug. 6, 1993). なお、財務省、内国歳入庁などの行政規則の遡及適用については、*see* Toni Robinson, Retroactivity: The Case for Better Regulation of Federal Tax Regulators, 48 Ohio St. L. J. 773 (1987).
165) Ricciardi, *supra* note 53, at 627.
166) The Federalist, No.44 at 218 (Terence Ball ed.) (Cambridge Univ. Press, 2003). 『ザ・フェデラリスト』前掲注（1）219-20頁。
167) Colson, *supra* note 24, at 264 & n.116.
168) *Id*. at 263-64.
169) ただし、学説の中には、Carlton判決の事例に従来のWelch判決の「苛酷、圧迫」テストを用いた場合でも、合憲判断が下されるとの主張もある。Gray, *supra* note 50, at 806.
170) Colson, *supra* note 24, at 263; Charles B. Hochman, The Supreme Court and the Constitutionality of Retroactive Legislation, 73 Harv. L. Rev. 692, 727 (1960).
171) Welch, 305 U.S. at 147; Hemme, 476 U.S. at 568-69. *See also* Colson, *supra* note 24, at 264 & n.116.
172) Colson, *supra* note 24, at 264-65.
173) Michael Livingston, Risky Buisness: Economics, Culture and the Taxation of High-Risk Activities, 48 Tax L. Rev. 163, 227 (1993). なお、Carlton判決を厳しく批判する説にも、信頼の合理性審査は、納税者が旧法に依拠していなかったことの証明を求めるだけのものであり、実際的意味はないとの主張も見られる。*See* Schneider, *supra* note 19, at 1625-26.
174) Colson, *supra* note 24, at 266-67.
175) *See* Darusmont, 449 U.S. at 296 & 299.
176) 前掲注（134）参照。
177) Colson, *supra* note 24, at 271.
178) Carlton事件における遡及適用の合憲性に関して学説を整理すると、Gray, *supra* note 50（Welch判決テストにより合憲）、Elena S. Figler, Case Comment: Constitutional Law–Retroactive Application of Tax Statute Amendment Does Not Violate Fifth Amendment's Due Process Clause-United States v. Carlton, 114 S. Ct. 2018 (1994), 29 Suffolk U.L. Rev. 323 (1995)（最高裁法廷意見を支持、合憲）、Schneider, *supra* note 19（納税者への告知が不十分、違憲）、Leading Case, *supra* note 21（比較衡量テストにより違憲）、Colson, *supra* note 24（比較衡量テストにより違憲）、Castellano, *supra* note 133（控訴裁判決支持、違憲）、などに分かれる。
179) 大統領の税制改革に対するスピーチを納税者に対する告知と認定した判決として、*see* First National Bank in Dallas v. United States, 420 F. 2d 725 (Ct. Cl. 1970); Purvis v. United States, 501 F. 2d 311 (9th Cir.1974).
180) *See* Title of the Omnibus Budget Reconciliation Act of 1993, Pub. L. No.103-66, 107 Stat. 416. 1993年8月10日に制定された同法は、1992年12月31日まで遡及適用される。1993年法の審議過程において、McCain上院議員が当該遡及をデュー・プロセス条項に反するとの動議を提出したが、賛成44名（共和党）、反対56名（民主党）で否決されている。*See* Schneider, *supra* note 19, at 1605 & n.11.
181) 遡及規定を持つ増税法案の提案を禁止した下院議院規則21条5C項については、本書第7章注（13）を参照。
182) Hochman, *supra* note 170, at 343-44.
なお、我が国においては、最高裁判所が2011年9月22日に租税特別措置法の3か月間の遡及適用を合憲としている。最高裁第一小法廷判決平成23年9月22日（民集65巻6号2756頁、判時2132号34頁、判タ1359号75頁）。同判決は、租税法の遡及的適用が憲法29条の保障する財産権の内容の事後的変更と捉え、立法目的に「公益上の要請」を認め、遡及期間が暦年当

初の3か月に限定されていることから合理的としており、基本的にCarlton最高裁判決と類似の審査方法を採用している。同判決について詳しくは、渕圭吾「納税者の租税法上の租税法上の地位の遡及的変更」別冊ジュリスト租税法判例百選（第5版、2011年）；片桐直人「租税法律における遡及的立法」別冊ジュリスト憲法判例百選Ⅱ（第6版、2013年）などを参照。

第6章　支出権の連邦主義に基づく限界

問題の所在

　2012年6月28日、連邦最高裁判所は、National Federation of Independent Business (NFIB) v. Sebelius, 132 S. Ct. 2566 (2012) において、健康保険制度に関するオバマ・ケアについて、その骨格部分を合憲とする判断を示した[1]。2015年6月25日に下された King v. Burwell, 135 S. Ct. 2480 (2015) においても、州の頭越しに連邦予算を支出する同制度の手続が合憲と判断され、Obama政権最大の懸案が法的に生き残ることが確定した。もっとも、憲法学的に注目されたのは、NFIB判決においてオバマ・ケアの一部分であるメディケイド拡大条項が違憲無効と判断されていた事実である。同条項は、オバマ・ケアを連邦政府の指示通りに実施しない州に対して、従来の制度への連邦支出を停止するとの条件を設ける条項であった。最高裁のRoberts長官は、すでに実施中の制度の停止を条件とする新たな連邦支出について、議会が保持する支出権の範囲を逸脱するものとしたのである。このように最高裁は、ニューディール期以降初めて条件付き支出制度（conditional spending）を違憲と判断した。また、同判決は、従来比較的緩やかなものと理解されてきた要件を厳格に適用しており、オバマ・ケアの問題を越えて、議会権限の連邦主義に基づく限界問題を再提示したことになったのである。

　議会は、合衆国憲法1条8節1項により、「合衆国の債務を支払い、共同の防衛および一般的福祉」に備えるため支出を決定する権限を保持するものと理解されている。この支出権に関しては、州に対する条件付き支出が重大な憲法問題を提起していた。連邦政府から州等の地方政府に対する支出は、1930年には1億ドルであったものが2017年には約6,800億ドルへと巨額化している[2]。議会は、このような支出権の行使の際に、直接命令する権限のない事項に関する条件を付すことで、間接的に州に対する規制を達成している。最高裁は、州に対する保護

が連邦レベルでの政治過程で満足されているとして、条件付き支出を合憲と認めている[3]。しかし、近時の最高裁が議会による州規制権限の範囲を狭める判断を示す中で[4]、NFIB 判決が支出権による間接的規制の限界について再考を求めたわけである。

そこで本章は、議会の支出権行使としては一般化しつつある「州に対する条件付き支出」制度が、憲法の支出条項および連邦主義に反しないかどうかを再検討することにより、議会の支出権の限界を探ることにする。

まず、議会の支出権の意義を確認し、条件付き支出の現代的意味を示す。連邦主義のあり方が不確定であった第 1 回議会から、支出権については、憲法に列挙された立法権の範囲と一致すべきかどうか激しく議論されていた。しかし、ニューディール期以降、議会は、多額の連邦予算の支出を通して、社会福祉、教育、環境など州が管轄を持つ事項について規制を実施している。現在、条件付き支出は、州財政のみならず、合衆国の統一的政策にとっても不可欠なものとなっている。

次に、最高裁判例の展開を検討する。最高裁は、条件付き支出に関して、1937 年の Steward Mach. Co. v. Davis, 301 U.S. 548 (1937) から 1987 年の South Dakota v. Dole, 483 U.S. 203 (1987) までその合憲性を認容してきている。特に Dole 判決が示した条件付き支出に関する 5 要件は比較的緩やかなものであり、制度の合憲性はたやすく達成できると見なされていた。ただし、1990 年以降最高裁は、修正 10 条に関わる New York v. United States, 505 U.S. 144 (1992)、および州際通商規制権が争われた United States v. Lopez, 514 U.S. 549 (1995) において、議会の規制権限を狭める判断を示したため、支出権との関連で注目されたのである。

さらに、2012 年の NFIB 判決が Dole 判決の示した 5 要件をどのように理解し、適用したかについて検討する。NFIB 判決は条件付き支出を違憲であると明確に判断した初のケースではあるが、その理由付けは裁判官によって分かれており、法廷意見は相対的多数意見に過ぎない。はたして、NFIB 判決の違憲判断が今後の先例として維持できるかどうか吟味が必要である。

最後に、議会による連邦予算の条件付き支出の合憲性とその司法審査基準について検討する。合憲説は、一般的福祉目的に用いられる支出権が議会の立法事項よりも広範囲に及び、州に対する間接的規制権も含むとする。これに対して違憲説は、議会が権限を付与されていない事項について条件を付すことは、州の自律

性を侵害するものであり、修正10条に反するとしている[5]。本章は、議会の支出権の限界を探る中で、連邦制度における議会の役割について明らかにする。

1 支出権の限界と条件付き支出制度

第1節 支出権条項の意義

(1) 憲法起草者の意図と第1回議会における議論

　憲法第1条8節1項は、「議会は次の権限を有する。合衆国の債務を支払い、共同の防衛および一般的福祉に備えるため、税、関税、賦課金および消費税を課し徴収すること」と定める。同条により議会は、共同の防衛と一般的福祉の目的のために連邦予算の支出を決定する権限を有すると理解されている。ここで問題となるのは、「一般的福祉」という抽象的文言の意味である。憲法は、1条8節の各項において議会に個別的に列挙した権限を付与している。もし、一般的福祉のための支出が列挙された権限の範囲を越える意味であるならば、議会は広範な範囲に対して立法を制定する一般的権限を有することになる。議会が直接規制できない事項について支出を通して間接的に達成する条件付き支出の合憲性に関して、「一般的福祉」の意味が問われているのである。

　さて、憲法起草者が一般的福祉という文言をどのように捉えていたかは、明確ではない。支出条項は、1787年に開催された憲法制定会議の最終段階において提案され、さほどの議論もなく採択されたものである[6]。これに対して、一般的福祉文言が憲法に採用されるまでには、紆余曲折があった。「一般的福祉」文言が最初に登場したのは、会議の冒頭にヴァージニア邦が提出した決議案においてであった。Edmund Randolph の提出した第1決議は、「連合規約は、その制定目的である『共同の防衛、自由の保障および一般的福祉』を実現するために、修正、拡充すべきである」としていた[7]。しかし、会議の方向は、連合規約の改正ではなく、全く新しい連邦憲法典の制定を目的とすることが明らかとなった。結局、連合規約の改定を求めるヴァージニア案の第1決議は、議論の対象とはならずに姿を消したのである[8]。

ところが、一般的福祉文言は、会議の最終段階において、独立戦争前後に発行された公債の保証問題と関連して突然浮上した。この問題を検討した委員会は、議会が連合会議の契約を履行し、「共同防衛と一般的福祉のため」独立戦争中に負った連合および各邦の債務を支払う権限を持つことを提案した[9]。つまり、一般的福祉の文言は、独立戦争中の債務のみにかかる限定的なものとして提案されたのである。激論の末、委員会提案は憲法6条1項として採択されたが、またしても一般的福祉の文言は姿を消していたのである。これに対して、Roger Shermanは、課税権と債務支払権が一体であると主張し、課税目的に債務支払い、ならびに「共同防衛および一般的福祉のために生じるであろう出費の支払い」を明記すべきであるとの動議を提出した[10]。全体会議はこれを不要として認めなかったが、8月31日に任命された委員会は、課税権規定に「合衆国の債務を支払い、共同の防衛および一般的福祉に備えるため」との条項を挿入した最終案を提出した[11]。全体会議は議論なくこの提案を受け入れ、現行1条8節1項の一部としたのである[12]。このように、債務支払いとの関連で言及されてきた一般的福祉文言は、実質的な議論なしに支出全体の目的規定として憲法典に挿入されたのであった[13]。

　憲法制定後の第1回議会において、議会の支出権は、連邦政府の活動範囲をめぐって議論の対象となった。その代表的論者は、支出権を議会の列挙権限の行使のためと捉えるJames Madisonと、そのような制限なしに独立した目的のための権限と考えるAlexander Hamiltonであった。

　Madisonは、合衆国銀行を設立する法案に反対する議論において、当該法案が1条8節1項の権限の対象範囲外であると主張した[14]。すなわち、同法は、税金を課すものでも債務を支払うものでもなく、また、一般的福祉に支出するものでもない。Madisonは、「共同の防衛と一般的福祉」の文言から議論を引き出すことはできないとする。すなわち、それらの一般的目的に関する権限は、そのような目的のために課税する行為に限定されており、一般的目的自体が個別の列挙によって制限され、説明されているのである。このため、銀行設立の権限が正当化されるとの理解は、議会に対して制限のない権限を付与することになり、個別の権限の列挙を無に帰し、州政府に留保された権限を奪いとることになるのである[15]。

　これに対してHamiltonは、支出条項について、列挙された議会権限と分離さ

れ区別される権限を付与するものであり、それらによって意味上制限されるものではないと解釈した[16]。すなわち、Hamiltonによれば、議会は、合衆国の一般的福祉に備えるために行使するとの要件のみに制限されて、課税し支出する実体的権限を保持しているのである[17]。無論、このことは、議会に無制限の支出権限を与えることではない。Hamiltonは、Manufacturesレポートにおいて、支出の目的が「一般的（general）なものでなければならず、地方的（local）であってはならない」として、支出権の限界を示しているのである[18]。このようなHamiltonの主張は、連邦政府の権限を拡大する根拠の一つとなり、初期の議会においても概ね支持を得ていたと考えられる。

しかし、大統領就任以後もMadisonは、基本的にはみずからの支出権理解を維持していた。1817年、国内改革法案（Internal Improvement Act）に対して、当該法案の規定する道路、運河建設は議会の列挙された権限に含まれていないことを理由に、拒否権を発動した。その中で、Madisonは、一般的福祉条項がそのような議会立法を授権しているとの考えを明確に否定した。Madisonは、議会に対してそのような権限を認めることは、憲法が議会権限を特別に列挙した意味を失わせると理解していたのである[19]。このような、Madison流の支出権理解は、1854年、Pierce大統領が上院に送付した拒否権メッセージにおいても用いられている。すなわち、同大統領は、連邦政府が特定の対象、目的のためだけに形成されたとし、「困窮した精神疾患患者の救済のために公共用地を特定の州に対して付与する」法案の署名を拒否したのである[20]。

各大統領が時としてMadison流の支出権理解を公言することがあったものの、学説上は、Hamiltonの主張が支持される傾向にあった[21]。両者の論争に一応の法的決着を付けたのは、ニューディール期の最高裁である。最高裁は、一連の判決においてHamiltonの主張を明確に採用した。まず、United States v. Butler, 297 U.S. 1 (1936)では、Hamiltonの主張を支持するStoryの論説に依拠し、公の目的のために公金の支出を授権する議会の権限は、憲法上、直接付与された権限によって制限されないとされた[22]。ただし、いわゆる「憲法革命」前の最高裁は、結論として支出権が修正10条によって制限されるとしており、同判決がはたして厳密な意味においてHamiltonの主張に合致するかどうかは疑問が残る[23]。これに対して、翌年のSteward Mach. Co. v. Davis, 301 U.S. 548 (1937)では、Butler判決を引用してHamilton流の解釈を支持したうえで、Butler判決の事例に類

似の法案に対する修正10条の制約を認めなかったのである。Steward判決において、最高裁がHamilton流の理解を支持したことが明確になり、議会の支出権限の範囲を拡大する契機となったのである。

第2節　条件付き支出制度の展開

(1)　ニューディールから新連邦主義まで

　現在、多額の連邦予算が州に対して支出されている。その額は、2017年には6,863億ドルまでに達しているのである。また、連邦予算からの支出が各州の歳入に占める割合も、1950年の10.8％から1991年には19.9％へと約2倍になっている[24]。支出の対象は、1930年には支出がなかった健康分野が2017年にはメディケイドを中心に4,100億ドルで全体の60％以上を占めるほか、所得保障が1,100億ドル、教育・職業訓練・雇用・社会福祉が640億ドル、道路建設・修理が630億ドル、コミュニティ建設などが140億ドル、その他220億ドルとなっている[25]。州に対する連邦予算の支出によって、広範な連邦政策を全国的に実施することができるのである。

　さて、議会が州に対する支出を拡大し始めたのはニューディール期である[26]。その背景には、1913年に制定された所得税に関する憲法修正16条の存在がある。同修正により、連邦税の範囲が拡大し、連邦政府の財源が安定することになった。ニューディール期に入ると、連邦政府は、州に対する規制を強化する政策を採用し、その財政的裏付けとして連邦予算の支出を増加し始めた。これに対して、最高裁は、Butler判決において連邦政府の積極的な支出政策に憲法上の制約を課したが[27]、ほどなくSteward判決において方針を変更し、州に対する支出を広範囲に承認する判断を示した[28]。この結果、議会は、州に対する支出を増加させ、州際通商条項（憲法1条8節3項）および「必要かつ適切」条項（同18項）の拡大的解釈を伴って、諸州に対する直接的、間接的規制を強化することになったのである。

　連邦予算の州に対する支出が飛躍的に拡大したのは1960年代である[29]。特に、Johnson大統領が1965年に発表した「偉大な社会」政策は、都市の居住環境改善と貧困層を対象とする積極的プログラムを提起し、多額の連邦予算を州に対する補助金として交付することになった。この背景としては、大統領および議会の

多数派を民主党が押さえていたこと、福祉需要の拡大、人種差別の是正などの社会的要請の増加、および税収の安定があった。支出の割合から見れば、それまで中心であった商業や運輸関連の支出のシェアは低下し、代わって、教育、保健、住宅、福祉関係の支出が急増した。その反面、州に対する支出の増大は、ベトナム戦争の戦費支出も併せて、連邦財政を悪化させた。さらに、連邦政府の介入主義的傾向に対する州政府の反発は、州の自律権保護という保守的主張を強化したのである。

　このような問題状況の中、1970年代から80年代にかけて、共和党大統領によっていわゆる「新連邦主義」(new federalism) 政策が採用された[30]。Reagan大統領の政策は、連邦政府の財政赤字対策として、州に対する項目別交付金について重複による無駄と手続上の煩瑣を批判して一括交付金に整理するとともに、支出総額を削減することを主張していた。この政策は、すべてが実施されたわけではないが、連邦予算の州に対する支出に若干の方針転換が見られたことも事実である[31]。この背景としては、共和党政権を支持した経済界が主張する労働関係、雇用差別、環境汚染などに関する規制緩和論がある。その反面、妊娠中絶に対する連邦補助金提供の禁止、徴兵登録者に限定した連邦教育資金の提供など、保守派の主張する政策が州に対する諸条件に付加され始めた。支出削減政策は、連邦からの資金カットの危険を回避するために、諸州が条件についての不満を抑制せざるをえない状況を作り出したといえよう[32]。

　連邦政策を達成する手段として条件付き支出制度を重視する姿勢は、20世紀最後のClinton政権においても同様である。最高裁は、United States v. Lopez, 514 U.S. 549 (1995) において、学校ゾーンでの銃所持を規制した連邦法が州際通商条項に合致するかどうかが争われた事件に関して、60年ぶりの違憲判決を下した。Clinton大統領は、同判決後、議会の犯罪規制に関する直接的規制権限が無効となっても、同様の規制について条件付き支出制度を用いて達成する立法の制定を議会に働きかけるとの声明を発表したのである[33]。最高裁は、州に対する議会の直接的規制について厳格な判断を示し始めているが、このような状況は、政治的には、間接的規制手段としての条件付き支出制度の相対的地位を押し上げる可能性を持つといえよう。

(2) 条件付き支出制度の現状と評価

21世紀に入って共和党のBush大統領は同じく共和党議会との協調のもと、州への支出を1.6倍に拡大し（2,858億ドルから4,613億ドルへ）、続く民主党のObama大統領は健康、社会保障等に関する支出を一気に引き上げ、2017会計年度において6,863億ドルにまで拡大したのである。このように、現在、連邦予算の州に対する支出は、連邦政策の実施において、そして州財政の安定化にとっても不可欠な制度となっている。しかし、州歳入の連邦予算への依存は、合衆国憲法の定める連邦制度を揺るがし、州の自律権を侵害するおそれがあることも事実である。議会は、州に対するすべての支出に対して条件を付しており、多くの場合、その条件は議会が直接に命ずることができない事項に関するものである[34]。無論、各州は、形式的には条件を受諾するかどうかの選択権を保持している。だが、連邦政府が直接州民から所得税を徴収できるために、州の課税権が実質的に制約されている状況を見逃すことはできない。州内の限られた歳入源に対して連邦政府が実質的に独占権を握っている現状においては、条件付き支出は、州の自律権を圧迫する手段となる危険をはらんでいるのである[35]。

無論、条件付き支出制度は、全国的実施が不可欠な政策を促進する重要な役割を果たしているとの評価も見受けられる。実際、1960年代に実施された福祉政策の多くが条件付き支出制度に支えられていた。ただし、議会の保守化傾向は、これまで諸州において個別的に推進されてきた福祉政策を条件付き支出によって骨抜きにする状況を生み出しつつあることも事実である。マイノリティー保護、死刑制度の停廃止、妊娠中絶など、州が独自に採用している諸政策の実施に影響を与える条件が付されるかもしれないのである[36]。このように、条件付き支出に対しては、州の自律権保護を主張する保守派からも、諸州の採用する進歩的政策の維持を求めるリベラル派からも、危惧の念が示されつつあるのである。

これに対して、従来の学説は、条件付き支出への憲法論的分析に関心を示していなかった[37]。その理由の一つとしては、議会と州政府の権限の関係に関する検討が、州際通商条項および「必要かつ適切」条項を用いた州規制権限を中心に行われていたことが挙げられよう。つまり、最高裁が「表門」である議会の直接的規制権の行使を幅広く合憲であると判断してきたため、あえて「裏門」である支出権について議論する意味がなかったのである[38]。しかし、今や、保守化最高裁の州の自律権保護への熱意は明らかであり、州際通商規制権の拡大傾向に黄

信号が灯っている。ここにおいて、条件付き支出の合憲性を再確認する意味が生じたのである。

2 支出権に関する最高裁判例の検討

第1節 Massachusetts v. Mellon, 262 U.S. 447 (1923)

次に、条件付き支出の合憲性に関する最高裁の判例を再確認し、問題点を検討する。

まず、本件は、州に対する条件付き支出の合憲性が初めて最高裁で争われた事件である[39]。1921年連邦マタニティー法は、母親と幼児の死亡率減少およびその健康保護を目的として制定されたもので、当該立法目的の遂行を受諾した州に対して連邦予算を配分することを規定していた。マサチューセッツ州は、同法について、州に留保された権利を連邦に与えるか、州が連邦予算の割当てを失うかの不法な選択を強制するものであり、修正10条に反するとして、同法の執行禁止を求める訴訟を最高裁に直接提起したのである[40]。これに対して、Sutherland 判事による全員一致の判決は、本件事例の性質が政治的なものであり司法判断には適さないとして、憲法問題に踏み込まずに事件を却下した[41]。

ただし、Sutherland 判事は、本件の司法判断適合性を否定するにあたり、州に対する条件付き支出を事実上認容する解釈を示している。すなわち、問題となった法律は、州に対して何らかの義務を課すものではなく、自由に選択できるオプションを提供しているに過ぎず、州の権限を侵害するものではない[42]。また、仮に、議会が特定の権限の譲渡を暗黙のうちに州に迫っているとしても、それを拒否することにより州は議会の目的を打ち砕くことができるのである[43]。条件付き支出の性質を考察するにあたり、州に最終的な選択権が残されている点を重視する姿勢は、以上のように Mellon 判決傍論に萌芽が見られ、1987年の Dole 判決まで基本的に維持されることになる[44]。

第 2 節 United States v. Butler, 297 U.S. 1 (1936)

　議会の支出権限の限界について最高裁が明確な判断を下したのが Butler 判決である。同事件で争われた1933年農業調整法は、ニューディール立法の一つであり、特定の農産物の生産量を調整して価格を安定させるために制定された。同法は、農業長官に対して連邦の給付金と引替えに耕作面積もしくは生産量の減少を行うよう個々の農家と契約する権限を付与していた[45]。そこで、ある農産物加工業者が同法規定は議会権限の範囲を逸脱していると主張して訴訟を提起したのである。最高裁の Roberts 判事による法廷意見は、1933年法が修正10条に反すると結論した。

　まず、Roberts 判事は、1933年法が州際通商もしくは外国との通商を対象としておらず、憲法1条8節3項の通商条項のもとで授権されたものではないとする[46]。そこで、Roberts は、同法が支出権の行使として許容されるべきかどうかを検討する。そして、1条8節1項の文言は、合衆国の一般的福祉のために用いる権限を議会に授けており、支出権は、憲法に列挙された立法権により制限されないとする[47]。しかし、Roberts は、そのような幅広い理解を採用したとしても、支出権に対する限界が求められるとする。そして、憲法は議会に対して農産物の規制、コントロールを直接行う権限を付与しておらず、1933年法は憲法修正10条により州に留保された権限を侵害していると結論するのである[48]。

　さて、Butler 判決は、議会の支出権限の範囲を憲法に列挙された議会権限よりも幅広いものと認め、支出権解釈についての現代的起源とされる[49]。このような支出権の理解は、後の最高裁判決によって繰り返し支持されることになる。ただし、法廷意見は、支出権条項の「一般的福祉」の範囲について、もしくは農業に関する支出が一般的福祉に含まれるかどうかの判断を回避しており、支出権そのものの限界を明示しているわけではない[50]。それは、Stone 判事による反対意見が農民救済のための連邦予算の支出を「一般的福祉」の範囲内であると明確に述べているのとは対照的である[51]。

　さらに Butler 判決は、修正10条が支出権条項を制約することを示し、条件付き支出に一定の制限を課したことでも注目される。法廷意見は、議会が州に留保されている事項を規制する目的で支出権を利用した場合に、議会権限に対するす

べての憲法上の制限を無効にする危険があることを認識し、「一般的福祉」文言を抜け穴として議会が州に留保された権限を簒奪することを許さない姿勢を明示している[52]。本件判決については、州政府ではなく個人を対象とする支出が争われていた点、現在では当然視されている農業価格統制を違憲としている点に留意する必要はあろう。しかし、最高裁が修正10条に基づき条件付き支出を違憲とした意義は無視できない[53]。

第3節　Steward Mach. Co. v. Davis, 301 U.S. 548 (1937)[54]

　結局、Butler判決は、20世紀中に議会による条件付き支出を違憲とした唯一の事件となった。翌年、最高裁の新多数派は、Steward判決において議会の支出権限を幅広く容認する解釈を示したのである[55]。同事件で争われたのは、社会保障法の失業保険プログラムである[56]。同法のタイトル4は、8名以上の従業員を使う雇用者に対する課税を定め、同時に、雇用者が属する州に連邦基準に合致する失業対策制度が存する場合に限り、税額の90％を限度とする控除を認めていた。さらにタイトル3は、各州の失業保障法行政に対する一定額の連邦予算の支出を定めていた。これに対して、アラバマ州のある企業が同法規定は州に対して失業保険法の制定を強制しており、修正10条に反すると主張して訴訟を提起した。

　Cardozo判事による法廷意見は、まず、大恐慌後の合衆国の社会状況に触れ、失業対策が地方的なものではなく、全国的な問題となっていると指摘する[57]。そして、このような危機的状況において、連邦予算を失業者対策に使うことは、まさに、一般的福祉目的の利用の範囲に含まれるとする[58]。連邦法制定前に失業保険制度を採用していた多くの州は、制度を持たない州に対して経済的に不利な立場に追いやられているのが現状である[59]。このため各州は、社会保障法による失業対策プログラムを歓迎しており、同法規定の執行により連邦から「強制」(coercion) を受けているとはいえない[60]。

　さて、Steward判決とButler判決では、そのアプローチは大きく異なっている。まず、Steward判決では、失業対策が全国的な問題であり一般的福祉の範囲内と考えられている。この論旨を適用すれば、全国の農民の生活に深刻な影響を与える農産物価格の調整も、同様に全国的な問題であり、一般的福祉に含まれると解

されるはずである[61]。また、Steward 判決は、州が連邦法を支持していることを強調している。しかし、問題となった社会保障法のもとでは、連邦基準を満たす失業保険を制度化できなければ、州は州内の企業が納めた連邦税に見合う連邦予算を受け取ることができない。このような状況において、はたして、州に選択の余地があったかどうかは疑問である[62]。以上のように、Steward 判決は、Butler 判決と異なるアプローチで問題を勘案しており、実質的な判例変更であったと考えられる[63]。Steward 事件判決以降、一般的福祉に合致すると議会が考える領域への連邦予算の支出が飛躍的に拡大することになる[64]。

第 4 節　Oklahoma v. United States Civil Service Commission, 330 U.S. 127 (1947)

Oklahoma 判決は、Mellon 事件同様、州に対する条件付き支出の合憲性を州自身が争った事件である。連邦ハッチ法は、連邦予算が支出される事業に関わる州職員が政治的活動を行っている場合に、当該職員の解任、もしくは、連邦予算の支出停止を求める手続を規定していた[65]。オクラホマ州民主党中央委員会の France Paris 議長は、同州ハイウェイ委員会委員の職にあった。そこで、合衆国人事委員会は、オクラホマ州に対して同委員の解任を求めたが、拒否されたため、連邦高速道路建設予算の支出を停止する決定を下した。これに対して、オクラホマ州は、ハッチ法が州の主権を侵害しており修正10条に反すると主張して決定の取消しを求める訴訟を提起した。

Reed 判事による法廷意見は、議会には州公務員などの地域的な政治活動を規制する権限はないが、州に対する予算支出に関して諸条件を決定する権限が認められるとして、ハッチ法の合憲性を支持した。まず、Reed 判事は、修正10条は、列挙権限の行使に関して、許された結果を達成するためのすべての手段を連邦政府が主張する権限を奪うものではないとする。ハッチ法が求める結果は、全国的必要性のある予算を管理する公務員から積極的な党派性を排除することにより得られる上質の公共サービスである。このため、議会の行為が州内の特定の活動に影響を与えたとしても、そのような影響が連邦法を無効にするとは考えられないのである[66]。また、Reed は、同法によって州に対して何らかのペナルティが課されているとは認めず、州主権の侵害も発生していないとする。オクラホマ州は、

問題となった公務員の解職を拒否することにより、連邦の強制に対抗できる「単純な方法」を持ち合わせているのである[67]。

さて最高裁は、同様の事例に関して司法判断適合性を否定したMellon事件と異なり、本件判決においては条件付き支出の合憲性について積極的に関与した。ただ、その結論は、Mellon事件以降の修正10条事件および通商条項に関わる判例の流れに対応したものであり[68]、連邦政府の活動範囲を幅広く認容するものであったといえる。Oklahoma判決が条件付き支出について示した唯一の基準は、条件を拒否する選択の余地が州に残されているかどうかのみであった[69]。Oklahoma判決の結果、州に対する条件付き支出の合憲性はいっそう容易に認められることになり、議会の間接的規制権の範囲は大幅に広げられたのである。

第5節　South Dakota v. Dole, 483 U.S. 203 (1987)

Oklahoma判決から40年後、最高裁はDole事件においてあらためて条件付き支出の合憲性について吟味し、議会の支出権限に一定の制約を課す判断を示した。本件判決では、州による条件拒否に対する連邦予算の執行停止が初めて争われた[70]。問題となった連邦法は、飲酒最低年齢を21歳以上と定めていない州に対して、一定額の高速道路建設予算を停止するよう運輸長官に命じていた[71]。飲酒年令を19歳以上としていたサウスダコタ州は、当該連邦法が支出権限についての憲法的限界を超えているとして、宣言的判決を求める訴訟を提起した。

Rehnquist長官による法廷意見は、サウスダコタ州の訴えを棄却した下級審の判断を支持し、当該条件付き支出を合憲と判断した。まず、Rehnquist長官は、支出権の範囲について、議会の列挙権限に限定されていないとしたButler判決を再確認した[72]。しかし、支出権限も無制限のものではなく、先例が示す幾つかの一般的制約に服するものである[73]。第1に、憲法文言上から導かれる制約で、支出権の行使は「一般的福祉」のためでなければならない[74]。第2に、議会は、諸州が連邦予算の受領の結果について十分認識して選択できるように、条件を明確に告知しなければならない[75]。第3に、予算支出の条件は、特定の連邦プロジェクト、プログラムにおける連邦の利益と関連性がない場合には正当化されない[76]。第4に、他の憲法規定は、連邦予算の条件付き支出に対する独立した憲法的障壁を提供できる[77]。最後に、支出が州に対する義務への圧力となるような

強制（coercion）であってはならない[78]。

そこで、Rehnquist長官は、本件事例が五つの制約テストに該当するかどうか検討する。まず、若年者の飲酒運転による危険の除去は「一般的福祉」を増進する。次に、州に対する条件は当該連邦法上に明確に述べられており、さらにその内容は、州を越えた安全な通行という連邦の高速道路予算の目的に直接関連性をもつものである[79]。さらに第4の制約につき、サウスダコタ州は、本件での条件が議会の直接規制できない飲酒年齢に関する事項についてであるとし、修正21条および修正10条に反すると主張する。これに対して、Rehnquistは、先例は直接授権されていない事項について議会が支出権限を用いて間接的に規制することを容認してきていると指摘する[80]。つまり、「独立した憲法的障壁」とは、差別的取扱いや残虐で異常な刑罰などそれ自体が違憲と見なされる活動を州に勧めるために支出権を用いることを禁ずる意味なのである[81]。そこで、Rehnquistは、21歳への飲酒年齢引上げは、いかなる者の憲法的権利も侵害していないと解するのである[82]。

ただし、Rehnquist長官は、残された第5の制約、議会による財政的誘因が州に対する強制となる状況が存することを認めている[83]。しかし、サウスダコタ州は飲酒年齢を引き上げない場合に高速道路建設予算の5％のみを失うだけであり、このような状況においては、当該条件は、州に対する強制となる点を越えていないと結論されるのである[84]。

以上の法廷意見に対しては、二つの反対意見がついている。まず、Brennan判事による反対意見は、飲酒年齢の規制は、修正21条により州に留保された権限の範囲であるとし、議会はそのような権利を侵害するような条件を付すことはできないとした[85]。O'Connor判事による反対意見は、法廷意見が示した支出権に対する制約を支持しながらも、第3の制約の本件事例への適用に誤りがあると主張している。つまり、飲酒年齢の引上げは、州の社会的、経済的領域に対する規制であり、高速道路予算支出の目的である交通の安全に直接関係するものではないと判断したのである[86]。

さて、先例が条件に対する選択権の有無を判断基準としていたのに対して、Dole判決は、条件の内容自体に憲法的制約を付すことで議会の支出権行使の限界を一定明確にしたものと評される[87]。しかし、Dole判決が示した憲法的制約については、どの程度実効性のあるものかどうか疑問が残る。例えば、最高裁は、

第 1 の「一般的福祉」の基準を適用する際には、議会の判断に実質的に従わねばならないとしている[88]。このような議会に対する敬意の表明は、「一般的福祉」の司法的基準としての意義を失わせることになりかねない[89]。同様に、他の基準についても、最高裁は具体的な限界事例を示していない。例えば、第 3 の基準である「連邦利益との関連性」に関して、最高裁は、この制約が単に過去の諸判決により示唆されていると述べるものの、この根拠により無効とされた事例を全く引用していない[90]。さらに、第 2 の「明確な条件告知」、および第 4 の「独立した憲法的障壁」についても、引用された先例は、州に対する条件付き支出の先例として適切性に疑問が残るものばかりである[91]。また最高裁は、第 5 の「非強制」(non-coercion) に関して、本件事例のように支出割当ての 5% のロスの場合には、州に対する強制とはならないとする。しかし、具体的に強制と判断される割合については何ら触れていないのである[92]。

このように、Dole 判決が示した制約テストは、具体性に乏しく、実質的に違憲とされる可能性の少ない緩やかな基準にとどまるものであった。結局、Dole 判決は、連邦レベルの政治プロセスが条件付き支出に関して州の利益を保護することができるとの認識に基づき、積極的な司法的保護を提供しなかったのである[93]。この結果、議会は、課税権と支出権の利用により、規制権限に関する憲法的限界を容易に越えることが可能となる[94]。しかし、州に対する連邦予算の支出が莫大な額、割合を占める現状において、政治プロセスを利用して諸州がみずからの利益、権限を保護できると考えるのはあまりにも楽観的過ぎる。このため、諸州の連邦予算への依存状況を踏まえたうえで、条件付き支出に関する憲法的枠組みを再度明確にする作業が求められることになる。

第 6 節　New York v. United States, 505 U.S. 144 (1992)[95]

以上のように、Steward 判決以降の判例は、条件付き支出に関して議会の広範な支出権限を認容する姿勢を維持していた。しかし、視点を連邦制度における連邦と州との権限配分の問題に転じれば、判事の構成の変化もあって、最高裁の立場が過去 20 年間にわたって動揺していたことがわかる[96]。特に、1990 年代に入ると、最高裁は、議会の規制権限行使に対して州の自律権を保護しようとする姿勢を見せている。このような最高裁の連邦制度観、いわゆる「連邦主義者の復

活」(federalist revival) の傾向が、条件付き支出の問題解釈に一定の影響を及ぼすと考えられる[97]。

New York 判決では、低レベル放射性廃棄物の規制に関する連邦法が争われた。同法は、放射性廃棄物の処理を促進するために、州に対して連邦基準への合致状態に応じて3種類の「誘因」(incentive) を規定した。すなわち、1. 廃棄処分場を開設しようとする州に対しては、処理料金を積み立てた連邦基金から補助金を出費する。2. 処理場を持つ州に対しては、利用料金を増額し、連邦法要件に従っていない州からの廃棄物持込みを拒否する権限を与える。3. 1996年までに処理場を開設しなかった州もしくは広域処分協定に加盟しない州に対しては、廃棄物の発生者もしくは所有者から所有権を取得することを義務付ける。

これに対して、廃棄物処理場の建設が困難になっていたニューヨーク州は、同法が憲法修正10条および同4条4節に反するとして訴訟を提起した。O'Connor判事による法廷意見は、連邦法の所有権取得規定が州に対する強制にあたり修正10条に反すると判断した。

まずO'Connor判事は、議会が廃棄物の発生者および処理者を規制する権限を有することを認める[98]。しかし、議会には、州が規制を行うよう直接に命じる権限までは認められていない[99]。すなわち、憲法は、廃棄物の発生者から州へ所有権を移転することを認めておらず、同様に、発生者が被った損害を州に賠償させることも認めていない[100]。また、権限取得条項は、他の二つの誘因規定のように憲法上列挙された議会の権限行使に必要な条件を定めたものではない[101]。連邦基準に合致した廃棄物処理政策を行うか、もしくは、廃棄物の所有権を取得するかの選択は、実質的には、議会による連邦政策の強制にあたる[102]。これらを議会に明示的に与えられた権限の範囲外と見るか、修正10条により州に留保された権限を侵害していると判断するかにかかわらず、同条項は憲法が定めた連邦構造に反する[103]。

このように、New York 判決は、州に対する議会の直接的規制を違憲、無効とした。議会は、特定の行為を要求し、あるいは、禁ずる立法を制定する権限を付与されているものの、そのような要求、禁止を州が行うように命ずる権限を持たない[104]。最高裁は、このような連邦法が政治的責任の所在を曖昧にしてしまうと批判している[105]。New York 判決は、連邦政策を実施するために「州政府を下部機関として使う」連邦法を違憲と判断したことで[106]、連邦政府の権限を制限

し、同時に、州の自律権を保障しようとする姿勢を明確に示したことになる。

一方、条件付き支出の問題に関して、New York 判決は、Dole 判決が示した制約テストを確認し、議会が直接規制できる対象に関する条件付き支出の合憲性を緩やかに判断する姿勢を示したことで注目される。

そもそも、New York 判決では、議会の条件付き支出を行う権限が直接争われたわけではない。その代わりに、ニューヨーク州は、当該連邦法が連邦予算ではない予算の出費を授権しているために、支出権限を越えていると主張したのである[107]。これに対して、O'Connor 判事は、傍論において、条件付き支出の合憲性を判断する基準として Dole 判決の制約テストの維持を再確認し、当該連邦法がいずれの制約要素にも反していないことを示唆している。すなわち、第1の制約については、低レベル放射性廃棄物の安全性確保が「一般的福祉」目的に該当する。第2の制約については、当該連邦法は州に対して条件を明確に告知している。第3に、連邦法が示す条件および出費は、放射性廃棄物に関する緊急問題を解決するための議会の努力に関係している。また、O'Connor は、独立した憲法的障壁についても原告側の主張がなく、問題はないとする[108]。このように、New York 判決傍論は、基本的に Dole 判決基準の踏襲を宣言するものであり、前述の批判が当てはまることになる。

ただし、New York 判決の事例は、条件の対象が議会の直接規制できる事項であった点で、Dole 事件と異なる。本件では、議会が低レベル放射性廃棄物処理を規制する権限を持つことは疑問視されていないのである。処理場用地は、しばしば一州の住民から他州の者に売却される。廃棄物処理に関わる州際市場の規制は、まさに、議会が州際通商条項のもとで直接規制する権限を保持する対象なのである[109]。このように、議会が直接規制できる対象に関連する場合には、Dole 基準の適用を厳格に解したとしても、条件付き支出の合憲性は維持されることになる[110]。おそらく、ニューヨーク州は、Dole 判決が示す制約テストによって事件が棄却されることを危惧して、議会の条件付き支出を行う権限を争わなかったと考えられるのである[111]。

以上のように、本件で問題となった条件付き支出は、議会による直接的規制が可能な対象であり、仮に Dole テストを厳格に適用しても合憲性が推定される事例と考えられる。しかし、New York 判決で最高裁が示した州の自律権を保障しようとする基本姿勢は、条件付き支出を幅広く容認する Dole の制約テストの意

義を侵食しかねない。いずれにせよ、今後、州の自律権に関する最高裁の判断に変化がないかどうか注目する必要があろう[112]。

3　条件付き支出の合憲性と審査基準

第1節　条件付き支出の問題点

(1)　「一般的福祉」文言による制約

　まず、条件付き支出をめぐる諸問題について整理する。憲法1条8節1項の支出条項は、「合衆国の債務を支払い、共同の防衛および一般的福祉の目的」に備えるため支出することができるとする。憲法文言上、支出権の限界は「一般的福祉」に求められることになる。同様に、条件付き支出は、一般的福祉目的を持つという説明がなされれば正当化されることになる。そこで、一般的福祉の内容が問題となる。

　もっとも、最高裁は一般的福祉の内容について明言を避けている。例えば、Butler判決は、議会の支出権限の範囲は、憲法に列挙された議会権限よりも幅広いものと認めた。しかし、同判決は、合衆国の一般的福祉の範囲についての判断を回避していた[113]。Butler判決は、修正10条を違憲判断の根拠としているために、あえて、支出条項の解釈論に踏み込む必要はなかったのである。これに対して、Helvering v. Davis, 301 U.S. 619 (1937) では、一般的福祉の内容に対する判断は議会の裁量であるとの立場を示している。すなわち、同判決は、何が一般的福祉に該当するかを判断する裁量は裁判所に託されておらず、その選択が明白に誤っており、濫用が認められない限り議会にあると述べている[114]。さらに、近時の判決では、条件付き支出の目的を一般的福祉に限定されるべきことを再確認したDole判決も、この基準を用いる際には、実質的には議会の判断に従わなければならないとも述べている[115]。つまり、Dole判決の立場では、「一般的福祉」の内容は支出権を行使する議会自身が決定する事項ということになる。このように、判例上、一般的福祉文言は、条件付き支出について抽象的な限界を示すにとどまり、具体的な事例で用いる基準としての明確化は、今後の作業ということに

なる。

(2) 条件選択論

　条件付き支出の合憲性を支持する者は、州に条件を受諾するかどうかの選択権が存する点をその根拠として挙げる。つまり、州が最終的な選択権を保持する以上、連邦と州との関係において条件を受諾するかどうかについて「強制」は存在せず、憲法問題は生じないとする考えである。最高裁は、1923年のMellon判決以後、一貫して条件付き支出における州の最終的選択権を重視する姿勢を示している[116]。

　たしかに、州には選択権が認められている。しかし、それは形式的なものであり、往々にして幻となりやすい[117]。ニューディール期以後、州に対する連邦予算の額は大幅に伸びており、各州の連邦予算への依存率の割合も増加している。このような財政状況の中で、州に対する形式的な選択権が残されているとしても、事実上、州に拒否する余地はない。また、ある州が条件の受諾を拒否し、予算の支出を受けない決定を下した場合、みずからの州民が納付した連邦税の支出割当ては、条件を受け入れた他州に回ってしまうことになる。つまり、議会の提示した条件を拒否することは、州の財政事情を絶対的に悪化させるだけではなく、他州との比較においても相対的悪化を招くことになる。実際、Dole判決、New York判決は、依然として州の自発的な選択権の行使に言及するものの、もはや決定的なものとは見なしていない。Dole判決が示した五つの制約テストは、条件選択論からの離脱を意味すると考えるべきであろう。

(3) 政治過程による保護論

　条件付き支出については、州の利益が連邦の政治過程によって保護されており、それゆえに、州に対する司法的保護が不要であるとの議論が見られる。このような主張は、条件付き支出の問題のみならず、議会と州との権限関係の問題一般で見られる[118]。その代表的な論者であるHerbert Wechslerは、州代表的性格を持つ上院が「州利益の守護者」として活動すること、また、下院や大統領も州をベースとして選出された代表であることを強調する[119]。そして、このような州からの代表で構成される連邦政府の制定する立法である限り、連邦による州への圧迫は問題ではないとする[120]。この種の政治過程による保護論は、最高裁が度々

採用している論理であり[121]、間接的規制手段としての条件付き支出には、より当てはまると考えられるのである。

しかし実際には、議会の州代表者たちは、州に対する支出について監視する役目を果たせていない。議会の議員は、出身州を含む全州を対象とした条件付き支出立法に様々な動機で賛成する傾向がある。1. 議員が州憲法、州法の修正、制定を求める場合、2. 他州に自州と同様の規制を求める場合、3. 特定の州が支出を拒否することを望む場合、4. 条件付き支出条項を含むほうが連邦法の制定を容易にする場合である[122]。このような事情で条件付き支出立法は制定されており、連邦レベルで州の利益が保護されることを過度に期待できないことになる。

(4) 政治責任論

さらに、最近、条件付き支出については、政策の選択に対する政治責任を連邦と州のいずれの政府が持つかを不明確にしてしまう危険があるとの批判が見られる[123]。いずれの政府が政治責任を持つかを不明確であれば、連邦と州との政府の二重システムがもたらす利益を人民が利用できなくなってしまう[124]。最高裁自身、他の脈絡においては、このような責任性の曖昧さが持つ危険性を指摘している[125]。このように、近時の州の保護を拡大する最高裁は、政治責任の所在が不明確になる場合のデメリットを考慮に入れて連邦制度に関わる問題を判断しているのである[126]。

ただし、最高裁は、条件付き支出の脈絡においては、この種の責任論を展開していない。Gregory v. Ashcroft, 501 U.S. 452 (1991) においては責任論を援用したO'Connor 判事も、Dole 判決の反対意見では、この問題を無視している[127]。また、New York 判決でも、所有権取得規定に関連して責任論が展開されているが[128]、支出権限に関しては述べられていない。結局最高裁は、当該州が条件を受け入れるかどうかの最終的な選択権を保持している以上、政治責任の所在は明確であると考えているのであろう[129]。New York 判決は、条件付き支出の文脈において、古典的な条件選択論を維持しつつ、政治責任論を回避する姿勢を示しているのである[130]。

さて最高裁は、通商権限規定と支出権限規定において、政治責任論に関して異なるアプローチを確立しつつある[131]。条件付き支出が議会および州政府の政治責任を曖昧にしてしまうことは否定できない。政治責任の所在が不明確である点

のみにより条件付き支出を違憲と判断できるわけではないが、誰が政治責任を負うかを明示することは、民主政の根幹に関わる問題なのである。

第 2 節　人権保障規定に基づく限界

(1)　連邦憲法の権利章典との関係

　議会の支出権限は、他の権限同様、権利章典の中に見出される諸制約に服する[132]。しかし、条件付き支出の文脈では、議会は、州民の諸権利を直接制限しておらず、州政府に規制を促すことにより間接的に関与していることから、人権保障規定との関係で独特の問題を生じる。

　そこで、条件付き支出による個人の権利、自由侵害の問題を検討する際には、違憲条件理論（unconstitutional conditions doctrine）が参考になる[133]。違憲条件理論は、連邦政府、州政府もしくは地方政府が個人に対して特定の権利の放棄もしくは不行使を条件として特権、利益を与えることが禁止されているとする理論である[134]。例えば、政府が公務員採用、補助金給付、許認可などの条件として、憲法上保障されている言論の自由や自己負罪拒否特権などを制約することを憲法違反と考える。違憲条件理論が適用されるかどうかは、「強制」の有無により判断される。「強制」が存在する場合には、当該条件を付すことは修正 5 条または修正 14 条に反し、違憲と判断される。このように、違憲条件理論は、政府が直接規制することが許されない権利を間接的に制限することを禁止するものであり、条件付き支出の合憲性の問題と論理的関連性を有する。つまり、ある自由が直接的規制による干渉から保障されているのであれば、条件付き支出による干渉に対しても同様の保護が与えられることになる[135]。換言すれば、議会は、条件付き支出を個人的自由として憲法上保障されている行為を「強制」するために用いることはできないことになる[136]。

　連邦制度の目的は、州の利益を保護することではなく、州民の自由と権利を保障することにある[137]。このような立場からは、条件付き支出によって州民の諸権利が侵害される場合に、議会の権限行使の範囲を限定的に捉える必要があろう。近時の最高裁は、州の自律権ほどには個人の権利、自由を保護する傾向にないが[138]、直接的規制と同様の観点により条件付き支出と権利章典との抵触問題を扱うべきであろう。

(2) 州憲法の人権保障規定との関係

ところで、条件付き支出と個人の権利、自由との抵触においては、議会の示す条件が州憲法上認められた諸権利を制限する場合に、別の問題を生じる。この場合、州民の権利は州法により制限されているのであり、問題の司法的解決は州裁判所によってなされることになる。ある論者は、州裁判所は、州議会が州憲法の人権保障を無効とするような立法を行わないように、州憲法の権利章典を解釈すべきであると主張する[139]。すなわち、もしある州の憲法が保障する権利が連邦プログラムへの州の参加により削減させられるのであれば、そのような州の参加は、州憲法の事項として禁じることができるとするのである[140]。

しかし、実際には、州裁判所が州議会の行為を否定するかどうかは疑問が残る[141]。まず、連邦裁判所と異なり、終身身分保障を受けていない多くの州裁判所の判事に州の多数派が支持した政策への反対を期待できない。第2に、もし州裁判所が連邦支出の受領を否定すれば、州の多数派は連邦法が要求する条件に合致するように州憲法を改正し、少数派の権利保障規定を削除する危険がある。このような状況は、各州憲法上の保護の相違を全国的に均一化することにほかならない。第3に、州裁判所の決定により州が連邦予算の受領を拒否した場合、単に当該州の財政状況が悪化するだけで終わってしまう。州裁判所の州憲法違憲判決後も、当該連邦法は依然として連邦憲法上は適法であり、その結果、連邦予算の支出割当てが他州に流れてしまうことになる。州裁判所が条件付き支出を否定することは、各州が連邦予算に依存している現状において、州財政の圧迫を招くだけなのである。

さて、各州が連邦憲法上に存在しない多様な権利を保障することは、連邦制度の本来の目的に合致する。連邦制度は権力分立制度同様に、政府権限の濫用から個人の権利、自由を保護する役割を果たす。さらに、複雑かつ深刻な現代社会の諸問題の解決のために、各州がその権限の範囲内で独自の対応策を実行することも、現代連邦制度の意義として評価できよう。条件付き支出で達成しようとする連邦政策が州憲法上の州民の権利と抵触する場合には、支出権に対する連邦主義による限界問題として判断されることになる。

第3節　NFIB 判決における連邦主義的限界

(1) Dole 判決 O'Connor 判事反対意見の再評価

　ニューディール期以来続いていた連邦政府権限の拡大傾向は、近時の最高裁の諸判決によって揺るがされている。その中でも O'Connor 判事は、連邦と州との権限の関係が争われた事件において州の自律権を保護する姿勢を強く見せており注目された[142]。そこで、まず、O'Connor 判事が Dole 判決の反対意見において提示した、条件付き支出の合憲性判断の手法について検討する。

　O'Connor 判事は、Dole 判決において、法廷意見が示した制約テストを支持するとしつつ[143]、第3の制約である「関連性制約」の適用に誤りがあるとして違憲判断を示していた[144]。しかし、実際には、O'Connor 判事は、連邦利益と条件との間の関連性の判断に関して、法廷意見と完全に異なる要件を提示していると考えられる[145]。法廷意見は、連邦利益と条件との間が無関係でなければ要件を満たしているとの立場であり、両者の関連性の判断に最小限の合理性を求めるに過ぎない[146]。これに対して、O'Connor 判事は、連邦利益と条件との間に実体的な関係を求めている[147]。すなわち、飲酒年齢の引上げは州の社会的、経済的領域に対する規制であり、高速道路建設予算支出の目的である「交通の安全維持」に直接関連しないとするのである[148]。結局 O'Connor 判事は、支出権について、条件が委任された規制権限の範囲内でない限り、「予算をどのように使うべきか」の特定以上の要件を課す権限を付与するものではないと解釈しているのである[149]。このように、O'Connor 判事が示した関連性テストは、連邦利益と条件との間に実体的な関連性を求めることによって、議会の間接的規制手段である条件付き支出制度の合憲性を厳格に解し、州の自律権を保護する可能性を持つものであったといえよう。

　そこで、O'Connor 判事の示す制約テストについては、次のような問題点を指摘できる。まず、O'Connor 判事の関連性基準の具体的な適用には曖昧な点がある[150]。実際、O'Connor 判事は、Dole 判決において飲酒年齢規制を違憲と判断しながら、特定の政治活動を行った者を州ハイウェイ委員会委員とすることを禁ずる条件を合憲とした Oklahoma 判決を支持している[151]。Oklahoma 判決の事例が、Dole 判決同様、連邦高速道路建設予算の支出をめぐるものであったこと

を考えると、両者の結論の相違について説明を要しよう。

また、O'Connor 判事は、Dole 判決の法廷意見と異なり、条件が州に対する強制と見なされる段階が存するかどうかに関心を払っていない[152]。後の New York 判決の法廷意見においても、O'Connor 判事は、第5のテストである強制の問題について一切述べていない[153]。このように、O'Connor 判事は、Dole 判決が示した「非強制」基準について、もはや憲法上の要件として必要ないと判断しているかのように見えるのである[154]。O'Connor 判事の主張については、他の事件で示された連邦制度解釈と併せて判断する必要があるものの、連邦制問題において最高裁の立脚する法理を整理した点で注目すべきである。

(2) NFIB 判決の解釈

さて、最高裁が National Federation of Independent Business (NFIB) v. Sebelius, 132 S. Ct. 2566 (2012) において合憲性審査を行ったのは、Obama 政権の医療保険制度改革の法的根拠となる Patient Protection and Affordable Care Act of 2010（ACA法）のうち「個人への義務付け」(Individual mandate) 条項と「メディケイドの拡大」(Medicaid expansion) 条項である。最高裁は前者について5対4で合憲と判断し、後者については逆に7対2で違憲とした。違憲とされたメディケイド拡大条項についても、同条項の適用を回避すれば、制度自体は合憲的に利用されるとされており、「全体としては、一部適用違憲判決」であったと見なされる[155]。このため実体的関心としては、同判決の結果においても全体としてのオバマ・ケアが合法的に存在できることに集まった。これに対して本章の関心は、条件付き支出を定めるメディケイド拡大条項の違憲判決を導いた法理である。

ACA法は、医療保険制度の谷間に落ち込む無保険者を救済する制度を定めたものである。メディケイド拡大条項は、従来低所得者向けに連邦政府と州政府が実施してきたメディケイド制度の対象者を拡大する。拡大条項の対象となった者に対しては、その費用の一部を各州が負担することになっている（同法1396a項）。拡大条項は、もし州がその一部費用負担を拒否すれば、すでに制度化されているメディケイドに対する連邦予算の全額の支出が停止される（同法1396c項）。つまり、連邦予算のメディケイドに対する支出に、条件として拡大制度への州予算の支出が求められたことになる。

メディケイド拡大条項は7対2で違憲と判断されたが、Robert 長官による意

見（Breyer 判事、Kagan 判事同調）と Scalia、Kennedy、Thomas、Alito の4判事による共同意見に分かれる。両意見ともに、Dole 判決が示した条件付き支出の合憲性に関する五つの制約テストを適用するものの、各々違憲とする根拠が異なる。まず、両意見ともに、Dole 判決が示した五つの制約のうち第1制約である「一般的福祉」[156] と第4制約である「憲法上の独立した障壁」は適用外と見なされている[157]。

まず、Robert 長官が違憲判断で依拠したのは、Dole 判決の第2制約である「明確な条件告知」テストである[158]。Robert による意見は、州がオリジナルのメディケイド制度について参加を決定した際に、その後に拡大メディケイドに関する追加の条件が提起されることを知る余地がなかったとするのである[159]。また、Robert は、メディケイド拡大条項が Dole 判決の第4制約である連邦プログラムとの関連性にも抵触するとする。本条項は、全く新たな健康保険制を州に対して押し付けるものであるとするのである[160]。

さらに、Robert 長官は、メディケイド拡大条項が、従来存在するメディケイド制度に対する連邦予算の支出を停止するとの脅かしにより強制されている点で違憲となるとする。そこでは、連邦法の指示する条件を受け入れなければ、新たな制度への参加が認められないだけでなく、州予算全体の10％にも上る連邦補助金を失うことになるのである。Robert 長官は、このような状況を「銃を頭に向けて」連邦予算を支出するようなものだと批判するのである[161]。

次に、Scalia 判事ら4名の共同意見は、Dole 判決のテストのうち第5の「非強制」テストを強調する点で Robert 長官意見と異なる[162]。Scalia 判事らによれば、そもそも条件付き支出制度は連邦政府の権限の範囲を拡大するものとの認識に立つ。そしてこのような条件に関して、州側に受入れの選択の余地が認められないような場合に、違憲的な強制となる。

これに対して、Ginsberg 判事の反対意見（Sotomayor 判事同調）は、まず、議会に条件付き支出を行う権限が存することを前提とする。そして、従前の支出制度を改正する際には、連邦予算を継続的に支出するために新たな条件を付すことも認容できるとする。本件における拡大メディケイドはオリジナルのメディケイド制度を改良するものであり、新たな条件を付すことも合憲的に認められるとするのである。

以上のように NFIB 判決は、当該条件付き支出を違憲とする部分で理由付けが

分かれており、さらに、違憲となった条文を法全体から分離できるか否かについて違憲判断の7名中 Robert 長官ら3名が分離可能として、合憲判断を示した Ginsberg 判事ら2名と組んだために、制度の根幹は存置することになったのである。

このうち Dole 判決における制約テストに比較的忠実なのは、Scalia 判事ら4名の共同意見であろう。Dole において示された五つの制約テストのうち、当該事件に適用される限りにおいて唯一基準としての存在意義を示した「非強制」テストであった。もっとも、具体的適用においては、連邦予算が州の高速道路予算の5％に過ぎないとの事実により、当該条件が州に対する「強制」と見なされる点を越えていないと判断された。これに対して、本件では、州全体の予算のうちメディケイド予算の割合が20％を占め、そのうち半分の10％程度が連邦予算からの支出であることから、Scalia 判事らは深刻な強制を構成すると判断したのである。この点については、Robert 長官ら3名の意見も同旨であり、「嚙みつく歯のない基準」との評価が見られた「非強制」テストが、支出権に対する議会の独自解釈を止めたことになる。

これに対して Robert 長官による意見は、違憲判断を導いた三つのテストのうち「明確な条件告知」と「連邦利益との関連性」に関して、従来の判例の枠から飛躍しているのではないかとの分析がなされている[163]。まず、「明確な条件告知」に関しては、従来は当該支出に関するプランが提示された段階において、州に対して明確に示されていることで充足できた。これに対して、Robaert 長官は、ACA 法が遡及的に条件を付けていると判断して、明確性を否定しているのである。もっとも、このような明確性判断では、全く新規のプランに対する予算支出以外違憲と判断されることになり、問題が残る。また、連邦プログラムとの関連性に関しても、従来であれば、ACA 法はすでに存在しているメディケイドの修正版と見なされ、「連邦利益との関連性」が肯定されることもありえたと考えられる。このような先例との整合性を欠く点が、Robert 長官の意見が最高裁内で少数派としての地位にとどまった要因の一つと考えられる。

今後、最高裁において条件付き支出制度の合憲性が判断される際には、Scalia 判事らの共同意見の示す Dole 判決を修正した「非強制」テストを用いるのか、Robert 長官の提示する新たな制約解釈を用いるか、あるいは、議会の独自解釈を限定付きで認容する Ginsberg 判事の主張が多数を制するのか、判然としない。

「非強制」テストが適用されるとしても、すでに各州において連邦予算の占める割合が巨大化しており、実体的判断は困難となろう。

(3) 条件付き支出権に関する学説の検討

最後に、条件付き支出の合憲性に関する諸学説について、Dole判決の制約テストとは異なる合憲性審査基準を提示する、Lynn A. Bakerの主張を中心に検討する。

まず、Bakerは、現行の条件付き支出制度の問題点について次のように指摘する。第1に、条件付き支出によってマイノリティを保護するための州法規定が危険にさらされる[164]。実際、議会が提示した条件を受託するかどうかの判断の際に、州内のマジョリティにマイノリティの利益を保護する観点に立つことを期待することは困難である。第2に、条件付き支出の制度により、議会は、修正10条により州が保持する諸権限を、過半数の賛成により制限することができる[165]。これは、実質的には、憲法改正手続をパスする役目を果たすことになる。第3に、条件付き支出は、連邦制度において州の多様性を減じてしまう結果を生む[166]。

そこでBakerは、条件付き支出が議会の直接的に規制できない事項に対して間接的規制を達成する目的を持つ場合に、憲法上の問題が提起されると考える。Bakerは、従来の学説と同様に、政治過程による州の保護を疑問視する。しかし、Bakerによれば、従来の学説は条件付き支出の合憲性を判断する実体的基準を提示していない[167]。これまで、連邦制度における州の自律権と議会の「一般的福祉」のための支出権行使をどのように憲法上両立することができるか、十分意識されてこなかったのである。

これに対して、Bakerの主張する審査基準は、連邦予算が支出される目的と予算の額に着目する客観的基準とされる。まず、議会が憲法上直接規制権限を持つ場合には、条件付き支出の合憲性が推定される[168]。議会の規制権限の範囲については、州際通商条項に関するLopez判決に合致して解釈される。同判決においてRehnquist長官は、通商条項に基づいて規制できる活動として、1. 州際通商の経路の利用規制、2. 州際通商の道具、人、物品規制、3. 州際通商に実質的に関係する活動の3点に限定して示している[169]。例えば、New York判決における条件付き支出は、議会が州際条項に直接的に規制を行いうる事項に対するものであり、合憲性が推定される範疇に含まれる[170]。

もっとも、議会が直接規制権限を持たない場合には、条件付き支出は違憲性の推定を受ける[171]。そのような支出は、連邦政府は列挙された権限のみを行使するという憲法修正10条に反するからである。ただし、この違憲性の推定は、支出が弁済目的である場合には覆される[172]。つまり、支出が条件実施に伴う州の財政的負担を弁済する目的に限定されている場合には、条件を拒否したとしても州財政を圧迫することはない。しかし、州の負担額を超える条件付き支出は、州に対する規制の「強制」を構成し、違憲性の推定が維持される[173]。議会は、このような規制が一般的福祉の増大になると確信するのであれば、憲法改正手続に従って、新しい直接的規制権条項を憲法に加えて解決すべきだということになる[174]。

　さて、Bakerの審査基準は、条件付き支出制度に関して、連邦政府を制限政府として規定する修正10条と「一般的福祉」文言により広範な対象への支出を認める支出条項との矛盾を解決するための実体的テストを提示しており、注目される。ただし、Bakerの主張する審査基準には幾つかの問題点がある。第1に、議会の規制権限の範囲を確定するためにLopez判決に依拠している点である。Lopez判決において最高裁が示した形式的論理には、多くの批判が寄せられており、同判決が他の議会の規制権限に関する先例となるかどうかも疑問が残る[175]。Bakerの審査基準に従った場合でも、議会の直接的規制権限の範囲を拡大的に解釈すれば、条件付き支出が合憲と判断される範囲は広範なものになってしまう。議会の規制権限の範囲外の事項に対する条件付き支出を問題とする以上、肝腎の権限の範囲の確定方法について議論を尽くす必要があろう。

　第2に、Bakerの基準では、良性の連邦政策を達成する目的を持つ場合においても、条件付き支出を違憲と推定してしまう危険がある。例えば、人種差別、性差別などの不平等を是正する政策や環境保護に関わる政策であっても、議会に明確な規制権限がない場合、もしくは、支出額が州に対する弁済分を超えた場合には、違憲と判断されてしまう[176]。さらに、Bakerは、必要性の認められる連邦政策を実施するためには、最終的に憲法改正手続を利用すべきであると主張するが、その実効性は疑問である[177]。もし、政策内容について配慮せずに、条件付き支出の多くを違憲と判断するのであれば、Bakerの新基準には、最高裁の形式的傾向に対する批判と同様の評価がなされよう[178]。

　以上、条件付き支出に対する最近の合憲性審査基準論を検討し、問題点を指摘

した。実効性が欠けるとされたDole判決から25年、NFIB違憲判決によって、条件付き支出制度の合憲性に対する再検討が始まったといえる。今後、条件付き支出の規制内容に対する個別的分析が課題となるが、その際には、合衆国における連邦主義の意義と議会権限を制約する可能性、および連邦制度において議会の果たす役割について法的認識を確立しておく必要があろう。

小括

　憲法制定会議の最終段階において簡単な議論の後追加された支出条項は、連邦政府権限の拡大において予期せぬ役割を果たし、連邦政策の実施および州財政の安定にとって不可欠なものとなっている。その反面、支出に付加される条件は、憲法に列挙された議会権限が対象としていない事項に関するものが多い。このため、条件付き支出には、議会が直接関与できない事項について間接的に規制を達成する制度であり、連邦主義を定めた憲法上許されない州に対する強制であるとの批判が見られる。また、政策面では、労働・雇用問題、環境問題に対する規制を緩和すべしという保守派、および、諸州の進歩的政策への連邦の介入を抑制すべきとするリベラル派の双方から、条件付き支出制度に対する批判が見られるようになった。

　これに対して最高裁は、ニューディール期の「憲法革命」後、一貫して条件付き支出制度の合憲性を支持する立場を維持していた。その背後には、議会が提示した条件を受諾するかどうかについて州に選択権が残されていること、および、諸州の利益が連邦での政治過程において保護されているとの基本認識がある。この中で、1987年のDole判決は、条件付き支出に対する合憲性審査基準を整理したことで注目された。すなわち、1. 支出は一般的福祉のためであること、2. 条件の内容が明確に告知されていること、3. 条件が連邦政策の利益と関連性をもつこと、および、4. 他の憲法規定に反していないことである。さらに、最高裁は、5. として州の連邦予算への依存状況を認識したうえで、州に対する実質的強制は許されないとの立場も示したのである。また、O'Connor判事の反対意見は、Doleの第3基準を厳格に解することで、条件付き支出の合憲性の範囲を実質的に絞る考えを示した。保守化傾向にある最高裁は、一定の範囲において州の自律権を保護する姿勢を示しており、条件付き支出についても判例の展開が注目されていた。

しかし、25年後に下された条件付き支出制度に関する初の本格的な違憲判決である NFIB 判決は、保守派裁判官5名にリベラル派2名が加わった形で下されており、その理由付けが分かれるとともに、当該条文を分離する形で違憲判決の効力を最小限度にとどめており、評価の難しいものとなった。

Dole 判決を変則的に継受した NFIB 判決を契機として、学説は条件付き支出の合憲性に関して再検討を始めた。憲法学説の多くは、議会による条件付き支出に一定の機能的メリットを見出すものの、合衆国憲法の基本原理である連邦主義との関連で、より実体的な審査基準を模索している段階にある。憲法論としては、議会が決定した支出が「一般的福祉」に合致するかどうか、および、条件が州に対する強制ではないかどうかを個別的に検討する必要がある。その際には、連邦制度の目的が、連邦政府、州政府いずれの利益のためではなく、合衆国人民の権利と自由を保護することにある点を再確認する必要があろう。

1) NFIB 判決について詳しくは、木南敦「最近の判例：Patient Protection and Affordable Care Act と合衆国議会の立法権権限の範囲」アメリカ法［2013-1］132頁以下；藤井樹也「『オバマ改革』に対する司法判断」成蹊法学77号（2012年）202頁以下；秋葉丈志「医療保険改革法と合衆国憲法における連邦政府の権限」比較法学46巻3号（2013年）328頁以下；辻雄一郎「最近の州際通商条項についての憲法学的考察」筑波法政60号（2014年）111頁以下、坂田隆介「医療保険改革法とアメリカ憲法（1）」「同（2）」立命館法学356号（2014年）1頁以下、359号（2015年）75頁以下；御幸聖樹「第8章 統治分野に関する諸判例」大林啓吾・溜箭将之編『ロバーツコートの立憲主義』（成文堂、2017年）289頁以下などを参照。

2) Robert Jay Dilger, Federal Grants to State and Local Governments: A Historical Perspective on Contemporary Issues 5 & Table 2, (Cong. Resarch Serv) (June 22, 2017). *See also* Lynn A. Baker, Conditional Federal Spending After Lopez, 95 Colum. L. Rev. 1911, 1918 & n.24 (1995).

3) *See* South Dakota v. Dole, 483 U.S. 203 (1987).

4) *See* United States v. Lopez, 514 U.S. 549 (1995).同判決では、学校周辺地域内での銃の所持を禁止する1990年連邦法の合憲性が争われた。学校内で短銃を所持していた容疑で逮捕された被告人 Lopez は、1990年法が通商条項の範囲を越えているために違憲であるとして、無罪を主張した。Rehnquist 長官よる法廷意見（O'Connor、Scalia、Kennedy、Thomas 各判事同調）は、同法が州際通商規制権限の範囲を越えており違憲であると判断した。同判決については、中村民雄「判例紹介：United States v. Lopez, 115 S. Ct. 1624 (1995)」アメリカ法［1996-1］161頁以下；浅香吉幹「判例紹介：州際通商条項―拳銃の所持について― United States v. Lopez, 115 S. Ct. 1624 (1995)」ジュリスト1097号（1996年）151頁以下などを参照。

5) 合衆国憲法修正10条は、「この憲法によって合衆国に委任されず、また州に対して禁止されなかった権限は、各州または人民に留保される」と規定している。

6) 2 Records of The Federal Convention of 1787, at 493 (M. Farrand, ed. 1937)(Yale Univ. Press).

7) Merrill Jensen, The Making Of The American Constitution 153 (1958)(Krieger Pub. Co., reprint ed. 1979). また、メリル・ジェンセン著、斉藤眞＝武則忠見＝高木誠訳『アメリカ憲法の

制定』(南雲堂、1976年)180頁を参照。なお、連合規約における「一般的福祉」の意味については、see David E. Engdahl, The Basis of the Spending Power, 18 Puget Sound L. Rev. 215 (1995).

8) JENSEN, *supra* note 7, at 41. ジェンセン・前掲注(7)49-50頁。
9) JENSEN, *supra* note 7, at 86. ジェンセン・前掲注(7)101頁。
10) JENSEN, *supra* note 7, at 87. ジェンセン・前掲注(7)102-03頁。
11) 2 Records, *supra* note 6, at 493.
12) *Id.* at 495.
13) Engdahl, *supra* note 7, at 241 & n.136.
14) この議論について詳しくは、木南敦『通商条項と合衆国憲法』(東京大学出版会、1995年)31頁以下を参照。
15) James Madison, Speech on The Bank Bill, House of Representatives 2 Feb. 1791, 13 The Papers of James Madison at 375-76 (2 The Founders' Constitution at 446) (P. Kurland & R. Lerner. ed.) (University of Chicago Press, 1987).
16) *See* Butler, 297 U.S. at 65.
17) *Id.* at 66.
18) Alexander Hamilton, Report on Manufactures, 5 Dec. 1791, 10 The Papers of Alexander Hamilton at 302-04 (2 The Founders' Constitution, *supra* note 15 at 446-47).
19) 30 Annals of Congress 1059-62 (1817) (Madison Veto Message). なお、同法案は、Jhon C. Calhounが第二合衆国銀行法設立の見返り策として提案したもので、国内交通網の改善を目指した初めての国家的プログラムであったが、Madisonの拒否権によって廃案となった。アメリカ連邦交通省道路局編、別所正彦=河合恭平訳『アメリカ道路史』(原書房、1981年)42頁以下参照。
20) David E. Engdahl, The Spending Power, 44 Duke L. J. 1, 32-33 (1994).
21) Albert J. Rosenthal, Conditional Federal Spending and the Constitution, 39 Stan. L. Rev. 1103, 1112 & n.40 (1987).
22) Butler 297 U.S. at 66.
23) *Id.* at 68. *See also* Engdahl, *supra* note 20, at 3 & 35.
24) Dilger, *supra* note 2, at 5-6.
25) *Id.* at 6. その他、レクリエーション、法執行、廃棄物処理などに及ぶ。*See* Engdahl, *supra* note 20, at 130-31.
26) 連邦補助金制度に関しては、以下の邦語文献を参照。西川宏『現代アメリカ連邦財政思想の研究』(啓文社、1972年);岡本英男「アメリカ連邦補助金制度の展開と矛盾(上)(中)(下)1(下)2」東北学院大学論集(経済学)92号(1983年)94号(1984年)103号(1986年)104号(1987年);新藤宗幸『アメリカ財政のパラダイム―政府間関係―』(新曜社、1986年);渋谷博史『レーガン財政の研究』(東京大学出版会、1992年);山崎正『米国の地方財政』(勁草書房、1989年)。
27) 実際、Butler判決は、Franklin Roosevelt大統領のいわゆる「コートパッキング・プラン」発表時に批判された判決の一つであった。
28) この時期の最高裁の動向については、畑博行『アメリカの政治と連邦最高裁判所』(有信堂高文社、1992年)62-63頁を参照。
29) 1960年代の状況は、新藤・前掲注(26)28頁以下、渋谷・前掲注(26)38頁以下などを参照。
30) 新連邦主義については、新藤・前掲注(26)45頁以下などを参照。
31) Rosenthal, *supra* note 21, at 1105 & n.8.
32) *Id.* at 1105.

33) Baker, *supra* note 2, at 1913 & n.8.
34) *Id*. at 1918.
35) *Id*. at 1935-39.
36) *Id*. at 1917-18.
37) Rosenthal, *supra* note 21, at 1106.
38) Baker, *supra* note 2, at 1918-19.
39) Baker, *supra* note 2, at 1923.
40) Mellon, 263 U.S. at 478-80. なお、同日のコンパニオン・ケースである Frothingham v. Mellon, 262 U.S. 448 (1923) の原告適格に関する判示については、時國康夫『憲法訴訟とその判断の手法』（第一法規出版、1996年）181頁以下を参照。
41) Mellon, 263 U.S. at 483. ただし、その後の最高裁はこのような立場を放棄している。*See* Anthony B. Ching, Travelling Down the Unsteady Path: United States v. Lopez, New York v. United States, and the Tenth Amendment, 29 Loy. L.A.L. Rev. 99, 125 & n.214 (1995).
42) Mellon, 263 U.S. at 480.
43) *Id*. at 482.
44) Baker, *supra* note 2, at 1934 & n.123.
45) *Id*. at 55.
46) *Id*. at 63-64.
47) *Id*. at 65-66.
48) *Id*. at 67-68.
49) Note: Federalism, Political Accountability, and The Spending Clause, 107 Harv. L. Rev. 1419, 1428 (1994).
50) Butler, 297 U.S. at 68.
51) *Id*. at 79 (Stone J., dissenting).
52) *Id*. at 74-75.
53) Baker, *supra* note 2, at 1927.
54) なお、Steward 判決と同日に下された Helvering 判決も、Butler 判決を実質的に変更し、議会の支出権を幅広く認める判断を示している。*See* Helvering v. Davis, 301 U.S. 619 (1937).
55) 最高裁判事の顔触れは Butler 判決時点と同じであるが、中間派が態度を変更した。*See* Rosenthal, supra note 21, at 1126.
56) Act of August 14, 1935, c.531, 49 Stat .620, 42 U.S.C. 7 (SUPP.), 42 U.S.C.A. 301-1305.
57) Steward, 301 U.S. at 586.
58) *Id*. at 586-87.
59) *Id*. at 588.
60) *Id*. at 589-90. 判決は、アラバマ州が選択を行った時点では、連邦の圧力は強制に変化していなかったと判断している。*Id*. at 590. なお、この点については、*see* Thomas R. McCoy & Barry Friedman, Conditional Spending: Federalism's Trojan Horse, 1988 Sup. Ct. Rev. 85, 118-19.
61) Rosenthal, *supra* note 21, at 1127.
62) *Id*. さらに、Steward 判決は、各州の失業対策について検討し、社会保障法が連邦と州の共同作業を促進するものであるとする。Steward, 301 U.S. at 587. しかし、Butler 判決では、そのような状況について検討した形跡がない。
63) 両者の事例で異なるのは、Butler 判決では給付金支出の条件として農民の農業生産の自由を制限していたが、Steward 判決では失業者に対する利益の供与の条件として、個人の権利・自由が制限されていない点である。
64) Engdahl, *supra* note 20, at 130-31.
65) Hatch Act 12(a)(b), 5 U.S.C. 118K (1940).

66) Oklahoma, 330 U.S. at 143.
67) *Id.* at 143-144.
68) Baker, *supra* note 2, at 1927 & n.73.
69) Ching, *supra* note 41, at 129.
70) McCoy & Friedman, *supra* note 60, at 113.
71) 23 U.S.C. 158.
72) Dole, 483 U.S. at 207.
73) *Id.*
74) *Id.*
75) *Id.* これは、後に、Gregory v. Ashcroft, 501 U.S. 452 (1991) 判決において示される clear statement rule の先駆けである。*See* Note, *supra* note 49, at 1430. なお、同ルールについては、戸松秀典「連邦制と州法の専占──州裁判官の定年制をめぐって── Gregory v. Ashcroft, 111 S. Ct. 2395 (1991)」ジュリスト 1017 号（1993 年）168 頁以下を参照。
76) Dole, 483 U.S. at 207.
77) *Id.* at 208.
78) Dole 判決に関して若干の考察を行った土屋孝次「アメリカ議会の支出権と連邦主義──条件付き支出制度の合憲性を中心に──」近畿大學法學 47 巻 1 号（1999 年）77 頁以下においては、Baker の示す制約区分に基づき、四つの制約に加えて「強制」禁止制約を別途検討したが、本書では五つの制約として同列に分析するよう修正する。*See* Baker *supra* note 2, at 1929-30. *See also* Lynn A. Baker, The Federal Leviathan: Is There Any Area Of Modern Life To Which Federal Government Power Does Not Extend?: The Spending Power After NFIB v. Sebelius, 37 Harv. J. L. & Pub. Pol'y 71, 74 (2014).
79) *Id.* at 208-9.
80) *Id.* at 209-10.
81) *Id.* at 210-11.
82) *Id.* at 211.
83) *Id.*
84) *Id.* at 211-12.
85) *Id.* at 212 (Brennan J., dissenting).
86) *Id.* at 213-14 (O'Connor J., dissenting). なお、O'Connor 判事の反対意見については、本章第 3 節で再検討する。
87) *See e.g.*, Ronald D. Rotunda & John E. Nowak, Treaties on Constitutional Law: Substance and Procedure, Vol.1, at 525-28 (3rd ed.) (West Publishing Co., 1999); Ching, *supra* note 41, at 132.
88) Dole, 483 U.S. at 207.
89) *Id.* at 207 & n.2. *See also* Buckley v. Valeo, 424 U.S. 1, 90-91 (1976).
90) Baker, *supra* note 2, at 1929-30 & n.94.
91) *Id.* at 1929 n.92 & 1931 n.97.
92) *Id.* at 1931. 実際、下級審では、特定予算総額の 95％の停止が支持されている。*See* Nevada v. Skinner. 884 F. 2d 445, 454 (9th Cir. 1989), *cert. denied*, 493 U.S. 1070 (1990). このような状況を受けて Baker は、Dole 判決の「強制」基準を実効性のない「歯のない強制基準」と批判している。Baker, *supra* note 2, at 1974.
93) Baker, *supra* note 2 at 1933.
94) *Id.* at 1932-33; McCoy & Friedman, *supra* note 60, at 86-87; Richard A. Epstein, Bargaining With The State 151-52 (Princeton Univ. Press, 1993).
95) 本件判決については、藤倉晧一郎「判例紹介：New York v. United States, 112 S. Ct. 2408 (1992)」アメリカ法［1996-1］178 頁以下；紙谷雅子「州に対する連邦法の『命令』と権力分

立：New York v. United States, 505 U.S. 144 (1992)」憲法訴訟研究会・戸松秀典編『続・アメリカ憲法判例』470 頁以下（有斐閣、2014 年）が詳しい。
96) See e.g., National League of Cities v. Usery, 426 U.S. 833 (1976); Garcia v. San Antonio Metropolitan Transit Authority, 469 U.S. 528 (1985); Gregory v. Ashcroft, 501 U.S. 452 (1991). また、連邦主義に関する最高裁判例に関しては、戸松・前掲注（75）170 頁以下；紙谷・前掲注（95）474 頁以下；高見勝利「議員の任期制限：U.S. Term Limits, INC. v. Thornton, 115 S. Ct. 1842 (1995)」ジュリスト 1111 号（1997 年）226 頁以下、などを参照。
97) See Baker, supra note 78, at 71.
98) New York, 505 U.S. at 159-60.
99) Id. at 166.
100) Id. at 174-75.
101) Id. at 176.
102) Id.
103) Id. at 177.
104) Id. at 166.
105) Id. at 168-69.
106) 藤倉・前掲注（95）181 頁参照。
107) New York, 505 U.S. at 172.
108) Id. at 171-72.
109) Id. at 159-60.
110) See Baker, supra note 2, at 1917. 合衆国最高裁判所の連邦制度における役割について詳しくは、安部圭介「レーンキスト・コートと連邦主義」宮川成雄編『アメリカ最高裁とレーンキスト・コート』（成文堂、2004 年）126 頁以下を参照のこと。
111) Id. at 1932.
112) See id. at 1988-89.
113) Butler, 297 U.S. at 68.
114) Helvering v. Davis, 301 U.S. 619, 640 (1937).
115) Dole, 483 U.S. at 207.
116) Mellon, 262 U.S. at 482; Steward, 301 U.S. at 595; Oklahoma, 330 U.S. at 143-44; Dole, 483 U.S. at 210.
117) Ching, supra note 41, at 132.
118) 松井茂記『アメリカ憲法入門［第 7 版］』（有斐閣、2012 年）38-39 頁を参照。
119) Herbert Wechsler, The Political Safeguards of Federalism: The Role of the States in the Composition and Selection of the National Government, 54 Colum. L. Rev. 543, 548 (1954).
120) Id. at 559.
121) See e.g., Garcia v. San Antonio Metro. Transit Auth. 469 U.S. 528, 550, 551 & n.11 (1985).
122) Baker, supra note 2, at 1942-46.
123) Ann Althouse, Variations on A Theory of Normative Federalism: A Supreme Court Dialogue, 42 Duke L. J. 979, 1018 (1993).
124) Id. at 989.
125) See e.g., New York, 505 U.S. at 159-60.
126) Note, supra note 49, at 1422-27.
127) Id. at 1431.
128) New York, 505 U.S. at 169.
129) Note, supra note 49, at 1431.
130) Id. at 1431-32.

131）　*Id.* at 1435.
132）　Rosenthal, *supra* note 21, at 1142.
133）　Baker, *supra* note 2, at 1921-24.
134）　*See e.g.*, Lynn A. Baker, The Prisces of Rights: Toward A Positive Theory of Unconstitutional Conditions, 75 Cornell L. Rev. 1185 (1990); Cass R. Sunstein, Why the Unconstitutional Conditions Doctrine Is An Anachronism (with Particular Reflence to Religion, Speech, and Abortion), 70 B.U.L. Rev. 593 (1990). また、米沢広一「論文紹介：Kathleen M. Sullivan, Unconstitutional Conditions, 102 Harv. L. Rev. 1413-1506 (1989)」アメリカ法［1990-2］250 頁以下；吉崎暢洋「違憲の条件の理論―C. Sunstein の規制国家（1）―」福山大学一般教育部紀要 17 号（1993 年）54 頁以下などを参照。
135）　Rosenthal, *supra* note 21, at 1152.
136）　*Id.* この点を強調する Rosenthal は、最高裁が条件付き支出による権利侵害を扱う場合には、条件が「強制」にあたるかどうかの立証責任を政府側に転換することを主張している。*Id.*
137）　*See* Althouse, *supra* note 123, at 980.
138）　Rosenthal, *supra* note 21, at 1163.
139）　William W. Van Alstyne, "Thirty Pieces of Silver" for the Rights of Your People: Irresistible Offers Reconsidered As A Matter of State Constituional Law, 16 Harv. J. L. & Pub. Pol'y. 303, 311, 315 (1993).
140）　*Id.* at 316.
141）　Baker, *supra* note 2, at 1958-59.
142）　*See e.g.*, FERC v. Mississippi, 456 U.S. 742, 779 (1982) (O'Connor J., concurring); Gregory v. Ashcroft, 501 U.S. 452 (1991); New York v. United States, 505 U.S. 144 (1992).
143）　Dole, 483 U.S. at 213 (O'Connor J., dissenting).
144）　*Id.* at 212-13.
145）　*See* Baker, *supra* note 2, at 1959-60.
146）　*Id.* at 1960.
147）　Baker は、このような O'Connor 判事の論理について、Butler 判決との類似性を指摘する。*Id.* at 1961.
148）　Dole, 483 U.S. at 213-14.
149）　Baker, *supra* note 2, at 1961.
150）　*Id.*
151）　*See* Dole, 483 U.S. at 217-18. *See also* Baker, *supra* note 2, at 1961-62.
152）　Baker, *supra* note 2, at 1962.
153）　New York, 505 U.S. at 167, 171.
154）　Russell F. Pannier, Lopez and Federalism, 22 Wm. Mitchell L. Rev. 71, 114 & n.182 (1996). さらに、O'Connor 判事は、起草者の意図、支出条項の意義および Butler 判決以後の先例についても何ら説明、評価を示していない。*See* Baker, *supra* note 2, at 1962.
155）　藤井・前掲注（1）7 頁を参照。
156）　NFIB, 132 S. Ct. at 2601-04.
157）　*Id.* at 2601-07.
158）　*Id.* at 2605. *See also* Pennhurst State School and Hospital v. Halderman, 451 U.S.1 (1981).
159）　NFIB, 132 S. Ct. at 2605-06.
160）　*Id.* at 2605 & n.13.
161）　*Id.* at 2604.
162）　*Id.* at 2959 (Scalia J., dissenting).
163）　Baker, *supra* note 78, at 75-77.

164) Baker, *supra* note 2, at 1949-50.
165) *Id*. at 1950.
166) もちろん、複雑かつ大規模な全国的政策が求められる現代社会において、各州に多様性を認めること自体に批判がある。すなわち、1. 州の多様性は、有害な州法を制定する自由を州に認める危険がある、2. 福祉削減、環境悪化を促進する危険がある、3. 不統一によるコストが増大する、などである。See Baker, *supra* note 2, at 1951 & n.185. これに対してBakerは、有害州法はそもそも連邦憲法、州憲法により禁じられていること、また統一的政策が必要な場合には憲法改正手続が存在するとし、その例として修正13、14、18、19、21、26条を挙げる。*Id*. at 1951-54.
167) *See id*. at 1955.
168) 最高裁は、議会が直接達成できる規制目的を州に対する条件付き支出を通して間接的に達成することを疑問視していない。*Id*. at 1923.
169) Lopez, 514 U.S. at 558-59.
170) Baker, *supra* note 2, at 1983 & n.316.
171) *Id*. at 1962-63.
172) *Id*. at 1969.
173) *Id*. at 1969-70.
174) *Id*. at 1975-76.
175) 中村・前掲注（4）170頁以下；浅香・前掲注（4）154頁などを参照。
176) Baker自身この点を理解しており、環境保護政策、労働政策、経済規制政策、差別是正政策に関しては、最高裁が議会の直接的規制権限を認容していると論じる。Baker, *supra* note 2, at 1974-75 & n.290. この点については、今後の最高裁の動向を注目する必要がある。
177) 議会による憲法改正提案権の頻繁な行使を批判するものとして、*see* Kathleen M. Sullivan, Address: Constitutional Constancy: Why Congress Should Cure Itself of Amendment Fever, 17 Cardozo L. Rev. 691 (1996).
178) 歴史的に差別を受けてきた黒人有権者に配慮した連邦下院の選挙区割りについて、最高裁が形式的平等に反すると判断して議論を呼んだ事例として、*see* Shaw v. Reno, 509 U.S. 630 (1993); Miller v. Johnson, 515 U.S. 900 (1995). また、西村裕三「アメリカにおける選挙区割りと投票価値の平等（1）」大阪府立大学経済研究41巻1号（1995年）13頁以下；木下智史「合衆国における人種的少数者の投票権保障（1）」神戸学院法学25巻3号（1995年）83頁以下；有澤知子「人種を配慮した下院議員選挙区割りの改定と平等保護条項―Miller v. Johnson判決を中心に―」大阪学院大学法学研究23巻1号（1996年）1頁以下、などを参照。

第7章　議院規則制定権の限界と多数決主義

　問題の所在

　2013年2月21日Duke大学で講演を行った憲法学者Akhil Reed Amarは、上院規則22条を憲法違反であると断じ、上院全体会議において半数以上の賛成をもって改正すべきと主張した[1]。
　上院規則22条は、少数派議員に慣行として認められてきていた議事妨害の一種、Filibusterの行使を停止して議事進行（Cloture）させるための規定である。本来のFilibusterでは、上院議員に慣例的に認められてきた無制限の発言時間を利用して、聖書や電話帳を読み続けるなど体力の続く限り反対演説を続ける手法で実施されていた。しかし、現在では、法案などの決議に反対する少数派によってFilibusterの宣告がなされることにより、審議はいったん停止されるようになっている。このようなFilibusterによる議事妨害を中止させ議事を進行させる手続として、1917年、上院は、上院議員の3分の2以上の賛成によって停止動議を可決できるとする規則を制定した。1975年には規則22条が改正され、賛成に要する上院議員を5分の3、現在の定員100名であれば60名とすることとなった[2]。上院規則22条に過半数ではなく特別多数決が採用された理由としては、本来のFilibusterが、わずか1名の議員によって行使される慣行であった点にある。さらに、当該特別多数規則の改正、もしくは停止には、3分の2以上の賛成が必要とされていたのである。
　Amarが違憲とするのは、本来過半数で決することのできる採決手続の進行に上院規則22条が60％の特別多数決を求める部分である。さらに、当該特別多数規則の改正、もしくは停止にも特別多数の賛成が必要とされている点についても批判をしていた。もし、上院が議院規則制定権により、可決に必要な数字を決定する裁量を有するというのであれば、例えば大統領の拒否権（憲法1条7節2項）

に対して法案を再可決する際に憲法が定める3分の2以上の70%を求めることも可能となり、憲法上の基本制度に反することになる[3]。このように、Amarは、上院の議院規則制定権に基づく権限行使が、憲法の示す構造に反すると決め付けるのである。

　さて、合衆国憲法1条5節2項は、「各議院は、その議事手続についての規則を定めることができる」と規定している。規則制定権は、各議院が独立して、審議、議決を行うための前提として認められたものであり、他の政府部門や議院の介入を排して行使できる自律権の一つである。上下両院は、議事進行に関する規則の制定、委員会の設置、議院内部の規律など幅広く規則制定権を行使している。

　もっとも、このような議院規則制定権も無制限のものではなく、議院規則が憲法上の制約を無視し、基本的な権利を侵害することはできないと考えられている。また、最高裁判所は、議院規則そのものの合憲性を問題とする場合のみならず、規則の解釈に関わる問題、議事手続の規則違反についても、原則として司法審査を行っている。少なくとも、議会の外部の者に影響する場合には、規則に対する司法審査を積極的に是認する姿勢を示しているともいえる。しかしながら、Filibuster停止に関する上院規則22条や増税法案の可決に5分の3の特別多数を求める下院規則21条のような、内部手続として特別多数決ルールを定めた議院規則の合憲性問題に関しては、そもそも司法審査の対象となるか否かも含めて未解明な点が多い。

　そこで、本章における課題は、上下両院が保持する議院規則制定権の憲法的限界について、特別多数決制度との関わりで明らかにすることにある。また、この問題を法的に解決するための、司法審査手続についても考察を加える。まず、議院規則制定権に関する最高裁判所判例を検討する。次に、特別多数決制を定めた近時の議院規則に関する下級審判決を通して、議院規則に対する司法審査の可能性をさぐる。最後に、各議院が保持する規則制定権の憲法的意義について確認し、多数決主義に基づく議院規則制定権の憲法的限界について考察する。

1　議院規則に関する最高裁判例[4]

　最高裁が議院規則の合憲性について初めて判断したのは、United States v. Ballin, 144 U.S. 1 (1892) である。Ballin事件では、議場内にいる全議員を投票の有無にかかわらず定足数に含める下院規則15条の合憲性が争われた。Brewer判事による判決は、議院規則が憲法上の制約を無視し、基本的な権利を侵害できないとの原則を示す[5]。また、手続の様式・方法と達成されようとする結果との間には、合理的な関係が必要である。他方、最高裁は、このような限界内において、方法に関する全事項は議院の判断に委ねられているとする。そこで、最高裁は、定足数をどのように判断するかについて憲法文言が沈黙していると指摘し、議院による定足数の決定は合理的な方法によっていたと結論したのである。

さて、Ballin判決は、議院規則が司法審査の対象となることを明確に認めた。このため、現在では、Ballin判決を先例と見なして、議院規則に関する司法判断適合性を全面的に否定する主張は見られない[6]。もっとも、最高裁は議院規則に対する司法権行使に一定の限界が存することを示唆している。つまり、規則の制定に関しては議院に幅広い裁量を認めており、この限りにおいて、司法権の行使が制限される可能性が存するのである[7]。しかし、その後の最高裁は、規則内容の合憲性審査のみならず、議院による規則解釈の適否や議事手続の規則違反の問題にまで審査を拡大しているのである。

United States v. Smith, 286 U.S. 6 (1932) では、上院規則の解釈が問題となっている。上院は、連邦動力委員会のある委員の任命を承認する決議を採択し、その通知を大統領に送付した。ところが、その後上院は、多数派議員に再考の機会を与える上院規則36条に従って最終的に承認を拒否する決定を下した。しかし、当該委員が議会の休会中に職務に就いていたため、上院は任命承認が未成立であると主張して委員資格を確認する訴訟を提起した。Brandeis判事による判決は、議院外部の者に影響する場合、議院規則の解釈問題が司法的なものとなると指摘する[8]。そして、規則の文言、その取扱いの歴史および先例により、当該規則は任命承認の差戻しを大統領に強制するものではないと結論した。同判決は、Ballin判決を先例として依拠しているが、議院規則に制定法の解釈と同様の解釈アプローチを適用することで、Ballin判決の法理を実質的に拡大したことになる。

次に、Christoffel v. United States, 338 U.S. 84 (1949) は、不文の議院慣行が問題となった事例である。上告人は、下院教育労働委員会に証人として出頭し、偽証罪で告発されて有罪判決を受けた。上告人は、当該委員会の定足数が不足していたために偽証罪の構成要件が満たされていないと反論した。下院の慣行におい

ては、議員が議事進行に関する異議を提起しなければ、定足数は満たされていると見なされる。当該証言の最中に異議は提起されておらず、慣行に従えば定足数は満たされていることになる。しかし、Murphy 判事による法廷意見は、議院外部の者の権利に影響している場合には、定足数が合理的な疑いを超えて存在しなければならないとし、有罪判決を破棄したのである。

さらに、Yellin v. United States, 374 U.S. 109 (1963) では、委員会における議事手続が規則に違反していたかどうかが争われている。上告人は、下院非米活動委員会の小委員会に証人として出頭したが、秘密会の開催を要求して証言を拒否し、議会侮辱処罰罪で有罪判決を受けた。上告人は、小委員会における手続が証人の信用に関わる場合には秘密会を考慮するとの委員会規則4条に従っていなかったと反論した。Warren 長官による法廷意見は、証人の利益を保護することを意図した規則である場合には、証人自身が規則に定められた保護策を主張できるとする[9]。そして、上告人は、規則4条に従った配慮を与えられる権利を有していたとし、そのような規則に反した議事手続における議会侮辱処罰罪の成立を否定したのである。

最後に、Nixon v. United States, 506 U.S. 224 (1993) では、上院の弾劾裁判において委員会に証拠調べを委任する規則の合憲性が争われた[10]。Rehnquist 長官による法廷意見は、憲法が上院に対して弾劾裁判権を「明文委任」していること、また、弾劾裁判手続に関して司法的に利用できる基準が存在しないとして、司法判断適合性を否定した。同判決により、憲法が特別に付与した権限に関わる議院規則への司法審査が否定される可能性が示されたことになる。もっとも、本件事例と異なり、規則制定権を制限する憲法規定、もしくは、憲法原理が発見できる場合には、司法審査が認容できると解することもできる。事実、後の下級審の中には、Nixon 判決を限定的に捉えて、議院規則への司法審査を積極的に認容するものが見られる[11]。

以上のように、最高裁は、議院規則そのものの合憲性を問題とする場合のみならず、規則の解釈に関わる問題、議事手続の規則違反についても原則として司法審査を行っている。少なくとも、議会外部の者に影響する場合には、規則に対する司法審査を積極的に是認する姿勢を示している。しかし、これら諸判決の中で、最高裁は、特定のアプローチを採用しているわけではない[12]。また、最高裁は、規則の制定過程において敗北した議員らがその合憲性についての判断を求める場

合に、司法審査を行うかどうかについて多くを語っていない。そこで、次に、特別多数決制を定める上下両院の議院規則の合憲性が争われた下級審判決を検討し、この問題に関する司法審査の課題を明らかにする。

2　下院規則21条の司法審査

　共和党が40年ぶりに多数を占めることになった第104回議会初日（1995年1月4日）、下院は、下院規則21条を次のように改正した。
　「規則21条5C項：連邦所得税税率の引上げを伴ういかなる法案、両院合同決議、修正案、両院協議会報告も投票議員総数の5分の3以上の投票によって決定されたのでなければ可決もしくは同意されないものとする」[13]。
　この増税法案に関する規則改正は、前年の中間選挙において共和党が発表した選挙公約「アメリカとの契約」の中で税制改革政策の一環として示されていたものである[14]。しかしながら、特定の種類の法案可決に議員の特別多数を求める規則に対しては、当初より厳しい批判が見られた。特に、Bruce Ackermanら著名な憲法学者17名は、下院議長予定者であるGingrich議員に宛てた公開質問状において、同規則を「不幸な先例」になると警告し、改正の中止を求めていた[15]。
　下院本会議においても同規則の改正について賛否が激しく対立した。反対派を代表してBorskie議員は、「そのような規則は、基本的な民主主義原理である多数決主義に反するものである」と批判していた。これに対して、賛成派のFrank議員は、同規則の実体的意味を重視して、「議会による財政規律を強化するであろう」と評価していた。いずれにせよ、規則21条の改正は、賛成279名（うち、共和党議員227名、民主党議員52名）、反対152名（うち、民主党議員151名、独立系1名）で可決、成立し、第104回議会において用いられることになった。

(1)　**Skaggs v. Carle, 898 F. Supp. 1 (D.D.C. 1995)**[16]

　下院規則21条が制定された1か月後、Skaggs議員ら15名の下院議員（後に、12名の議員も参加）、6名の有権者、および合衆国女性有権者連盟が原告となり、同規則が立法過程に関する憲法1条7節に反し、憲法違反であるとの宣言的判決

を求めた訴訟が提起された。原告らは、多数決主義が憲法に含意されていると指摘し、いずれの議院も職務を処理するために定足数の過半数以上の投票要求を課すことはできないと主張した。これに対して、職務上被告となったRobin H. Carle下院事務総長は、本件問題が司法判断にそぐわないものであると反論した。

コロンビア地区連邦地裁のJackson判事は、被告の申立てを受け入れ、「エクイティ上もしくは救済上の裁量理論」（the doctrine of equitable or remedial discretion）に基づき訴訟を却下した[17]。Jackson判事によれば、議院内の問題に関して議員が提起した訴訟については、権力分立原理が議会の慣行、手続への司法審査を排除していた。このため、裁判所は、政治過程で敗北した議員が提訴した場合に、議会の内部事項に立ち入ることを控えるべきと考えられる。

次に、Jackson判事は、本件において、議員以外の原告の主張は、議員らの主張と区別できるものではなく、むしろ派生的なものと考える。つまり、有権者は、議員と同じ理由により、議員に課せられた拘束に反対しているのである。このため、名ばかりの有権者原告による訴訟提起を認めること、もしくは、議員自身が有権者としての地位で訴訟を提起すること認めることは、エクイティ上の裁量理論を安易に回避する方法となり適切ではない。このように述べて、地裁は、下院規則21条の合憲性ついての判断を一切行わず、司法技術的問題によって却下したのである。

(2) **Skaggs v. Carle, 110 F. 3d 831 (D.C.Cir. 1997)**[18]

控訴を受けたコロンビア地区連邦控訴裁判所は、2対1で地裁判決の結論を支持し訴訟を却下した。控訴裁のDouglas H. Ginsburg判事による法廷意見は、原告の原告適格を否定するものであった。原告は、原告適格が認められる根拠として、Michel v. Anderson, 14 F. 3d 623 (D.C.Cir. 1994)との類似性を指摘する[19]。Michel事件では、テリトリーおよびコロンビア地区代表に全院委員会での議決権を認めた下院規則12条2項の合憲性が争われていた。Michel事件控訴裁判決は、5名の代表に議決権を認めることにより、投票権の価値が435分の1から440分の1に減少したことが具体的な損害を構成するとして、原告適格を認容していた。そこで、本件原告は、規則21条によって、議員1人の持つ投票権の価値が218分の1から261分の1へと減少したと主張していた。

この点に関して、Ginsburg判事は、原告の主張する損害は、増税法案の通過

を当該規則により事実上阻止されたとの主張に依拠していると指摘する。つまり、増税法案を過半数で可決できるのであれば、当該規則は投票力の減少の原因を構成せず、原告適格も存しない。そこで、Ginsburg は、議事手続に関する下院規則および慣行を検討し、規則21条は下院議員の過半数の同意により修正、停止が可能であると結論する。これらの規則修正手続は、過半数の議員が手続問題、実体問題に関して下院を支配していることを示しており、原告の主張する投票権の減少は存在しない[20]。

これに対して、Edwards 裁判長による反対意見は、原告などが法人所得税の増税を実際に提案したいわゆる Mink 議員修正において、規則21条が用いられた事例に着目する。この修正提案では、結局原告議員など96名の賛成しか集められなかったが、Edwards 裁判長は、修正案成立に向けた個々の議員の投票価値が、過半数の場合の218分の1から5分の3の場合の261分の1へ減少しており、「事実上の損害」が認められるとする[21]。また、救済上の裁量理論については、本件において有権者の原告適格が実際に認められる以上、適用できない[22]。

そこで Edwards 裁判長による反対意見は実体審査に入り、立法過程に関する憲法制定会議における議論が過半数による可決を当然視していたとし、議院慣行においても特別多数決制の前例が認められない点、および立法過程の手続に関与した最高裁判例を挙げ[23]、規則21条が憲法1条7節2項に反すると結論した。Edwards は、定足数の過半数による賛成による議事こそが議会手続における一般的なルールであり、憲法はまさにそのような原則を採用しているとしたのである[24]。

以上のように、控訴裁法廷意見も議院規則制定権の限界に関する実体的問題には触れずに、手続的問題で事件を却下したのである。増税法案の下院における可決に5分の3の特別多数を求める同規則は、2017年1月5日からの第115回議会においても、下院規則21条5(b)項として同じ内容のまま維持されている[25]。

3　上院規則22条の司法審査

(1)　Common Cause v. Biden, 909 F. Supp. 2d 9 (D.D.C. 2012)

多数派と少数派との対立が激化した上院において、現代的な Filibuster の行使

回数も激増し、事実上、上院において過半数に基づく多数決主義が放棄されたような状況が続いていた。問題が顕著となったのは、2010年2月4日、民主党の重鎮Ted Kenedy上院議員の後継を決める補欠選挙においてScott Brown候補が当選を決め、上院において共和党議員が41名を占めて以降である。まず、共和党の41名の議員によるFilibusterにより下院から上院に送られてきた移民法制度に関するDISCLOSE法案が廃案となり、続いて、DREAM法案も同様の運命をたどった。

そこで、両法案の成立を支持していたNPO法人Common Cause、両法案の成立に賛成票を投じていたMichaud下院議員ら4名の下院議員、および両法案の成立による利益を受ける可能性のある3名の個人が、上院議長であるBiden副大統領および議事進行を担当した上院職員を被告として、法案成立に特別多数を求める上院規則22条を憲法違反と宣言することを求めて、コロンビア地区連邦地裁に訴訟を提起したのである[26]。被告、Biden副大統領などは、原告に訴訟を提起する適格が存しないこと、憲法1条6節1項の議員免責特権条項が訴訟から免責をすること、および、当該問題が司法判断適合性を有しない政治問題であるとして、訴えを却下するよう反論していた。

2012年12月21日、連邦地裁のSullivan判事は、第1に、原告に訴訟を提起する原告適格が存しないとし、第2に、憲法1条が議会両院に明文で付与している規則制定権に関わる本件事件が、権力分立原理上裁判所の介入できない「政治問題」を構成するとして、実体審理に入らずに訴えを却下した。

まず手続問題として原告適格に関しては、いずれの原告もある法案に関する議会における検討もしくは討議に関する特定の形式に対して「手続的権利」を保持する地位にあると立証できていない。より重要な点として、原告は、立法提案に関する上院の多数派に憲法1条が賦与したとされる手続的権利が、原告の具体的で現実の利益(particularized, concrete interests)を保護するものとして設定されているとの立証を行えていない点にある。

次に、憲法上の原告適格の存在については、事実上の損害、因果関係、司法的救済の可能性の3要件が必要とされるが[27]、本件のいずれの原告も立証できていない。まず、三つの原告グループのうちCommon Causeと3名の個人は、当該規則によりDREAM法案およびDISCLOSE法案成立により利益を享受する機会を阻止されたと主張する。そこでは、実体的な権利ではなく、上院が当該法案の

成立を阻止する違憲の手続を利用したことによる損害が強調されている。しかしながら、両法案については上院で討議されておらず、また、法案の再提出も将来の法成立を確実にするとの立証ができているものではなく、原告が主張する損害が差し迫ったものでもなく、単なる仮定のものに過ぎない。当法廷が22条に基づく60名投票要件を違憲無効と宣言できたと仮定しても、当該救済が原告の主張する損害を回復できるわけではない。当該救済が両法からの利益への機会を提供しないからである。上院規則22条の無効が、立法の特定の部分から得られる利益に対する可能性への関連性を有する、もしくは有する可能性がある点につき、立証できていない。みずからの望ましい決定により救済される原告の損害は、単に不確実なものであると結論できるのである[28]。

別途検討すべき下院議員の原告適格については、議員の投票無価値による損害について、最高裁判例が認容した「狭い範囲の」例外と事実上区別されること、また、連邦政府における問題として重大な権力分立的問題を生じるゆえに、認められない[29]。

次に地裁は、政治問題の法理の適用を検討する。ここでは、Baker v. Carr, 369 U.S. 186 (1962) で示された六つの基準が利用できる[30]。まず、Baker 判決基準の1番目にあたる、問題が憲法上はっきりした文言により上院に委任されているかどうかである。この点につき原告は、本件が議員の資格等に関する下院の争訟権が問題となった事例で司法判断適合性を認容した Powell v. McCormack, 395 U.S. 486 (1969) に類似するとする。しかし、本件では Powell 判決と異なり、憲法1条5節2項が上院に対して委任した規則制定権について、明確に制限する他の憲法的規定を特定できていない。原告は上院規則22条の特別多数決制に対する明確な憲法上の制約を示せず、また、基本的権利の侵害も立証できておらず、本件は政治問題カテゴリーに含まれる[31]。

次に、原告は、Powell 判決同様に、上院には単純多数決ではなく特別多数決の投票を条件付ける権限が認められない旨の宣言を求めている。しかし、Powell 判決においては、憲法1条2節2項が下院議員の資格に関して「年齢、住居、市民権」の要件を示していた。このため裁判所は、下院議員の「資格」に関して裁判を行うことが可能となっていた。これに対して、本件の原告は、上院規則22条が違憲、無効か否かについて、裁判所が判断できるような基準を憲法規定から導けていない。このため、本件では、Baker 判決基準の2番目にあたる、問題を

判断するための司法的にわかりやすく処理しやすい基準が欠如している[32]。

最後に地裁は、本件への具体的判断に到達することが、上院の憲法的権限の中核にあたる上院内部の立法過程への介入を求めることになるとする。この結果、裁判所が政府の同格部門である上院に対する敬意の念の欠如を表明することになり、Baker 判決基準の 4 番目に該当する政治問題となる[33]。

このように連邦地裁は、当該事件の原告適格を否定し、さらに、問題が司法判断適合性を有しないとして訴えを却下した。同判決を受けて原告は控訴した。

(2) Common Cause v. Biden, 748 F. 3d 1280 (D.C.Cir. 2014)

2013 年 11 月 21 日、上院は 1917 年以来の慣例となっていた特別多数決による議事妨害停止ルールの一部を改正するため、いわゆる「核オプション」を行使した[34]。Obama 大統領提案の連邦裁判所判事の承認などが、相次いで議事妨害により否決されたことへの対抗手段であった。本来の上院規則に従えば、当該特別多数決ルールの停止には、さらに上院の 3 分の 2 の特別多数決が求められる。「核オプション」では、まず議事妨害停止に対して 5 分の 3 以上の賛同を得られなかった直後に、過半数の賛同で議長の議事進行に対して異議申立動議を可決し、続いて、上院規則 22 条の一部を改正して過半数での承認とし、その後に賛否を問う方法をとる。この結果、過半数を維持はしているが 60 名の賛同を得るのが困難となっていた民主党主導の上院は、行政省庁長官などの官僚と最高裁判事を除く連邦最高裁裁判官の任命に対する承認手続における議事妨害を、過半数で停止する新たな先例を確立したのである[35]。ただし、2013 年段階では、通常の立法可決や最高裁裁判官の承認、あるいは他の議決事項に関しては従前通りの取扱いとなっていた。

さて、2014 年 4 月 15 日、コロンビア地区連邦控訴裁判所は、3 名の裁判官全員一致の判決により、原告適格が存しないとして、訴訟を却下した地裁の判断を支持した。

Randolph 判事による判決は、地裁の理由付けとは異なり、原告が選択した副大統領などを被告として訴訟を提起することはできないとするものであった[36]。まず上院は、憲法 1 条 5 節 2 項により規則制定権を保持している。上院は、当該権限に基づき規則 22 条を制定したわけであり、仮に裁判所が原告を救済するために当該規則の変更を命令した場合、上院自体がその職務として権限を行使する

ことになる。しかしながら、本件訴訟の名宛人は上院でも上院議員ではない。憲法1条6節1項の議員免責特権条項により、上下両院議員は、正当な立法活動の範囲内において、その行動に対する免責を付与されている。また、同条項は、議員スタッフが立法活動に従事している場合、議員同様にカバーされることになる。その免責は、訴訟の結果のみならず被告としての責任にも及ぶ。立法行為であるDREAM法案およびDISCLOSE法案の否決は、1条6節1項の免責特権の中核に典型的に該当する。そこで原告は、上院議長としての副大統領、その他の上院職員に対して、上院議員がいかに立法について議論を行うかについての規則に異議を申し立てて、訴訟を提起している。しかしながら、最高裁判例に基づいて、被告は、上院議員同様に免責を主張できる。議員でない者を被告として選択した時点で、原告は、ハムレットの台詞にいうところの「みずからの仕掛けた爆弾にやられた」ことになる[37]。

連邦裁判所に訴訟を提起するためには、原告は、具体的な損害、被告による被害、および司法的に解決可能な問題を提起する必要がある。このうち、被告による被害の立証には、被告が適切に選択されている必要がある。本件においては、上院が問題となった規則を制定し、その規則に従って上院議員が法案の成立に反対する投票を行った。そのような結果に対して、副大統領ら被告が責任を負うとは考えられない。上院手続の統治は議長職にある者が行うが、その執行に関して上院本会議に異議申立てを行うことができる。今回の両法案の採決時にはそうではなかったが、副大統領が議長職に就いていたとしても、被告としては不適切である[38]。

このように述べて、Randolph判事は、原告が主張する被害は、本件被告ではなく、第三者である上院そのものによっていたとし、本件の司法管轄権が存しないと結論した。2014年11月14日、連邦最高裁判所が上告を受理しない決定を下したため判決は確定したのである[39]。この結果、上院が規則制定権に基づき定めたFilibuster停止に関わる特別多数決制度の合憲性問題は、法的に未解決のまま残ったのである。

(3) Gorsuch最高裁判事任命手続と上院規則22条の終焉

2017年4月6日、Scalia最高裁判事の突然の死の後、1年以上にわたって混乱していた後任裁判官の任命承認手続は、上院が議院規則22条を100年ぶりに改

正することにより、事実上決着した。

　そもそも、最高裁判事に限らず連邦裁判官の任命に関して、議会上院は原則として大統領の任命権を尊重して承認を行うことが慣例であり、Filibusterによる抵抗自体が異例であった。しかしながら、Clinton、Bush両政権期以降、大統領と議会の政治的対立が激化したのに伴い、裁判官任命手続が滞る事態が生じた。このような状況の中、2016年3月16日、残り任期1年を切ったObama大統領がScaliaの後任判事として任命したコロンビア地区連邦控訴裁判事のMerrick Garlandの承認手続に関して、上院の54議席を占める共和党が次期大統領による任命を主張して承認手続の進行を拒否したのである。2016年選挙において当選したTrump大統領は、2017年1月31日、第10巡回区控訴裁のNeil Gorsuch判事を後任最高裁判事として指名した。これに対して、45名の民主党は、同判事の任命承認をFilibusterで対抗することに決した。

　4月6日、上院本会議は「核オプション」と称される手続を用いて、議事妨害に関する規則22条を改正した。本会議において、まず、Gorsuch承認手続に対するFilibusterを停止するClouture動議105が、可決に5分3の特別多数決を求める規則22条に基づいて否決された[40]。これを受けて多数派の共和党院内総務McConnell議員は、最高裁判事を除く連邦裁判官の承認手続に同規則の適用を除外した2013年の先例を根拠とし[41]、最高裁判事に関しても同様の適用除外を求めて、過半数による承認を得た。その直後に、あらためて議事妨害を停止させ、任命承認に関する議事を進行することを求める動議110を提出して、55対45の過半数で可決したのである[42]。この結果、Filibusterは停止され、承認手続が再開されることになった。

　翌日、上院本会議は、賛成54反対45、棄権1の多数によりGorsuchの任命を承認した。慣例通りにFilibusterを行使せずに表決に入り、60票以下の賛成で最高裁判事として承認された例としては、1991年のThomas判事（52対48）、2006年のAlito判事（58対42）がある。これに対して、今回のGorsuchの任命承認は、Filibusterの宣言を受けたうえで、60票以下の賛成により承認された初めての例となった。

　この結果、上院の過半数の判断によって、連邦裁判所裁判官の任命承認に関する上院規則22条の拘束力を停止できるとの先例が追加されたことになる。上院は、Filibusterを確実に回避する手段を得たことになり、今後立法手続、条約承

認手続などにおいても同種の手法を利用することが容易となった。司法審査による法的解決ではなく、政治的決着により、Filibuster制度を含めた上院の特別多数決制度が終焉を迎える可能性があり、注目されよう。

4 議院規則制定権に対する司法審査の課題

第1節 議員の原告適格

最高裁は、憲法3条のもとで原告適格が認められるためには、1. 原告が事実上の損害を被っていること（事実上の損害）、2. 原告の損害が被告の行為によって引き起こされたものであること（因果関係）、3. 裁判所が当該損害を救済できること（司法的救済）、以上の3要件が必要であるとする[43]。

1970年代以降、議員の原告適格は確実に拡大してきていた[44]。特に、議会に関わる訴訟が集中するコロンビア地区連邦控訴裁は、Riegle v. Fderal Open Market Committee, 656 F. 2d 873 (D.C.Cir. 1981) などにおいて、議員の原告適格を積極的に承認していた[45]。「事実上の損害」要件についてみると、控訴裁は、議員の保持する投票権の価値が消滅、もしくは、減少している点に着目しており、この損害を認容することにより議員の原告適格を拡大する結果を生じていた。

もっとも、このような原告適格の拡大は連邦司法部の一致した判断ではない。例えば、かつてコロンビア地区連邦控訴裁に所属していたBork判事とScalia最高裁判事は、議員の原告適格について厳格な解釈を示していた。Bork判事は、原告適格の判断においては、議員が彼の投票の取消しもしくは無効を立証しなければならず、単なる投票効果の減少では事実上の損害を認めることはできないとしていた[46]。また、Scalia判事は、そもそも議員に限らず公務員というものは職務に関して私的な権利を保持するものではないと断じている[47]。

さらに、最高裁がRaines v. Byrd, 521 U.S. 811 (1997) において、連邦議員の原告適格について消極的な判断を示したことも注目される。同事件では、上下両院の6名の議員が法案の特定項目に対する大統領の拒否権を認めた項目別拒否権法の合憲性を争っていた。Rehnquist長官による法廷意見は、本件事例における立

法権の減少という損害について、議員全員が等しく被る制度的損害であって個人的損害ではないことなどを理由として、原告適格を否定した[48]。もっとも、本件訴訟は、当該法制定直後に提起されたもので具体性に欠しく、控訴裁の先例に従っても議員の原告適格が否定される可能性があった[49]。しかし、最高裁が公的な資格に基づく訴訟に消極的な姿勢を示すことにより、議員の原告適格の拡大傾向に歯止めをかけたことも事実である。今後、同判決の射程について検討する必要があろう。

そこで、下院規則21条の事件では議員の原告適格はどのように判断されるべきであろうか。Skaggs事件の地裁判決では、議員の原告適格は別段問題視されていなかった[50]。これに対して、控訴裁は、一転して原告適格を厳格に解釈し、議員の原告適格の拡大傾向を抑制する判断を示している。もっとも、Skaggs事件の控訴裁判決には、先例との関係で幾つかの疑問点がある[51]。まず、控訴裁は、規則21条の効果を回避する手続が存することを理由として、投票価値の減少の存在を否定している。しかし、同様の理由付けは、Michel事件判決などにおいても主張できたが、先例はそのような見解を採用していない[52]。次に、控訴裁は、原告適格の要件を変更するために救済上の裁量理論の要素を用いている[53]。控訴裁が着目する規則回避の手続は、救済上の裁量理論を適用する際に問題となる「立法的救済」に該当するものであり、憲法上の原告適格の認定には無関係である。このように見ると、控訴裁における原告適格の否定には疑問が残るといわざるをえない。

第2節　救済上の裁量理論

議員の原告適格の拡大は、議会内部もしくは議会と行政部との間の政治的対立が司法の場に持ち込まれる機会を増加させた。救済上の裁量理論は、このような状況に対処するために、コロンビア地区連邦控訴裁が議員による訴えを却下する根拠として採用した法理である。同理論によれば、原告議員が議院内で同僚議員による救済を得ることができる場合（立法的救済）、もしくは、訴外の市民が当該問題に関する原告適格を有すると想定できる場合に（市民の原告適格）、裁判所は権力分立問題を回避するために訴訟を却下する裁量を有する[54]。議員が議院規則の合憲性を裁判所で争う場合は、救済上の裁量理論が適用される典型的な事例

ということになる。

　この理論は、1981年のRiegle控訴裁判決以降、議員に原告適格が認められたほとんどの事件において訴えを却下する根拠として用いられている[55]。ただし、連邦最高裁は、この裁量に関する判断を下していない[56]。また、控訴裁内にもこの裁量理論の適用について異論があり、実際、個々の事例における同理論の解釈には混乱が見られる。

　そこでまず、立法的救済について控訴裁の諸判決を見ると、制定法の合憲性を議員が争ったRiegle判決やGregg v. Barrett, 771 F. 2d 539 (D.C.Cir. 1985) では、「原告議員が法律の制定、廃止もしくは修正を通して救済される」と判断されている[57]。同様に、Skaggs事件の地裁判決でも、議院内での規則の改廃による救済可能性が認められていた。つまり、合憲性に疑いのある議院規則によって生じる損害は、議院内において当該規則を廃止、修正もしくは停止することにより救済されることが強調されているわけである。

　しかし、議院規則の合憲性についての問題を提起する議員は、議院内の少数派である可能性が高い。とすれば、少数派の要求により当該規則の改廃もしくは停止が認められるとは考え難い。つまり、裁判所が事件を却下することは、少数派の原告議員に対する権利侵害が継続することを認めることになりかねない[58]。このため、議院規則の合憲性を争う場合には、訴訟を提起する前に議員が投票権の減少に対する異議を議院内で申し立て、当該規則の修正、廃止に向けた努力を行ったことを立証すれば、立法的救済の要件を充足したと考えるべきである[59]。

　次に、救済上の裁量理論と市民の原告適格との関連を検討する。控訴裁は、裁量理論は市民、有権者に原告適格が認められる場合には適用されないとしてきた。市民が原告の場合には、裁判所が事件に関与しても権力分立の問題を生じにくく[60]、また、市民には議員を説得して立法的救済を求める能力はなく、結局権利侵害に対する司法的救済を待つのみなのである[61]。

　しかし、市民の原告適格が裁量論による訴訟却下を回避する根拠として重視されるようになると、議員が提起する訴訟に市民、有権者が訴訟参加するようになる。そこで、判例の中には、有権者としての派生的な利益に関する市民の原告適格を厳格に判断するものが現れている。例えば、Melcher v. Federal Open Market Committee, 836 F. 2d 561 (D.C.Cir. 1987) において控訴裁は、救済上の裁量理論を適用するために、市民原告の憲法的侵害の主張を慎重に判断すべきであると

している⁶²⁾。これに対して、Michel 判決で控訴裁は、市民の原告適格を緩め、派生的な利益に対する「事実上の損害」を積極的に認定している⁶³⁾。このように、救済上の裁量理論の適用要件である市民の原告適格についての判断に動揺が見られる事実は、同理論の安定感を損ねることになると評せよう。

さて、救済上の裁量理論は、原告適格の論理や政治問題の法理と異なり、司法部の自己抑制の論理であり、各裁判所が個々の事例において柔軟に適用できる利点を持つ。その反面、このような裁量理論には、「舵のない裁判」を招くとの批判を招く余地もある⁶⁴⁾。また、裁量理論を積極的に用いてきたコロンビア地区連邦控訴裁自身が、Skaggs 事件において原告適格を厳格に解して同理論を不要とした点も注目される。Skaggs 判決における裁量理論の回避が事件に個別の事情によるものか、控訴裁の態度変更に基づくものか明確ではない。いずれにせよ、救済上の裁量理論に関する控訴裁の諸判決の間には動揺が生じており、最高裁による最終的な決着が待たれる⁶⁵⁾。

5 議院規則制定権の憲法的限界

第1節　規則制定権行使の限界

憲法1条5節2項の議院規則制定権条項は、イギリス議会、各邦議会の伝統を受け継いだものであり、憲法制定会議において、ほとんど議論されずに制定されている。要するに、議事を行う機関が自主的に内部の手続に関する規則を制定できることは、自明のことと考えられていたのである⁶⁶⁾。

さて、最高裁は、Ballin 判決において、規則制定権が憲法的制約、基本的権利に反することはできないとし、また、規則の定める手段と達成されるべき結果の間に合理的関連性を求めていた。このように、最高裁は、議院規則に憲法的限界が存することを明確に認めており、学説も一致して最高裁の見解を支持している⁶⁷⁾。

そこで、議院規則の憲法的限界としては、まず、議事手続について定めた憲法諸規定がある。これらには定足数規定（1条5節1項）、議事録規定（1条5節3項）、

休会規定(1条5節4項)などが挙げられる。当然、議院規則は、これら憲法諸規定に反した内容を定めることはできない。ただし、これら諸規定も、他の憲法規定同様、包括的、抽象的なものであり、結局、憲法が明示する議事手続の細部は議院自身が決定することになる。このように、議事手続に関する憲法諸規定は、議院規則の限界を確定する根拠となるが、実際には、ごく限定的な状況においてのみ問題になるに過ぎない。換言すれば、憲法上の議事手続に明確に反した内容を定めるような希有な例を除けば、憲法上の議事手続を具体化した規則は、規則制定権の範囲内と判断される可能性が高いといえよう。

さらに、議院規則には、憲法が含意するとされる基本的原理に基づく限界がある。憲法の文言に直接反していなくとも、憲法の計画全体に反していれば、規則は違憲と考えられるのである[68]。しかし、憲法含意の原則に議院規則が反しているかどうかの判断は、憲法明文規定との関連よりもいっそうの困難が生じる。司法審査においては、結果的に議院の判断がそのまま裁判所によって認容されることになると思われる。

以上のように、議院規則には原則として憲法的限界が存する。しかし、個々の議院規則の憲法的限界は、個別的な事例を検討することにより判断するしかないといえよう。

第2節　特別多数決規則の合憲性に関する学説の検討

(1) 合憲論

そこで、最後に、所得税法の税率アップを含む法案の可決に5分の3の賛成を要するとした下院規則21条を考察し、同規則の合憲性について検討する。まず、下院規則21条を合憲とする主張をみる。合憲論は、憲法が立法制定に関して多数決主義を明示していない点を重視する。合憲論は、このような憲法の沈黙が、規則制定権の存在により、立法可決に要する議員の割合についての決定を各院に委ねていると考えるのである[69]。

同様に、合憲論は、規則制定権条項は幅広い議院規則の制定を授権した規定であり、下院規則21条のように特定の内容の立法可決を困難にするような実体的内容を含む規則制定も禁じていないと考える[70]。つまり、上院の議事妨害規則や下院の規則停止規則などのような特別多数決を含む規則が合憲的に存在するよ

うに、特定の実体的内容に関わる下院規則21条も規則制定権の範囲内であると考えられるのである。

さらに、1971年のGordon v. Lance, 403 U.S. 1 (1971) において最高裁が、多数決ルールについて憲法上唯一の手続ではないと示唆していることが重視される[71]。同事件では、負債、増税に関するレファレンダムの成立に60％以上の賛成を求めたウェストヴァージニア州法が1人1票原則に反するかどうかが争われた。最高裁は、「憲法文言、歴史、判例は、すべての場合において過半数が優越することを要求していない」とし[72]、特別多数決制が特定クラスに対する差別でない限り、平等保護条項に反しないとしている。合憲論を主張する論者は、同判決について、最高裁が多数決主義を憲法上絶対的な原則とまではいえないと判断した重要判決と見なしている[73]。

以上、合憲論の主張を要約すると、多数決主義は明言された憲法的原則ではなく、議院は幅広い規則制定権に基づき特別多数決制を採用することも可能としているのである。

(2) 違憲論

これに対して、違憲論の立場は、立法制定に関して過半数による多数決主義が憲法上の原理であるとし、特別多数決制度を定めた議院規則がその基本的原理に反すると主張する。

まず、違憲論は、憲法制定会議の記録および『フェデラリスト』など憲法起草者の文書に依拠し、彼らが、特別の場合を除いて議会の決定を多数決によるものと考えていたとする[74]。憲法起草者は、連合規約時代の経験から少数派が多数派を支配する特別多数決制を危険視し、多数決主義を憲法に明記するまでもない原理と認識していた[75]。つまり、起草者は、特別多数決を含む柔軟な議会手続を予定していなかったのである[76]。

次に、違憲論は、多数決主義を憲法の各条文から類推する。まず、可否同数の場合に上院議長である副大統領に投票権を認めた1条3節4項が挙げられる。可否同数は多数決での採決の際に生じるものであり、上院に関しては明確に多数決主義を採用していると考えられ、下院にも多数決主義の採用が推定できる[77]。次に、1条7節2項の立法制定手続が多数決主義の採用を示唆しているとする[78]。同項は、大統領の拒否権行使に際して、上下両院がそれぞれ3分の2の特別多数

によって再可決することを法律制定の要件としている。しかし、法案可決に特別多数決制を採用できるのであれば、このような再可決の手続は不要と考えられるのである。同様に、上院における弾劾裁判や条約承認など憲法が明確に3分の2の特別多数を求めている条文が存することも、それら規定を持たない事項への特別多数決要件を疑問視できる[79]。

さらに、過去の議会慣行も、議員が多数決主義に基づき行動してきたことを示している。特に、下院においては、第1回議会以後現在まで定足数の過半数による多数決ルールが維持されてきていた。下院規則21条は、立法の可決に関して多数決主義を回避した初めてのものであった[80]。無論、議会慣行のみでは、憲法的要件を断定することはできないが、少なくとも、議員などが多数決主義を前提として活動してきたことの証となる。

最後に、違憲論は、最高裁の諸判決が立法に関する多数決主義を含意していると主張する。まず、Ballin判決は、「定足数が満たされている場合、過半数の活動が当該機関の活動となる」のが、すべての議会体の一般的ルールであるとする[81]。また、議会拒否権を違憲と判断したINS v. Chadha, 462 U.S. 919 (1983)は、その脚注21において、条約承認を取り上げ、それが「立法過程に要求される単純多数決以上」の特別多数を要すると述べている[82]。これらの文言は、最高裁が一貫して多数決主義を支持していることを認めている根拠とされる[83]。

さて、議院規則は、それが憲法上の規則制定権に根拠を置くものである限り、あくまでも憲法上の原理に従ったものでなければならない。特に、立法過程における多数決主義は憲法に明言された原則ではないが、アメリカ議会の伝統が憲法的価値を認めていると考えられよう。このため、憲法に特別の定めを持たない事項に関して特別多数決を求める議院規則は、憲法が含意する多数決主義に明確に反する内容を含んでおり、合憲性に疑問が存するといわざるをえない。2001年4月に下院本会議で否決された憲法改正案は、増税法案の可決を上下両院の3分の2の賛成によるとしていたが、憲法5条の憲法改正手続こそが立法過程における特別多数決制を求める正当手続といえよう[84]。

小括

議事機関である議会は、その諸機能を果たすために公式、非公式の規則、手続、

慣行を必要とする。規則や手続は、組織に安定性を提供し、決定の正統性を確保し、責任を分割し、対立を解消して権限を分割できる[85]。無論、議院規則は、時の多数派が決定するルールであり、その性質上、政治的対立の原因ともなりうる。ことに、40年ぶりに共和党が上下両院の多数を占めた第104回議会以降、議会改革の一環として、前例のない内容を含む議院規則が制定され議論を呼んだ。このような政治状況に加えて、議員の原告適格の拡大傾向は、議院内部の問題として処理されていた規則に関わる事件の法的解決を迫っているのである。

　もっとも、議院規則の司法審査には多くの問題点が残されている。これまで最高裁は、議院規則の合憲性の問題のみならず、議院規則の解釈の適否、および議事手続の議院規則違反の問題についても介入してきている。しかしながら、控訴裁が採用する救済上の裁量理論は、議院規則の修正、廃止によって原告議員が救済されると判断されれば、訴えを却下することを認めており、また、近時の最高裁は議員の原告適格の拡大に歯止めをかける姿勢を示している。このように、議院規則の司法審査には、克服しなければならない技術的障壁が多く存するのである。原告適格に依拠した1995年のSkaggs判決から政治問題の法理の援用にまで踏み込んだ2014年のCommon Cause判決までの判断を見るとき、議員以外の者に事実上の損害を発生する事例を除き、司法的解決は望めなくなったと結論できる。

　無論、このような司法審査の困難は、議院規則の合憲性の問題とは次元が異なる。本章が示したように、最高裁は議院規則の一般的限界について述べているに過ぎない。個別的事例を検討すると、規則が憲法含意の原理と抵触する場合、もしくは、不文の慣行、先例が問題となる場合には、その合憲性の判断には困難が伴う。現状では、憲法上の議院規則制定権の行使に関する議会各院の独自解釈の法的是正は、議院みずからの政治的なセルフコントロールにかかっている[86]。憲法学者の多くが批判するTrump政権において、上院の共和党がTrump大統領の承認人事を成功させるために上院規則22条を改正し、最高裁判事の承認に関して多数決主義を回復したのは皮肉な事態でもあった。いずれにせよ、議会各院には、規則制定権に関する独自の解釈をみずから修正する機会が存することになる。

　さて、議院規則制定権の憲法的限界は明確ではなく、特別多数決以外の規則に関しても、個別的事例に対する具体的検討が求められることになる。この際に考

慮すべきは、いかに機能的な優位性が認められようと、法の基本原則への抵触問題が生じている場合には、法解釈の限界を確認したうえでの慎重な検討が必要となる点であろう。

1) Akhil Reed Amar, Lecture: Lex Majoris Partis: How The Senate Can End The Filibuster On Any Day By Simple Majority Rule, 63 Duke L. J. 1483 (2014).
2) 交渉により妥協が成立しなければ、上院規則22条の規定により、5分の3の賛成によりFilibusterを停止して審議を終了し、その後可決への道が開かれる。
3) Amar, supra note 1, at 1492. これに対して、上院規則22条を支持する説として、see e.g., Catherine Fisk & Erwin Chemerinsky, The Filibuster, 49 Stan. L. Rev. 181, 242 (1997); John C. Roberts, Majority Voting in Congress: Further Notes on the Constitutionality of the Senate Cloture Rule, 20 J. L. & Pol. 505, 530 (2004).
4) 議院規則に関する最高裁判例の展開については、藤田晴子『議会制度の諸問題』（立花書房、1985年）161-63頁を参照。
5) Ballin, 144 U.S. at 5.
6) Neals-Erik William Delker, The House Three-Fifths Tax Rule: Majority Rule, the Framers' Intent and the Judiciary's Role, 100 Dick. L. Rev. 341, 374 (1996).
7) Michael B. Miller, The Justiciability of Legislative Rules and the Political "Political" Question Doctrine, 78 Cal. L. Rev. 1341, 1356 (1990).
8) Smith, 286 U.S. at 33.
9) Yellin, 374 U.S. at 116.
10) Nixon判決については、土屋孝次『アメリカ連邦議会と裁判官規律制度の展開—司法権の独立とアカウンタビリティの均衡を目指して—』（有信堂高文社、2008年）22頁以下などを参照。
11) Michel, 14 F. 3d, at 627. See also Delker, supra note 6, at 372-380.
12) Miller, supra note 7, at 1348.
13) 同時に修正された下院規則21条5(d)項は、所得税の遡及適用規定の制定を禁ずる。「連邦所得税の税率の遡及的引上げを伴ういかなる法案、両院合同決議、修正案、両院協議会報告も規則に適って考慮されるべきではない。本節の目的のために、本項制定の前に開始する期間に適用される場合には、所得税税率引上げは遡及的である」とする。現行規定では、21条5(c)項である。租税法の遡及的適用に関しては、本書第5章を参照。
14) Contract with America 8 (Ed Gillespie & Bob Schellhas eds., 1994). See Christopher J. Soller, Comment: "Newtonian Government": Is the Contract with America Unconstitutional?, 33 Duq. L. Rev. 959, 959 (1995).
15) Bruce A. Ackerman, et al., Comment: An Open Letter to Congressman Gingrich, 104 Yale L. J. 1539 (1995). 公開質問状に対する反論として、see John O. McGinnis & Michael B. Rappaport, The Constitutionality of Legislative Supermajority Requirements: A Defense, 105 Yale L. J. 483, 483 (1995). See also, John O. McGinnis & Michael B. Rappaport, Our Supermajoritarian Constitution, 80 Tex. L. Rev. 703 (2002); John O. McGinnis & Michael B. Rappaport, Supermajority Rules as a Constitutional Solution, 40 Wm. & Mary L. Rev. 365 (1999); John O. McGinnis & Michael B. Rappaport, Symmetric Entrenchment: A Constitutional and Normative Theory, 89 Va. L. Rev. 385 (2003).
16) Skaggs v. Carle, 898 F. Supp. 1 (D.D.C. 1995).

17) *See* Carl McGowan, Congressmen in Court: The New Plaintiffs, 15 Ga. L. Rev. 241 (1981). また、飯田稔「Congressional-Plaintiff Suit について―議員の資格に基づく訴えの提起―」中央大学大学院研究年報（法学研究科篇）18号（1989年）11頁以下を参照。
18) Skaggs v. Carle, 110 F. 3d 831 (D.C.Cir. 1997).
19) Michel v. Anderson, 14 F. 3d 623 (D.C.Cir. 1994).
20) Skaggs, 110 F. 3d at 834-35.
21) *Id.* at 839 (Edwards J., dissenting).
22) *Id.* at 840-41 (Edwards J., dissenting).
23) *Id.* at 845-46 (Edwards J., dissenting). Edward 裁判長は、INS v. Chadaha, 462 U.S. 919 (1983) を重視しており、後述する特別多数決規則違憲論と同様の立場にある。後掲注（83）を参照。
24) Skaggs, 110 F. 3d at 847 (Edwards J., dissenting).
25) *See* https://rules.house.gov/sites/republicans.rules.house.gov/files/115/PDF/House-Rules-115.pdf
26) 原告は、規則制定権を定めた1条5節2項、1条5節1項の定足数条項、立法手続に関する1条7節、副大統領が可否同数の場合に決定権を持つとする憲法1条3項4節、条約承認において特別に3分の2の多数を求める憲法2条2項を挙げて、憲法が法案成立を過半数としていると主張している。*See* Common Cause, 909 F. Supp. 2d at 16.
27) Lujan v. Defenders of Wildlife, 504 U.S. 555, 560-61 (1992).
28) Common Cause, 909 F. Supp. 2d at 23.
29) *Id.* at 24.
30) Baker, 369 U.S. at 210.
31) Common Cause, 909 F. Supp. 2d at 30.
32) *Id.*
33) *Id.* at 31.
34) 「核オプション」(nuclear option) あるいは「憲法オプション」(constitutional option) ともいわれる、規則停止手続については、*see e.g.*, Roberts, *supra* note 3, at 516-17; Michael J. Gerhardt, The Constitutionality of the Filibuster, 21 Const. Comment. 445, 476-78 (2004); Martin B. Gold & Dimple Gupta, The Constitutional Option To Change Senate Rules and Procedures: A Majoritarian Means To Overcome the Filibuster, 28 Harv. J. L. & Pub. Pol'y 205 (2004); John Cornyn, Our Broken Judicial Confirmation Process and the Need for Filibuster Reform, 27 Harv. J. L. & Pub. Pol'y 181 (2003); Orrin G. Hatch, Judicial Nomination Filibuster Cause and Cure, 2005 Utah L. Rev. 803.
35) *See* 159 Cong. Rec. S8417-18 (Nov. 21, 2013). 上院本会議は52対48の過半数で、規則22条の停止を決議した。
36) Common Cause, 748 F. 3d at 1283.
37) *Id.* at 1284.
38) *Id.* at 1284-85.
39) Common Cause v. Biden, *cert. dinied*, 135 S. Ct. 451 (2014).
40) https://www.senate.gov/legislative/LIS/roll_call_lists/roll_call_vote_cfm.cfm?congress=115&session=1&vote=00105
41) 前掲注（34）を参照。
42) Congressional Record §§2389-90, https://www.congress.gov/crec/2017/04/04/CREC-2017-04-04-pt3-PgS2383-5.pdf
43) Lujan, 504 U.S. at 560-61. この要件について、コロンビア地区控訴裁は、「議員と市民とで異なるものではない」と指摘している。*See* Boehner v. Anderson, 30 F. 3d 156, 159 (D.C.Cir. 1994).

44) 控訴裁は、この状況について議員が同僚議員、行政部、その両者に対するフラストレーションを裁判によって発散していると表現している。See Gregg v. Barrett, 771 F. 2d 539, 543 (D.C. Cir. 1985). 議員の原告適格については、奥平康弘「憲法訴訟と代議士の原告適格—アメリカのばあい—」時の法令1418号（1992年）43頁以下；三宅裕一郎『国会議員による憲法訴訟の可能性—アメリカ合衆国における連邦議会議員の原告適格法理の地平から』（専修大学出版局、2006年）などを参照。
45) See e.g., Kennedy v. Sampson, 511 F. 2d 430, 433 (D.C.Cir. 1974); Vander Jagt v. O'Nell, 699 F. 2d. 1166 (D.C.Cir. 1983); Crockett v. Regan, 720 F. 2d 1355 (D.C.Cir. 1983); Moore v. U.S. House of Representatives, 733 F. 2d 946 (D.C.Cir. 1984); Barnes v. Kline, 759 F. 2d 21 (D.C.Cir. 1985); Boehner v. Anderson, 30 F. 3d 156 (D.C.Cir. 1994); Michel v. Anderson, 14 F. 3d 623 (D.C.Cir. 1994).
46) Vander Jagt, 699 F. 2d at 1180-81 & n.1 (Bork J., concurring).
47) Moore, 733 F. 2d at 959 (Scalia J., concurring). このような、原告適格の厳格解釈には、その判断の際に権力分立原理が考慮要素として含められていることが問題点であるとの指摘がある。See Kurtz v. Baker, 829 F. 2d 1133, 1148-49 (D.C.Cir. 1987) (R. B. Ginzburg J., dissenting).
48) Raines, 521 U.S. at 820-81
49) 事実、控訴裁判事時代に議員の原告適格を認容していたR.B. Ginzburg判事も、法廷意見の結論を支持している。
50) Skaggs, 110 F. 3d at 840 (Edwards J., dissenting).
51) 法廷意見は先例を引用していない。See Skaggs, 110 F. 3d at 839 (Edwards J., dissenting).
52) See Michel, 14 F. 3d at 625.
53) 最高裁も、Raines判決において、問題となった法律を議会が廃止することにより議員の損害を回避できるとしており、原告適格理論と救済上の裁量理論の混同が見られる。See Raines, 521 U.S. at 822-26.
54) Riegle, 656 F. 2d at 881-82; Moore, 733 F. 2d at 956. 救済上の裁量理論について詳しくは、三宅・前掲注（44）126頁以下を参照。
55) Riegle, 656 F. 2d at 881; Vander Jagt, 699 F. 2d at 175; Gregg, 771 F. 2d at 545-46.
56) Delker, *supra* note 6, at 368.
57) Riegle, 656 F. 2d at 881; Gregg, 771 F. 2d at 546.
58) Scalia判事によれば、そもそもエクイティ理論の目的は、このような権利侵害の継続を回避することにあった。See Moore, 733 F. 2d at 962 & n.9 (Scalia J., concurring).
59) Soller, *supra* note 14, at 970-71.
60) Vander Jagt, 699 F. 2d at 546.
61) Michel, 14 F. 3d at 628.
62) Melcher, 836 F. 2d at 564.
63) Michel, 14 F. 3d at 626.
64) Barnes, 759 F. 2d at 61 (Bork J., dissenting).
65) See Melcher, 836 F. 2d at 565 (Edward J., Concurring).
66) Gregory Frederick Van Tatenhove, Comment: A Question of Power: Judicial Review of Congressional Rules of Procedure, 76 Ky. L. J. 597, 601-04 (1987).
67) See e.g., Soller, *supra* note 14, at 983-84; McGinnis & Rappaport, *supra* note 15, at 485; Benjamin Lieber & Patrick Brown, Note: On Supermajorities and the Constitution, 83 Geo. L. J. 2347, 2348 (1995).
68) Lieber & Brown, *supra* note 67, at 2350.
69) McGinnis & Rappaport, *supra* note 15, at 486.
70) *Id.* at 494.

71) Gordon v. Lance, 403 U.S. 1 (1971).
72) *Id.* at 16.
73) Robert S. Leach, Comment: House Rule XXI and an Argument Against a Constitutional Requirement for Majority Rule in Congress, 44 UCLA L. Rev. 1253, 1254 & n.4 (1997).
74) *See e.g.*, The Federalist No.22 at 100-03 (Alexander Hamliton)(Terence Ball ed.)(Cambridge Univ. Press, 2003). A・ハミルトン＝J・ジェイ＝J・マディソン著『ザ・フェデラリスト』齋藤眞＝武則忠見訳（新装版）（福村出版、1998 年）104-107 頁。
75) Delker, *supra* note 6, at 348.
76) Soller, *supra* note 14, at 984.
77) *Id.* at 982-83.
78) *Id. See also* Lieber & Brown, *supra* note 67, at 2350; Jed Rubenfeld, Essay: Rights of Passage: Majority Rule in Congress, 46 Duke L. J. 73, 78-79 (1996). これに反対する説として、*see* Leach, *supra* note 70, at 1261; John O. McGinnis & Michael B. Rappaport, Essay: The Rights of Legislators and The Wrongs of Interpretation: A Further Defense of The Constitutionality of Legislative Supermajority Rules, 47 Duke L. J. 327, 340-43 (1997).
79) Amar, *supra* note 1, at 1486.
80) Skaggs, 110 F. 3d at 844 (Edwards J., dissenting).
81) Ballin, 144 U.S. at 6.
82) *See* INS v. Chadaha, 462 U.S. 919, 956 & n.21 (1983).
83) 多数決主義に関する Chadaha 判決の意義については、*see also*, Dan T. Coenen, The Originalist Case Against Congressional Supermajority Voting Rules, 106 Nw. U. L. Rev. 1091, 1106-08 (2012).
84) *See* 147 Cong. Rec. H 1563 (Apr. 25, 2001).
85) Walter J. Oleszek & Mark J. Oleszek, Congressional Procedures And The Policy Process 7 (10th ed.)(CQ Press, 2015).
86) Amar *supra* note 1, at 1495-96. 21 世紀初頭の上院は、Bush 大統領が求める下級審裁判官および省庁長官などの任命承認手続が民主党の Filibuster 戦術によりことごとく未決となった際に、当該任命手続に関してのみ規則の停止を過半数とする修正を行っていた。*Id.*

結語に代えて

　2017年1月20日に就任したDonald Trump大統領は、選挙公約通りにObama政権以前の施策について次々と廃止、修正を施すよう動き始めた。まず就任初日には、オバマ・ケアの廃止に向けた大統領命令Executive Order 13765への署名が行われた。また、外国人テロリストの入国制限を目的とした入国規制に関する大統領令Executive Order 13769もある。さらに、国際的に注目されているTPP協定やパリ協定からの離脱も宣言された。これらのうち、例えば、Executive Order 13769については、連邦裁判所による違憲判決が下され[1]、まずは、大統領の権限濫用に対する法的備えが連邦司法部であることが示されたといえよう。
　しかしながら、全体として見れば、Trump大統領の権限行使の抑制が連邦議会によって行われているのは明らかである。Trump就任後の1年弱の間の状況は、議会側による新たな立法や承認などが不可欠の事項など、大統領が議会と共同で実施すべき権限行使にほとんど成功していないことを示している。オバマ・ケアに関する大統領命令の実施には、連邦法の改正が不可欠であるが、現段階では全く進んでいない。TPP協定は、上院もしくは議会の承認以前の段階であったため大統領単独で撤回が可能であり、同様に、パリ協定は大統領単独で締結できる行政協定であった。おそらく、外交上議会との共同が求められるのは今後進められるNAFTAの改定であり、議会側による修正権の行使が注目されるところである。さらに、2016年大統領選挙へのロシア政府の関与疑惑などについては、大統領側近に向けた議会の調査権の行使が注目されているのである。Trump大統領の出現は、政治的には、結果として議会復権への期待を高めるものとなっているとしても過言ではなかろう。
　もっとも、このような議会による大統領権限への抑制は、本書各章で検討したようにウォーターゲート期以降重視され、特に、議会と大統領の所属政党が分化したこの20年ほどの間で顕著となっているところでもある。ことに、議会が本

来保持する憲法権限に独自の解釈を加えて積極的に行使する状況は、議会の相対的地位を押し上げる可能性を持つことは間違いない。

本書では、このようなアメリカ連邦議会がみずからの権限行使の際に独自に行う憲法解釈について、具体的事例に即してその内容を明らかにし、関連する諸判例および憲法学説を吟味することでその問題点への考察を行った。議会が保持する個別権限の意義および機能上のメリット、そして、憲法的範囲、限界に関しては、本書各章において一応の結論を示している。もっとも、本書が考察対象としたのは、議会が保持する幅広い権限の中でわずか6種類に過ぎず、さらに、そのような対象の限定に加えて、当該権限と他の議会権限、中でも立法権とをリンクさせた総合的検討に欠ける点は否定できない。結語に代えて、議会の個別権限に関して現代的意義と限界を確認する作業、および議会権限全体に関する総合的研究の必要性を確認し、今後の課題として述べておきたい。

そもそも合衆国憲法の起草者たちは、議会に重要な役割を期待していた[2]。まず、合衆国の立法権は、すべて議会が行使する（憲法1条1節）。その対象は1条8節に列挙されており、本書で確認をした課税、連邦予算の支出に加えて、通商規制、貨幣鋳造、宣戦布告、合衆国軍の編成と維持など新しい合衆国政府の重要な職務に関わるものであった[3]。また、憲法は、具体的な列挙権限に加えて、すべての合衆国権限を実施するのに「必要かつ適切」な法律を制定する権限も議会に与えていた（1条8節18項）。必要適切条項は、後に実質的な包括的立法権付与規定として用いられることになる。大統領が保持する行政権や裁判所の司法権に関する立法も可能になると解される。さらに、議会は、憲法修正を提案する権限を持ち、憲法修正手続を決定することができる（5条）。

議会は、以上の直接的権限に加えて、行政部、司法部の組織を形成し、その権限濫用を抑制する役割を担い、州政府の諸活動に関与できることになった。大統領選挙において過半数を得る候補が存在しない場合に、下院が大統領を上院が副大統領を選出する（修正12条）[4]。また、上院は、最高裁判事、行政省庁長官、各種委員会委員など主要公務員の任命に対する同意権も保持している（2条2節2項）。さらに、議会は連邦下級審裁判所（1条8節9項、3条1節）およびすべての省庁、行政機関を設置、改廃する法律を制定できる[5]。加えて、議会は弾劾権を行使して、大統領をはじめ副大統領、最高裁判事などの合衆国官吏を罷免し、公務就任権を剥奪できるのである（2条4節）。

結語に代えて　277

　さらに、州政府に対しても、議会は、関税、トン税の賦課、常備軍の保持、他州および外国政府との協定締結に対する同意権を保持している（1条10節3項）。同様に、新州の連邦加盟、州の合併に関しても議会の同意が必要である（4条3節1項）。また、各州間の通商を規制する権限は、連邦政府の活動範囲を拡大するうえで重要な役割を果たした（1条8節3項）。合衆国憲法は、幅広い直接的権限と政府の同格部門および州政府を抑制する手段を付与することにより、議会を連邦政府の中心的機関と構想していたのである。

　しかし、以後二百数十年にわたって、議会をめぐる環境は大きく変化し、連邦政府内における議会の地位が低下した事実は否定できない[6]。これにもかかわらず、議会は、立法機関としての本質的機能である立法機能および政策決定機能を根拠として、その諸活動を正当化できる。憲法起草者が合衆国の中心的機関としての議会に期待した伝統的機能であり、議会自身、そしてその構成員である議員にも、まずは、この立法機能、政策決定機能遂行への自負が認められるのである[7]。本書で論じた課税や支出に限らず、社会福祉、環境、通商などに関する重要法案の制定において、このような傾向は顕著である。近時の議会活動の成果を立法機能の強化の表れと評するためには、なお慎重な実体的検討が求められようが、少なくとも、合衆国の政策決定への議会の影響力は復活しつつあるといえよう。

　次に、現代議会には、連邦政府内で巨大化した行政部の権限行使を事前、事後に監督する行政監督機能を期待されることになる。議会は行政部が実質的提案者であるか各種法案の立法化に際して、特に大統領の反対政党が議会を支配する場合に、徹底的な監督機能を果たしうる。また、議会が行政部に直接的に関わることのできる憲法的諸権限も、事前・事後の行政監督機能を果たす根拠となる。本書第1章で確認したように、上下両院ぞれぞれは、第1回議会より大統領の権限行使を監督してきており、1946年以降は、各常任委員会にそれぞれ対応する省庁、行政機関の法執行状況を監視する法的義務を負わせている[8]。また、会計検査院、議会調査局、議会予算局などは、それぞれ専門スタッフを抱え、議会の付属機関として行政監督機能遂行を補助している。現代では、行政部活動の不効率を是正、改革する役割は、憲法上の第1部門たる議会の役目と考えられている。議会は、立法過程に関与する行政部の活動を事前、事後に監督することにより、立法機能の低下を補っているとも評せよう。

最後に、国民に対する情報提供機能は、立法機能や行政監督機能に比較すると、合衆国憲法の文言上に直接的な根拠を求めることは難しいものの、議会の諸活動を通して合衆国および世界の現状に関する情報を知らせるものであり、議会復権の鍵として再評価できる。

　そもそも国民に対する情報提供機能の有効性は、Woodrow Wilson 大統領が大学教授時代に立法機能以上に高く評価していたものである[9]。ウォーターゲート事件以降、歴代の大統領が直接関わる政治的スキャンダルの情報は、議会の調査報告書や議会活動を報じるマスメディアを通して国民に提供された。議会構成の多様性と幾度となく実施された選挙制度関連の憲法改正による民主的機関としての特性の強化により、現代議会は、より多様な有権者の声を吸収し、合衆国の政策に反映させる機関としての役割を期待されているといえよう。

　このように見ると、現代的機能とされる行政監督機能、国民に対する情報提供機能は、伝統的な立法機能、政策決定機能に付随し、議会本来の役割を補完する役割を果たしていることがわかる。立法機能が行政監督機能の強化によって実質化され、情報提供機能の成果が政策決定機能を活性化することになる。議会の諸機能は、それぞれ別個独立に存在するのではなく、議会が全体として遂行することを期待されるものだということになる。議会復権という古典的テーマを現代的視座から問い直す本書の目的に鑑みれば、民主的正統性を持つ議会が憲法規定の権限を積極的に行使し、諸機能を遂行することは、国民に対する責任であり義務であると説明できることになる。

　もっとも、これら議会機能の遂行には常に権限濫用の危険が伴う。むしろ、政治的機関である議会の構成員である議員が、政治的意図、党派的動機に基づいて権限を濫用する危険性は、憲法制定会議における大方の議論が危惧したことであり、そして、冷戦期の非米活動調査に見られるように歴史的事実が示している[10]。いうまでもなく憲法起草者は、このような議会の権限濫用に備えるために、権力分立原理を採用し、行政部、司法部による抑制のシステムを憲法に組み込んだのである。実際、この議会抑制のシステムは、一定の成果を挙げてきている。非米活動調査に対する当時の最高裁判所の司法審査権行使は、現在でも高く評価されており[11]、同様に、Eisenhower 政権が調査権行使の行き過ぎに対して警告を発し、軍内部への調査において Joseph McCarthy 上院議員に反撃して窮地に追い込んだ事実も記憶されるべきである[12]。本書前半で検討した議会調査権、

弾劾権、国際協定承認権に関する議会の独自解釈と、その対抗軸としての同格部門である大統領、連邦裁判所の憲法的根拠に基づく抑制は、憲法起草者の意図に合致するものである。

　また、本書は、議会の独自解釈に関して一定の歯止めをかける役割が、特に司法部の審査に委ねられていた点も確認した。本書は、議会の諸活動に対する司法審査を積極的に認容する立場をとる。無論、この種の司法審査には、主として権力分立原理上の問題点に起因する司法手続的障壁が存する。しかし、連邦司法部には、憲法典の意義を明確にし、政治部門の権限濫用から国民の自由と権利を保護する使命が課せられている。議会活動に対する司法審査に指摘されている手続的問題の解決が急務であろう。

　本書において検討対象とした議会独自の憲法解釈は、合衆国憲法の基本原理との抵触に関する法的問題として、個別に吟味する必要に迫られているものであった。もっとも、政治機関である議会が個別の憲法解釈を行うに際して、体系的な憲法解釈理論に照らして判断を行っているのか否かは明確ではない。同様に、本書がアメリカ憲法上の基本原則として示した人権尊重主義、権力分立原理、多数決主義、連邦主義なども、そもそも、それぞれ同じレベルの原則として位置付けて良いものか、相対立する場合に調整が必要か否かも検討が要る。さらに、問題を司法審査の対象とすることが困難な状況からは、議会自身の判断において蓄積される慣行、先例について、議会独自の憲法解釈に対する法的評価の材料として、どのように組み込むかの見極めも求められよう。いずれにせよ、多様な国民を代表する連邦議会に求められる様々な機能に鑑みると、本書対象の権限を含む個別権限の総体としての議会権限の行使のあり方について、総合的な研究が課題となろう。

---

1) State of Washington and State of Minnesota v. Trump, No. 2:17-cv-00141 (W. D. Wash. 2017).
2) MERRILL JENSEN, THE MAKING OF THE AMERICAN CONSTITUTION 66-72 (1958) (Krieger Pub. Co., reprint ed. 1979). メリル・ジェンセン著、斉藤眞＝武則忠見＝高木誠訳『アメリカ憲法の制定』（南雲堂、1976年）79-85頁参照。
3) 連邦議会の幅広い権限については、中村泰男『アメリカ連邦議会論』（勁草書房、1992年）；樋口範雄『アメリカ法』（弘文堂、2011年）27頁以下；松井茂記『アメリカ憲法入門』（第7版）（有斐閣、2012年）；阿部竹松『アメリカ憲法』（第3版）（成文堂、2013年）が詳しい。
4) 大統領継承法については、*see e.g.*, Akhil Reed Amar & Vikram David Amar, Essay: Is the Pres-

idential Succession Law Constitutional?, 48 Stan. L. Rev. 113 (1995); John F. Manning, Essay: Not Proved: Some Lingering Questions about Legislative Succession to the Presidency, 48 Stan. L. Rev. 141 (1995); Steven G. Calabresi, The Political Question of Presidential Succession, 48 Stan. L. Rev. 155 (1995). また、阿部・前掲注（3）345頁以下を参照。

5) 連邦下級審裁判所の設置については、浅香吉幹「1789年裁判所法以前のアメリカの裁判所―『司法部の独立』および『上訴制度』の醸成―」国家雑誌106巻3・5号（1993年）125頁以下を参照。また、連邦行政機関の設置については、木南敦「合衆国憲法の執行権の理解とニューディール」[1997-1] アメリカ法、45頁以下を参照。

6) この点につき、James Sundquist は、憲法制定期から南北戦争までを議会と大統領の競合時代、再建期からニューディール直前までを議会優越の時代、そして、以後を強力な大統領が支配する議会退潮の時代と位置付けている。See JAMES L. SUNDQUIST, THE DECLINE AND RESURGENCE OF CONGRESS 15-36 (The Brookings Institution, 1981).

7) See e.g., JOSH CHAFETZ, CONGRESS'S CONSTITUTION: LEGISLATIVE AUTHORITY AND THE SEPARATION OF POWERS (Yale Univ. Press, 2017).

8) WALTER J. OLESZEK, CONGRESSIONAL PROCEDURE AND THE POLICY PROCESS 263-64 (3rd ed.)(CQ Inc., 1989).

9) WOODROW WILSON, CONGRESSIONAL GOVERNMENT: A STUDY IN AMERICAN POLITICS 303 (15th ed.) (Houghton Miffin, 1913).

10) 畑博行『アメリカの政治と連邦最高裁判所』（有信堂高文社、1992年）101-2頁を参照。

11) 畑・前掲注（10）112-13頁。

12) H. Lew Wallace, The McCarthy Era 1954: CONGRESS INVESTIGATES 1792-1974, at 459 (Arthur M. Schlesinger, jr., ed.)(Chelsea House Pub., 1975).

事項・人名索引

ア 行

違憲条件理論（unconstitutional conditions doctrine）	235
「一般的福祉」文言	232
イラン・コントラ事件調査委員会	78
ウォーターゲート事件	8
エクイティ上の裁量論	26, 33, 264
エンロン社	55
オバマ・ケア	215

カ 行

下院委員会の原告適格	32
下院規則21条	255
核オプション	260
核兵器制限条約	95
「苛酷、圧迫」テスト	178
合衆国憲法	
——1条1節	276
——1条3節4項	268
——1条3節7項	157
——1条5節1項	266
——1条5節2項	252
——1条5節3項	266
——1条5節4項	267
——1条6節1項	60
——1条7節	255
——1条7節2項	268
——1条8節1項	175, 217
——1条8節3項	116, 277
——1条8節9項	276
——1条8節18項	276
——1条9節3項	175
——1条9節4項	175
——1条9節5項	175
——1条10節3項	277
——2条2節1項	157
——2条2節2項	276
——2条3節	44
——3条1節	276
——4条3節1項	277
——5条	276
——修正1条	62
——修正5条	65, 68
——修正10条	224
——修正12条	276
——修正16条	220
合衆国裁判所行政事務局	160
議員の原告適格	264
議会が承認した行政協定（congressional-executive agreement）	88
議会調査権	3, 5
議会侮辱処罰罪	6
偽造品の取引の防止に関する協定（ACTA）	87
行政協定（executive agreement）	92
行政協定プラス（executive agreement +）	127
行政特権（executive privilege）	3, 7
苦情申立て	161
憲法革命	219
憲法上の原告適格	258
権力分立原理	3
行為免責（transactional immunity）	76
国家機密情報	16
コモン・ロー上の特権	68

サ 行

裁判官忌避	149
「恣意的、不合理」テスト	181
事後法禁止条項	175
事前に議会が承認した行政協定（ex ante congressional-executive agreement）	93
司法協議会改革および司法における行動と職務不能に関する法律（1980年法）	140
州憲法の人権保障規定	236
修正5条の共産主義者	74
上院規則22条	257
上院弾劾裁判委員会	151
条件付き支出制度	220
使用免責（use immunity）	76
条約承認権	90

条約に基づく行政協定（treaty-based executive agreement）	92
審議過程特権	40
新連邦主義（new federalism）	221
スーパーファンド法	17
政治問題の法理	106, 110, 259
1978年政府倫理法	6
1980年法	159

タ 行

大統領権限に基づく行政協定（presidential executive agreement）	92
弾劾裁判手続	153
デュー・プロセス条項	65, 193
デュー・プロセスを受ける権利	65
特権ログ（privilege log）	21, 39

ナ 行

2015年規則	164
ニューディール期	220

ハ 行

派生使用免責（derivative use immunity）	76
パリ協定	275
比較衡量審査	42
「非強制」テスト	239
フェデラリスト	173, 268
プライバシーの権利	58
ブレトン・ウッズ協定	94
ベルサイユ条約	115
包括的核実験禁止条約	95
法執行情報	19
北米自由貿易協定（NAFTA）	105
ホワイトウォーター事件	79

マ 行

民事訴訟手続法1331条	6
メディケイド拡大条項	238
免責付与制度	75
黙示的議会侮辱処罰手続	47

ラ 行

ルワンダ国際刑事法廷（ICTR）	100
連合規約9条	90
ワールドコム社	55

A～Z

AcKerman, Bruce	114, 255
Adams, John 判事	167
Alito 最高裁判事	262
Amar, Akhil Reed	156, 251
Armstrong, Chris	40
Baker, Lynn A.	241
Bates 判事	22
Bazelon 控訴裁長官	11
Black 最高裁判事	63
Blackmun 最高裁判事	186
Boehner 下院議長	30
Bolten 大統領首席補佐官	21
Borchard, Edwin	113
Bork 判事	263
Brandeis 最高裁判事	253
Brennan 最高裁判事	63, 182
Brewer 最高裁判事	253
Breyer 最高裁判事	143, 161
Breyer 委員会	161
Burger 最高裁長官	8
Bush 大統領	21
Cardozo 最高裁判事	225
Cebull 判事事件	151
Cebull, Richard F. 判事	151
Circular 175	95
Claiborne 判事弾劾事件	154
Claiborne, Harry 判事	154
Clinton 大統領	79
Collins, Robert F. 判事	147
Cox, Archibald	11
DeMoss 判事	103
Dickinson, John	175
Douglas 最高裁判事	61
Edwards 裁判長	257
「Fast and Furious」作戦	29
Filibuster	251
Fletcher 判事	108
FOIA	41
Friedman 判事	199
Fuller, Mark E. 判事	139
Garza 判事	101
Gerhardt, Michael J.	156
Gerry, Elbridge	175
Geyh, Charles G.	155

事項・人名索引　283

Ginsburg 最高裁判事	162, 239
Ginsburg, Douglas H. 判事	256
Goldberg 最高裁判事	64
Golove, David	114
Gonzales 司法長官	20
Gorsuch EPA 長官	17
Gorsuch 最高裁判事任命手続	261
Hamilton, Alexander	91, 173, 218
Harlan 最高裁判事	63
Hastings 判事弾劾事件	154
Hastings, Alcee 判事	154
Hathaway, Oona A.	122
Henkin, Louis	113
Holder 司法長官	29
Homes 最高裁判事	98
Jackson 最高裁判事	31, 99
Jay, John	91
Jefferson, Thomas	8
Kanne 判事	196
Kent 判事事件	144
Kent, Samuel B. 判事	144
Koskinen, John 内国歳入庁長官	48
Kozinski 判事	142
Lans, Asher	113
Leventhal 判事	14
Levy, Leonard W.	69
Madison, James	68, 90, 218
Marshall 最高裁判事	183
Mason, George	90, 176
McCarthy 上院議員	278
McDougal, Myres S.	113
McReynolds 最高裁判事	177
Miers 大統領法律顧問	20
National Commission on Judicial Discipline and Removal	160
Nixon 大統領	10
Nixon 判事弾劾事件	154
Nottingham 判事事件	143
Nottingham, Edward W. 判事	143
O'Connor 最高裁判事	162, 189, 230, 237
O'Neill 下院議長	17
O'Neill, Michael E.	71
O'Scannlain 判事	185
Obama 大統領	28, 152
Pelosi 下院議長	22
Porteous, Jr. 判事弾劾事件	147
Porteous, Jr., G. Thomas 判事	147
Powell, H. Jefferson	126
Randolph 判事	260
Randolph, Edmund	217
Reagan 大統領	221
Real 判事事件	141
Real, Manuel L. 判事	141
Reed 最高裁判事	226
Rehnquist 最高裁判事	100
Rehnquist 最高裁長官	227
Robert 最高裁長官	238
Roberts 判事	224
Rotunda, Ronald	163
Scalia 最高裁判事	190, 239
Schroeder 控訴裁長官	142
Sensenbrenner 委員長	142
Sherman, Roger	91
Silica 判事	78
Smith 判事	18
St. Clair 将軍	6
Stone 最高裁判事	179
Sutherland 最高裁判事	98
Tashima 判事	198
Thomas 最高裁判事	262
TPP 協定	275
Tribe, Laurence H.	117
Trump 大統領	126, 270, 275
Walsh 独立検察官	79
Warren 最高裁長官	66
Washington 大統領	7
Wechsler, Herbert	233
White 最高裁判事	61
Willson, James	90
Wilson 大統領	278
Yoo, John C.	121

判例索引

連邦最高裁判所

Baker v. Carr, 369 U.S. 186 (1962)	108
Barenblatt v. United States, 360 U.S. 109 (1959)	3, 63, 67
Blodgett v. Holden, 275 U.S. 142 (1927)	177
Braden v. United States, 365 U.S. 431 (1961)	63, 67
Calder v. Bull, 3 U.S. (3 DaLL.) 386 (1798)	176
Christoffel v. United States, 338 U.S. 84 (1949)	253
Cooper v. United States, 280 U.S. 409 (1930)	178
Counselman v. Hitchcock, 142 U.S. 547 (1892)	70
Dames & Moore v. Regan, 453 U.S. 654 (1981)	99
DeGregory v. Attorney Gen. of New Hampshire, 383 U.S. 825 (1966)	64
Dennis v. United States, 341 U.S. 494 (1951)	69
Deutch v. United States, 367 U.S. 456 (1961)	67
Doe v. McMillan, 412 U.S. 306 (1973)	61
Eastland v. United States Servicemen's Fund (USSF), 421 U.S.491 (1975)	59
Gibson v. Florida Legislative Investigation Committee, 372 U.S. 539 (1963)	64
Goldwater v. Carter, 444 U.S. 996 (1979)	108
Gordon v. Lance, 403 U.S. 1 (1971)	268
Gregory v. Ashcroft, 501 U.S. 452 (1991)	234
Harlow v. Fitzgerald, 457 U.S.800 (1982)	23
Helvering v. Davis, 301 U.S. 619 (1937)	232
INS v. Chadha, 462 U.S. 919 (1983)	118, 269
Kastigar v. United State, 406 U.S. 441 (1972)	76
Kilbourn v. Thompson, 103 U.S. 168 (1880)	58
King v. Burwell, 135 S. Ct. 2480 (2015)	215
Lochner v. New York, 198 U.S. 45 (1905)	177
Massachusetts v. Mellon, 262 U.S. 447 (1923)	223
McGrain v. Daugherty, 273 U.S.135 (1927)	7
Milliken v. United States, 283 U.S. 15 (1931)	178
Missouri v. Holland, 252 U.S. 416 (1920)	98
National Federation of Independent Business (NFIB) v. Sebelius, 132 S. Ct. 2566 (2012)	238
New York v. United States, 505 U.S. 144 (1992)	229
Nichols v. Coolidge, 274 U.S. 531 (1927)	177
Nixon v. Fitzgerald, 457 U.S. 731 (1982)	23
Nixon v. United States, 418 U.S. 638 (1974)	8
Nixon v. United States, 506 U.S. 224 (1993)	159, 254
Oklahoma v. United States Civil Service Commission, 330 U.S. 127 (1947)	226
Pension Benefit Guaranty Corp. v. R. A. Gray & Co., 467 U.S. 717 (1984)	182
Powell v. McCormack, 395 U.S. 486 (1969)	259
Quinn v. United States, 349 U.S. 155 (1955)	70

Raines v. Byrd, 521 U.S. 811 (1997)	31, 263
South Dakota v. Dole, 483 U.S. 203 (1987)	227
Steward Mach. Co. v. Davis, 301 U.S. 548 (1937)	225
Stockdale v. The Insurance Companies, 87 U.S. 323 (1873)	176
Sweezy v. New Hampshire, 354 U.S. 298 (1957)	64
The Murphy v. Waterfront Commission, 378 U.S. 52 (1964)	76
United States v. Carlton, 512 U.S. 26 (1994)	184
United States v. Ballin, 144 U.S. 1 (1892)	252
United States v. Belmont, 301 U.S. 324 (1937)	98
United States v. Butler, 297 U.S. 1 (1936)	224
United States v. Curtiss-Wright Export Corp., 299 U.S. 304 (1936)	98
United States v. Darusmont, 449 U.S. 292 (1981)	180
United States v. Hemme, 476 U.S. 558 (1986)	183
United States v. Lopez, 514 U.S. 549 (1995)	221
United States v. Nixon, 418 U.S. 638 (1974)	4
United States v. Pink, 315 U.S. 203 (1942)	99
United States v. Reynolds, 345 U.S.1 (1953)	16
United States v. Rumely, 345 U.S. 41 (1952)	63
United States v. Smith, 286 U.S. 6 (1932)	253
Untermyer v. Anderson, 276 U.S. 440 (1928)	178
Usery v. Turner Elkhorn Mining Co., 428 U.S. 1 (1976)	181
Valentine v. United States, 299 U.S. 5 (1936)	102
Watkins v. United States, 354 U.S. (1957)	66
Weinberger v. Rossi, 456 U.S. 25 (1982)	99
Welch v. Henry, 305 U.S. 134 (1938)	179
Wilkinson v. United States, 365 U.S. 399 (1961)	63, 67
Youngstown Sheet & Tube Co. v. Sawyer, 343 U.S. 579 (1952)	99

連邦下級裁判所

Application of United States Senate Select Committee on Presidential Campaign Activities, 361 F. Supp. 1270 (D.D.C. 1973)	77
Ashland Oil, Inc. v. FTC, 409 F. Supp. 297 (D.D.C. 1976)	60
Committee on Oversight and Government Reform v. Holder, 979 F. Supp. 2d 1 (D.D.C. 2013)	31
Committee on Oversight and Government Reform v. Lynch, 156 F. Supp. 3d 101 (D.D.C. 2016)	28
Committee on the Judiciary v. Miers, 542 F. 3d 909 (D.C.Cir. 2008)	24
Committee on the Judiciary v. Miers, 558 F. Supp. 2d 53 (D.D.C. 2008)	20
Common Cause v. Biden, 748 F. 3d 1280 (D.C.Cir. 2014)	260
Common Cause v. Biden, 909 F. Supp. 2d 9 (D.D.C. 2012)	257
Furlong v. Commissioner of Internal Revenue, 36 F. 3d 25 (7th. Cir. 1994)	196
ICM Registry, LLC v. Dep't of Commerce, 538 F. Supp. 2d 130 (D.D.C. 2008)	42
In re : Sealed Case (Espy) 121 F.3d 729 (D.C.Cir.1997)	28
Judicial Watch, Inc., v. Department of Justice, 365 F. 3d 1108 (D.C.Cir. 2004)	40
Kitt v. United States, 277 F. 3d 1330 (Fed. Cir. 2002)	199
Made in the USA Foundation v. United States, 242 F. 3d 1300 (11th Cir. 2001)	105
Melcher v. Federal Open Market Committee, 836 F. 2d 561 (D.C.Cir. 1987)	265
Michel v. Anderson, 14 F. 3d 623 (D.C.Cir. 1994)	256

Montana Rail Link, Inc. v. United States, 76 F. 3d 991 (9th Cir. 1996)	200
Nixon v. Sirica, 487 F. 2d 700 (D.C.Cir.1973)	12
Ntakirutimana v. Reno, 184 F. 3d 419 (5th Cir. 1999)	100
Quarty v. United States, 170 F. 3d 961 (9th Cir. 1999)	197
Riegle v. Fderal Open Market Committee, 656 F. 2d 873 (D.C.Cir. 1981)	263
Senate Select Committee on Ethics v. Packwood, 845 F. Supp. 17 (D.D.C. 1994)	58
Senate Select Committee on Presidential Campaign Activities v. Nixon, 498 F. 2d 725 (D.C.Cir. 1974)	10
Skaggs v. Carle, 110 F. 3d 831 (D.C.Cir. 1997)	256
Skaggs v. Carle, 898 F. Supp. 1 (D.D.C. 1995)	255
United States v. American Tel. & Tel. Co., 551 F. 2d 384 (D.C.Cir. 1976)〔AT&T1判決〕	13
United States v. American Tel. & Tel. Co., 567 F. 2d 121 (D.C.Cir. 1977)〔AT&T2判決〕	13
United States v. House of Representatives of United States, 556 F. Supp. 150 (D.D.C. 1983)	17
United States v. North, 910 F. 2d 843 (D.C.Cir. 1990)	78

各州裁判所

City of Modesto v. National Med. Inc., 27 Cal. Rptr. 3d 215 (Cal. Ct. App. 2005)	203
Gen. Motors Corp. v. Dep't of Treasury, No.07-151-MT (Mich. Ct. Cl. 2009)	203
Johnson Controls, Inc. v. Rudolph, No.2004-CA-001566-MR, 2006 Ky. App. LEXIS 132 (Ky. Ct. App. 2006)	203
Rivers v. State, 490 S.E. 2d 261 (S.C. 1997)	203

著者紹介
土屋 孝次（つちや たかつぐ）
1960年　大阪生まれ
専攻：憲法学
略歴：近畿大学法学部法律学科卒業、
　　　近畿大学大学院法学研究科博士後期課程修了
　　　博士（法学）（近畿大学）
　　　近畿大学工学部講師、同助教授、
　　　近畿大学法学部准教授を経て
　　　現在、近畿大学法学部教授
主な著書
　　（単著）
　　『アメリカ連邦議会と裁判官規律制度の展開──司法権の独立とアカウンタビリティの均衡を目指して』（有信堂高文社、2008年）
　　（共著）
　　『判例で学ぶ日本国憲法〔第二版〕』西村裕三編（有信堂高文社、2016年）
　　『リーガル・マインド入門』西村裕三編（有信堂高文社、2013年）
　　『新やさしく学ぶ法学』中川淳編（法律文化社、2012年）
　　『プライマリー法学憲法〔第2版〕』石川明・永井博史・皆川治廣編（不磨書房、2010年）
　　『現代法学入門』畑博行編（有信堂高文社、2000年）

アメリカ連邦議会の憲法解釈──権限行使の限界と司法審査
2018年3月28日　初　版　第1刷発行　　　　　　　〔検印省略〕

著者Ⓒ土屋 孝次／発行者　髙橋 明義　　　印刷・製本／中央精版印刷

東京都文京区本郷1-8-1　振替　00160-8-141750
〒113-0033　TEL（03）3813-4511
　　　　　　FAX（03）3813-4514
　　　　　http://www.yushindo.co.jp
　　　　　ISBN978-4-8420-1081-6

発　行　所
株式会社 有信堂高文社
Printed in Japan

書名	著者	価格
アメリカ連邦議会の憲法解釈——権限行使の限界と司法審査	土屋孝次著	六〇〇〇円
アメリカ連邦議会と裁判官規律制度の展開——司法権の独立とアカウンタビリティの均衡を目指して	土屋孝次著	四六〇〇円
外国人の退去強制と合衆国憲法	新井信之著	七〇〇〇円
亡命と家族——国家主権の法理論——戦後フランスにおける外国人法の展開	水鳥能伸著	一〇〇〇〇円
権力分立——立憲国の条件	大津浩著	七〇〇〇円
分権国家の憲法理論——フランス憲法の歴史と理論から見た現代日本の地方自治	阪本昌成著	六〇〇〇円
これからの人権保障 髙野眞澄先生退職記念	辻村みよ子著	七〇〇〇円
フランス憲法と現代立憲主義の挑戦	松本・横田江橋・友永編	四八〇〇円
公共空間における裁判権——フランスのまなざし	日仏公法セミナー編	五八〇〇円
リベラリズム/デモクラシー〔第二版〕	阪本昌成著	二〇〇〇円
財政規律の研究——ドイツ憲法上の起債制限	石森久広著	五五〇〇円
財政民主主義と経済性——ドイツ公法学の示唆と日本国憲法	石森久広著	五〇〇〇円
ドイツにおける公法上の結果除去請求権の研究	太田照美著	八〇〇〇円
給付行政の理論	村上武則著	九〇〇〇円
会計検査院の研究——ドイツ・ボン基本法下の財政コントロール	石森久広著	四五〇〇円

★表示価格は本体価格（税別）

有信堂刊